图书在版编目（CIP）数据

浙江人力资源和社会保障年鉴.2020 / 《浙江人力资源
和社会保障年鉴》编纂委员会编；潘伟梁主编. — 杭州 ：
浙江大学出版社，2020.12
　　ISBN 978-7-308-20749-2

　　Ⅰ. ①浙… Ⅱ. ①浙… ②潘… Ⅲ. ①人力资源管理—
浙江—2020—年鉴 ②社会保障—浙江—2020—年鉴 Ⅳ.
①F249.275.5-54②D632.1-54

中国版本图书馆CIP数据核字（2020）第215671号

浙江人力资源和社会保障年鉴2020

潘伟梁　主　编

《浙江人力资源和社会保障年鉴》编纂委员会　编

责任编辑　赵　静　冯社宁

责任校对　董雯兰

出版发行　浙江大学出版社
　　　　　（杭州市天目山路148号　　邮政编码　310007）
　　　　　（网址：http：//www.zjupress.com）

排　　版　杭州林智广告有限公司
印　　刷　浙江印刷集团有限公司
开　　本　889mmx1194mm　1/16
印　　张　26.25
字　　数　600千
彩　　插　10
版 印 次　2020年12月第1版　2020年12月第1次印刷
书　　号　ISBN 978-7-308-20749-2
定　　价　260.00元

浙江大学出版社市场运营中心联系方式：0571-88925591；http：//zjdxcbs.tmall.com

2019年7月2日，省委副书记、省长袁家军来省人力社保厅调研指导工作

2019年10月28日，人社部副部长汤涛（中）来浙出席、指导全国残疾人职业技能大赛

2019年12月11日，副省长王文序（中）在台州市调研职业技能提升和根治欠薪工作

2019年9月9日，省委组织部副部长，省人力社保厅党组书记、厅长鲁俊（右二）赴杭州运河技工学校走访慰问教师并看望世界技能大赛金牌选手石丹

2019年10月24日，中国（浙江）人力资源服务博览会在杭州举办，省委组织部副部长，省人力社保厅党组书记、厅长鲁俊（中）赴会指导工作

2019年4月9-10日，省人力社保厅党组副书记、副厅长刘国富（中）在武义县调研企业社会保障工作

知识改变命运 技能实现梦想

　　2019年10月16日，省人力社保厅党组成员、副厅长仉贻泓（右二）赴湖州市调研企业新型学徒制工作开展情况

　　2019年7月23日，省人力社保厅党组成员、副厅长陈中（左）出席之江实验室博士后工作站的授牌仪式

　　2019年8月8日，省人力社保厅党组成员、副厅长金林贵（中）带队开展"送清凉、送关爱"慰问活动

　　2019年8月13日，省人力社保厅党组成员、副厅长葛平安（中）赴省二轻集团公司、省国贸集团公司调研、指导人力社保工作

　　2019年1月23日，省人力社保厅举办"学用新思想 建功新时代"主题演讲比赛

2019年2月28日，全省人力社保系统法治知识竞赛在杭州举行

2019年3月26日，全省人力社保系统党风廉政建设暨行风建设工作会议在杭州召开

2019年4月9—10日，全省工伤保险工作座谈会在武义县召开

2019年5月9日，浙江省技能人才校企合作洽谈会在台州市举行

2019年6月25日，全省人力社保系统"最多跑一次"改革和信息化工作推进会在宁波召开

2019年7月23—26日，全省人力社保系统2019年第二期乡村振兴合作创业带头人培训班在丽水举办

2019年8月28日，省人力社保厅党组召开"不忘初心、牢记使命"专题民主生活会

2019年9月18日，全省构建和谐劳动关系先进表彰会在杭州召开

2019年10月30—31日，全省根治欠薪工作再推进现场会在义乌市召开

2019年11月18—19日，全省劳动人事争议调解员、仲裁员业务技能竞赛在杭州举行

2019年12月25日，浙江省首批职业技能等级证书颁发仪式在宁波举行

2019年11月14日，杭州市举行世界技能大赛冠军进校园活动

2019年11月15日，宁波市举行中国（宁波）人力资源服务创新创业大赛

2019年11月26日，温州市举行"中国·温州民营企业人才周"系列活动

2019年10月28日，湖州市举行第三代社会保障卡暨湖州市民卡首发仪式

2019年5月13日，嘉兴市举办第六届嘉兴国际人才交流与合作大会

2019年5月30日，绍兴市举办"中国-绍兴企业人力资源服务博览会"

2019年4月29日，金华市举办企业博士后工作推进会暨"名优企业进高校"活动

2019年10月20日，衢州市职业技能大赛在衢州市技师学院举办

2019年8月，舟山市开展"根治欠薪夏季行动"

2019年11月，台州市举行第四届"创赢台州"乡村振兴创业大赛

2019年3月13日，丽水市开展"精准服务企业、振兴实体经济"走访活动

浙江省人力资源和社会保障厅领导班子成员

（2019年12月）

鲁 俊
省委组织部副部长，
厅党组书记、厅长

刘国富
厅党组副书记、副厅长

仇贻泓
厅党组成员、副厅长

陈 中
厅党组成员、副厅长

金林贵
厅党组成员、副厅长

葛平安
厅党组成员、副厅长

《浙江人力资源和社会保障年鉴》
编纂委员会成员

主　任　鲁　俊

副主任　刘国富　陈　中　金林贵　葛平安

成　员　（以姓氏笔画为序）

王　树	王怀忠	卞正法	厉　进
石骁敏	叶茂东	叶照标	乐　添
边　强	邢金昌	朱树民	李　平
陈　瑜	陈军利	陈芬芬	陈荣华
吴　均	吴守成	张奇妙	余龙华
季朝锋	金梓伟	项　薇	柯婉瑛
胡瑞平	俞　韵	俞云华	施　科
顾　凯	徐顺聪	黄奇凡	黄国梁
程　爽	傅鸿翔	颜忠勇	潘伟梁

《浙江人力资源和社会保障年鉴》
编辑部成员

编纂说明

一、《浙江人力资源和社会保障年鉴》是一部全面反映浙江人力资源社会保障事业发展情况的资料性年刊,由省人力资源和社会保障厅年鉴编纂委员会组织编纂,每年编纂出版。编纂工作具体事务由年鉴编纂委员会设在省人力资源和社会保障科学研究院的编辑部承办。

二、《浙江人力资源和社会保障年鉴2020》(以下简称《2020年鉴》)记载了2019年全省人力资源社会保障工作基本概况和主要成就。记载起止时间为 2019年1月1日至12月31日。

三、《2020年鉴》收录了反映2019年全省人力资源社会保障工作重要活动的部分图片资料。全书由特载、机构情况、大事记、全省工作情况、各市工作情况、重要文件选载、厅发文目录、主要统计资料、各市人力资源市场工资指导价位等部分组成。

特载,收录了2019年中央、省和国家有关部门领导关于人力资源社会保障工作的部分批示和讲话,省人力资源和社会保障厅领导在有关工作会议上的部分讲话。

机构情况,按"单位领导"、"机关处室"、"直属单位"三个层面,分别记录了截至2019年底省和各市人力资源社会保障部门领导班子和机构设置情况。

大事记,记录了2019年全省人力资源社会保障工作的重要事项和活动。

全省工作情况,综合记载了2019年全省人力资源社会保障部门的主要工作,取得的成绩和荣誉。

各地工作情况,记载了2019年各市人力资源社会保障部门的主要工作,取得的成绩和荣誉。

本年鉴记载的荣誉,是指以党中央、国务院,省委、省政府,国家和省人力资源社会保障部门以及所属机构名义评选表彰,涉及人力资源社会保障部门主要职能和工作业务,冠以"先进"、"优秀"、"突出"等称谓的事项。记载的对象是被表彰的全省人力资源社会保障系统单位、部门、个人，市、县（市、区）、街道（乡镇）、社区（行政村）以及上述地方从事人力资源社会保障相关工作的单位、个人。

重要文件选载，收录了2019年省委、省政府、省级有关部门关于人力资源社会保障工作的部分重要文件。

主要统计资料，收录了2019年全省以及各市劳动就业、社会保障、收入分配、劳动关系等方面的基本统计资料。

各市人力资源市场工资指导价位，收录了2019年全省各市不同行业、不同职业（工种）人力资源市场工资指导价位。

四、《2020年鉴》记载的基本情况和收录的统计资料，由省人力资源和社会保障厅以及全省各级人力资源社会保障部门提供。

五、《2020年鉴》的编纂、出版工作得到了各市人力资源社会保障部门的大力支持，在此深表谢意。由于我们水平有限，书中难免存在疏漏或不足之处，恳请读者批评指正。

《浙江人力资源和社会保障年鉴》编辑部
2020年9月20日

目　录

特　载

批示

省委书记车俊在《关于2018年度国内系列引才活动
情况的报告》上的批示
（2019年1月29日）……………（ 3 ）

省委书记车俊、省长袁家军在《关于人社部张纪南
部长等来浙出席有关活动及近期技能人才工作情
况的报告》上的批示
（2019年11月7日）……………（ 3 ）

省委书记车俊在《关于第五届世界浙商大会数字经
济国际青年人才论坛情况的报告》上的批示
（2019年12月6日）……………（ 4 ）

省长袁家军在《省属高职院校聘用人员历史遗留问
题得到妥善解决》上的批示
（2019年2月14日）……………（ 4 ）

省长袁家军在《关于2018年度保障农民工工资支付
工作考核情况的通报》上的批示
（2019年9月23日）……………（ 4 ）

省委常委、秘书长陈金彪在《省人力社保厅深化"最
多跑一次"改革领跑者综合试点为高水平推进省域
治理现代化贡献人社力量》上的批示
（2019年12月16日）……………（ 5 ）

副省长高兴夫在《关于报送在开展"三服务"活动
中助推传统制造业改造提升有关情况的函》上的
批示
（2019年12月17日）……………（ 5 ）

副省长王文序在2019年全省人力资源和社会保障工
作会议工作报告上的批示
（2019年2月20日）……………（ 6 ）

机构情况

浙江省人力资源和社会保障厅…………（ 9 ）

杭州市人力资源和社会保障局…………（ 10 ）

宁波市人力资源和社会保障局…………（ 11 ）

温州市人力资源和社会保障局…………（ 12 ）

湖州市人力资源和社会保障局…………（ 12 ）

嘉兴市人力资源和社会保障局…………（ 13 ）

绍兴市人力资源和社会保障局…………（ 14 ）

金华市人力资源和社会保障局…………（ 15 ）

衢州市人力资源和社会保障局…………（ 15 ）

舟山市人力资源和社会保障局…………（ 16 ）

台州市人力资源和社会保障局…………（ 17 ）

丽水市人力资源和社会保障局…………（ 18 ）

大事记

浙江省人力资源和社会保障厅大事记
………………………………………………（21）

全省工作情况

全省人力社保工作整体情况…………（57）

城乡就业 ………………………………（59）

养老保险 ………………………………（61）

失业保险 ………………………………（62）

工伤保险 ………………………………（62）

城乡居民基本养老保险………………（63）

社会保险基金监督……………………（64）

社会保险经办管理……………………（65）

人才开发和市场管理…………………（66）

专业技术和留学人员管理……………（68）

人事考试管理…………………………（70）

职业技能建设…………………………（71）

事业单位人事管理……………………（77）

工资福利 ………………………………（78）

省级单位统发工资管理………………（78）

劳动关系 ………………………………（79）

农民工管理服务………………………（79）

劳动保障监察…………………………（81）

调解仲裁 ………………………………（82）

政策法规 ………………………………（83）

规划财务和综合计划…………………（85）

12333电话咨询服务 …………………（85）

信息化建设……………………………（85）

宣传、培训和教育……………………（87）

科学研究 ………………………………（89）

对口支援和结对帮扶…………………（90）

各市工作情况

杭州市…………………………………（93）

宁波市…………………………………（100）

温州市…………………………………（110）

湖州市…………………………………（118）

嘉兴市…………………………………（125）

绍兴市…………………………………（131）

金华市 …………………………………（136）　　台州市 …………………………………（154）

衢州市 …………………………………（140）　　丽水市 …………………………………（161）

舟山市 …………………………………（146）

重要文件选载

浙江省人力资源和社会保障厅关于做好人力资源服

　　务行政许可及备案有关工作的通知

　　（浙人社发〔2019〕7号）…………（175）

浙江省人力资源和社会保障厅等5部门关于做好2019

　　年高校毕业生求职创业补贴发放工作的通知

　　（浙人社发〔2019〕13号）…………（183）

浙江省人力资源和社会保障厅关于申报2019年职业

　　技能考核鉴定点的通知

　　（浙人社发〔2019〕15号）…………（188）

浙江省人力资源和社会保障厅浙江省卫生健康委员会

　　印发《关于建立县域医共体人员统筹使用机制的指

　　导意见》的通知

　　（浙人社发〔2019〕18号）…………（201）

浙江省人力资源和社会保障厅浙江省教育厅国家税务

　　总局浙江省税务局关于实施支持和促进重点群体创

　　业就业有关税收政策享受具体操作办法的通知

　　（浙人社发〔2019〕22号）…………（204）

浙江省人力资源和社会保障厅转发人力资源社会保障

　　部《关于在工程技术领域实现高技能人才与工程技

　　术人才职业发展贯通的意见（试行）》的通知

　　（浙人社发〔2019〕31号）…………（207）

中共浙江省委组织部浙江省人力资源和社会保障厅

　　印发《关于支持和鼓励高校科研院所科研人员兼

　　职创新创业的指导意见（试行）》的通知

　　（浙人社发〔2019〕33号）…………（212）

浙江省人力资源和社会保障厅浙江省财政厅关于

　　2019年调整退休人员基本养老金的通知

　　（浙人社发〔2019〕38号）…………（217）

浙江省人力资源和社会保障厅浙江省财政厅关于印

　　发浙江省企业新型学徒制工作实施方案的通知

　　（浙人社发〔2019〕40号）…………（219）

浙江省人力资源和社会保障厅浙江省财政厅关于调

　　整企业职工死亡后遗属生活困难补助费等标准的

　　通知

　　（浙人社发〔2019〕42号）…………（227）

中共浙江省委组织部浙江省人力资源和社会保障厅

　　浙江省财政厅关于调整机关事业单位工作人员死

　　亡后遗属生活困难补助费等标准的通知

　　（浙人社发〔2019〕44号）…………（229）

浙江省人力资源和社会保障厅浙江省财政厅关于印

　　发《浙江省职业技能提升行动实施方案（2019—

　　2021年）》的通知

　　（浙人社发〔2019〕53号）…………（230）

浙江省人力资源和社会保障厅等5部门关于做好求职

　　创业补贴发放工作的通知

　　（浙人社发〔2019〕56号）…………（236）

浙江省人力资源和社会保障厅浙江省财政厅关于建

　　立城乡居民基本养老保险待遇确定和基础养老金

　　正常调整机制的实施意见

　　（浙人社发〔2019〕57号）…………（242）

浙江省人力资源和社会保障厅关于优化新业态劳动
　　用工服务的指导意见
　　（浙人社发〔2019〕63号）…………（244）

浙江省人力资源和社会保障厅关于印发浙江省企业
　　职业技能等级认定试点办法的通知
　　（浙人社发〔2019〕66号）…………（248）

浙江省人力资源和社会保障厅发文目录

2019年浙江省人力资源和社会保障厅发文目录
……………………………………………（259）

主要统计资料

一、综合

全省基层劳动保障机构情况…………（267）

二、就业和失业

全社会三产从业人员情况…………（268）

全省失业人员再就业情况…………（268）

全省就业专项资金使用情况…………（268）

三、技工学校和就业培训

全省技工学校情况表…………（269）

全省就业培训情况…………（269）

四、监察和仲裁

全省劳动保障监察工作情况…………（270）

全省劳动争议仲裁情况…………（270）

五、社会保障

全省社会保险基本情况表…………（271）

六、各市资料

各市年末总户数和总人口数…………（271）

各市社会保险参保人数…………（272）

工资指导价位

2019年全省各市、县最低工资标准
……………………………………………（275）

2019年杭州市人力资源市场工资指导价位
……………………………………………（276）

2019年宁波市人力资源市场工资指导价位
·················（287）

2019年温州市人力资源市场工资指导价位
·················（303）

2019年湖州市人力资源市场工资指导价位
·················（317）

2019年嘉兴市人力资源市场工资指导价位
·················（334）

2019年绍兴市人力资源市场工资指导价位
·················（347）

2019年金华市人力资源市场工资指导价位
·················（357）

2019年衢州市人力资源市场工资指导价位
·················（366）

2019年舟山市人力资源市场工资指导价位
·················（377）

2019年台州市人力资源市场工资指导价位
·················（387）

2019年丽水市人力资源市场工资指导价位
·················（399）

索 引

索 引·················（405）

特载

批　示

省委书记车俊在《关于2018年度国内系列引才活动情况的报告》上的批示

我省招引人才势头不错，应继续努力保持好的势头，使急需的人才引进来，留得住，发挥好作用。

2019 年 1 月 29 日

省委书记车俊、省长袁家军在《关于人社部张纪南部长等来浙出席有关活动及近期技能人才工作情况的报告》上的批示

省委书记车俊批示：大力发展职业教育，加快培养高素质劳动者和技能技术人才，既是我省"两个高水平"建设发展的必需，又是优化教育结构的需要。同意报告的建议。

省长袁家军批示：认真学习贯彻习总书记重要指示和李克强总理重要批示精神，支持宁波办好综合性全省技能大赛，进一步加大技能教育、技能人才培养改革创新力度，为制造业高质量发展提供有力支撑。

2019 年 11 月 7 日

省委书记车俊在《关于第五届世界浙商大会数字经济 国际青年人才论坛情况的报告》上的批示

很好。高质量发展必须有高水平人才支撑。

2019 年 12 月 6 日

省长袁家军在《省属高职院校聘用人员历史遗留问题 得到妥善解决》上的批示

值得充分肯定。

2019 年 2 月 14 日

省长袁家军在《关于2018年度保障农民工工资支付 工作考核情况的通报》上的批示

再接再厉。

2019 年 9 月 23 日

省委常委、秘书长陈金彪在《省人力社保厅深化"最多跑一次"改革领跑者综合试点为高水平推进省域治理现代化贡献人社力量》上的批示

社保是民生重要领域，深化"最多跑一次"改革非常必要、非常重要。望及时总结推广综合试点经验，让群众有更多获得感。

2019 年 12 月 16 日

副省长高兴夫在《关于报送在开展"三服务"活动中助推传统制造业改造提升有关情况的函》上的批示

省人社厅"三服务"有实招、见实效，有力支撑了我省传统产业的改造提升。请省科技厅、经信厅阅研，合力推进。

2019 年 12 月 17 日

副省长王文序在2019年全省人力资源和社会保障工作会议工作报告上的批示

2018年，全省人力社保系统在省委省政府正确领导下，深入贯彻落实党的十九大精神，紧紧围绕中心工作，锐意改革、攻坚克难，持续深化"最多跑一次"改革，大力实施富民惠民安民行动计划，在促进就业创业、加强人才引育、完善社会保障、推进东西部扶贫劳务协作、构建和谐劳动关系、防范化解风险等方面取得了显著成绩，为全省发展大局作出了积极贡献。成绩来之不易，值得充分肯定。2019年是我省高水平全面建成小康社会的关键之年。全省人力社保系统要坚持以习近平新时代中国特色社会主义思想为指导，全面贯彻党的十九大精神，认真落实省委省政府部署要求，坚持稳中求进工作总基调，聚焦聚力高质量发展，深入开展"三服务"活动，全力稳企业、防风险、保基金，全力稳就业、防失业、保收入，大力提升人力资源服务、数字化转型水平，加强技能人才队伍建设，强化制度和政策供给，持续保障和改善民生，为我省"两个高水平"建设作出新的更大贡献，以优异成绩向新中国成立70周年献礼。

2019 年 2 月 20 日

机构情况

浙江省人力资源和社会保障厅

浙江省人力资源和社会保障厅

杭州市省府路8号省府大楼2号楼

厅领导

鲁　俊	省委组织部副部长，厅党组书记、厅长
刘国富	厅党组副书记、副厅长
仇贻泓	厅党组成员、副厅长
陈　中	厅党组成员、副厅长
金林贵	厅党组成员、副厅长
葛平安	厅党组成员、副厅长
郑益群	副巡视员
朱树民	副巡视员

机关处室

办公室

政策法规处

规划财务处（综合计划处）

就业促进和失业保险处

人才开发和市场处

职业能力建设处

专业技术人员管理处

事业单位人事管理处

农民工工作处

劳动关系处

工资福利处

养老保险处

工伤保险处

农村社会保险处

社会保险基金监督处

仲裁信访处

人事处

离退休干部处

直属机关党委

直属单位

浙江省就业管理服务局

浙江省人才市场管理办公室

浙江省人事考试办公室

浙江省人事培训教育中心（省继续教育学院）

浙江省专家与留学人员服务中心

浙江省人力资源和社会保障宣传中心

浙江省省级单位统发工资办公室

省人才工作对外联络处

浙江省人才市场

浙江省劳动保障监察总队

浙江省劳动人事争议仲裁院

浙江省社会保险事业管理中心

浙江省劳动能力鉴定中心

浙江省职业介绍服务指导中心

浙江省职业技能鉴定指导中心

浙江省劳动和社会保障干部学校（省技工教师
　进修学院）

浙江省职业技能教学研究所

浙江省劳动保障电话咨询服务中心

浙江省人力资源和社会保障资产管理中心

浙江省机关事业养老保险中心

浙江省人力资源和社会保障科学研究院

浙江省人力资源和社会保障信息中心

杭州市人力资源和社会保障局

杭州市解放东路18号D座

局领导

叶茂东　局党组书记、局长

章　明　局党组成员、副局长、市社保服务
　　　　中心主任

黄菊火　局党组成员、副局长

单黎霞　局党组成员、副局长

方海洋　局党组成员、副局长

刘志勇　局党组成员、二级巡视员

宣向东　局党组成员、二级巡视员

钱　斌　市人才服务中心主任

徐　明　市就业服务中心主任

吴槐庆　杭州市帮扶恩施州工作队领队、
　　　　二级巡视员

机关处室

办公室

组织人事处

机关党委

政策法规处

计划财务与社保基金监督处

就业创业指导处

人才开发和市场处（国际交流合作处）

职业能力建设处（技工院校管理处）

专业技术人员管理处

事业单位人事管理处

劳动关系处

工资福利和奖励处

养老保险处

工伤保险处（市劳动能力鉴定委员会办公室）

退休人员管理处（基层工作处）

仲裁信访处

行政审批处

直属单位

杭州市人才服务中心

杭州市就业服务中心

杭州市社会保险服务中心

杭州市人事考试院

杭州市劳动保障监察支队

杭州市劳动人事争议仲裁院

杭州市人力资源和社会保障信息中心

杭州市企业退休人员管理服务中心

杭州市专家与留学人员服务中心

杭州市职业技能培训指导中心（杭州市公共实

训指导中心、杭州市人力资源和社会保障宣传教育中心）

杭州市职业技能鉴定指导中心

杭州市干部培训中心

杭州人才市场

杭州第一技师学院

杭州轻工技师学院

杭州退休干部（职工）大学

宁波市人力资源和社会保障局

宁波市鄞州区和济街95号

局领导

陈　瑜　市委组织部副部长，局党组书记、局长

陈文伟　局党组成员、副局长

陈　勇　局党组成员、副局长

王效民　局副局长

徐承志　局党组成员、副局长

韩洪江　局党组成员、二级巡视员

周永全　一级调研员

徐关兴　一级调研员

机关处室

办公室

组织人事处

政策法规和调研处

计划财务和信息化管理处

就业促进和失业保险处

人才开发和市场处（国际合作交流处）

职业能力建设处（技工院校管理处）

专业技术人员管理处

事业单位人事管理处

目标考核和表彰奖励处（市目标管理考核领导小组办公室）

劳动关系处

工资福利处

养老保险处

工伤保险处（市劳动能力鉴定委员会办公室）

社会保险基金监督处

仲裁信访处

行政审批处

机关党委

直属单位

宁波市社会保险管理服务中心

宁波市就业管理中心（市创业指导服务中心）

宁波市劳动保障监察支队

宁波市职业技能鉴定指导中心

宁波市人才服务中心（市人才评价中心、海外人才服务中心）

宁波市人才培训中心（宁波市国家公务员与专业军官培训中心、宁波市继续教育院）

宁波市人事考试院（市委组织部考试中心）

宁波市劳动人事争议仲裁院

宁波市社会保障卡管理服务中心（宁波市人力资源和社会保障局信息中心）

宁波市老年活动中心（宁波市退休干部活动中心）

宁波技工学校（宁波技师学院）

温州市人力资源和社会保障局

温州市鹿城区学院中路303号

局领导

徐顺聪　市委组织部副部长，局党组书记、
　　　　局长
董旭辉　局党组副书记、副局长
陈志刚　局党组成员、副局长
胡正长　局党组成员、副局长
李道钮　局党组成员、副局长
黄崇艺　局党组成员、调研员
徐　群　调研员
胡凯生　副调研员

机关处室

办公室
政策法规处
规划财务和基金监督处（挂信息化处牌子）
就业促进和失业保险处
人才开发和市场处（挂国际合作交流处牌子）
职业能力建设处
专业技术人员管理处
事业单位人事管理处
劳动关系处
行政审批服务处
工资福利处
养老保险处
工伤保险处
仲裁信访处
人事处
机关党委

直属单位

温州市事业单位工资统发中心
温州市就业创业管理服务中心
温州市劳动保障监察支队
温州市人事考试院
温州市人才管理服务中心（温州市人才市场、
　　温州市人才有限公司）
温州市社会保险管理服务中心
温州市劳动人事争议仲裁院
温州市人力资源和社会保障局经济技术开发区
　　社保分局
温州市人力资源和社会保障信息中心（温州市
　　市民卡管理服务中心、温州市民卡服务有限
　　公司）
温州技师学院
温州市职业介绍服务指导中心
温州市人力资源培训学校（温州市继续教育院、
　　温州市军队转业干部培训中心、温州市创业
　　学院）
温州市职业技能鉴定指导中心
温州市就业创业训练指导中心
温州市劳动能力鉴定中心
温州市留学人员服务中心

湖州市人力资源和社会保障局

湖州市民服务中心5号楼

局领导

王　树　市委组织部副部长，局党组书记、

局长

史淦宝　局党组成员、副局长

丁会强　局党组成员、副局长

汪　竑　局党组成员、副局长

施建永　局党组成员、市社会保险事业管理
　　　　中心主任

梁公一　局党组成员、调研员

沈福群　调研员

吴云芳　副调研员

机关处室

办公室

政策法规处（政务服务管理处）

财务与基金监督处

就业促进与失业保险处

人才开发处

专业技术人员管理处

职业能力建设处

事业单位人事管理处

工资福利与奖励处

社会保险处（劳动能力鉴定委员会办公室）

仲裁信访处（劳动关系处）

组宣人事处

直属机关党委

直属单位

湖州市社会保险事业管理中心（湖州市社会保
　　险服务中心）

湖州市人才资源开发管理中心（湖州市人才市
　　场管理中心、浙江省南太湖创新发展研究院
　　秘书处）

湖州市机关事业单位退休职工活动中心

湖州市专业技术职务任职资格评价服务中心

湖州市就业管理服务中心

湖州市职业技能鉴定中心

湖州市劳动保障监察支队

湖州市人力资源和社会保障信息中心（市社会
　　保障市民卡卡管理中心）

湖州市劳动人事争议仲裁院

湖州市人事考试中心

湖州市人力资源培训中心

嘉兴市人力资源和社会保障局

嘉兴市南湖区东升东路1042号

局领导

徐　忠　市委组织部副部长，局党委书记、
　　　　局长

冯俊华　局党委副书记、副局长

姚晓明　局党委委员、副局长

俞叶君　局党委委员、副局长

黄　炜　局党委委员、四级调研员

潘一兵　局党委委员、办公室主任

机关处室

办公室

计划财务处（社会保险基金监督处）

信息化管理处

人才开发处

职业能力建设处

13

专业技术人员管理处

事业单位人事管理处

劳动关系处（信访处）

养老工伤保险处

就业促进与失业保险处

机关党委

直属单位

嘉兴市养老保险服务中心

嘉兴市退休干部管理服务中心

嘉兴市劳动人事争议仲裁院

嘉兴市人才交流服务中心

嘉兴市人事考试中心

嘉兴市就业管理服务中心

嘉兴市劳动保障行政执法队

嘉兴市职业技能鉴定中心（嘉兴市高技能人才
　公共实训管理服务中心）

嘉兴市劳动能力鉴定中心

绍兴市人力资源和社会保障局

绍兴市曲屯路368号

局领导

黄奇凡　市委组织部副部长、局党组书记、
　　　　局长

罗继红　局党组副书记、副局长

朱全红　局党组成员、副局长

陈朝晖　局党组成员、副局长

陈剑峰　局党组成员、副局长

柯建华　局党组成员、副局长

潘晓东　局党组成员、市人才开发服务
　　　　中心主任

胡　豪　局党组成员、市社会保险事业管理服
　　　　务中心主任

孔建明　调研员

裘宏柱　市就业管理服务中心主任

薛婉娟　调研员

俞有灿　调研员

机关处室

办公室

政治处（机关党委）

政策法规处

财务与社保基金监督处

就业促进和失业保险处

人才综合处

社会保险处

事业单位综合管理处

专业技术人员管理处

职业能力建设处

劳动关系和农民工工作处

仲裁信访处

直属单位

绍兴市人才开发服务中心

绍兴市就业管理服务中心

绍兴市社会保险事业管理服务中心

绍兴市人事考试院

绍兴市劳动保障监察支队

绍兴市退休干部管理服务中心

绍兴市人力资源和社会保障信息中心

绍兴市职业技能开发指导中心

绍兴市专家与留学人员服务中心

事业单位人事管理处

劳动关系与仲裁信访处

工资福利与奖励处

社会保险处

直属单位

金华市社会保险事业管理局

金华市就业管理服务局

金华市劳动保障监察支队

金华市人才市场管理办公室

金华市人事考试院

金华市劳动人事争议仲裁院

金华市人力资源和社会保障信息管理中心

金华市劳动能力鉴定中心

金华市人力资源培育教育中心

金华市职业技能鉴定中心

金华市人力资源和社会保障局

金华市双龙南街801号（西辅楼3号楼4楼）

局领导

褚惠斌　市委组织部副部长，局党组书记、局长

陈宽年　局党组成员、副局长

徐金韩　局党组成员、副局长

徐庆妹　局党组成员、局机关党委书记

张　政　局党组成员、副局长、社保局局长

侯东升　局党组成员、副局长级

邵森寅　局党组成员、副局级

杨建飞　副局长级干部

黄根寿　副局级干部

杜跃忠　四级调研员

余晓春　四级调研员

机关处室

办公室

机关党委

政策法规与基金监督处

就业促进和失业保险处

人才开发和市场处

职业能力建设处

专业技术人员管理处

衢州市人力资源和社会保障局

衢州市柯城区仙霞中路36号

局领导

余龙华　市委组织部副部长，局党委书记、局长

王国忠　局党委副书记、副局长

单华川　局党委委员、副局长

牛建彪　局党委委员、副局长

严雪峰　局党委委员、副局长

陈志军　局党委委员、就业中心主任

张碎金　局党委委员、社保中心主任

徐竹良　局党委委员、办公室主任

姜红生　二级巡视员

蒋天臻　二级调研员

童庭伟　二级调研员

机关处室

办公室

机关党委

财务与内审处

法规与审批服务处

人才开发与就业促进处

职业能力建设处

专业技术人员管理处

事业单位人事管理处

工资福利与奖励处

社会保险与基金监督处

劳动关系与仲裁信访处

绿色产业集聚区分局（派出机构）

直属单位

衢州市社会保险事业管理中心

衢州市就业管理服务中心

衢州市人力资源和社会保障信息中心

衢州市人力资源开发服务中心

衢州市劳动保障监察支队

衢州市人才市场管理中心

衢州市劳动人事仲裁院

衢州市职业技能鉴定中心

衢州市劳动能力鉴定中心

衢州市人事考试院

衢州市绿色产业集聚区人力资源保障所

舟山市人力社保局机构情况

舟山市新城海天大道681号市

行政中心东一号楼

局领导

陈芬芬　市委组织部副部长，局党组书记、
　　　　局长

於立斌　局党组成员、副局长

阎英群　局党组成员、副局长

边雅丽　局党组成员、四级调研员

沈建明　局党组成员、四级调研员

吴新利　局党组成员、市社会保险事业管理
　　　　中心主任

禹克亚　四级调研员

张家庆　四级调研员

陈国　　四级调研员

机关处室

办公室

组织人事处

机关党委

政策法规处（行政许可服务处）

就业促进和失业保险处

人才开发和市场处（市人才市场管理办公室）

职业能力建设处

专业技术人员管理处

事业单位人事管理处

劳动关系处

养老保险处

工伤保险处（市劳动能力鉴定委员会办公室）

基金监督和内审处

直属单位

舟山市社会保险事业管理中心

舟山市就业管理中心

舟山市人事考试院（市公务员考试测评中心）

舟山市劳动监察支队

舟山市人才公共服务中心

舟山市人力资源和社会保障信息中心

舟山市劳动人事争议仲裁院

舟山市退休干部活动中心

舟山市原转体单位离退休干部服务中心

舟山市劳动能力鉴定中心

舟山市人力资源培训和技能鉴定指导中心

舟山市人力资源市场服务中心

舟山市社会保险服务中心

台州市人力资源和社会保障局

台州市白云山南路233号市行政中心12楼西

局领导

许世斌　局党组书记、局长

卢志米　局党组副书记、副局长

於英姿　局党组成员、副局长

谢建军　局党组成员

陈敦庸　局党组成员、副局长

马德求　局党组成员

机关处室

办公室

政策法规和仲裁信访处

人才开发和市场处

就业促进和职业能力建设处

专业技术人员管理处

事业单位人事管理处

劳动关系和农民工工作处

工资福利和奖励处

社会保险处

社会保险基金监督处

行政审批处

人事处

机关党委

直属单位

台州市人才交流中心

台州市人事考试院

台州市劳动人事仲裁院

台州市就业服务中心

台州市劳动保障监察支队

台州市人力资源和社会保障信息中心

台州市职业技能鉴定中心

台州市劳动能力鉴定中心

台州市高层次人才服务中心

台州市人才市场

丽水市人力资源和社会保障局

丽水市人民街615号商会大厦

局领导

陈立新　市委组织部副部长，局党组书记、
　　　　局长
章　旭　局党组成员、副局长，党组成员
吴守成　局党组成员、副局长，党组成员
王旭彪　局党组成员、副局长，党组成员
吕志充　局党组成员、市养老保险服务中心
　　　　主任
金丽芬　局党组成员、市就业服务中心主任
李伯华　局党组成员、办公室主任、
林建军　三级调研员
吴玉军　副调研员、四级调研员

机关处室

办公室
政策法规处（挂行政审批处牌子）
事业单位人事管理处
人才开发和就业促进处

职业能力建设处
专业技术人员管理处
工资福利和奖励处（挂社会保险基金监督处
　　牌子）
社会保险处（挂市劳动能力鉴定委员会办公室
　　牌子）
劳动关系和仲裁信访处

直属单位

丽水市社会保险事业管理局
丽水市就业管理局
丽水市人才管理服务局（市高层次人才服务
　　中心）
丽水市劳动保障监察支队
丽水市人力资源和社会保障信息中心（市人力
　　资源和社会保障咨询服务中心、社会保障卡
　　管理服务中心）
丽水市职业技能鉴定指导中心
丽水市人事劳动仲裁院
丽水市人力资源市场服务中心（市人力资源和
　　社会保障教育培训中心）
丽水市人事考试院

大事记

浙江省人力资源和社会保障厅大事记

1月

1月2日，陈中副厅长陪同王文序副省长赴临安开展"三服务"活动。

1月4日，鲁俊厅长主持召开第26次厅党组会，学习中央、省委经济工作会议和全国人力资源和社会保障工作会议暨人社扶贫工作座谈会精神，听取关于申报2019年表彰奖励项目的汇报，审议《厅党组2018年度民主生活会方案（送审稿）》，听取关于再次调整厅"三定"方案的汇报，研究人事处其他相关事项。

同日，鲁俊厅长、仇贻泓副厅长参加全省防范处置企业拖欠工资工作电视电话会议。

1月7日，鲁俊厅长列席省委常委会第77次会议，下午参加2018年度全省党委（党组）书记抓基层党建和人才工作述职评议会。

同日，刘国富副厅长参加国家自然资源督查上海局反馈"大棚房"整治暗访发现问题情况专题会议。

同日，金林贵副厅长参加全省"大棚房"问题专项清理整治行动视频会议。

同日，郑益群副巡视员参加民革浙江省委会十三届三次全会开幕式。

1月8日，金林贵副厅长赴嘉兴参加在浙阿坝州籍农民工代表慰问座谈会。

1月8日至9日，葛平安副厅长赴台州调研2019年工作思路。

1月9日，鲁俊厅长参加省委军民融合发展委员会第二次会议。

同日，仇贻泓副厅长参加"三服务"企业反映问题协调交办会，下午参加全国安全生产电视电话会议。

同日，陈中副厅长参加2019年浙江省共青团与人大代表、政协委员面对面集中座谈交流活动。

同日，葛平安副厅长参加浙江省2019年贯彻落实国家重大政策措施情况等审计进点会。

1月10日，陈中副厅长参加"最多跑一次"改革工作例会，下午参加全省"银商合作"助推小微企业高质量发展暨2019年"小微企业三年成长计划"工作部署电视电话会议。

1月10日至11日，刘国富副厅长赴广州参加全国工伤保险工作座谈会。

1月11日，鲁俊厅长参加省政府第16次常务会议。下午，鲁俊厅长、金林贵副厅长参加国务院农民工工作领导小组会议暨保障农民工工资支付工作电视电话会议。

1月14日，鲁俊厅长列席省委常委会第78次、第79次会议，晚上参加县（市、区）委书记工作交流会。

同日，仇贻泓副厅长出席世界技能大赛美发项目决赛活动。

1月14日至18日，全省系统乡村振兴分管领导干部培训班分别在安吉、开化、江山举办，金林贵副厅长出席培训班开班仪式并讲话。

1月15日，鲁俊厅长参加省委传达重要文件精神会议，下午走访慰问老干部。

同日，仇贻泓副厅长赴金华开展市级政府"治欠保支"工作考核。

1月16日，鲁俊厅长参加省人力资源服务协会第二届第一次会员大会。

同日，刘国富副厅长参加《提问2019 厅局长话服务》节目录制。

同日，陈中副厅长陪同王文序副省长赴杭州开展"三服务"活动。

1月16日至17日，刘国富副厅长赴人社部参加机关事业单位养老保险待遇平稳衔接工作集中调度会。

1月16日至18日，仇贻泓副厅长赴北京参加第十四届高技能人才表彰大会。

1月16日至18日，郑益群副巡视员赴北京参加部分省份机关事业单位养老保险待遇平稳衔接工作集中调度会。

1月17日，鲁俊厅长参加省纪委十四届四次全会第一次会议。

同日，陈中副厅长赴桐乡出席"失业保险惠企政策进民企"专项宣传活动。

1月18日，鲁俊厅长参加省纪委十四届四次全会第一次会议，下午参加海归学子创新创业座谈会，之后主持召开厅党组理论学习中心组（扩大）学习会议。

同日，金林贵副厅长参加浙江清华长三角研究院第四届理事会第一次会议。

同日，葛平安副厅长赴嘉兴参加2019年"诚信点亮中国"浙江省示范性活动，下午陪同王文序副省长赴杭州开展"三服务"活动。

1月21日，鲁俊厅长主持召开第27次厅党组会，听取关于全国工伤保险工作座谈会情况的汇报，听取关于2018年度博士后工作站考核情况汇报，听取关于进一步向省属重点建设高校实施绩效工资倾斜的汇报，听取关于促进就业创业督查激励措施有关情况的汇报，听取关于国务院农民工工作领导小组会议暨保障农民工工资支付电视电话会议情况的汇报，审议《省人力社保厅开展乡村振兴合作创业试点村（培训基地）建设和带头人培训工作实施方案》，听取关于全省系统工作会议方案情况的汇报，研究近期人事工作。

1月22日，葛平安副厅长参加全省县级融媒体中心建设推进会。

1月23日，我厅举办青年干部"学用新思想，建功新时代"主题演讲比赛决赛，鲁俊厅长出席比赛并讲话，葛平安副厅长担任比赛评委。

同日，陈中副厅长参加浙江省参与首届中国国际进口博览会总结表扬活动。

同日，金林贵副厅长参加三替集团与海信家电集团战略合作发布会。

同日，葛平安副厅长参加全省宣传思想工作会议。

1月24日，鲁俊厅长参加省安委会全体成员会议，下午参加2019年援派干部人才新春座谈会。

同日，金林贵副厅长参加省属企业党的建设工作座谈会。

1月25日，鲁俊厅长主持召开部分市、县（市、区）局长座谈会。

同日，陈中副厅长参加省委组织部人才工作例会。

1月25日至31日，鲁俊厅长参加省十三届人大二次会议。

1月26日至30日，刘国富副厅长参加省政协十二届二次会议。

1月28日，仉贻泓副厅长参加省政协民盟、民进、教育界联组讨论，下午赴杭州检查节前治欠保支工作。

同日，陈中副厅长赴杭州调研就业信息化建设工作。

1月29日，鲁俊厅长参加全省信访工作座谈会。

同日，刘国富副厅长参加省政协少数民族界、社会福利和社会保障界、宗教界联组讨论。

同日，陈中副厅长赴赛伯乐公司调研。

1月30日，鲁俊厅长参加省政协十二届二次会议闭幕式。

1月31日，鲁俊厅长参加厅办公室党支部组织生活会，下午参加省十三届人大二次会议闭幕式。

2月

2月1日，鲁俊厅长陪同冯飞常务副省长走访慰问老同志，下午参加全省安全生产暨消防工作电视电话会议。

同日，鲁俊厅长主持召开第29次厅党组会，传达省十三届人大二次会议、省政协十二届二次会议精神，听取关于全省干部大监督工作联席会议主要精神和下步贯彻落实打算的汇报，听取关于举办全省人力社保系统法治知识竞赛复赛活动的情况汇报，听取关于2018年度

机关党建述职评议工作和厅党组民主生活会、支部组织生活会及民主评议党员、基层党组织星级评定有关情况的汇报，书面审议关于第十四届高技能人才表彰大会情况的汇报，研究近期人事工作。

同日，刘国富副厅长参加中小学教师队伍稳定工作专题会议。

同日，陈中副厅长赴柯桥调研航空发动机项目。

2月2日，鲁俊厅长参加2019年春节团拜会。

2月11日，厅领导走访慰问干部职工。

同日，鲁俊厅长参加省委理论学习中心组"习近平总书记在省部级主要领导干部坚持底线思维着力防范化解重大风险专题研讨班上的重要讲话精神"专题学习会。

同日，陈中副厅长参加全省工业稳企业稳增长电视电话会议。

2月12日，鲁俊厅长参加袁家军省长主持召开的专题听取稳企业防风险工作情况汇报会。

同日，陈中副厅长赴省人力资源服务协会调研，下午主持召开就业工作座谈会。

2月13日，厅党组召开2018年度民主生活会。厅党组书记、厅长鲁俊主持会议。

同日，刘国富副厅长参加公务员工作座谈会。

同日，郑益群副巡视员参加消防员招录工作协调会。

2月14日，鲁俊厅长、葛平安副厅长参加全省政法工作会议。下午，省政协孙景淼副主席来厅调研，鲁俊厅长参加座谈会。

同日，陈中副厅长赴临安调研大学生创业园。

2月15日，鲁俊厅长参加省政府第17次常务会议。

同日，金林贵副厅长参加省委老干部工作领导小组会议。

同日，葛平安副厅长参加2022年第19届亚运会组委会第三次执行委员会会议暨第三次全体委员会会议。

2月18日，鲁俊厅长参加省对口工作领导小组第十二次会议。之后，鲁俊厅长、刘国富副厅长参加省委退役军人事务工作领导小组第一次全体会议。

同日，陈中副厅长主持召开研究困难企业社保费返还专题会议。

同日，金林贵副厅长参加全省统战部长会议。

同日，葛平安副厅长参加浙江省名中医新春座谈会。

2月19日，鲁俊厅长参加省政府第三次全体会议。

同日，刘国富副厅长参加省群团改革专项小组第四次会议。

2月20日，鲁俊厅长、刘国富副厅长参加全省组织部长会议暨新时代组织工作高质量发展研讨班。

2月20日至22日，陈中副厅长赴恩施开展杭州—恩施东西部扶贫劳务协作系列活动。

2月21日，鲁俊厅长参加省保健委员会会议。

同日，省人大常委会副主任、省总工会主席史济锡一行6人来厅对接工作，鲁俊厅长、仇贻泓副厅长参加座谈会。

同日，金林贵副厅长参加全国脱贫攻坚专项巡视整改工作电视电话会议，下午参加省扶贫开发领导小组会议。

2月21日至22日，仇贻泓副厅长赴人社部对接工作。

2月22日，鲁俊厅长主持召开第31次厅党组会，传达全省统战部长会议和省委老干部领导小组会议精神，听取关于对省司法厅《浙江省职工基本养老保险条例（修订草案）》修改意见的情况汇报，听取关于建议明确保密乘车有关规定的汇报，听取关于《浙江省人力资源和社会保障厅促进就业创业督查激励实施办法》起草情况的汇报，听取关于2018年度省政府部门绩效考评情况的通报，审议全省系统会议工作报告，审议关于全省宣传思想工作会议、全省民族宗教工作会议、省委政法委工作会议情况的汇报，研究近期人事工作。

2月25日，鲁俊厅长列席省委常委会，下午参加省委全面深化改革委员会第二次会议。

2月26日，2019年全省人力资源和社会保障工作会议在杭州召开。会议以习近平新时代中国特色社会主义思想为指导，深入贯彻党的十九大和中央经济工作会议精神，认真落实省第十四次党代会和省委十四届三次、四次全会、省委经济工作会议、省十三届人大二次会议以及全国人社系统工作会议部署，总结2018年工作，分析当前形势，部署2019年重点任务。省委组织部副部长，省人力社保厅党组书记、厅长鲁俊同志作了题为《务实创新　担当作为　奋力推进人力资源社会保障事业高质量发展》的工作报告。会议由厅党组副书记、副厅长刘国富同志主持。下午，全厅干部职工大会在杭州召开，回顾总结过去一年工作，表彰先进处室（单位）和个人，部署2019年重点工作。鲁俊厅长出席会议并讲话，陈中副厅长、葛平安副厅长分别宣读表彰决定。会议由刘国富副厅长主持。

同日,仉贻泓副厅长参加省政府与省总工会联席会议,之后参加研究保障义务教育教师工资待遇有关政策专题会议,下午参加省委教育工作领导小组第一次全体会议。

同日,金林贵副厅长参加省委农村工作会议,下午参加省政府第五次专题学习会。

2月26日至28日,郑益群副巡视员赴昆明参加全国社会保险局长会议。

2月27日,鲁俊厅长主持召开第32次厅党组会,通报王晨涉嫌严重违纪违法接受纪律审查、监察调查情况,研究近期人事工作。

同日,鲁俊厅长参加对台工作会议。

2月28日,鲁俊厅长参加全省扩大有效投资重大项目集中开工仪式,之后赴萧山开展义务植树活动,下午参加深化"最多跑一次"改革推进政府数字化转型专题会议。

同日,仉贻泓副厅长参加非政府组织协调小组会议。

同日,全省人社系统法治知识竞赛在杭州举行,葛平安副厅长到场观摩。

3月

3月1日,鲁俊厅长主持召开第33次厅党组会,听取关于企业职工基本养老保险基金省级统收统支有关情况的汇报,研究近期人事工作。之后,鲁俊厅长参加省委编委会议,下午参加省政府常务会议。

同日,郑益群副巡视员参加推进"大棚房"问题专项清理整治行动电视电话会议。

3月4日,刘国富副厅长参加全省"最多跑一次"改革工作例会。

同日,陈中副厅长到省联合接待中心接访。

3月4日至5日,葛平安副厅长赴人社部对接工作。

3月4日至6日,金林贵副厅长赴成都参加部分省份人社系统行风建设工作座谈会。

3月5日,鲁俊厅长主持召开处室(单位)主要负责人会议。

同日,陈中副厅长接待香港宁波商会一行。

3月6日,仉贻泓副厅长参加第45届世界技能大赛全国选拔赛集中性考核准备工作验收会。

同日,陈中副厅长赴柯桥调研人才工作。

3月7日,刘国富副厅长参加省委退役军人事务工作领导小组办公室主任第一次会议。

同日,仉贻泓副厅长赴嘉善参加浙江省推进长三角一体化发展行动方案研究专题会议。

同日,陈中副厅长参加省政府妇儿工委全体(扩大)会议。

3月8日,陈中副厅长参加浙江省社会救助联席会议,下午参加研究我省青少年近视防控有关工作专题会议。

同日,金林贵副厅长参加促进消费专题会议。

3月11日,刘国富副厅长参加企业职工基本养老保险基金省级统收统支政策研究工作方案专题会议。

同日,仉贻泓副厅长参加第45届世界技能大赛全国选拔赛浙江赛区集中阶段性考核比赛。

同日,葛平安副厅长参加公共信用信息平台和金融综合服务平台演示会议,下午参加研究部署我省营商环境评价指标体系构建工作专题会议。

3月11日至15日，郑益群副巡视员赴舟山市参加"大棚房"问题整治整改情况督查抽查。

3月12日，仇贻泓副厅长参加浙江省省直房委会2019年度工作会议，下午参加技校副高职称评审会。

同日，葛平安副厅长参加提升政务服务能力工作座谈会。

3月13日，鲁俊厅长参加刘云田同志遗体告别仪式，下午赴之江实验室开展"三服务"活动。

同日，仇贻泓副厅长参加技校副高职称评审会。

3月13日至14日，刘国富副厅长陪同倪芳芬参加部分"全国人社服务标兵"代表赴人社部开展宣讲活动。

3月13日至15日，金林贵副厅长赴衢州开展"三服务"活动。

3月14日，鲁俊厅长、陈中副厅长参加就业补助资金和失业保险基金审计进点会议。下午，鲁俊厅长赴杭州开展"三服务"活动。

同日，陈中副厅长陪同王文序副省长赴湖州调研。

3月15日，厅领导参加全省领导干部会议。

同日，鲁俊厅长参加2019年省经济责任审计工作联席会议，下午参加省委2018年度选人用人"一报告两评议"工作会议。

同日，仇贻泓副厅长参加省评比达标表彰协调小组会议。

3月18日，鲁俊厅长列席省委常委会第84次会议，下午参加省政府第19次常务会议。

同日，鲁俊厅长主持召开第34次厅党组

会，听取关于拟上报促进就业创业督查激励建议名单的情况汇报，听取关于各市党政领导班子实绩考评指标计算方法调整情况的汇报，听取关于全国社保扶贫推进暨城乡居民养老保险工作会议、全国社保局长会议情况的汇报，听取关于全省系统和省本级权力和公共服务事项清单清理调整情况的汇报，研究近期人事工作。

同日，陈中副厅长参加省政府残工委全体会议暨省残联主席团会议。

同日，金林贵副厅长参加浙江省新型智库工作联席会议第一次会议。

同日，葛平安副厅长参加省劳动模范评选委员会会议。

3月18日至19日，刘国富副厅长赴衢州调研。

3月18日至20日，仇贻泓副厅长赴金华开展"三服务"活动。

3月19日，2019年浙江省春季人才交流大会在杭州举行，陈中副厅长到会巡视。

3月19日至20日，鲁俊厅长赴杭州开展"三服务"活动。

同日，郑益群副巡视员赴平湖参加退役军人工作会议。

3月19日至21日，金林贵副厅长赴北京参加全国人社系统2019年党风廉政建设工作座谈会。

3月19日至26日，我省连续第11次组团赴香港开展引才活动。王文序副省长、陈中副厅长出席活动。

3月20日，刘国富副厅长赴浙江大学对接工作。

同日，葛平安副厅长参加省政府无欠薪考核工作会议。

同日，郑益群副巡视员参加省政协十二届二次会议重点提案遴选协商会。

3月21日，鲁俊厅长、刘国富副厅长、仉贻泓副厅长参加王文序副省长主持召开的专题听取企业减费降负落实情况会议。下午，鲁俊厅长参加省委人才工作领导小组第2次会议。

同日，刘国富副厅长参加研究我省减负降本政策专题会议。

同日，郑益群副巡视员参加全省"大棚房"问题专项清理整治工作视频会议。

3月21日至22日，葛平安副厅长赴丽水开展"三服务"活动。

3月22日，刘国富副厅长参加2019年调整退休人员基本养老金工作视频会议。

同日，仉贻泓副厅长参加全省教育大会。

同日，金林贵副厅长赴浙江林业科学研究院调研人事管理和岗位设置工作。

3月23日，仉贻泓副厅长出席世界旅游联盟总部暨世界旅游博物馆项目启动仪式。

3月24日，金林贵副厅长赴上海出席"长三角地区春季人才交流洽谈会暨2019届高校毕业生择业招聘会"启动仪式并致辞。

3月25日，鲁俊厅长列席省委常委会第85次会议。下午，鲁俊厅长主持召开第35次厅党组会，听取关于在社会保险领域减轻企业负担的报告，听取关于报送倪芳芬同志为国家相关荣誉候选人的报告。

3月25日至27日，刘国富副厅长赴宁波开展"三服务"活动。

3月25日至29日，郑益群副巡视员赴温州、绍兴开展"三服务"活动。

3月26日，2019年全省系统党风廉政建设暨行风建设工作会议在杭州举行，鲁俊厅长、驻部纪检监察组周鲁明组长出席会议并讲话，会议由金林贵副厅长主持。

3月26日至27日，葛平安副厅长赴珠海参加全国人力资源和社会保障网络安全和信息化工作座谈会。

3月27日，陈中副厅长参加精准扶贫及扶贫资金结余化解专题会议。

3月28日，鲁俊厅长、刘国富副厅长参加袁家军省长主持召开的专题听取减税降费工作会议。

同日，仉贻泓副厅长参加省红十字会第七届理事会第三次（扩大）会议。

同日，刘国富副厅长参加省政府第20次常务会议。

3月28日至29日，陈中副厅长赴台州开展"三服务"活动。

3月28日至29日，金林贵副厅长赴衢州开展"三服务"活动。

3月29日，刘国富副厅长参加全省建设平安浙江工作会议。

同日，仉贻泓副厅长参加省数字经济发展领导小组2019年第1次全体会议。

3月30日，浙江省暨宁波市2019年"12333全国统一咨询日"活动在宁波举行，葛平安副厅长出席活动并讲话。

4月

4月1日，鲁俊厅长参加袁家军省长主持召开的专题听取《之江实验室体制机制创新研究》课题进展及之江实验室建设工作情况汇报会议。

同日，仉贻泓副厅长陪同王文序副省长到省职教集团调研。

4月1日至2日，陈中副厅长赴舟山开展"三服务"活动。

4月1日至3日，郑益群副巡视员赴许昌参加2019年全国专业技术人才工作座谈会。

4月1日至4日，葛平安副厅长受解决企业工资拖欠问题部际联席会议委托，对内蒙古自治区政府保障农民工工资支付工作进行实地核查。

4月2日，鲁俊厅长参加省深化"亩均论英雄"改革工作领导小组会议。之后，鲁俊厅长主持召开第36次厅党组会，听取关于全国人力资源社会保障系统2019年党风廉政建设工作座谈会精神汇报，听取关于对社保中心党支部、职介中心党支部巡察反馈意见的汇报，听取关于2019年度厅党组理论学习中心组学习计划、2019年度厅党风廉政建设工作要点和责任分工、2019年度厅机关党建工作要点和责任分工及厅机关党委、机关纪委换届工作方案等事项汇报。

同日，刘国富副厅长参加全省干部人事档案工作会议。

同日，仇贻泓副厅长赴湖州信息技师学院、交通技师学院调研。

同日，金林贵副厅长参加省十三届人大二次会议代表建议和省政协十二届二次会议提案交办会，下午参加省文化改革发展工作领导小组暨深化宣传文化领域"最多跑一次"改革工作会议。

4月3日，陈中副厅长参加全国综合防控儿童青少年近视暨推进学校卫生与健康教育工作视频会议。

4月3日至4日，鲁俊厅长赴北京参加全国降低社保费率工作会议。

4月4日，刘国富副厅长参加省政府稳企业防风险第2次专题会议。

同日，仇贻泓副厅长参加全国深化职业教育改革电视电话会议。

同日，金林贵副厅长参加省属事业单位改革调研部署会。

同日，葛平安副厅长参加机关内部"最多跑一次"改革专题会议，下午参加全省深化"最多跑一次"改革推进政府数字化转型工作例会。

同日，郑益群副巡视员参加省劳动模范评选委员会会议。

4月5日至8日，葛平安副厅长率队赴重庆参加全国人社法治知识竞赛，我厅代表队获得晋级赛小组第二名，荣获优秀奖。

4月8日，鲁俊厅长列席省委常委会，下午主持召开厅长办公会议，之后主持召开第37次厅党组会，研究近期人事工作。

同日，仇贻泓副厅长参加2019年全省公务员考试录用和公开遴选工作会议。

4月8日至11日，葛平安副厅长赴重庆参加人力资源和社会保障法治工作座谈会。

4月8日至16日，金林贵带队参加省属事业单位改革。

4月9日，鲁俊厅长、陈中副厅长参加王文序副省长主持召开的听取工作汇报专题会议。

4月9日至10日，全省工伤保险工作座谈会在武义召开，刘国富副厅长出席会议并讲话。

4月11日，鲁俊厅长参加全省深化国资国企改革座谈会。

同日，金林贵副厅长参加全省海防工作会议，之后参加省山海协作领导小组第二次会议。

同日，郑益群副巡视员赴舟山参加首届中国（浙江）自贸试验区"海洋经济"国际青年学者论坛。

同日，朱树民副巡视员参加全民科学素质行动计划实施工作电视电话会议。

4月11日至12日，刘国富副厅长陪同王文序副省长赴台州黄岩、温岭、玉环调研。

4月11日至14日，葛平安副厅长、朱树民副巡视员陪同广西核查组对浙江省政府保障农民工工资支付工作进行实地核查。

4月12日，仇赒泓副厅长参加2019年省部标准化工作联席会议。

同日，金林贵副厅长参加首届中国—中东欧国家博览会暨国际消费品博览会第21届中国浙江投资贸易洽谈会第一次筹备工作会议，之后参加省电子商务工作领导小组第七次全体会议。

同日，郑益群副巡视员赴绍兴出席2019年浙江省大学生创新创业大赛启动仪式。

4月14日，鲁俊厅长主持召开第38次厅党组会，听取关于全国人社法治工作座谈会主要精神的汇报，听取关于建议调整市党政领导班子实绩考评指标的汇报，听取《关于建立县域医共体人员统筹使用机制的指导意见》起草情况的汇报，听取关于开展全省社会保险基金管理风险专项检查情况汇报，研究近期人事工作。

4月15日，鲁俊厅长参加县（市、区）委书记工作交流会。

4月15日至16日，金林贵副厅长带队参加省属事业单位改革。

4月15日至30日，葛平安副厅长参加省委组织部干部考察。

4月16日，鲁俊厅长主持召开第39次厅党组会，听取关于机关党委、机关纪委换届人选推荐情况的汇报，研究人事工作。

同日，仇赒泓副厅长参加《浙江省学前教育条例》执法检查动员部署视频会议。

同日，陈中副厅长参加研究全省一季度经济形势专题会议，下午参加省综合交通改革与发展领导小组第六次会议。

4月17日，金林贵副厅长参加2019年中央一号文件宣讲报告会。

4月18日至20日，陈中副厅长陪同冯飞常务副省长赴四川考察对接东西部扶贫协作和参加脱贫攻坚工作会议。

4月19日，鲁俊厅长参加省委统一战线工作领导小组会议，下午参加省政府常务会议。

同日，仇赒泓副厅长参加征求《浙江省精神卫生条例（草案征求意见稿）》意见建议座谈会。

4月20日，朱树民副巡视员参加2019年西湖论剑网络安全大会。

4月22日，鲁俊厅长主持召开第40次厅党组会，研究近期人事工作，之后列席省委常委会，下午参加省深化国有企业改革工作领导小组第一次会议。

4月22日至23日，陈中副厅长赴长兴参加2019年全国留学人员回国创业高级研修班开班仪式。

4月22日至26日，金林贵副厅长带队调研事业单位科研人员兼职创新创业问题。

4月23日，鲁俊厅长参加国务院第二次廉政工作会议、省政府第二次廉政工作会议，下午参加全省高校党的建设和思想政治工作会议。

同日，陈中副厅长参加浙江省知识产权强省建设工作联席会议及相关活动。

4月23日至25日，刘国富副厅长赴人社部对接工作。

4月23日至25日，仇赒泓副厅长赴长沙

参加全国职业能力建设工作座谈会。

4月24日，鲁俊厅长参加省委十四届五次全体（扩大）会议。

同日，陈中副厅长参加解决"两不愁三保障"突出问题和考核整改工作电视电话会议。

同日，金林贵副厅长参加国家卫生健康委纠正医药购销领域和医疗服务中不正之风部际联席会议机制第一次会议暨卫生健康行业作风专项整治总结视频会。

4月24日至26日，鲁俊厅长参加全省防范化解重大风险专题培训班。

4月25日，刘国富副厅长参加全省"最多跑一次"改革工作例会。

同日，陈中副厅长参加浙江省各民主党派"民营企业高质量发展"专项民主监督工作座谈会。

同日，朱树民副巡视员出席2019年《职业病防治法》宣传周活动启动仪式。

4月26日，陈中副厅长参加中国妇女儿童发展新纲要编制调研座谈会。

同日，郑益群副巡视员参加研究低收入农户精准识别等有关工作会议。

4月28日，我厅举办党员干部"不忘初心、牢记使命"主题演讲比赛决赛，鲁俊厅长出席并讲话，金林贵副厅长、郑益群副巡视员为获奖选手颁奖。下午，鲁俊厅长参加省委全面深化改革委员会第三次会议。

4月28日至29日，朱树民副巡视员参加全省公务员考试工作部署会议。

4月29日，省人大常委会姒建敏副主任来厅调研，鲁俊厅长参加座谈会。

同日，仇赟泓副厅长参加第六届全国残疾人职业技能竞赛浙江省筹备工作领导小组第一次会议。

同日，陈中副厅长参加杭州市人力资源服务机构助力脱贫攻坚行动恳谈会。

4月30日，鲁俊厅长参加省政府第六次专题学习会，下午赴杭州参加审计整改工作座谈会。

同日，仇赟泓副厅长参加庆祝"五一"国际劳动节暨表彰劳模先进大会。

同日，陈中副厅长参加全省人才工作例会，下午出席"杭州·绍兴周"活动。

5月

5月5日，鲁俊厅长列席省委常委会第88次会议。

同日，仇赟泓副厅长参加《浙江省精神卫生条例（草案）》沟通协调会。

同日，陈中副厅长出席国际人才管理与创新HR精英沙龙。

同日，金林贵副厅长主持召开事业单位改革第六小组研讨会。

5月5日至31日，葛平安副厅长参加省委组织部干部考察。

5月6日，2019中国（浙江）技能培训教育博览会在杭召开，鲁俊厅长、仇赟泓副厅长出席会议。

同日，鲁俊厅长参加浙江省推进长三角一体化发展工作领导小组第一次（扩大）会议。

同日，陈中副厅长参加省综合交通改革与发展领导小组第六次会议。

同日，金林贵副厅长赴杭州调研农民工市民化工作，下午赴嘉兴出席四川阿坝州籍农民工慰问座谈会。

同日，郑益群副巡视员出席2019年浙江省职业教育活动周启动仪式，下午到省联合接待中心接访。

5月7日，鲁俊厅长、刘国富副厅长参加王文序副省长主持召开的听取社保降费和养老金调整工作情况专题会议。

同日，郑益群副巡视员参加2018年度浙江省安全生产和消防工作考核巡察汇报会和专题座谈会。

同日，朱树民副巡视员参加公务员录用考试长三角一体化座谈会。

5月8日，厅领导参加舆情管理与媒体应对及保密教育讲座。

同日，刘国富副厅长赴德清调研社保降费工作。

同日，仉贻泓副厅长组织专家到残疾人技能竞赛集训基地指导工作。

5月8日至9日，陈中副厅长赴余姚出席2019年中国·宁波余姚智能制造世界青年学者论坛。

5月9日，鲁俊厅长主持召开第41次厅党组会，听取驻省委组织部纪检监察组周鲁明组长传达省纪委关于全省警示教育活动月现场推进会会议精神，听取关于企业职工养老保险单位缴费比例调整方案的汇报，听取关于先锋支部申报推荐情况的汇报，研究近期人事工作。

同日，省政协孙景淼副主席来厅走访调研，鲁俊厅长、刘国富副厅长参加座谈会。

同日，仉贻泓副厅长、朱树民副巡视员参加全省公务员录用考试联席会议。

同日，金林贵副厅长参加全省工业和信息化科技全球精准合作大会。

同日，郑益群副巡视员参加《浙江省学前教育条例》执行情况部门汇报会。

5月10日，鲁俊厅长参加深化"最多跑一次"改革推进政府数字化转型第六次专题会议，下午参加省政府第22次常务会议。

同日，陈中副厅长参加"引进海外人才需要重视的问题和对策"座谈会。

5月11日，鲁俊厅长主持召开第42次厅党组会，听取关于省委党内法规和规范性文件清理情况的汇报，听取关于全省"十四五"规划编制工作会议情况的汇报，听取关于2019年我省退休人员基本养老金等待遇调整实施方案的汇报，研究近期人事工作。

同日，仉贻泓副厅长赴衢州出席浙闽赣皖四省边际职业培训联盟成立大会。

5月13日，鲁俊厅长参加全国就业创业工作暨普通高等学校毕业生就业创业工作电视电话会议，下午主持召开全厅机关干部大会，之后参加全省高质量建设美丽浙江暨高水平推进"五水共治"大会、浙江省应对中美经贸摩擦专题会议。

同日，我厅组织部分党员干部赴省法纪教育基地参观警示教育展，仉贻泓副厅长、朱树民副巡视员参加。

同日，陈中副厅长赴嘉兴出席第六届嘉兴国际人才交流与合作大会并致辞，下午接待乌克兰基辅大学校长一行和人社部国际合作司调研组。

同日，金林贵副厅长列席省委常委会第89次会议。

5月13日至15日，郑益群副巡视员赴舟山开展退役军人服务保障体系建设工作督查。

5月13日至16日，刘国富副厅长带队赴广东、福建考察学习统收统支工作。

5月14日，鲁俊厅长主持召开第43次厅党组会，听取关于厅机关本级3名副调研员民主推荐有关情况的汇报，之后参加全省科学技术奖励大会、浙江—四川扶贫协作和对口支援工作联席会议。

同日，仇贻泓副厅长参加2018年度浙江省安全生产和消防工作考核巡查反馈会。

同日，陈中副厅长参加对美贸易工作座谈会。

5月14日至15日，陈中副厅长赴苏州参加全国人力资源流动管理工作座谈会。

5月16日，省政协副主席、民进省委会主委蔡秀军一行来厅开展促进民营经济高质量发展专项民主监督，鲁俊厅长、仇贻泓副厅长参加座谈会。

同日，朱树民副巡视员主持召开省直考点考务人员和巡视人员考务培训会。

5月17日，刘国富副厅长参加省侨务工作联席会议。

同日，仇贻泓副厅长参加浙江省第二十九次"全国助残日"活动。

同日，金林贵副厅长赴温州主持召开家政服务业工作会议。

同日，朱树民副巡视员参加全国深化收费公路制度改革取消高速公路省界收费站工作视频会议。

5月20日，鲁俊厅长参加省委理论学习中心组《干部任用条例》《公务员法》专题学习会，下午参加中国（浙江）自由贸易试验区建设领导小组第五次会议，之后主持召开第44次厅党组会，听取关于厅领导干部防范化解风险交流会有关安排的情况汇报，听取关于厅属事业单位编制回收有关情况的汇报。

同日，陈中副厅长赴杭州巨星科技股份有限公司调研。

5月21日，鲁俊厅长赴湖州调研。

同日，陈中副厅长参加全省中美经贸摩擦应对工作电视电话会议。

同日，郑益群副巡视员参加全省病残涉毒人员收治收戒收押百日攻坚战暨"监所挖隐"工作视频部署会。

5月21日至22日，金林贵副厅长赴金华调研中小学校教师岗位设置及比例调整政策。

5月22日，仇贻泓副厅长参加新修订的公务员法和《公务员职务与职级并行规定》实施筹备工作专班第一次会议。

5月22日至23日，刘国富副厅长赴东阳开展工伤保险走入就业扶贫基地宣传活动暨"三服务"活动。

5月22日至23日，陈中副厅长赴杭州等地调研受中美经贸摩擦影响的企业。

5月23日，鲁俊厅长、仇贻泓副厅长、陈中副厅长参加部署推进职业技能提升行动电视电话会议。下午，鲁俊厅长主持召开第45次厅党组会，听取关于省人才市场人事代理人员党委换届选举工作情况的汇报，听取关于深化"最多跑一次"改革推进政府数字化转型工作第六次专题会议和省大数据局上门服务情况的汇报，审议厅2019年度省春运工作成绩突出单位和个人推荐名单，书面审议关于全国职业能力建设工作座谈会精神及我省贯彻实施安排的汇报，研究近期人事工作。

5月23日至24日，仇贻泓副厅长参加浙江省中华职业教育社第二次代表大会。

5月24日，鲁俊厅长主持召开风险防范化解工作交流会。

5月25日，葛平安副厅长参加全省深化收费公路制度改革取消高速公路省界收费站工作视频会议。

5月27日，厅领导参加省委考察组领导干部政治素质考察。

同日，刘国富副厅长参加全省台资企业创业创新推进会。

5月27日至29日，仉贻泓副厅长赴重庆参加"一带一路"国家职业技能大赛。

5月28日，陈中副厅长参加省专家服务企业高质量发展专项活动暨首场（新材料领域）人才项目路演对接会。

同日，金林贵副厅长参加滨江区借用劳动干部学校体育场地座谈会，下午出席第六届中国杭州大学生创业大赛总决赛。

同日，葛平安副厅长主持召开浙江无欠薪考核会议。

5月28日至31日，鲁俊厅长参加省十三届人大常委会第十二次会议。

5月29日，鲁俊厅长、陈中副厅长参加《就业促进法》贯彻实施情况汇报会。

同日，陈中副厅长参加减税降费落实情况及贸易摩擦影响座谈会。

5月30日，我厅召开第二次党代会，进行直属机关党委、机关纪委换届选举。厅机关、直属单位及离退休党支部共100名党代表参加会议。厅党组书记、厅长鲁俊代表厅党组作指导讲话。下午，鲁俊厅长召开部分高校、科研院所负责人座谈会，研究科研人员兼职创新创业工作。

同日，刘国富副厅长参加第四次"最多跑一次"改革工作例会。

同日，郑益群副巡视员参加2019浙江—台湾合作周筹备工作部署会。

5月30日，全省万名大学生在浙实习启动会暨浙江省大学生见习实习工作现场会在上虞举行，陈中副厅长出席会议。

5月31日，鲁俊厅长参加"不忘初心、牢记使命"主题教育工作会议，之后陪同袁家军省长会见泰康保险集团董事长兼首席执行官陈东升一行。下午，鲁俊厅长主持召开第46次厅党组会，听取关于全国人社宣传工作座谈会情况的汇报，审议关于2019年部分项目预算调整安排情况的汇报，听取关于《浙江省人社数字化转型总体规划方案（2019～2022年）》情况的汇报，听取关于召开全省系统"最多跑一次"和信息化工作推进会工作情况汇报，审议关于申请暂缓修订《浙江省职工基本养老保险条例》的报告，书面审议2019年厅"对标争先、改革创新"行动计划工作情况汇报，研究近期人事工作。之后，参加省政府第2次法律专题学习会和省政府第23次常务会议。

6月

6月2日，鲁俊厅长参加省委组织部部务会议，下午列席省委常委会第91次会议。

6月3日，刘国富副厅长到省联合接待中心接待群众来访。

同日，仉贻泓副厅长陪同国办技能人才调研组赴杭州调研。

同日，郑益群副巡视员参加3岁以下婴幼儿托育工作推进座谈会。

6月3日至4日，陈中副厅长陪同省人大常委会娄健敏副主任赴宁波开展《就业促进法》执法检查。

6月4日，鲁俊厅长参加省政协十二届八

次常委会全体会议。

同日，仉贻泓副厅长参加全省现代供应链建设和批发零售业改造提升暨高品质步行街建设推进会。

同日，郑益群副巡视员参加第二届"海峡两岸青年发展论坛"筹备工作汇报会。

6月5日，鲁俊厅长带领厅领导班子前往省法纪教育基地参观警示教育展。

同日，金林贵副厅长参加全省公务员工作暨《干部任用条例》、公务员职务与职级并行制度培训班。

6月6日，鲁俊厅长列席省委常委会第92次会议，下午参加全省"不忘初心 牢记使命"主题教育工作会议。

同日，金林贵副厅长参加浙江省家庭服务业协会二届一次理事（扩大）会议，下午参加全省"不忘初心、牢记使命"主题教育工作培训会。

6月8日至9日，鲁俊厅长赴宁波参加浙江省推进"一带一路"建设大会系列活动。

6月9日，陈中副厅长赴宁波参加省外商投资企业圆桌会议。

6月10日，鲁俊厅长赴杭州电子科技大学调研高校毕业生就业工作。

同日，王文序副省长听取我厅关于稳就业和职业技能提升行动实施方案有关情况的汇报，仉贻泓副厅长，厅党组成员、省就业管理中心主任夏春胜分别汇报。

同日，陈中副厅长赴人社部对接之江实验室、西湖大学独立招收博士后工作事宜。

6月10日至11日，金林贵副厅长赴丽水调研中小学教师岗位设置比例调整工作。

6月10日至12日，朱树民副巡视员赴西

安参加全国人事考试工作座谈会。

6月11日，鲁俊厅长随省委主题教育领导小组赴嘉兴南湖开展"六个一"初心之行，下午参加省委"不忘初心、牢记使命"主题教育专题学习会，晚上主持召开厅"不忘初心、牢记使命"主题教育动员部署会并作动员讲话，省委第十三巡回指导组全体成员参加会议，章文彪组长作指导讲话。

同日，郑益群副巡视员参加全省儿童青少年近视综合防控工作视频会。

6月12日，鲁俊厅长参加省委"不忘初心、牢记使命"主题教育专题学习会，下午参加省委教育工作领导小组专题会议。

同日，鲁俊厅长主持召开第47次厅党组会，听取关于2019年国有企业工资指导线制定说明、全省公务员暨《干部任用条例》和公务员职务与职级并行制度培训班相关情况的汇报，审议关于支持和鼓励高校科研院所科研人员兼职创新创业的指导意见、厅"不忘初心，牢记使命"主题教育实施方案，研究近期人事工作。

同日，陈中副厅长赴德清出席第二批青年拔尖人才培训会开班式并致辞。

6月12日至14日，金林贵副厅长赴苏州参加首届中国事业单位创新发展研讨峰会。

6月13日，鲁俊厅长参加全国"大众创业万众创新"活动周杭州主会场启动仪式，下午赴丽水出席省人力社保厅、嘉兴港区和云和县共建山海协作"飞地"民族乡村振兴产业园签约仪式。

同日，全省人社系统宣传工作座谈会在绍兴召开，葛平安副厅长出席会议并讲话。

同日，郑益群副巡视员参加省委退役军人事务工作领导小组办公室主任第二次会议。

6月13日至14日，仇贻泓副厅长赴宁波开展"三服务"活动。

6月13日至14日，陈中副厅长赴台州开展应对中美经贸摩擦"全面精准服务外贸企业专项行动"。

6月14日，鲁俊厅长参加省委"不忘初心、牢记使命"主题教育专题学习会，之后列席省委常委会第93次会议。

同日，鲁俊厅长主持召开第48次厅党组会，研究给予王晨党纪处分问题，之后主持厅党组理论学习中心组专题学习。

6月16日至19日，刘国富、仇贻泓、陈中、金林贵等副厅长和朱树民副巡视员在省委党校参加省委"不忘初心、牢记使命"主题教育专题读书班。

6月17日，葛平安副厅长参加省台湾同胞投资"一法一条例"执行情况汇报会，下午出席全省人社依法行政培训班开班仪式并致辞。

6月19日，葛平安副厅长赴湖州调研新业态劳动关系。

6月19日至22日，葛平安副厅长、郑益群副巡视员在省委党校参加省委"不忘初心、牢记使命"主题教育专题读书班。

6月19日至28日，陈中副厅长陪同王文序副省长赴英国、以色列、乌克兰开展创业创新项目合作交流活动。

6月20日，刘国富副厅长参加省政府稳企业防风险第三次专题会议。

同日，仇贻泓副厅长参加第45届世界技能大赛集训冲刺视频动员会。

同日，金林贵副厅长参加省政府研究杭州医学院与省医科院整合方案专题会议。

6月21日，刘国富副厅长参加推进长三角一体化发展大会，下午参加全省公安工作会议。

同日，仇贻泓副厅长参加省政府听取《浙江省高等学校所属企业体制改革工作方案》起草情况的汇报专题会议。

同日，金林贵副厅长参加浙江省2019年度征兵工作启动发布会。

6月22日，仇贻泓副厅长、朱树民副巡视员参加省级机关单位考试录用公务员面试。

6月24日，我厅举办第一批处级干部"不忘初心、牢记使命"主题教育集中轮训，金林贵副厅长出席并作动员讲话和专题辅导。

6月24日至26日，仇贻泓副厅长赴舟山参加全国海员技能大赛并到企业开展"三服务"活动。

6月25日，鲁俊厅长参加全国深化"放管服"改革优化营商环境电视电话会议。

同日，全省人社系统"最多跑一次"改革和信息化工作推进会在宁波召开，鲁俊厅长出席会议并讲话，刘国富副厅长、葛平安副厅长分别作具体工作部署。

6月26日，鲁俊厅长出席全国人社系统窗口业务技能比武省际邀请赛并为获奖代表队颁奖，刘国富副厅长率浙江代表队参赛并获团体二等奖。下午参加全国人社窗口单位业务技能练兵比武活动交流推进座谈会。

同日，郑益群副巡视员参加国有资本改革试点专项督查汇报会。

6月26日至27日，葛平安副厅长赴宁波调研国企工资改革、基层信访仲裁调解执法工作。

6月27日，鲁俊厅长出席2019中国（杭州）国际人力资源峰会，下午参加浙江—湖北东西部扶贫协作工作座谈会。

同日，金林贵副厅长出席《人力资源志》评审会。

同日，鲁俊厅长主持召开第49次厅党组会，听取关于《浙江省人社系统绩效考核评价办法（试行）》起草情况、慈溪技师学院（筹）等5所学校申请设立技师学院评估审核工作情况、2019年"百千万人才工程国家级人选"专家评审推荐情况和2018年度厅优秀共产党员推荐情况的汇报，研究近期人事工作。

6月28日，鲁俊厅长参加省委"不忘初心、牢记使命"主题教育专题党课暨担当作为好干部表彰会议，下午参加省委全面深化改革委员会第四次会议。

7月

7月1日，鲁俊厅长带领厅班子成员及机关党委、机关纪委委员赴浙江省革命烈士纪念馆开展"学英烈、悟初心"集中过政治生日活动。

同日，仇赇泓副厅长到省联合接待中心接待群众来访。

同日，陈中副厅长参加省新疆籍人员服务管理协调小组专题会议。

同日，我厅举办第二批处级干部"不忘初心、牢记使命"主题教育集中轮训，金林贵副厅长出席并作动员讲话和专题辅导。

7月2日，袁家军省长来我厅调研优化营商环境工作并主持召开座谈会，王文序副省长、陈新秘书长参加调研。全体厅领导参加座谈。

同日，陈中副厅长出席清华、北大等知名高校研究生和台湾大学生来浙暑期实习欢迎仪式。

7月3日至4日，鲁俊厅长赴人社部对接工作。

7月3日至4日，陈中副厅长赴德清参加全省军民融合创新示范区建设现场推进会。

7月3日至4日，葛平安副厅长赴嘉兴出席全省"根治欠薪"誓师大会并调研"浙江无欠薪"工作。

7月4日至5日，仇赇泓副厅长赴安吉参加管道与制暖项目国际邀请赛并开展调研。

7月4日至5日，金林贵副厅长赴嘉兴参加人社部事业单位工作人员培训规定座谈会。

7月5日，鲁俊厅长参加省政府第25次常务会议，下午参加深化"最多跑一次"改革推进政府数字化转型第七次专题会议。

同日，郑益群副巡视员陪同省政协副主席孙景淼赴三替公司调研。

7月6日，鲁俊厅长出席第二届"海峡两岸青年发展论坛"开幕会暨主论坛并致辞。

7月8日，鲁俊厅长列席省委常委会第94次会议，之后主持召开第50次厅党组会，听取关于建立城乡居保两项机制情况的汇报，并组织厅党组理论中心组专题学习会，下午参加省委财经委第五次会议。

同日，我厅召开2020年部门预算编制布置会，仇赇泓副厅长出席会议并讲话。

同日，陈中副厅长到浙江省科技传播协会调研。

同日，葛平安副厅长到杭州督查新业态企业欠薪工作。

7月8日至10日，仇赇泓副厅长赴济南参加全国表彰奖励工作座谈会。

7月9日，鲁俊厅长参加省委"不忘初心、牢记使命"主题教育领导小组办公室第一批单位主题教育工作座谈会。

同日，陈中副厅长出席2019年香港大学生浙江暑期实习活动欢迎仪式。

7月10日，全国"人社服务标兵"先进事迹宣讲团来我省开展宣讲活动，鲁俊厅长出席活动并致辞，金林贵副厅长主持。

同日，陈中副厅长到浙江传媒学院调研专技工作。

7月10日至11日，葛平安副厅长赴北京参加全国构建和谐劳动关系表彰会议。

7月11日，刘国富副厅长参加"56支农"信访事项协调会。

同日，郑益群副巡视员参加省委全面深化改革委员会办公室机关内部"最多跑一次"改革部署推进会和全省改革系统"不忘初心、牢记使命"主题教育专题党课。

7月11日至12日，鲁俊厅长带队赴义乌调研"最多跑一次"改革、技工院校发展和新业态劳动用工等工作。

7月11日至12日，仉贻泓副厅长陪同王文序副省长赴淳安、建德调研职业技能培训、就业创业、社保基金运行等工作。

7月12日，鲁俊厅长参加省委组织部部务会。

同日，葛平安副厅长主持召开厅数字化转型工作推进会。

7月14日至16日，金林贵副厅长陪同全国人社服务标兵倪芳芬赴北京参加人社部张纪南部长讲党课活动。

7月15日，省委第十三巡回指导组来厅检查指导主题教育工作，鲁俊厅长参加座谈会；下午，鲁俊厅长主持召开第51次厅党组会，研究近期人事工作，之后主持召开厅党组理论学

习中心组专题学习会。

同日，郑益群副巡视员参加省农办扶贫专项审计整改工作交办会。

7月16日，仉贻泓副厅长参加"最美奋斗者"浙江候选人推选工作会议。

同日，郑益群副巡视员参加新修订《公务员法》和《公务员职务与职级并行规定》实施筹备工作专班第二次会议。

7月17日，我厅举行"不忘初心、牢记使命"主题教育专题党课暨"对标对表、走在前列"专题研讨会，鲁俊厅长上专题党课。驻省委组织部纪检监察组周鲁明组长、省委第十三巡回指导组庞伟同志出席。

同日，仉贻泓副厅长参加全国禁毒工作电视电话会议。

同日，金林贵副厅长参加全省"不忘初心、牢记使命"主题教育专项整治工作推进会。

7月18日，鲁俊厅长参加农村工作指导员制度实施15周年座谈会。

同日，省政协陈铁雄副主席来厅调研就业工作，鲁俊厅长参加座谈。

同日，我厅召开全省系统深化"最多跑一次"改革"领跑者"（金华）综合试点工作部署动员会，刘国富副厅长出席会议并讲话，葛平安副厅长主持会议。

同日，陈中副厅长参加省属企业人才工作推进会暨巨化集团"人才强企"推进会，下午参加省政府研究全省上半年经济形势专题会议。

同日，金林贵副厅长参加全国户籍制度改革推进电视电话会议。

同日，郑益群副巡视员参加省检察院开放日暨与省政协社法委对口协商工作活动。

同日，朱树民副巡视员参加省"三改一拆"

（违建别墅清查整治）督导业务培训会。

7月19日，鲁俊厅长参加省政府防范产业链转移风险专题会议，下午参加省政府第26次常务会议。

同日，刘国富副厅长出席浙江省首届"最美退役军人"发布仪式。

同日，仇贻泓副厅长出席第三届浙江省红十字应急救护大赛决赛。

同日，陈中副厅长参加省委组织部人才工作专题研讨班，下午陪同省委组织部人才办研究人才服务平台建设。

同日，葛平安副厅长参加省政府研究涉企收费有关问题专题会议。

同日，朱树民副巡视员参加省直有关单位与民主党派对口联系工作座谈会。

7月19日至21日，金林贵副厅长赴人社部参加全国劳动和社会保障科研工作座谈会。

7月22日，鲁俊厅长列席省委常委会第96次会议，下午参加省政府第四次全体会议。

7月23日，鲁俊厅长参加袁家军省长主持召开的研究省政府与国家卫生健康委合作共建国家区域医疗中心等事项专题会议。

同日，陈中副厅长出席全国博士后"数字技术发展"学术论坛并致辞。

同日，全省人社系统深化"最多跑一次"改革"领跑者"（金华）综合试点工作启动仪式在金华举行，葛平安副厅长出席并讲话。

7月23日至24日，刘国富副厅长赴丽水调研企业职工基本养老保险基金省级统收统支工作。

7月23日至24日，全省人力社保系统乡村振兴合作创业带头人培训班在丽水举行，金林贵副厅长出席开班式并讲话。

同日，郑益群副巡视员参加全国征兵工作电视电话会议和全省征兵工作电视电话会议。

7月24日至25日，鲁俊厅长赴丽水参加全省山海协作工程推进会。

7月24日至25日，陈中副厅长陪同人社部失业保险司桂桢司长赴绍兴调研援企稳岗工作。

7月25日，刘国富副厅长参加人社部数据核实情况通报暨社保经办风险防控工作视频会。

同日，仇贻泓副厅长参加全省禁毒工作电视电话会议，下午参加全国推进健康中国行动电视电话会议。

同日，陈中副厅长参加人社部就业工作电视电话会议。

7月26日，鲁俊厅长主持厅党组理论学习中心组专题研讨会，之后，参加全国安全生产电视电话会议；下午主持召开第52次厅党组会，审议《全省人社系统"最多跑一次"事项"八统一"业务经办规范》《全省人力社保系统2019年度"最多跑一次"改革考核评价办法》《全省人社系统2019年度数字化转型考核评价办法》《浙江省职业技能提升行动实施方案（2019—2021年）》、关于浙江省人才市场文一路库房装修事宜，听取关于全省"不忘初心、牢记使命"主题教育专项整治工作推进会精神和我厅贯彻落实方案、厅机关和直属单位党支部换届工作安排建议意见、"浙江无欠薪"相关工作情况的汇报，书面听取关于全国表彰奖励工作会议有关情况的汇报。

同日，刘国富副厅长参加"最多跑一次"改革工作例会。

同日，陈中副厅长出席全省第二届生态环境监测专业技术人员大比武活动开幕式并致辞。

7月29日，鲁俊厅长参加浙江省纪念建军92周年暨双拥模范城（县）命名表彰大会，下午参加省十三届人大常委会第十三次会议第一次全体会议，之后参加省委组织部部务会议，晚上参加省直单位厅局长工作交流会。

同日，2019年全省人力社保系统局长培训班在省委党校开班，鲁俊厅长出席开班式并为参训局长上"不忘初心，牢记使命"专题党课，刘国富副厅长主持开班式。

同日，我厅召开"不忘初心、牢记使命"主题教育调研成果交流会，鲁俊厅长出席并讲话，省委第十三巡回指导组庞伟同志到会指导，刘国富副厅长主持。

同日，全省系统深化"最多跑一次"改革"领跑者"（金华）综合试点周例会在杭州召开，葛平安副厅长主持会议并讲话。

7月29日至31日，陈中副厅长送第九批援藏干部进藏。

7月30日，仇赒泓副厅长参加浙江省与天津大学推进省校科技合作座谈会。

同日，金林贵副厅长参加全省金融和重要领域密码应用与创新发展推进会，下午参加省委主题教育办九个整治中"健全完善配套制度"有关工作协调会。

同日，葛平安副厅长参加省政协"进一步改善在沪港资企业营商环境"课题调研座谈会，下午参加十二届省政协第十一次民生协商论坛。

同日，郑益群副巡视员参加全省医疗保障改革发展专题研讨班。

7月30日至31日，鲁俊厅长陪同袁家军省长赴西藏自治区考察对口支援工作。

7月30日至31日，仇赒泓副厅长陪同冯飞常务副省长赴湖北恩施考察对接东西部扶贫协作工作。

7月31日，我厅举行"不忘初心、牢记使命"主题教育专项整治部署会，金林贵副厅长出席会议并讲话。

同日，葛平安副厅长参加省十三届人大常委会第十三次会议第二次全体会议。

8月

8月1日，鲁俊厅长陪同袁家军省长在西藏自治区考察对口支援工作。

同日，刘国富副厅长参加省青年工作联席会议第一次全体会议，下午参加首届青年才俊浙江行暨"百名清华博士浙江行"座谈会。

同日，仇赒泓副厅长陪同冯飞常务副省长在湖北恩施考察对接东西部扶贫协作工作。

同日，金林贵副厅长参加省十三届人大常委会第十三次会议第三次全体会议。

同日，郑益群副巡视员参加"当前经济形势及其对民生的影响"部门座谈会。

8月2日，鲁俊厅长参加应对中美经贸摩擦专题会议，下午列席省委常委会第97次会议。

同日，陈中副厅长参加人社部支持"三区三州"等深度贫困地区人社扶贫攻坚推进会。

8月5日，鲁俊厅长主持召开就业形势调研座谈会，下午，鲁俊厅长、刘国富副厅长、仇赒泓副厅长、葛平安副厅长向王文序副省长汇报服刑人员违规领取养老金、根治欠薪领导小组会议、职业年金和职业技能提升行动等工作情况。

同日，陈中副厅长主持召开应对经贸摩擦稳就业工作部署会。

同日，金林贵副厅长到省信访局接访。

8月5日至16日，朱树民副巡视员赴舟山开展2019年度省"三改一拆""五水共治"（河长制）、小城镇环境综合整治、生活垃圾分类督导。

8月6日，葛平安副厅长参加江山化工关停协调会，下午参加全省市场监管领域部门联合"双随机一公开"监管暨打击侵权假冒工作电视电话会议。

8月7日，宁波市裘东耀市长一行来厅对接工作，鲁俊厅长、刘国富副厅长、仉贻泓副厅长参加座谈。

8月8日，陈中副厅长赴衢州参加引才活动。

同日，葛平安副厅长参加电子健康卡与电子社保卡（医保卡）"两卡融合，一网通办"工作现场会。

8月8日至9日，鲁俊厅长带队赴上海考察学习职业年金工作，刘国富副厅长一同参加。

8月8日至9日，仉贻泓副厅长赴衢州常山、开化调研医共体人事薪酬制度改革工作。

8月9日，陈中副厅长赴绍兴出席中国（绍兴）大学生就业创业论坛。

同日，葛平安副厅长赴湖州参加深化收费公路制度改革取消高速公路省界收费站工作推进会。

8月12日，鲁俊厅长列席省委常委会对照党章党规找差距专题会议，下午主持召开厅领导对照党章党规找差距专题会议。

同日，仉贻泓副厅长到浙江建设技师学院看望参加第45届世界技能大赛选手。

8月13日，鲁俊厅长参加省委人大工作会议。

同日，陈中副厅长参加第五届世界浙商大会组委会第一次全体会议。

同日，葛平安副厅长赴省二轻集团调研，下午赴省国贸集团调研。

8月14日，仉贻泓副厅长到杭州技师学院、安吉高级技校看望参加第45届世界技能大赛选手。

同日，陈中副厅长赴富阳调研就业信息系统相关工作。

8月15日，省根治欠薪工作领导小组会议在杭州召开，王文序副省长出席会议并讲话，鲁俊厅长主持。

同日，仉贻泓副厅长参加G60科创走廊九城市人力社保局局长联席会议第二次会议。

8月15日至16日，陈中副厅长赴永康出席中国五金产业人力资源高峰论坛暨中国地方人才网联盟第六届峰会。

8月16日，鲁俊厅长列席省政府第27次常务会议。

同日，刘国富副厅长参加机关内部"最多跑一次"改革协调会。

同日，葛平安副厅长参加省委全面依法治省委员会守法普法协调小组第一次全体会议。

8月19日，刘国富副厅长参加全省深化机构改革总结会议，之后参加王文序副省长主持召开的研究建立城乡居民基本养老保险待遇确定和基础养老金正常调整机制专题会议。

8月19日至23日，陈中副厅长赴四川开展东西部扶贫协作工作督查。

8月20日，葛平安副厅长参加群团改革推进工作座谈会。

同日，郑益群副巡视员参加2019浙江一台湾合作周筹备工作汇报会。

同日，朱树民副巡视员出席第20届亚洲区家政学国际双年会开幕式。

8月20日至21日，金林贵副厅长赴北京参加第六届全国残疾人职业技能大赛组委会第一次全体会议。

8月20日至26日，仉贻泓副厅长带队赴俄罗斯、捷克观摩第45届世界技能大赛并考察职业教育工作。

8月22日，刘国富副厅长参加省委省政府健康浙江建设领导小组暨医改联席会议，下午参加央企名企走进"四大建设"携手共建未来社区专题对接会。

同日，郑益群副巡视员参加研究台风受灾企业支持政策专题会议。

同日，朱树民副巡视员参加全省深化收费公路制度改革取消高速公路省界收费站工作视频会议。

8月22日至23日，葛平安副厅长赴丽水开展"三服务"活动。

8月23日，金林贵副厅长参加省政府关于全省民营经济高质量发展31条政策实施工作专题会议。

同日，葛平安副厅长参加深化"最多跑一次"改革推进政府数字化转型第八次专题会议。

同日，朱树民副巡视员参加全省人民调解工作会议。

8月26日，鲁俊厅长列席省委常委会第99次会议，之后参加省委理论学习中心组专题学习会，下午参加省委全面深化改革委员会第五次会议。

8月27日，金林贵副厅长参加第四届全省"人民满意的公务员"和"人民满意的公务员集体"评审会，下午参加协调支持之江实验室发展工作专题会。

8月28日，厅党组召开"不忘初心、牢记使命"专题民主生活会，省委常委、组织部部长黄建发到会指导并讲话，对我厅专题民主生活会予以充分肯定。省委第十三巡回指导组组长章文彪，省纪委常委、省委巡视办主任徐鸣华，省纪委、省监委驻省委组织部纪检监察组组长周鲁明到会指导。

8月29日，鲁俊厅长参加稳企业防风险第4次专题会议暨应对中美经贸摩擦第2次专题会议。

同日，刘国富副厅长参加省地方财税收入协调领导小组第二次全体会议。

同日，仉贻泓副厅长陪同王文序副省长赴省公安厅调研打造"枫桥式派出所"相关工作。

8月30日，鲁俊厅长参加省第七届咨询委第一次全体会议。

同日，仉贻泓副厅长参加省委教育工作领导小组第二次全体会议。

同日，陈中副厅长出席全省"质量月"活动启动仪式。

同日，葛平安副厅长参加省政府电子政务项目评审会。

9月

9月2日，鲁俊厅长主持召开厅第53次党组会，研究省人力资源和社会保障厅事业单位清理规范整合方案及近期人事工作。

同日，葛平安副厅长参加"迎大庆、保安全"电视电话会议。

9月2日至28日，陈中副厅长赴日本参加长三角一体化发展专题研究班。

9月3日，鲁俊厅长主持召开全厅干部集中学习会。

同日，仇赑泓副厅长参加省推进新时代产业工人队伍建设改革工作协调小组第一次会议。

同日，葛平安副厅长赴杭州市江干区调研仲裁案件积压化解工作。

9月4日至5日，鲁俊厅长赴舟山调研"最多跑一次"改革、技能人才培养和创业就业等工作，并开展"三服务"活动。

9月5日至6日，鲁俊厅长赴建德参加全省美丽城镇建设工作会议。

9月9日，鲁俊厅长列席省委常委会第101次会议，之后走访慰问杭州运河技工学校教师并看望世赛金牌选手石丹，下午参加全省"不忘初心、牢记使命"主题教育第一批总结暨第二批部署会议。

同日，仇赑泓副厅长参加第六届全国残疾人职业技能大赛浙江省筹备工作领导小组第二次会议。

9月9日至11日，朱树民副巡视员赴江西九江参加人社部考试中心业务培训。

9月9日至12日，金林贵副厅长赴西藏参加人社系统援藏工作座谈会并开展相关调研。

9月10日，仇赑泓副厅长参加浙江省优秀教师事迹报告暨庆祝第35个教师节表彰大会。

9月10日至12日，鲁俊厅长带队赴北京、山东考察学习职业年金相关工作，刘国富副厅长一同参加。

9月11日，仇赑泓副厅长参加推进我省"农民工学历和能力提升行动"政策落地见效界别协商会，之后参加浙江—贵州扶贫协作座谈会，下午参加省政府办公厅"技能培训促就业"文件（代拟稿）征求意见会。

同日，葛平安副厅长参加《"援"见初心》中秋主题晚会。

9月12日，葛平安副厅长主持召开全省人社信访工作视频会，下午参加省人大听取有关部门促进科技成果转化"一法两条例"审议意见落实情况汇报会。

9月16日，鲁俊厅长参加袁家军省长会见台湾重要嘉宾相关活动。

9月17日，鲁俊厅长主持召开厅党组理论中心组专题学习会，之后主持召开第54次厅党组会，听取关于2019年国家级和省级高技能人才建设项目、2019年度博士后科研项目择优资助评审、城乡居民基本养老保险基金委托投资、厅机关和直属事业单位党支部换届及个别支部调整设置、成立巡察工作领导小组和今年巡察工作安排、全国人力资源社会保障系统2017—2019年度优质服务窗口和优质服务先进个人评选推荐工作情况汇报，审议《关于进一步完善中小学专业技术岗位设置管理的通知》，研究近期人事工作。

同日，刘国富副厅长出席杭州市企业退休人员庆祝新中国成立70周年文艺演出。

同日，仇赑泓副厅长到嘉兴检查第六届全国残疾人职业技能大赛准备情况。

同日，金林贵副厅长参加浙江—台湾合作周开幕式和主论坛，下午出席浙江—台湾合作周人力资源分论坛。

9月18日，鲁俊厅长、葛平安副厅长出席全省构建和谐劳动关系先进表彰会，之后出席省劳动人事争议仲裁委员会会议。

同日，刘国富副厅长赴安吉调研企业职工养老保险基金省级统收统支工作。

同日，仇赑泓副厅长出席2019年浙江省网络安全应急演练暨浙江省网络安全技能竞赛颁奖典礼。

同日，金林贵副厅长赴宁波参加 2019 年度涉海涉港高端人才培训项目成果汇报会。

9 月 18 日至 20 日，朱树民副巡视员赴安徽合肥参加"长三角一体化"博士后学术论坛。

9 月 19 日，刘国富副厅长向省人大社会建设委员会汇报湖 12 号重点督办建议办理情况。

9 月 19 日至 20 日，鲁俊厅长赴宁波开展"援企稳岗""社保减负"等工作调研和"三服务"活动并出席 2019 中国浙江·宁波人才科技周活动。

9 月 19 日至 20 日，金林贵副厅长赴四川开展农民工工作对标争先调研。

9 月 20 日，鲁俊厅长列席省政府第 28 次常务会议。

同日，仇贻泓副厅长赴磐安出席 2019 年浙江省药膳制作技能大赛。

同日，葛平安副厅长参加新中国成立 70 周年庆祝活动信访维稳工作视频会议。

9 月 23 日，鲁俊厅长列席省委常委会第 102 次会议，下午参加中央文件征求意见座谈会。

同日，仇贻泓副厅长赴北京参加第 45 届世界技能大赛参赛总结大会暨第 4 届中国青年技能营开营仪式。

9 月 24 日，鲁俊厅长参加省十三届人大常委会第十四次会议第一次全体会议，之后参加宪法宣誓观礼活动，下午主持召开第 55 次厅党组会，研究近期人事工作。

同日，仇贻泓副厅长出席全省参加第六届全国残疾人职业技能大赛集训动员会，下午出席技能人才评价培训班开班式。

同日，金林贵副厅长参加刑满人员安置帮教工作协调会。

9 月 24 日至 25 日，金林贵副厅长赴嘉兴参加 2019 年中国浙江"星耀南湖 长三角精英峰会"暨第二届 G60 科创走廊人才峰会。

9 月 25 日，鲁俊厅长主持召开全厅干部大会，动员部署公务员职级晋升工作，之后慰问离退休老同志。

同日，刘国富副厅长参加省十三届人大常委会第十四次会议第二次全体会议，之后赴上虞参加全省重大项目暨特色小镇建设现场推进会。

同日，仇贻泓副厅长赴新昌出席第五届浙江省茶艺师职业技能大赛和新昌技师学院摘筹仪式，下午参加省总工会庆祝新中国成立 70 周年职工文艺汇演暨"浙江工匠"发布仪式。

9 月 26 日，鲁俊厅长主持召开第 56 次厅党组会，听取关于厅离退休干部党支部换届工作、海外引进高层次人才养老保险补缴问题情况汇报，研究近期人事工作。之后鲁俊厅长、金林贵副厅长参加第四届全省"人民满意公务员"和"人民满意公务员集体"表彰大会。

同日，仇贻泓副厅长参加我省稳就业及养老保险情况专题调研座谈会。

同日，朱树民副巡视员出席"浙江广播电视 70 年成就展"开幕式。

9 月 27 日，鲁俊厅长参加省十三届人大常委会第十四次会议第三次全体会议，下午主持召开厅"不忘初心、牢记使命"主题教育总结会议。

同日，刘国富副厅长参加全国划转部分国有资本充实社保基金工作任务部署会。

同日，仇贻泓副厅长参加我省推进长三角

一体化发展重点工作进展情况汇报会。

同日，金林贵副厅长参加贸促会浙江省第六届委员会第一次全体会议，下午参加浙江省老干部庆祝新中国成立70周年活动。

9月28日，鲁俊厅长参加"我的祖国"—浙江省庆祝新中国成立70周年大型文艺晚会。

9月29日，鲁俊厅长参加省事业单位改革领导小组会议。

同日，仉贻泓副厅长参加推进职业技能提升行动和"三区三州"职业技能赛工作电视电话会议。

同日，金林贵副厅长参加省政府党组理论中心组学习会暨省政府第八次专题学习会。

9月30日，鲁俊厅长主持召开第57次厅党组会，听取关于我省人力社保领域现代化经济体系建设政策意见、制定《省人力社保厅电子印章管理办法（试行）》情况汇报，研究近期人事工作。下午，鲁俊厅长、仉贻泓副厅长、陈中副厅长参加王文序副省长主持召开的稳就业和职业技能提升专题会议。

10月

10月8日，刘国富副厅长、葛平安副厅长参加王文序副省长主持召开的研究职业年金工作和城乡居民养老保险基金投资运营专题会议。

同日，仉贻泓副厅长到杭州第一技师学院调研第六届全国残疾人职业技能大赛相关工作。

同日，朱树民副巡视员参加第五届世界浙商大会筹备工作专题会议。

10月8日至12日，陈中副厅长陪同车俊书记赴重庆、四川考察对口支援和东西部扶贫协作工作。

10月9日，鲁俊厅长，刘国富副厅长、葛平安副厅长参加袁家军省长主持召开的研究职业年金工作和城乡居民养老保险基金投资运营专题会议。

同日，仉贻泓副厅长参加王文序副省长主持召开的研究第六届全国残疾人职业技能大赛和职业技能培训专题会议。

同日，金林贵副厅长陪同省委常委、政法委书记王昌荣赴浙江警察学院调研国家毒品实验室浙江分中心建设相关工作，下午参加省政协十二届二次会议第221号重点提案办理工作座谈会。

同日，葛平安副厅长赴杭州调研新业态劳动用工工作。

同日，朱树民副巡视员参加学习贯彻落实《交通强国建设纲要》暨交通强国建设试点工作启动视频会。

10月10日，朱树民副巡视员参加2018年度土地卫片执法检查违法用地重点县（市、区）警示约谈会。

10月10日至12日，金林贵副厅长赴上海参加2019年长三角地区机关党建工作研讨会。

10月11日，鲁俊厅长赴安吉参加全省应对中美经贸摩擦工作现场会。

同日，仉贻泓副厅长赴宁波出席宁波（北仑）高技能人才公共实训中心启用仪式。

10月11日至12日，刘国富副厅长赴金华开展明年工作思路调研和"三服务"活动。

10月12日，鲁俊厅长赴湖州市吴兴区调研规上企业用工情况，下午参加省政府第三次法律学习会，并列席省政府第29次常务会议。

同日，仉贻泓副厅长赴嘉兴参加全国县域义务教育优质均衡发展督导评估认定启动现场会。

同日，葛平安副厅长赴义乌参加数字经济领域人才项目路演对接会。

10月14日，鲁俊厅长列席省委常委会第103次会议，下午参加省委编委第二次会议。

同日，刘国富副厅长参加王文序副省长主持召开的研究企业职工养老保险基金省级统收统支课题工作专题会议。

10月14日至15日，人社部汤涛副部长来浙出席第五届中国"互联网+"大学生创新创业总决赛相关活动并在杭州调研，鲁俊厅长，仉赆泓副厅长、陈中副厅长分别陪同参加相关活动。

10月14日至15日，金林贵副厅长赴丽水出席丽水人才科技峰会开幕式并开展明年工作思路调研和"三服务"活动。

10月14日至15日，葛平安副厅长赴台州开展明年工作思路调研和"三服务"活动。

10月15日至16日，刘国富副厅长赴温州开展明年工作思路调研和"三服务"活动。

10月15日至16日，陈中副厅长出席赴上海出席2019年浙江—上海系列引才活动新闻发布会。

10月15日至18日，朱树民副巡视员赴四川阿坝州参加就业扶贫招聘会相关活动。

10月16日，仉赆泓副厅长赴湖州开展明年工作思路调研和"三服务"活动。

同日，陈中副厅长陪同王文序副省长赴浙江大学开展走访联系高层次人才调研活动。

10月16日至18日，金林贵副厅长赴衢州开展明年工作思路调研和"三服务"活动。

10月17日，陈中副厅长参加全省工业冲刺四季度确保"全年红"电视电话会议。

10月17日至18日，鲁俊厅长参加省委政协工作会议，18日晚上参加县（市、区）委书记工作交流会。

同日，郑益群副巡视员参加全省法治政府建设暨综合行政执法改革推进会。

10月18日，仉赆泓副厅长与英国汽车工业协会探讨新能源汽车技能标准引进问题。

10月18日至19日，2019年浙江—上海系列引才活动在上海举行，陈中副厅长巡视现场。

10月21日，鲁俊厅长列席省政府第30次常务会议，之后主持召开第58次厅党组会，审议2020年浙江省人力社保专项和就业补助资金分配方案，听取《关于优化新业态劳动用工服务的指导意见》有关情况的汇报，研究近期人事工作。

同日，葛平安副厅长参加进一步做好清理拖欠民营企业中小企业账款工作电视电话会议。

10月21日至22日，金林贵副厅长赴常山参加县域医共体工作推进会。

10月21日至22日，朱树民副巡视员赴宁波参加起重装卸机械操作工职业技能鉴定国家题库开发启动仪式并陪同人社部领导调研。

10月22日，鲁俊厅长参加"建立健全为民办实事长效机制"15周年座谈会，之后主持召开第59次厅党组会，研究近期人事工作。

同日，仉赆泓副厅长参加全省家政行业提质扩容会议，下午到下沙高教园区督查第六届全国残疾人职业技能大赛选手备赛工作。

同日，陈中副厅长赴杭州开展分管口子调研和"三服务"活动。

10月22日至24日，葛平安副厅长赴湖北宜昌参加人社部农民工工资支付保障制度推进会。

10月23日，鲁俊厅长出席第十届"中国青年创业奖"颁奖典礼，下午参加浙江—安徽经济社会发展情况交流座谈会。

10月24日，鲁俊厅长出席省人力资源博览会，下午列席省委常委会第104次会议，之后列席省委财经委第6次会议。

同日，仇贻泓副厅长参加省政协葛慧君主席主持召开的部分省直单位负责同志座谈会，下午赴宁波出席2019国际厨师技能大赛。

同日，陈中副厅长参加王文序副省长主持召开的听取与乌克兰国家科学院巴顿焊接研究所合作洽谈情况专题会议。

同日，朱树民副巡视员参加《浙江省宗教事务条例》宣传贯彻座谈会。

10月25日，刘国富副厅长参加全省部分退役士兵社保接续工作视频会议。

同日，仇贻泓副厅长赴嘉兴看望第六届全国残疾人职业技能大赛裁判。

同日，陈中副厅长出席杭州市钱塘新区人力资源峰会。

同日，金林贵副厅长参加"最多跑一次"改革工作例会，之后参加全省小微企业安全生产和消防安全综合整治工作推进视频会议。

10月25日至26日，鲁俊厅长赴金华开展"最多跑一次"改革"领跑者"综合试点、企业职工基本养老保险基金省级统收统支和明年工作思路调研。

10月25日至26日，陈中副厅长赴温州参加2019世界青年科学家峰会。

10月26日，金林贵副厅长赴绍兴出席"名士之乡"人才峰会。

同日，朱树民副巡视员参加2019浙江民企对接技术、金融、人才暨促进小微企业高质量发展活动开幕式。

10月26日至27日，鲁俊厅长、仇贻泓副厅长赴嘉兴参加第六届全国残疾人职业技能竞赛暨第二届全国残疾人展能节开幕式相关活动。

10月27日，仇贻泓副厅长在嘉兴陪同人社部汤涛副部长调研技能人才工作。

10月27日至28日，鲁俊厅长赴湖州开展企业职工基本养老保险基金省级统收统支工作和明年工作思路调研。

10月27日至28日，金林贵副厅长赴湖州出席第三代社保卡首发仪式。

10月28日，仇贻泓副厅长参加省"千人计划"评审会。

同日，金林贵副厅长参加省政协十二届二次会议第221号重点提案办理工作座谈会。

同日，葛平安副厅长赴宁波出席第三代社保卡首发仪式。

10月28日至29日，刘国富副厅长赴北京参加援藏工作座谈会。

10月28日至30日，陈中副厅长陪同冯飞常务副省长赴青海考察。

10月29日，鲁俊厅长，仇贻泓副厅长、金林贵副厅长、葛平安副厅长参加王文序副省长主持召开的听取我厅今年工作完成情况和明年工作思路专题会议。

同日，金林贵副厅长赴嘉兴出席第六届全国残疾人职业技能大赛闭幕式。

同日，葛平安副厅长参加省人大常委会法工委立法项目听取意见座谈会。

10月30日，仇贻泓副厅长参加省委退役军人事务工作领导小组办公室主任第三次会议。

同日，朱树民副巡视员参加2020届全国普通高校毕业生就业创业工作网络视频会议。

10月30日至31日，葛平安副厅长赴义乌参加全省根治欠薪工作再推进现场会并讲话。

10月31日，鲁俊厅长参加全省事业单位改革部署推进会。

同日，刘国富副厅长赴宁波陪同人社部驻部纪检监察组耿文清组长调研。

同日，仇贻泓副厅长参加全省应急管理专题研习班集中研讨培训。

同日，朱树民副巡视员出席浙江省企业领袖峰会暨浙江省企业家活动日活动。

11月

11月1日，鲁俊厅长陪同人社部部长张纪南、驻部纪检监察组组长耿文清一行在宁波调研，下午在宁波参加全国人社系统厅局长会议。

同日，刘国富副厅长在宁波参加人社部召开的部分"人社服务标兵"代表茶话会。

同日，仇贻泓副厅长、陈中副厅长、金林贵副厅长、朱树民副巡视员参加领导干部会议。

同日，仇贻泓副厅长列席省委常委会第105次会议，下午赴上海参加长三角一体化示范区建设推进大会。

同日，金林贵副厅长参加省科学技术奖励委员会第一次全体会议。

11月2日，2019年度全国人社系统窗口单位业务技能练兵比武总决赛在宁波举行，人社部部长张纪南、驻部纪检监察组组长耿文清、副部长张义全，省委副书记、宁波市委书记郑栅洁和副省长王文序出席总决赛。鲁俊厅长、刘国富副厅长参加观摩。

同日，鲁俊厅长、葛平安副厅长陪同人社部部长张纪南、驻部纪检监察组组长耿文清一行在宁波调研。

同日，刘国富副厅长参加人社部副部长张义全在宁波主持召开的部分省份厅局长工作座谈会。

同日，仇贻泓副厅长赴平湖出席平湖技师学院揭牌仪式。

11月4日，鲁俊厅长主持召开全厅干部大会，传达学习党的十九届四中全会精神，之后参加省委全面深化改革委员会第六次会议，下午召开厅第60次党组会，研究近期人事工作。

同日，全省人力资源和社会保障系统局长班在省委党校开班，刘国富副厅长出席开班式并为参训学员上党课。

同日，仇贻泓副厅长参加中华职教社宣传委员会会议。

同日，陈中副厅长到省联合接待中心接待群众来访。

11月5日，鲁俊厅长赴浙江农林大学东湖校区参加车俊书记主持召开的部分高校负责人座谈会。

同日，刘国富副厅长赴宁波参加全国被征地农民社会保障工作会议。

同日，仇贻泓副厅长参加冯飞常务副省长主持召开的研究我省"十四五"规划基本思路编制工作专题会议。

同日，2019年省直事业单位领导干部培训班在省委党校开班，金林贵副厅长出席开班式并进行动员讲话。

同日，葛平安副厅长参加"证照分离"改革全覆盖试点业务培训暨任务交办会。

同日，郑益群副巡视员参加省政协提案征集工作座谈会。

11月5日至6日，陈中副厅长赴四川成都参加全国人社系统对口支援四省藏区工作座谈会。

11月6日，鲁俊厅长参加省政府务虚会。

同日，金林贵副厅长出席2019年华为ICT人才联盟双选会—浙江区域活动。

同日，葛平安副厅长参加全省行政机关"旁听百场庭审"活动启动仪式暨省级专场旁听庭审活动，晚上参加"永远做党和人民的忠诚卫士"浙江省消防救援队伍践行习近平总书记训词一周年主题报告会。

11月7日，鲁俊厅长赴宁波参加全省传统制造业改造提升现场推进会。

同日，仇贻泓副厅长参加研究省政府改革创新奖工作专题会议。之后，全省企业职业技能等级认定试点工作会议启动会在杭州召开，仇贻泓副厅长出席并讲话。

同日，郑益群副巡视员参加国家组织药品集中采购和使用试点扩大区域范围实施工作座谈会。

11月8日，鲁俊厅长赴天台参加全省深化"千万工程"建设新时代美丽乡村现场会。

同日，仇贻泓副厅长参加全国推进产业工人队伍建设改革工作电视电话会议，下午参加中央国家机关2020年度考试录用公务员笔试考务工作部署视频会。

同日，陈中副厅长参加省促进中小企业发展工作领导小组第二次会议。

同日，朱树民副巡视员参加职务职级并行工作专班第三次会议。

11月8日至9日，金林贵副厅长赴台州出席2019台州国际人才合作洽谈大会。

11月9日，鲁俊厅长出席2019杭州国际人才交流与项目合作大会开幕式。

同日，陈中副厅长参加2019年省海外高层次人才联谊会年会。

同日，葛平安副厅长出席2019杭州人力资源服务和产品创新路演活动。

11月10日，仇贻泓副厅长赴绍兴出席国家综合性消防救援队伍比武竞赛暨灭火救援实战演习活动。

同日，陈中副厅长出席余杭人力资源服务产业园挂牌仪式。

11月11日，鲁俊厅长参加省委理论学习中心组区块链技术发展现状和趋势专题学习会，之后列席省委常委会第106次会议，下午参加省委组织部部务会。

同日，陈中副厅长赴宁波出席宁波市博士后联谊会成立大会暨专场对接会。

同日，葛平安副厅长参加全省全面深化改革（"最多跑一次"改革）督察调研动员会。

11月12日，鲁俊厅长参加中央宣讲团党的十九届四中全会精神报告会，下午召开厅党组理论学习中心组专题学习会，之后召开厅第61次党组会，听取关于在第五届世界浙商大会上举办"数字经济"国际青年人才论坛有关情况的汇报，研究近期人事工作。

同日，浙江劳动人事争议调解仲裁网络平台上线发布会在杭州举行，人社部调解仲裁司张文淼司长、鲁俊厅长、葛平安副厅长出席。

同日，刘国富副厅长参加研究职业年金投资管理有关工作专题会议。

同日，郑益群副巡视员出席"创客天下2019杭州市海外高层次人才创新创业大赛"总决赛。

11月13日，鲁俊厅长、陈中副厅长出席第五届世界浙商大会开幕式，之后鲁俊厅长主持"数字经济"国际青年人才论坛。

11月13日至14日，葛平安副厅长赴杭州市、丽水市开展全省全面深化改革督察调研。

11月14日，鲁俊厅长陪同王文序副省长赴兰溪、浦江调研养老保险、职业技能培训等工作。

同日，刘国富副厅长赴宁波参加全省乡村产业高质量发展推进会。

同日，仇贻泓副厅长参加全省高校主题教育暨党的建设和思想政治工作推进会。

同日，2019浙江—北京高层次人才洽谈会新闻发布会在北京举行，陈中副厅长出席。

同日，金林贵副厅长参加促进科技成果转化"一法两条例"跟踪检查专题询问沟通会。

11月14日至15日，金林贵副厅长赴温州出席2019浙江·温州创业创新博览会。

11月15日，鲁俊厅长参加我省贯彻落实2019年中央"一号文件"情况汇报会，下午列席省政府第31次常务会议。

同日，仇贻泓副厅长出席第15届"振兴杯"全国青年职业技能大赛学生组决赛开幕式。

同日，朱树民副巡视员赴宁波出席2019中国（宁波）人力资源服务创新创业大赛总决赛。

11月16日，仇贻泓副厅长出席浙江广播电视大学建校四十周年庆典大会。

同日，2019浙江—北京高层次人才洽谈会在北京举行，陈中副厅长巡视现场。

同日，郑益群副巡视员出席长兴技师学院国家产教融合中心大楼启用仪式暨建校四十周年庆祝活动。

11月18日，鲁俊厅长列席省委常委会第107次会议。

同日，全省2020年中央国家机关及其直属机构录用公务员考试联席会议召开，仇贻泓副厅长出席会议并讲话。

同日，郑益群副巡视员出席金华技师学院40周年校庆活动，下午赴衢州参加全省产业工人队伍建设改革工作现场会。

11月18日至19日，全省人力社保系统深化"最多跑一次"改革"领跑者"综合试点现场推进会在金华召开。人社部行风办专职副主任、规划财务司副司长吴礼舵，省委组织部部务会议成员、驻部纪检监察组组长周鲁明应邀出席会议并讲话。鲁俊厅长出席并讲话，葛平安副厅长主持会议并总结。

11月19日，鲁俊厅长参加全省民政会议暨第六届浙江慈善大会。

同日，刘国富副厅长参加2019年浙江老年大学校务委员会会议。

同日，金林贵副厅长参加研究我省家政服务业发展有关事宜专题会议，之后赴绍兴出席乡村振兴创业带头人培训班。

11月20日，鲁俊厅长、仇贻泓副厅长参加全省见义勇为先进人物表彰暨见义勇为工作会议。下午，鲁俊厅长带队赴三替集团公司调研家政服务业工作，金林贵副厅长参加。

同日，陈中副厅长参加浙江树人学院八届五次董事会会议。

11月21日至22日，鲁俊厅长参加省委十四届六次全体（扩大）会议。

11月21日至22日，金林贵副厅长赴绍兴出席乡村振兴创业带头人培训班。

11月22日，四川省人社厅厅长胡斌一行来我厅调研浙川劳务扶贫协作工作并学习考察我省人社工作经验，鲁俊厅长、刘国富副厅长参加座谈。之后，鲁俊厅长参加省委组织部部务会。

同日，仇贻泓副厅长赴合肥参加长三角地区人力资源社会保障一体化发展联席会议。

同日，金林贵副厅长参加乡村振兴与精准扶贫专题研讨班。

同日，葛平安副厅长参加全国安全生产电视电话会议。

11月22日至23日，陈中副厅长赴合肥参加长三角地区人力资源一体化发展论坛暨2019年高校毕业生秋季招聘会。

11月23日，鲁俊厅长参加省委全委扩大会议。

同日，金林贵副厅长出席2019年度全国临床医学博士后前沿论坛。

11月24日，2019中国（浙江）人力资源服务博览会暨全省重点产业人力资源需求发布会在杭州举行，鲁俊厅长出席。

11月25日，刘国富副厅长列席十四届省委财经委员会第七次会议，下午参加全省机关党的建设工作座谈会。

同日，仇贻泓副厅长参加公务员职务职级并行工作专班第四次会议。

同日，金林贵副厅长参加以"提升乡镇（社区）卫生医疗机构服务水平"为主题的十二届省政协第十四次民生协商论坛。

11月25日至29日，葛平安副厅长赴北京参加省级部门新任新闻发言人培训班。

11月25日至29日，朱树民副巡视员赴舟山开展2019年度省"三改一拆"、"五水共治"、小城镇环境综合整治、生活垃圾分类督导。

11月26日，鲁俊厅长参加全省县级社会矛盾纠纷调处化解中心建设现场推进会，之后召开厅第62次党组会，听取关于2019年省突

贡、钱江人才计划等2个人才项目评审工作、省属企业主要负责人2018年度薪酬核定、设区市领导班子和领导干部推动高质量发展综合绩效考核指标有关情况的汇报，研究近期人事工作。

同日，仇贻泓副厅长参加中国人事报刊社来我厅采访调研座谈会。

同日，陈中副厅长赴绍兴参加全国博士后服务工作座谈会。

同日，金林贵副厅长参加省十三届人大常委会第十五次会议第一次全体会议，下午参加促进科技成果转化"一法两条例"跟踪检查专题询问会。

11月27日，鲁俊厅长参加袁家军省长主持召开的听取"五个重大"谋划情况专题汇报会，之后召开全厅干部大会，传达学习省委十四届六次全会精神；下午，鲁俊厅长、刘国富副厅长参加王文序副省长主持召开的研究职业年金投资管理专题会议，之后鲁俊厅长主持召开厅第63次党组会，研究近期人事工作。

同日，仇贻泓副厅长参加省属企业退休人员社会化管理工作推进会议。

同日，2019年浙江—长沙新材料、电气自动化、土木工程类专场招聘新闻发布会在长沙举行，陈中副厅长出席。

同日，金林贵副厅长参加省十三届人大常委会第十五次会议第二次全体会议。

同日，人社部劳动关系司柳盛学巡视员一行来厅调研，郑益群副巡视员参加座谈会。

11月28日，鲁俊厅长参加全省退役军人工作会议，下午召开贯彻落实省委全面从严治党主体责任落实情况检查工作推进会，金林贵副厅长参加。

同日，仉贻泓副厅长参加推进县域医共体建设座谈会。

同日，郑益群副巡视员赴绍兴出席全省技工院校教职员工第四届气排球总决赛颁奖仪式。

11月29日，鲁俊厅长参加省政府第九次专题学习会，下午参加省委组织部部务会，之后召开厅第64次党组会，听取关于2019年度全面从严治党主体责任落实情况汇报和"不忘初心、牢记使命"主题教育整改落实情况及主题教育专项整治整改落实情况的汇报，研究近期人事工作。

同日，刘国富副厅长参加省十三届人大常委会第十五次会议第三次全体会议，下午参加援疆干部人才选派工作视频会。

同日，仉贻泓副厅长参加《浙江省精神卫生条例》宣传贯彻启动会。

同日，郑益群副巡视员出席省供销社成立70周年大会，下午出席浙江未来交通科创中心启动仪式。

11月30日，2019年浙江—长沙新材料、电气自动化、土木工程类专场招聘会在长沙举行，陈中副厅长巡视活动现场。

12月

12月2日，鲁俊厅长参加市委书记工作例会，下午对新提任和新进干部开展集中廉政谈话。

同日，金林贵副厅长到省信访局接待群众来访。

同日，葛平安副厅长参加全国"证照分离"改革全覆盖试点工作培训动员部署电视电话会议，下午到省信访局接待群众来访。

12月2日至3日，仉贻泓副厅长赴上海参加部分省份事业单位工资福利工作座谈会。

12月3日，鲁俊厅长参加"三服务"工作专题研讨会。

同日，刘国富副厅长参加浙江省人大设立常委会40周年座谈会。

同日，陈中副厅长参加全省"1+N"工业互联网平台体系建设发展推进会。

同日，金林贵副厅长陪同王文序副省长赴巾帼西丽集团、三替集团公司调研家政服务业工作。

12月4日，浙江省暨杭州市职业技能提升行动宣传周系列活动之企业政策宣讲会在杭州举行，金林贵副厅长出席会议并讲话。

同日，陈中副厅长出席2019年度正高级经济师和高级经济师评审会议。

12月4日至5日，仉贻泓副厅长陪同王文序副省长赴广东调研技能人才工作，并带队在广东考察学习企业职工基本养老保险基金省级统收统支工作。

12月4日至5日，葛平安副厅长赴合肥参加长三角、长江中游四省会暨G60科创走廊城市群劳动保障监察工作一体化发展协作会。

12月5日，鲁俊厅长参加稳企业防风险第5次专题会议暨应对中美经贸摩擦第4次专题会议，下午参加袁家军省长专题听取国资国企"五个重大"谋划情况汇报会。

12月6日，鲁俊厅长列席省政府第32次常务会议。

12月8日，陈中副厅长出席2019年度正高级经济师和高级经济师评审会议。

12月9日，金林贵副厅长赴临安出席杭州市乡村振兴带头人培训班开班式并授课。

12月9日至11日，葛平安副厅长带队赴广东考察学习"放管服"改革、数字化转型和社保基金监督立法工作。

12月10日，仇贻泓副厅长参加2020年全省公务员考录和公开遴选工作会议。

同日，陈中副厅长参加关心下一代工作委员会成立30周年暨全省关心下一代工作"双先"表彰会。

12月10日至11日，仇贻泓副厅长陪同王文序副省长赴三门调研职业技能培训和根治农民工欠薪工作。

12月10日至13日，郑益群二级巡视员带队赴金华、衢州开展县域医共体建设督查。

12月11日，刘国富副厅长、陈中副厅长参加傅晓风副秘书长召集的关于减负降本事宜专题会议；下午刘国富副厅长参加省委人才工作专题会议。

同日，金林贵副厅长参加加强党对意识形态工作领导专题研讨班。

12月11日至12日，陈中副厅长赴合肥参加全国失业保险工作座谈会。

12月11日至12日，葛平安副厅长赴温州出席"之江创客"2019全球电子商务创业创新大赛总决赛颁奖典礼。

12月12日，鲁俊厅长陪同省委组织部黄建发部长赴省劳动干校调研，下午出席"奇思妙想浙江行"2019创业大赛总决赛并为获奖选手颁奖，金林贵副厅长参加。

同日，仇贻泓副厅长参加省禁毒委全体会议。

同日，葛平安副厅长参加全省"证照分离"改革全覆盖试点工作动员部署电视电话会议。

12月13日，鲁俊厅长主持召开厅第65次党组会，研究近期人事工作，之后参加全国农民工工作暨保障农民工工资支付工作电视电话会议，金林贵副厅长、葛平安副厅长参加；下午参加省委常委扩大会议，之后参加省委组织部部务会。

12月13日至14日，陈中副厅长赴丽水出席2019中国（丽水）超市创业创新展示交流会暨高峰论坛活动。

12月15日至22日，葛平安副厅长带队赴英国、奥地利开展留学人员慰问洽谈活动。

12月16日，鲁俊厅长列席省委常委会第110次会议，之后主持召开厅党组扩大会议，传达学习中央经济工作会议精神。

12月17日，金林贵副厅长陪同成岳冲副省长赴浙师大调研师范生一专多能工作。

同日，郑益群二级巡视员参加纪念浙江立法四十周年座谈会。

12月17日至19日，鲁俊厅长带队赴新疆送我省援疆干部进疆。

12月17日至19日，仇贻泓副厅长带队赴温州市、台州市开展职业技能提升行动督查。

12月17日至19日，陈中副厅长赴贵州遵义参加全国就业工作座谈会暨就业扶贫、农民工返乡创业工作推进会。

12月17日至20日，朱树民二级巡视员带队赴舟山开展2019年度省"三改一拆"、"五水共治"、小城镇环境综合整治、生活垃圾分类督导。

12月19日，刘国富副厅长参加深化"最多跑一次"改革推进政府数字化转型第九次专题会议。

同日，郑益群二级巡视员参加《浙江省家庭教育促进条例》宣传贯彻工作电视电话会议。

12月20日，鲁俊厅长参加袁家军省长主持召开的民主党派、工商联和无党派代表人士座谈会。

同日，刘国富副厅长参加省级机关公务员职业生涯周期管理"一件事"改革部署培训会。

12月23日，鲁俊厅长列席省委常委会第111次会议。

同日，葛平安副厅长参加2019年度省政府部门绩效考评改革创新项目现场评审会。

12月23日至24日，鲁俊厅长、刘国富副厅长、仇贻泓副厅长陪同王文序副省长赴江苏省调研企业职工基本养老保险基金统收统支、职业技能培训、人才市场等工作。

12月24日，金林贵副厅长出席国家毒品实验室浙江分中心（浙江省毒品技术中心）揭牌仪式。

12月25日，省级扶贫结对帮扶云和团组年终工作会议在杭州召开，陈中副厅长出席会议并讲话。

12月25日至27日，鲁俊厅长赴北京参加全国人力资源社会保障工作会议暨优质服务窗口表彰大会。

12月26日，省委经济工作会议在杭州召开，在家厅领导参加。

12月26日至27日，仇贻泓副厅长赴安徽合肥参加2019年第2次长三角地区合作与发展联席会议。

12月27日，鲁俊厅长参加省纪委听取履行"第一责任人"职责及个人廉洁自律情况报告会。

同日，刘国富副厅长列席省政府第34次常务会议。

12月29日至30日，葛平安副厅长赴吉林参加"鱼出江湖"主题吉浙两省创业创新宣传交流活动。

12月30日，鲁俊厅长列席省委常委会第112次会议，下午参加省委全面深化改革委员会第七次会议。

同日，郑益群二级巡视员出席民进浙江省委第十届委员会第四次全体会议开幕式。

12月31日，鲁俊厅长参加王文序副省长主持召开的研究养老保险省级调剂金补助和2020年社保降本减负工作专题会议，刘国富副厅长参加；之后主持召开厅第66次党组会，传达学习省委常委、省纪委书记许罗德同志在全省深入落实中央八项规定精神，持续发力纠治"四风"工作视频会议上的讲话和全国事业单位人事管理工作座谈会会议精神，听取关于2020年部门预算编制有关工作、2019年度正高级经济师认定评审和高级经济师评审工作开展情况、2019年度政治生态建设状况自查总结、2019年度落实意识形态工作责任制有关情况、厅机关基层党组织2019年度党建述职评议考核工作、开展民主评议党员和基层党组织星级评定工作安排、厅工会2019年度评选表彰优秀工会干部和工会积极分子工作安排、元旦春节走访慰问厅困难党员和建国前入党老党员及结对帮扶欠发达地区困难党员工作安排的汇报，审议《浙江省企业职业技能等级认定试点办法》和《关于贯彻落实事业单位工作人员奖励规定有关问题的通知》，研究近期人事工作；下午参加全省根治欠薪工作电视电话会议，葛平安副厅长参加，之后参加省委老干部工作领导小组会议。

全省工作情况

全省工作情况

全省人力社保工作整体情况

2019年以来，面对国内外风险挑战明显上升的复杂局面，全省人社系统在省委省政府的坚强领导下，坚持以习近平新时代中国特色社会主义思想为指导，认真贯彻落实中央和省委省政府决策部署，坚持稳中求进工作总基调，坚持新发展理念，紧紧围绕"八八战略"再深化、改革开放再出发，聚焦聚力稳企业、增动能、保平安，扎实开展"三服务"活动，高标准开展"不忘初心、牢记使命"主题教育，各项工作取得显著成效，各大领域亮点纷呈。我厅被省政府评为2019年度部门绩效考评优秀单位。

一是聚焦稳企业防风险，完善落实稳就业政策，全省就业局势保持总体稳定。我们坚持"稳企业就是稳就业"的工作理念，积极落实社保费返还等援企稳岗政策，全年为企业减负361亿元，其中全国率先返还企业社保费达127亿元，返还金额居全国第一位，切实减轻了企业负担，稳定了企业用工，确保了全省就业局势稳定。全年城镇新增就业125.7万人，失业人员再就业45.39万人，年末城镇登记失业率2.52%，城镇调查失业率4.3%，继续保持低位运行。我们有效应对中美经贸摩擦对就业的影响，建立省市县三级联动应对机制，加强重点企业用工监测，精准帮扶2万余名失业职工和缺工企业有效对接，实现就地就近再上岗。制定出台职业技能提升行动实施方案，从失业保险基金中提取86.9亿元专项培训资金，全年培训109万人次。我们强化重点群体就业帮扶，健全以高校毕业生为主体的青年就业帮扶机制，全年组织见习1.97万人，帮扶困难人员实现再就业15.31万人。我们注重发挥创业带动就业的倍增效应，大力推进创业孵化基地建设，2家基地入选全国示范基地，全年发放创业担保贷款32.25亿元；扶持创业5.12万人。探索开展返乡入乡合作创业带头人培训，省市县联动开展培训169期，培训7755人次。我们持续深化东西部扶贫劳务协作，结对四省建档立卡人员在浙稳定就业新增3.2万人，超额完成国家下达的目标任务，继续走在全国前列。

二是聚焦增动能注活力，持续强化人才有效供给，积极赋能经济高质量发展。我们坚持做大人才"基本盘"，全年引进各类人才98万人，其中省外大学生50万人。聚焦引进海外优秀青年人才，首次联合浙江大学、西湖大学、之江实验室和阿里达摩院，成功举办数字经济国际青年人才论坛，得到车俊书记批示肯定。大力实施"博士后倍增工程"，全年招收培养博士后研究人员2130人。积极向人社部争取并获批之江实验室、西湖大学博士后独立招收资格，助力新型创新平台引进高端人才。全国率先启动大学生实习计划，全省共组织近6万余名大学生来浙实习。建成国际人才路演中心，为国际高端人才落地提供全流程的一站式服务。率先建成省人才服务平台，人才服务受到各类人才的好评。我们加强技能人才队伍建设，打通工程技术领域高技能人才与工程技术人才职业发展贯通渠道，出台企业职业技能等级认定试点办法。大力发展技工教育，5所技工学校升格为技师学院，同时，围绕技工教育招生渠道不顺畅、学历待遇不平等和师资力量薄弱等瓶颈制约，开展专题调研，并提出针对性的政策意见。在第45届世界技能大赛中，我省选手获得1金2银1优胜的优异成绩。成功举办首届中国（浙江）技能培训教育博览会。我们着力激发人才创新创造活力，制定出台鼓励高校科研院所科研人员兼职创新创业的政策意见，积极开展科研事业单位职称制度改革，进一步完善中小学校专业技术岗位设置管理，建立县域医共体人员统筹使用机制。我们深入实施人力资源服务业发展工程，编制省级人力资源服务业发展蓝皮书，确定首批100家重点培育机构。全年举办人力资源供需对接活动1.5万场次，服务市场主体200万家次。助推宁波建成国家级人力资源产业园。

三是聚焦惠民生暖民心，着力提升社会保障水平，让百姓更好共享发展成果。我们坚持突出重点，面向非公有制经济组织和新业态从业人员，精准扩大参保覆盖面，2019年全省基本养老保险参保人数达到4231万人。我们着力完善养老保险制度体系，在深入开展调查研究的基础上，已初步形成企业职工基本养老保

险基金省级统收统支方案。积极落实企业职工基本养老保险中央调剂制度，上解中央调剂金113亿元，为全国保发放大局作出了贡献。建立城乡居保待遇确定和基础养老金正常调整机制。全面推行实习学生和超龄人员单险种参加工伤保险政策，参保人数近20万人，受到用人单位和劳动者普遍欢迎。率先创建新业态从业人员职业伤害保障机制。我们围绕实现社保基金保值增值，牵头完成省政府与全国社会保障基金理事会签署城乡居保基金委托投资合同；研究制定职业年金基金管理实施方案及配套制度，积极做好职业年金基金投资运营准备工作。加强社保基金监督，推动实现全省社保基金第三方审计全覆盖，出台防范和查处涉刑等人员违规领取养老保险待遇问题的政策意见，切实加强社保基金管理风险防控。

四是聚焦促和谐保平安，打赢根治欠薪攻坚战，全省劳动关系更加和谐稳定。我们围绕促进新业态经济健康发展和保障从业人员合法权益，在全国率先出台优化新业态劳动用工服务的综合性指导意见，对新业态实行更加多元的用工形式和更加灵活的社会保险、工时休假等政策。深入推进特殊工时制审批清单式改革，积极开展技术工人工资集体协商试点。开展全省劳动关系和谐企业、和谐园区创建表彰。稳步推进国有企业工资决定机制改革。我们按照习近平总书记关于根治欠薪问题的批示精神，全力开展"无欠薪"创建，强化重点领域专项治理，完善欠薪治理长效机制，对受中美经贸摩擦影响的困难企业开展执法服务，充分发挥省欠薪联合预警指挥平台作用，欠薪治理效能进一步提升。全年各级劳动保障监察机构立案查处欠薪案件487件，涉及7455人、7905.2万

元，同比分别下降 67.4%、56% 和 58.6%。在国务院对省级政府 2018 年度保障农民工工资支付工作考核中，我省继续位列第一，"浙江无欠薪"行动品牌进一步擦亮叫响。我们坚持矛盾纠纷化解在基层，推动全省乡镇（街道）"1+X"劳动争议多元化解机制建设，实现 60% 以上劳动纠纷在基层化解。上线试运行"浙江劳动人事争议调解仲裁网络平台"，建成全国首个全业务全流程线上劳动人事争议维权平台。积极化解重点人群的信访诉求，守住平安底线。

五是聚焦优服务促转型，深化"最多跑一次"改革，人社治理效能持续提升。我们对照国际国内"领跑者"标准，以深化"最多跑一次"改革"领跑者"（金华）综合试点为牵引，持续推动"最多跑一次"改革，迭代升级"八统一"标准，进一步精简申请材料、压缩办事时限，群众办事便利度进一步提升。在国家"互联网＋政务服务"评估考核中，省本级跑零次、即办率等 6 项指标领跑全国。我们坚持整体政府理念，聚焦公民个人和企业生命周期，牵头推进个体劳动者就业创业、失业、社保关系转移接续、退休和员工招聘 5 件"一件事"改革和事业单位人员交流调动"部门联办一件事"改革，实现群众办事只到政府"跑一次"。我们加快推进人社数字化转型，编制总体规划方案，加大业务协同和数据归集共享力度，全省政务服务事项"网上办"、"掌上办"和民生事项"一证通办"实现率分别达到 100%、99.8% 和 100%。稳步推进全省就业监测平台和事业单位人事工资管理服务系统等系统建设。省本级数字化转型工作位居省级部门第三名。我们积极推进电子社保卡签发和应用，全省共签发电子社保卡 1172 万张，居全国首位。借助电子社保卡扫码设备，实现了持卡人"凭码办事"。同时，我们狠抓系统行风建设，大力开展窗口单位业务技能练兵比武活动，在全国邀请赛和总决赛中分别获得第二名和第五名，全省系统窗口服务质量和水平进一步提升。在省委改革委会议上，我厅作为仅有的两家省级部门之一进行改革述职。

城乡就业

【概况】 2019 年，全省城镇新增就业 125.7 万人，比上年增加 0.4 万人；城镇失业人员再就业 45.39 万人，比上年增加 1.97 万人，其中就业困难人员实现就业 15.31 万人，比上年减少 0.62 万人。城镇零就业家庭 134 户、消除 134 户，实现基数归零。城镇登记失业率为 2.52%。

【创业带动就业】 2019 年，全省开展创业培训 4.78 万人，其中大学生 2.01 万人。扶持大学生创业 1.96 万人。发放创业担保贷款 32.25 亿元，贴息 1.42 亿元，创业担保基金余额 11.74 亿元。人社部门开展农村电商培训 1.92 万人次，扶持农村电商创业 1.32 万人，带动就业 4.53 万人。截至 2019 年底，建成创业孵化基地 401 家，其中国家级 6 家，省级 63 家，大学生创业园 210 家。人社部门举办各类创业大赛 141 场，在浙江经视录播"奇思妙想浙江行"创业节目 30 期。

5 月 28—30 日，第二届全国创业培训讲师大赛浙江分赛在衢州市举行，由省人力社保厅主办，衢州市人力社保局承办，来自全省各市的 20 名选手参加省级选拔赛。

6 月 13—15 日，省人力社保厅组织 11 个项目参加第二届全国创业就业服务展示交流活动,获得优秀组织奖。

11月15日—17日,2019浙江·温州创业创新博览会在温州国际会展中心举行,由省人力社保厅、温州市政府共同主办,温州市人力社保局、省就业管理中心承办,280多家企业和单位参展,参观人次达6.85万人。

12月2日—6日,全省创业师资培训班在衢州举行,由省就业管理中心主办,衢州市就业管理中心、衢州市柯城区就业管理服务局承办,60余人参加培训。

12月12日,"奇思妙想浙江行"2019创业大赛总决赛在浙江电视台举行,11个项目参加总决赛,省人力社保厅党组书记、厅长鲁俊出席活动并为获奖选手颁奖。

【高校毕业生就业】 省人才市场于3月19日,成功举办2019年浙江省春季人才交流大会,共组织750家单位参会,推出岗位1.8万余个,活动当天接待2.1万余人,达成意向8500人。5月6日,成功举办2019年浙江省高校毕业生就业公益性招聘大会,共组织878家单位参会,推出岗位1.9万个,活动当天接待8000余人,达成意向2600人。11月5日,成功举办2019年浙江省秋季人才交流大会,共组织340家单位参会,推出岗位7500余个,活动当天接待8600余人,达成意向2750人。

3月和9月,省人力资源和社会保障厅、省教育厅、省财政厅、省民政厅、省残联分别印发《关于做好2019年高校毕业生求职创业补贴发放工作的通知》(浙人社发〔2019〕13号)和《浙江省人力资源和社会保障厅等5部门关于做好求职创业补贴发放工作的通知》(浙人社发〔2019〕56

号),启动2019—2020届毕业生求职创业补贴申报工作。4月,举办全国民营企业招聘周活动,共组织单位31家,发布岗位信息400个。11—12月,举办全国人力资源市场高校毕业生就业服务周活动,共组织单位2542家,发布岗位信息35783个。全年共完成大学生见习19668人,帮扶39322名2019届离校未就业高校毕业生实现就业;共举办高校毕业生公益性专场招聘会1717场,推出各类面向毕业生的岗位116万个,举办高校毕业生就业指导咨询专场566场,服务毕业生14.2万人次。联合浙江金融职业学院等,共计举办大学生就业能力提升培训讲座10期,参训1300余人。

【公共就业服务活动】 根据2019年全国公共就业服务专项活动安排,全省开展"就业援助月"、"春风行动"、"民营企业招聘周"、"高校毕业生就业服务月"、"高校毕业生就业服务周"等专项活动。1月,以"就业帮扶,真情相助,不让一个困难群众掉队"为主题的"就业援助月"活动,全省走访就业困难人员和零就业家庭2.8万人(户);登记认定未就业困难人员1.3万人;帮助1.54万名就业困难人员实现就业;4.6万名就业困难人员享受扶持政策。1—2月,举办2019年省内余缺调剂系列招聘会12场,共组织企业3054家,提供岗位10.4万余个,现场达成就业意向3.6万人。2月中旬至3月中旬,围绕"促进转移就业,助力脱贫攻坚"的春风行动活动主题,举办省内"人力资源余缺调剂招聘会""农民工专场招聘会""巾帼专场洽谈会"等招聘活动,全省组织专场招聘活动983次,为89.8万人提供公共就业创业服务,组织职业技能培训3.4万人,其中参加创业培训 3317 人；提供劳动维权服务和法律援助 2.6 万人。2—3 月，举办"春风行动"主题招聘会 2 场，共组织单位 72 家，提供岗位 1200 个，达成就业意向 80 人。4 月，围绕"就业政策惠民企，就业服务促发展"主题举办"民营企业招聘周"活动，服务对象以民营企业、中小微企业为重点，同时面向各类用人单位，以高校毕业生等青年群体和农村建档立卡贫困劳动力、转岗下岗职工为重点，同时面向各类求职者。全省共组织 6318 家民营企业参加招聘周活动，提供岗位 16.6 万个，最终签订就业（意向）协议 2.9 万人。5 月，举办 2019 年浙江省（第十二届）技能人才校企合作洽谈会。共组织省内 712 家企业与省内外 160 所职技院校参会，提供 2019 届毕业生近 15.5 万人，签订校企合作协议 866 份，协议输送职技院校毕业生（实习生）1.65 万余人。活动另设浙东、浙北分会场开展对接活动。8 月—9 月，以"服务解忧促就业 指导关爱助发展"为主题，开展高校毕业生就业服务行动。服务行动期间，实名登记高校毕业生 4.4 万人，提供职业指导 4.6 万人次，举办毕业生专场招聘会 254 场，提供岗位信息 15 万个，签订就业意向 2.5 万人，提供就业见习岗位 1.9 万个，参加就业见习 5154 人。10—12 月，举办 2019 年浙江省技能人才岗位进校园系列招聘会，与省内 12 家职技院校合作，共组织企业 4383 家，提供岗位 11.6 万个，进场应聘近 4.4 万人，现场达成意向 1.3 万人。11 月，以"金秋送岗位 就业暖人心"为主题开展金秋招聘月活动。举办专场招聘 364 场次，组织 1.6 万家企业参加招聘，提供岗位 24.8 万个，签订就业（意向）协议 5.7 万人次。11 月—12 月，开展高校毕业生就业服务周活动。全省组织了 96 场大型公益性现场招聘会，提供岗位 20.8 万个，毕业生 9.7 万人次参加现场招聘会。

（王维东 刘真真 刘渊惠）

养老保险

【概况】 截至 2019 年底，全省企业职工基本养老保险参保人数为 2807 万人，比上年增加 142 万人，其中在职职工参保人数为 2019 万人；享受待遇人数为 788 万人，比上年增加 48 万人；基金收入 2956 亿元，支出 3175 亿元，累计结余 3432 亿元，基金支付能力为 15.6 个月。全省机关事业单位养老保险参保人数为 224 万人，其中在职参保人数为 156 万人，纳入基金支付的退休人数为 69 万人。当期基金收入 607 亿元，当期支出 591 亿元，历年累计结余 89 亿元。

【养老保险待遇】 7 月，省人力资源和社会保障厅、省财政厅印发《关于 2019 年调整退休人员基本养老金的通知》（浙人社发〔2019〕38 号），增加机关事业单位和企业退休人员基本养老金；7 月，省人力资源和社会保障厅、省财政厅印发《关于调整企业职工死亡后遗属生活困难补助费等标准的通知》（浙人社发〔2019〕42 号），同步增加计划外长期临时工、死亡职工遗属的生活补助标准。

【养老保险费率基数调整】 4 月，省人力资源和社会保障厅、省财政厅、浙江省税务局印发《关于降低社会保险费率有关问题的通知》（浙人社发〔2019〕20 号），自 2019 年 5 月 1 日起（所属期），我省机关事业单位养老保险单位缴费比例从 20% 调整至 16%；个体工商户和灵活就业人员参加企业职工基本养老保险的，可以在我省全口径城镇单位就业人员平均工资的 60% 至 300% 之间选择缴费基数。

（杨灯云）

失业保险

【概况】 年末全省失业保险参保人数 1561.69 万人，比上年增加 83.33 万人。全年领取失业保险金人数 34.06 万人，比上年增加 3.87 万人。基金收入 87.84 亿元，支出 187.02 亿元，累计结余 248.4 亿元。

【失业保险待遇】 失业保险金人均领取水平 1502.85 元 / 月，比上年增加 0.35 元 / 月；为 32.33 万领取失业保险金人员缴纳职工基本医疗保险费 5.05 亿元。为领取失业保险金人员发放临时价格补贴 6170.89 万元。

【失业保险基金促进就业预防失业】 全省失业保险基金促进就业预防失业支出 155.56 亿元，占基金总支出的 83.18%，比上年增加 394.63%，主要是发放"经营困难且恢复有望企业稳岗返还资金"127.04 亿元，惠及 21.24 万家企业 285.61 万名职工；另有东部试点支出 20.24 亿元；稳岗补贴项目支出 6.86 亿元，惠及 3.33 万家企业 245.05 万名职工；发放技能提升补贴 1.42 亿元，享受职工 8.09 万人次；提取建立职业技能提升专项资金 86.9 亿元，用于职业技能提升行动。

【失业保险阶段性降低费率】 根据国家和省阶段性降低失业保险费率的相关规定，将失业保险单位缴费比例下调政策从 2019 年 12 月 31 日延长实施至 2020 年 4 月 30 日。2019 年为 115.09 万家用人单位减征 72.78 亿元。

（王维东）

工伤保险

【概况】 2019 年，全省工伤保险参保单位 129.14 万家，参保人数 2257.44 万人，其中农民工参保 1181.22 万人。工伤保险基金收入 59.29 亿元，支出 62.95 亿元，累计结余 100.64 亿元。全年认定工伤人数 16.46 万人，申请劳动能力鉴定 10.20 万人。工伤保险平均费率 0.58%。

【保险待遇】 7 月，省人力资源和社会保障厅、省财政厅下发《关于 2019 年调整退休人员基本养老金的通知》（浙人社发〔2019〕38 号），自 2019 年 1 月 1 日起，与养老金同步调整提高一级至四级工伤职工伤残津贴、工伤退休人员养老金标准，增加金额低于当地此次企业退休人员基本养老金调整平均额度 120% 的，按平均额度 120% 的标准予以补足。同月，省人力资源和社会保障厅、省财政厅下发《关于调整企业职工死亡后遗属生活困难补助费等标准的通知》（浙人社发〔2019〕42 号），自 2019 年 1 月 1 日起，对符合条件的因工死亡人员供养亲属抚恤金，每人每月增加 110 元。另外，随着全省在岗职工年平均工资的公布，对工伤人员生活护理费标准进行了相应调整提高，较上年人均提高 178 元，增幅为 8.7%。

2019 年，全省享受工伤保险待遇人数为

221754人，其中领取职业病待遇166人；领取工亡待遇1332人；领取一级至四级伤残待遇4100人；领取5级至10级伤残92757人；领取无伤残等级工伤待遇112104人；领取因工死亡供养亲属抚恤金待遇11526人；领取生活护理费3170人；安装辅助器具438人。

【出台减负政策】 按照《国务院关于进一步做好稳就业工作的意见》（国发〔2019〕28号）等文件和省里若干规定，继续施行阶段性降低工伤保险费率政策。即工伤保险基金可支付月数在18—23个月的地区，除一类行业外现行费率下调20%；可支付月数在24个月以上的地区，除一类行业外现行费率下调50%，此项措施为企业等用人单位减负15.3亿元；另外，根据《浙江省人力资源和社会保障厅等4部门关于阶段性降低社会保险缴费有关问题的通知》（浙人社发〔2019〕19号）要求，对制造业、交通运输业、建筑业等行业企业统一免征2019年5月份、6月份两个月的工伤保险缴费额度，此项措施为企业减负5.03亿元。2019年，共为企业等用人单位减负20.33亿元。

【开展工伤保险走进扶贫基地宣传】 5月，浙江省"工伤保险走进就业扶贫基地"主题普法宣传活动在东阳横店启动，全省各市、县（市、区）人社部门有关领导、部分就业扶贫基地代表等共320人出席了启动仪式。通过宣传，进一步发挥了工伤保险在打赢脱贫攻坚战中预防和减少贫困的作用，为防范职工因工伤致贫返贫、更好地保障扶贫基地职工的工伤权益，起到示范作用。

【探索新业态从业人员职业伤害保障机制】 10月，出台《浙江省人力资源和社会保障厅关于优化新业态劳动用工服务的指导意见》（浙人社发〔2019〕63号），允许新业态从业人员按规定先行参加工伤保险；新业态企业依托平台经营的，鼓励平台主动发挥用工主体作用，加强用工管理；平台可以通过购买商业保险的形式，把应承担的工伤保险责任转由商业保险承担；建立多重劳动关系的新业态从业人员，各用人单位应当分别为其缴纳工伤保险费。通过多种措施，为新业态从业人员提供保障。

【劳动能力鉴定】 2019年，全省共申请劳动能力鉴定102033人，92747人被鉴定了伤残等级，339人被评定了生活障碍程度。

（王　黎）

城乡居民基本养老保险

【概况】 全省城乡居民基本养老保险参保总人数1199万人，比上年末增加2万人，参保覆盖率巩固在96%以上。其中城镇居民参保人数120万人，农村居民参保人数1079万人，60周岁及以上领取养老金人数537万人（农村居民领取养老金483万人），月人均养老金水平255元，按时足额发放率保持100%。全年全省城乡居保基金收入176.40亿元，支出178.87亿元，当期赤字2.48亿元，年末滚存结余154.47亿元。

【建立城乡居民基本养老保险待遇确定和基础养老金正常调整机制】 9月，经省委改革委第五次会议审议通过，省人力社保厅、省财政厅联合印发了《关于建立城乡居民基本养老保险待遇确定和基础养老金正常调整机制的实施意见》（浙人社发〔2019〕57号）。《实施意见》对完善待遇确定机制、建立基础养老金正常调整机制、建立个人缴费档次调整机制、建立缴费补贴调整机制以及个人账户基金保值增值5个方面内容进行了明确，有利于推动城乡居民基本养老保险待遇水平随经济发展逐步提高，确保参保居民共享经济社会发展成果。

【城乡居民基本养老保险基金委托投资运营】
根据人社部、财政部关于启动城乡居保基金委托投资工作要求，结合我省城乡居保历年个人账户结余基金和后续5年基金收支情况以及拟委托投资金额进行了测算分析，方案经省政府审议通过，符合条件的市县按照计划筹集基金归集到省里统一委托投资，计划筹资100亿元，分三年到位。年底，省政府已与全国社保基金理事会进行城乡居保基金委托投资签约，目前已按计划到位了20亿元。

【城乡居民基本养老保险扶贫】 按照全国社会保险扶贫推进会精神，全力开展城乡居保扶贫工作，新增了残疾人和低保边缘户两类困难群体纳入城乡居保代缴范围。我省出台了《关于加快实现贫困人员城乡居民基本养老保险应保尽保的通知》（浙人社办发〔2019〕2号），对年满60周岁、未领取国家规定的基本养老保险待遇的低保对象、特困人员，自2018年12月1日起纳入城乡居保制度，按月发放基础养老金。截至年底，低保、特困人员等参加城乡居民养老保险实际代缴保费人数21万人，年代缴保费金额2915万元；实际享受城乡居民养老保险待遇人数25万人，

其中按浙人社办发〔2019〕2号文件受益人数0.4万人，实现了符合条件的低保、困难人员享受待遇应发尽发。

【"城乡居民两费"征管职责划转】 根据国家税务总局、财政部、人社部等五部门《关于做好社会保险费和非税收入征管职责划转的指导意见》和省政府办公厅《关于做好社会保险费和非税收入征管职责划转工作的实施意见》精神，9月起，省税务局全省集中版城乡居民两费征缴新系统在全省各统筹区全面上线，城乡居民基本养老保险和城乡居民基本医疗保险费征收职能全面划转税务部门。

【被征地农民养老保障】 截至年底，全省纳入养老保障的被征地农民共654万人，全年新增37万人，其中参加被征地农民基本生活保障156万人，领取待遇人数68万人；参加企业职工基本养老保险498万人，领取待遇人数279万人。累计结余征地保障资金301亿元。

（沈中明）

社会保险基金监督

【基金监督制度】 9月，针对因部门间涉刑人员信息不共享产生的服刑人员违规领取养老金的情况，与省委政法委、省法院、省检察院、省公安厅、省司法厅、省大数据局组建跨部门整治工作专班，研究出台《关于防范和查处涉刑等人员违规领取养老保险待遇问题的通知》（浙人社发〔2019〕54号），通过建立组织协调机制、信息共享机制、联合追缴机制、警示教育机制，合力防控基金风险。

【基金监督检查】 4月至7月，根据人社部部署，以各地自查、地市抽查、省级督查的方式，组织开展开展社会保险基金管理风险专项检查。完成对2个省级经办机构（省社保中心、省机关事业养老保险中心）和3个设区市及所属3个县（宁波市本级及宁海县、衢州市本级及开化县、舟山市本级及嵊泗县）社保基金管理风险防控情况第三方审计。针对审计发现的问题，提出整改要求并指导各地落实社保基金第三方审计工作，实现全省各地第三方审计全覆盖。4月至9月，围绕企业领取资格、风险防控措施落实情况等组织开展社保费返还政策执行情况专项核查，督促省就业管理中心会同省财政厅出台风险防控意见。在衢州市试点基础上，组织各市县开展社保工作人员亲属参保数据核查工作。利用金保工程社保基金监管系统组织开展3轮疑点信息核查，实施非现场监督。5月至12月，对2个设区市及所属2个县（温州市本级及平阳县、苍南县，嘉兴市本级及桐乡市、海宁市）开展社保基金安全评估复评工作。

【社保基金投资运营】 6月至12月，会同省财政厅拟订我省城乡居民基本养老保险基金委托投资方案，牵头完成省政府与全国社会保障基金理事会签署总额不低于100亿元的城乡居民基本养老保险基金委托投资合同，首批20亿元已归集并委托投资。

【企业年金监管】 全省累计建立年金制度企业3978家，比上年增加456家；净资产402.13亿元，比上年增加67.15亿元。

（商卓群）

社会保险经办管理

【省本级社会保险概况】 2019年底，省本级企业养老保险参保人数43.92万人，比上年增加1.94万人；工伤保险参保人数41.13万人，比上年底增加1.08万人。2019年底省本级企业养老保险离退休人数13.50万人，全年新增退休人员6782人，死亡离退休人数2466人。

【省本级社会保险待遇调整】 2019年继续围绕"发放"和"安全"四个字，履行好"待遇核发、保障民生"的职责，继续确保待遇发放不出偏差，基金安全得到保障。省本级发放养老保险各项待遇14.07万人（含精减、供养人员），支付养老保险基金80.26亿元。全年有22637人次享受工伤保险待遇，共支付工伤保险基金1.74亿元。根据浙人社发〔2019〕38号文件，省本级在7月30日前顺利完成企业12.83万名退休人员的基本养老金调整及补发工作，月人均调整额度229元。2019年工伤定期待遇调整涉及713人，月人均增加伤残津贴274.80元，生活护理费178.27元，供养亲属抚恤金110元。

【全民参保登记】 提升全民参保库应用，助推社保经办服务。进一步应用全民参保登记系统，实现精准扩面；多渠道共享公安、交通、民政、法院、检察院等部门信息，按要求完成待遇领取人员资格核查，确保基金安全；通过全民参保登记库提供29个社保共享信息数据，助推"最多跑一次"；为就业、民政扶贫等提供社保共享数据。

【个人社保信息网上查询】 建立通过互联网＋政务服务网实现参保证明网上验证与远程打印。通过全省统一规范的参保证明格式，在浙江政务服务网上线"社保证明打印平台"，覆盖全省所有地区，只要在浙江省范围内参加社会保险，就可以使用浙江政务服务网或浙江政务服务APP下载并打印社保证明，无需再跑腿。为防止虚假证明，参保人还可以通过浙江政务服务网"社保证明验证"服务进行在线验证。满足参保单位和人员日益增长的参保证明打印便捷化和自助化需求。同时提高社保经办机构的工作效率，降低经办成本，杜绝各类虚假证明，提高社保经办的风险防控能力和廉政建设水平。

【社会保险稽核】 涉刑人员违规领取养老金的现象在各统筹区普遍存在。为从源头上堵塞涉刑人员违规参保、领取社会保险待遇漏洞，2019年联合省法院、检察院、公安厅、司法厅、大数据局出台了《浙江省人力资源和社会保障厅等6部门关于防范和查处涉刑等人员违规领取养老保险待遇问题的通知》（浙人社发〔2019〕54号），建立组织协调、信息共享、联合追缴、警示教育4项工作机制，防控经办风险，维护基金安全。

【两个"一件事"全流程"最多跑一次"改革】 2019年，根据省委省政府决策部署，社保中心牵头，会同建设部门和医保部门梳理整合企业职工退休涉及的养老保险、医疗保险和公积金等12个办事事项，按"八统一"标准，精减办事材料，优化办事流程，实现企业职工退休"一件事"在全省范围内逐步推进。8月底前，陆续公布企业职工退休"一件事"办事指南；9月10日前实现线下经办；20日前，全部实现与政务服务网相关平台对接，开始实施线上经办；10月20日，全省已全面实现上线运行。改革后经办所需材料由之前的40项精减至16项，精减率60%；办理时限由原来145个工作日缩减为30个工作日，缩减率79%。此外，为贯彻落实省委省政府深化推进"最多跑一次"改革、加快推进政府数字化转型决策部署，社保中心牵头推进社会保险关系转移接续"一件事"，将养老、医疗、失业转移接续相关联的6个办事事项进行整合，精简办理材料，再造办理流程。8月底前，陆续公布社会保险关系转移接续"一件事"办事指南，9月10日前开展线下经办，20日前完成业务经办系统与浙江政务服务网相关平台对接，10月底前，全面实现社会保险关系转移"一件事"上线运行。改革后，压缩6个办事事项为转移接续"一件事"1个事项；经办所需材料由之前的13项精减至4项。精减率69%；办理时限由原来105个工作日缩减为45个工作日，缩减率57%，进一步方便了群众办事。

（徐　洁）

人才开发和市场管理

【高层次人才引进和人才项目洽谈】 赴北京、上海、成都、长沙、哈尔滨举办系列引才活动，共接洽高层次人才4.6万多人，达成初步就业意向1.1万人次。3月23日，在香港会议展览中心举办了"2019浙江—香港现代服务业高端人才招聘会"，王文序副省长出席了开幕仪式。全年共举办5场高层次人才封闭式洽谈会和5场企业专场招聘会，邀约2375名中高级人才到场面谈，帮助高端人才和企业实现精准对接。12月，与浙江金蛋科技有限公司联合共建了国际人才项目路演中心，为国际高端人才提供人才路演、项目评审、投融对接、政策发布、赛事组织、专业培训、创业辅导、参观交流等全流程的一站式落地服务。大力实施各类引才活动，增强引才服务效果，全省全年举办各类高层次引才活动4735场，引进各类人才98万人，其中省外高校毕业生50万人。杭州、宁波中高端人才均实现净流入，杭州、湖州、绍兴成为青年人才"引才"前三强。

【人力资源服务业发展】 2月，制定出台《浙江省人力资源和社会保障厅关于做好人力资源服务行政许可及备案有关工作的通知》（浙人社发〔2019〕7号），落实"放管服"改革要求，放低行业准入门槛。10月，在全国率先编制省级人力资源服务业发展蓝皮书，发布全省综合100强以及猎头、咨询、测评、培训等8项榜单，确定首批100家重点培育人力资源服务机构。推进人力资源服务产业园建设，新增宁波国家级人力资源服务产业园1家，批准湖州、温州建成省级人力资源服务产业园。举办2019中国（浙江）人力资源服务博览会暨重点产业人力资源需求发布会、中国五金产业人力资源峰会等活动，助推企业与机构对接。全年举办人力资源供需对接活动1.5万场次，服务市场主体200万家次，猎头引才4.2万人。全省人力资源机构新增513家，共3218家，营收破千亿，同比增长25%。

【人才管理与服务】 支持重大人才平台建设，突破体制机制障碍，畅通引才育才通道，为重大平台研究颠覆性技术、关键核心技术提供人才支撑。探索下放科研事业单位职称评审权，

在之江实验室、长三角研究院等9家单位开展自主评聘改革试点，破格获批之江实验室、西湖大学的博士后独立招收资格；坚持优绩优酬的鲜明导向，制定鼓励高校科研院所科研人员兼职创新创业政策，完善省属高校绩效工资水平动态调整机制，允许提高绩效工资总量和增长比例。支持小微企业园建设，组织30家人力资源产业园、657家人力资源公司，对接服务277家小微企业园，为2万余家小微企业提供人才引进、人才测评、股份改造等40多项人力资源服务，并举办专场招聘1900余场，引进34万人。

【青年人才培养】 开展第三批浙江省"万人计划"青年拔尖人才评审选拔工作。为做大青年人才基本盘，2019年在原50名青年拔尖人才的基础上，新增数字经济、生命健康两个专项，共遴选优秀创新创业青年人才100名。

【"三支一扶"工作】 会同浙江团省委等有关部门，与高校、相关县（市、区）共同协作与努力，推动"三支一扶"工作深入开展。目前，我省共有在岗志愿者100人，其中，2019年新招募志愿者43人，续签志愿者57人。

【大学生来浙暑期实践活动】 为前移引才关口，提升就业质量，5月，率先启动全国大学生在浙实习计划。全省全年共组织350家高校5.7万名大学生来浙实习，留企2.2万人。同年7月，邀请了206名清华、北大及台湾、香港知名高校学生来浙实习，其中清华博士团与我省企业合作完成项目38个，提出合理化建议44条，申请专利1项，获得企业好评。

【人才服务数字化转型】 5月，浙江省人才服务平台一期建设完成并顺利上线，基本建成了集人才政策查询、公共服务事项办理、项目信息对接、大数据统计分析于一体的人才服务平台。截至12月底，总点击量已突破122万人次，吸引46个国家和地区、国内33个省份313个城市的人才点击访问，服务网上办事人才1.13万人。

【流动人员档案管理服务】 全年流动人员人事档案增至222209份，全年网上办件总量为3747件。完成初定职称2900余人，中高级职称评审1800余人。按照关于深化"最多跑一次"改革要求，对纳入全省"最多跑一次"指导目录的7个事项办理流程和经办系统进行了改造提升。截至2019年底，全部办事服务事项实现"网上办"及"掌上办"；民生事项共6个，其中5个事项已实现"一证通办"，办件总量为11.14万件。

【挂靠党员教育管理工作】 省人才市场人事代理人员党委原有党员9081人，按照应转尽转原则开展属地化管理工作后，已转出党员8141人，目前保留940人，支部从300个缩减到48个。同时，加强保留党员支部建设，制定规范化管理的"1+N"制度，探索建立符合流动人才党员特点的日常管理服务模式，受到中组部肯定，为全国流动人才党员教育管理提供了浙江经验。

（郑　伟　刘渊惠）

专业技术和留学人员管理

【高层次选拔和服务】 修订完善了《浙江省有突出贡献中青年人才选拔管理办法》，对有关评选周期和评选名额的调整予以明确，围绕数字经济"一号工程"、八大万亿产业等重大战略开展了选拔工作，全省共新增浙江省有突出贡献中青年专家75人。开展"百千万人才工程国家级人选"推荐工作，经人社部批准，全省共有14人入选。配合省委组织部选拔省海外高层次人才300人，省"万人计划"青年拔尖人才数字经济专项30人、生命健康专项20人。

【博士后科研工作站】 截至2019年底，全省共建有博士后科研流动站106个，国家级博士后科研工作站224个，省级博士后科研工作站676个。大力实施"博士后倍增工程"，全年招收培养博士后研究人员2130人，其中招收1461人，出站669人，累计招收培养博士后研究人员12000余名。积极向人社部争取之江实验室、西湖大学的博士后独立招收资格并获批准，为我省新型创新平台博士后招收奠定了基础。开展博士后科研项目择优资助工作，共资助博士后研究人员170人，其中特等资助10人，一等资助30人，二等资助130人，为博士后研究人员"项目＋人才"的培养模式提供了支撑。

【专技人才知识更新工程】 向人社部推荐浙江省经济职业技术学院、浙江水利水电干部学校为国家级基地，其中浙江省经济技术职业技术学院获批国家级基地，指导43家省级基地制定年度培训计划。围绕知识更新重点引导目录，遴选确定了157期省级高研班（其中经费资助61期），获批7期国家级高研班。累计培训高层次紧缺急需和骨干人才5万名，开展专业技术人员岗位培训220万人次。根据"评价＋培养"

的专业技术人才队伍建设要求，指导农业、审计、档案、会计、体育等5个行业部门出台继续教育学时登记细则。

【职称制度改革】 对全省高级职称评审委员会进行了重新核准备案，全省共核准设置高级职称评审委员会 398 个，其中非自主评聘高级职称评审委员会 96 个，自主评聘高级职称评审委员会 302 个。根据《关于深化科研人员职称制度改革的意见》《关于科研事业单位职称制度改革试点有关问题的通知》，在之江实验室、长三角研究院、省农科院等9家科研事业单位率先开展自主评聘改革试点。稳步推进卫生、中小学、技工学校自主评聘改革：卫生自主评聘改革的范围扩大到三级医院、省疾控中心和所有县域医共体。中小学教师自主评聘改革范围由30所中小学校增加到100所。继续在24所技工学校开展自主评聘试点，为全面实施自主评聘探索经验。进一步推进工程领域职称社会化评价改革，根据《关于推进工程领域职称社会化评价改革的意见》，由自律性强、专业性强、运转规范、具有较大影响力的行业协会学会等牵头，行业龙头企业参与，共同制定相关职称评价标准，成熟一个、授权委托一个，出台特种设备、信息技术、机电制造、塑料机械、蓄电池、爆破行业高级工程师职称社会化评审改革方案和评价标准，由行业协会承接评审工作，出台海港工程高级工程师职称社会化评审改革方案和评价标准，由龙头企业承接评审组织工作。会同有关部门开展全省96个高级专业技术资格评审委员会评审工作，指导各自主评聘委员会开展自主评聘工作，全省获高级职称2.5万人。

【职业资格考试管理】 1月，会同省建设厅等4部门开展了工程建设领域专业技术人员职业资格"挂证"等违法违规行为专项整治，通过自查自纠，企业上报挂证信息43716条；7月，会同省建设厅、交通厅、水利厅出台了《浙江省二级造价工程师职业资格考试管理办法》；8月，会同省建设厅、交通厅、水利厅出台了《浙江省初级注册安全工程师职业资格考试暂行办法》；全年开展51项专业技术资格考试，考试报名98万人次，取得相应专业技术资格20余万人次。

【留学人员创业和科技项目资助】 全省省级以上留学人员创业园22家，其中国家级创业园5家，入园留学人员65414人。累计创办企业6086家，涉及电子信息、生物医药、软件开发、新能源新材料、光机电一体化、生态环境等高新技术产业，技工贸总收入2081.7亿元。获留学人员回国创业启动支持计划3项，海外赤子为国服务行动计划1项。

【专家和留学人员科研服务活动】 拉高标杆践行省委"三服务"活动要求，在组织指导全省各地开展专家服务活动的基础上，创新方式主动担当作为，精准服务企业高质量发展，以"人才项目路演对接会"的形式，帮助企业导入专家资源高端发展要素。5月，联合浙江理工大学，举办新材料领域人才项目路演对接会；10月，联合杭州电子科技大学，举办数字经济领域人才项目路演对接会。两场路演对接会共发布人才项目1800余个，邀请85名专家携184个项目与217家企业开展路演对接，截至目前已促成14个项目签约落地，22个项目达成合作协议。工作情况专报获分管传统制造业改造提升的高兴夫副省长肯定批示，工作信息被省委办公厅《浙江信息》选用。

充分发挥专家在对口帮扶、智力扶贫中的作用。省外，重点帮扶我省对口协作的四川省阿坝州，根据四川省人社厅需求，6月，组织我省农业种植、医疗卫生、旅游康养、产业规划等专业领域10名专家，赴阿坝州九寨沟县和松潘县开展专家服务活动，共举办专题讲座10场，现场指导55场，参与的技术人员、基层群众等共690余人，帮助当地解决技术难题、培养急需人才和转化科技成果。同时，与四川省专家中心签订了专家资源共享协议。省内，重点帮扶我厅结对帮扶的云和县安溪乡，根据当地发展需求，7月，组织中国美院、中国农科院茶叶所、丽水学院专家，围绕新农村建设、民族旅游、农业种植等领域开展专家智力帮扶工作，助力当地乡村振兴。

【海外高层次人才引进】 青年人才是浙江未来高质量发展的战略资源。在11月第五届世界浙商大会上，首次联合省委组织部举办"数字经济"国际青年人才论坛，邀请全球305位青年博士，与浙江大学、之江实验室、西湖大学、阿里达摩院等四大平台开展人才合作对接。总结报告获省委车俊书记肯定批示："很好。高质量发展必须有高水平人才支撑"。同时，积极引导支持各地各单位开展"论坛式"人才交流合作，论坛举办数量从上年的4场增加到今年的20场，共邀请了2200多位海外青年人才参会。

面对海外新形势，联合省委组织部、省外办主动完善与海外人才合作对接方式，在兼顾"传统大国"的同时，注重小型化、专业化合作

对接，拓宽海外合作对接视野，开辟"关键小国"对接新渠道，6月，联合省委组织部、省科技厅、省外办，组团赴欧洲和"一带一路"沿线国家开展合作对接活动，其中，王文序副省长率团赴英国、以色列和乌克兰，温暖副部长带团赴法国、瑞典、芬兰，共开展32场合作对接活动，访问40多家知名高校、科研院所和实验室等，接洽200多名高端人才（团队）。活动情况以及下步建议专报获省委车俊书记批示："同意六条工作建议，望明确责任推动落实，政府推动和服务，企业和平台更主动走向前台"。

（汪小洲　郑　坤　谢　吟）

人事考试管理

【概况】 2019年共组织63项人事考试，报名人数达1054343人，2422658科次。一是完成各类公务员考试，其中2019年度中央机关公开遴选和公开选调公务员51673人，浙江省各级机关考试录用公务员257808人。二是完成53项专业技术资格考试，共611294人参加考试，其中二级建造师153424人，社会工作者104551人，一级建造师82931人。三是完成事业单位招聘考试命题、笔试、阅卷工作，为省部属和49个市县提供事业单位招聘人员考试、选调考试、竞争上岗考试等，共完成各类考试笔试命题77套，面试命题20套；两次全省事业单位统一公开招聘人员考试报名人数达122666人。四是在全面实现当年证书电子化的基础上，进一步进行数据归集，将2005年至今的历年国家职业资格证书共计1809318本，高级工程师证书共计315655本，计算机应用能力考试证书共计624507本，全部制作成电子证书，在全国率

先全面实现了证书的电子化。

【考试制度和考试安全】 8月，在全省人事考试系统开展"警示教育月"活动，要求各市考试院负责人要亲自抓警示教育活动，分管领导具体负责，制定人事考试工作人员"警示教育月"活动实施方案，进一步明确警示教育活动的目标任务、活动时间、主要内容并进行总结，切实开展好警示教育活动。联合公安、无线电、网监等相关职能部门，加强人事考试作弊打击力度，进一步净化考试环境，全省共认定和处理了考试违纪违规考生475人，取消全科成绩78人，取消单科成绩397人，另处理雷同考生70人。

【考试管理机构建设】 2019年10月举办全省事业单位招聘考试考务培训，各市系统管理员骨干力量和100个县、市、区的事业单位考务人员参加了培训，提升全省人事考试系统工作人员的业务能力。

（姜海峰）

职业能力建设

【高技能人才培养】 2019年底，全省高技能人才达292万人，占技能人才总数的29.7%。2月19日，我厅发文公布2018年全省享受国务院政府特殊津贴人员名单，其中，高技能人才11人。3月19日，省委人才工作领导小组印发第二批浙江省"万人计划"入选人员名单，其中，高技能领军人才20人。5月6日，2019中国（浙江）技能培训教育博览会在杭州举行。博览会以"中国人力资本提升之路"为主题，分为展会

和高峰论坛两大板块。来自省内外100余家参展单位在会上亮相，入场观展人数超1万人次。厅党组书记、厅长鲁俊，副厅长仇贻泓出席。7月10日，世界技能博物馆永久收藏首批30组105件展品，其中，包括我省龙泉市传统工艺技能大师胡小军的传统工艺刀剑作品——当代工匠作品四神汉剑。8月21日，我厅会同省总工会、省企业联合会（企业家协会）、省工商业联合会发文表彰第五轮省级创建和谐劳动关系暨双爱活动先进集体和个人，授予45名高技能人才"浙江省首席技师"称号。9月30日，我厅发文公布2019年度浙江省"百千万"高技能领军人才培养工程人员名单，其中杰出技能人才20人、拔尖技能人才204人。10月9日，我厅会同省财政厅公布2019年浙江省技能大师工作室名单，有40个项目单位入选。12月4日，浙江省暨杭州市职业技能提升行动宣传周系列活动之企业政策宣讲会在杭州举行。副厅长金林贵出席会议并讲话。12月11日，人力资源社会保障部办公厅财政部办公厅发文公布2019年国家级技能大师工作室名单，其中，我省有5个技能大师工作室入选。12月11日，王文序副省长赴三门技师学院调研职业技能提升等工作。王文序副省长要求，在职业技能提升方面，培训务必做到精细、精准、全程可追溯；要突出导向，进一步优化职业技能工种补贴标准并不断完善；要着力破解企业技能人才"招工难"问题，积极作为，为企业减负降本，加快推进职业技能提升行动，精准对接企业技能人才需求。仇贻泓副厅长陪同调研。

【职业技能培训】 大规模开展职业培训，全省参加补贴性职业技能培训人数为98.4万人。开

展 2019 年"金蓝领"高技能人才国外培训工作，组织 21 名优秀高技能人才、职业院校骨干教师参加赴德国机器人制造与开发培训班。6 月 28 日，我厅办公室印发《浙江省职业技能提升行动领导小组工作方案》。8 月 30 日，我厅会同省财政厅印发《浙江省职业技能提升行动实施方案（2019—2021 年）》（浙人社发〔2019〕53 号）。11 月 20 日，我厅下发通知，要求从 11 月下旬至 12 月上旬在全省组织开展职业技能提升行动服务活动。

【职业技能大赛】 1 月 15 日、7 月 1 日，人力资源社会保障部分别发文授予职业技能竞赛优秀选手全国技术能手荣誉，其中，我省 62 人获得"全国技术能手"称号。1 月 22 日，我厅发文公布 2018 年度浙江省技术能手名单，75 名在全省各类职业技能竞赛中取得优异成绩的选手获得"浙江省技术能手"称号。3 月 10 日至 16 日，第 45 届世界技能大赛全国集中阶段性考核浙江赛区 16 个项目的比赛，分别在浙江建设技师学院、杭州技师学院举行。5 月 15 日，我厅发文公布 2019 年浙江省职业技能大赛计划，全省共组织开展省级比赛 34 项，其中，第 45 届世界技能大赛新增项目省选拔赛 4 项、省级一类大赛 15 项、省级二类大赛 15 项。8 月 27 日，第 45 届世界技能大赛在俄罗斯喀山闭幕，我省 4 名选手参赛并全部获奖，其中，杭州运河技工学校教师石丹获得美发项目金牌，浙江建设技师学院教师高宇宙、安吉高级技工学校教师杨应政分别获得抹灰与隔墙系统、管道与制暖 2 个项目银牌，杭州技师学院教师胡斌获得汽车喷漆项目优胜奖。此外，我省浙江建设技师学院集训基地培养的广州城建技工学校学生陈君

辉、李俊鸿获得混凝土建筑项目金牌。10 月 25 日至 27 日，2019 年中国技能大赛——第九届全国民政行业职业技能竞赛养老护理员职业竞赛在北京举行，浙江代表队获团体第一名，我省 3 名选手获一等奖。10 月 29 日，第六届全国残疾人职业技能大赛暨第三届全国残疾人展能节在浙江嘉兴落幕，浙江代表团夺得团体第一名，我省 8 名选手获得单项冠军。12 月 20 日，我厅发文奖励第 45 届世界技能大赛浙江省获奖选手和表扬作出突出贡献的单位及个人。

【职业技能鉴定机构】 制定并通过厅办公室发布《浙江省人力资源和社会保障厅关于申报 2019 年职业技能考核鉴定点的通知》（浙人社发〔2019〕15 号）。经实地评估、审核询证等方式产生了焊工等 30 个职业技能考核鉴定点，涉及鉴定所（站）、大型企业、技工院校、职业院校、高等院校等 82 家，由厅办正式发文公布。其中，确立省级五星职业技能考核鉴定点 14 单位次、省级四星 15 单位次、省级三星 12 单位次、市级五星 47 单位次、市级四星 14 单位次；在此基础上，省技能鉴定中心与各考核鉴定点签订了工作协议。全省已形成职业技能鉴定机构三级管理制，省、市、县（市、区）职业技能鉴定中心共计 93 家，其中省级鉴定中心 1 家、市级鉴定中心 11 家、县（市、区）鉴定中心 81 家；全省依照有关职业《国家职业技能标准》《浙江省职业技能鉴定所（站）管理办法》建立国家职业技能鉴定所（站）303 家，其中职业院校建立技能鉴定所的 140 家、技工院校技能鉴定所 74 家。

【职业技能鉴定】 1 月，省人力资源和社会保障

厅发布《浙江省人力资源和社会保障厅办公室印发〈2019 年浙江省职业资格鉴定计划〉的通知》（浙人社办发〔2019〕7 号），在九个方面做了改革创新，实现开考职业、等级全覆盖。不再实行全国统一鉴定，2018 年单科成绩不合格的考生可以参加 5 月 18 日的全国补考；全省统一鉴定由原来的一年 2 次增加到 3 次；原来实行全省统考的劳动关系协调员除一级继续实行全省统考外，2—4 级由各市鉴定中心组织鉴定考试；省属定期鉴定开考职业达 39 个，占人社部门主管 45 个职业的 86.67%；申报条件按新国标执行；考生个人可通过网上直接报名；资格审核不需要面审；实行鉴定费用网上缴费；报名时可选择证书邮寄领取。同时按职业、按月份排列鉴定计划，并在网站和浙江人社 APP 上公布，服务和方便各类考生查询。及时转发人社部《关于在工程技术领域实现高技能人才与工程技术人才职业发展贯通的意见（试行）》，编印《高技能人才与工程技术领域人才对应职业、专业参考目录》，形成焊工、电工、起重装卸机械操作工等职业与机电、轻工、食品等 20 类专业技术资格的对照表，同步维护一体化平台职业分类数据库内各职业鉴定申报条件，指导各市开展鉴定申报工作。2019 年，全省参加职业技能鉴定 55.41 万人次，获职业资格证书 44.33 万人，其中获初级工证书 10.20 万人、中级工证书 15.98 万人、高级工证书 15.55 万人、技师证书 20497 人、获高级技师证书 5620 人。其中高级工以上获证 18.16 万人，占获证总人数 40.96%。到 2019 年底，全省累计发证为 1244.81 万人次。

【职业技能等级认定】 12 月 31 日，省人力资源和社会保障厅发布《浙江省人力资源和社会保障

厅关于印发〈浙江省企业职业技能等级认定试点办法〉的通知》（浙人社发〔2019〕66 号），省职业技能鉴定指导中心印发《浙江省职业技能等级评价机构及证书编码方案（试行）》和《职业技能等级证书参考样式》（浙职技鉴〔2019〕12 号）。在全省部署开展职业技能等级认定试点单位申报工作的基础上，选择杭州、宁波、绍兴市及省属 20 家企业进行了首批试点，11 月 7 日召开浙江省职业技能等级认定试点工作启动会，指导开展备案和等级认定试点工作。同时，提前开发职业技能等级认定系统，等级认定试点备案和认定申报等工作全部在职业能力一体化工作平台上无纸化运行。2019 年底，浙江省海港集团、能源集团、浙江省建设投资集团等 11 家省级试点企业和中石油、中核核电等 9 家央企在浙子公司完成备案工作，并开展等级认定工作。12 月 25 日，在浙江海港集团（宁波舟山港集团）举行浙江省首批职业技能等级证书颁发仪式，首批 73 名职工获得了浙江省职业技能等级证书，省人力资源和社会保障厅副厅长况贻泓出席仪式并颁发首批证书。

【职业技能评价管理】 2 月 12 日，厅办公室印发"木地板铺装"等 18 个专项职业能力考核规范。6 月 18 日，我厅转发《人力资源社会保障部〈关于在工程技术领域实现高技能人才与工程技术人才职业发展贯通的意见（试行）〉的通知》（浙人社发〔2019〕31 号）。7 月 15 日，我厅会同省财政厅印发《浙江省企业新型学徒制工作实施方案》（浙人社发〔2019〕40 号）。10 月 21 日，《起重装卸机械操作工》职业技能鉴定国家题库开发工作在浙江海港集团正式启动。人社部职业技能鉴定中心副巡视员荣庆华、厅副巡视员

朱树民出席会议并讲话。11月7日，全省企业职业技能等级认定试点工作启动会在杭州召开。会议公布了我省首批20家职业技能等级认定试点企业，首批试点地区为杭州、宁波、绍兴市以及省属企业。对中海油、三门核电等2家央企在浙分公司发放了备案回执。副厅长仇贻泓出席会议并讲话。12月25日，浙江省首批职业技能等级证书颁发仪式在宁波举行，浙江省海港集团73名技能人才获得我省首批职业技能等级证书，此举标志着我省职业技能等级认定试点工作进入实施阶段。副厅长仇贻泓出席仪式并讲话。12月31日，我厅印发《浙江省人力资源和社会保障厅关于印发〈浙江省企业职业技能等级认定试点办法〉的通知》（浙人社发〔2019〕66号）。

【公共实训基地建设】 10月9日，我厅会同省财政厅公布2019年浙江省省级高技能人才公共实训基地建设项目名单，有5个项目单位入选。12月11日，人力资源社会保障部办公厅财政部办公厅发文公布2019年国家级高技能人才培训基地名单，其中，我省有5个项目单位入选。

【技工院校发展概况】 全省共有技工院校78所，其中技师学院26所；招生人数5.4万人，在校学生16.3万人，毕业生人数3.5万人；全省技工院校培训社会人员36.8万人。

6月，我厅组织来自技师学院的7名技工教育专家，赴国家级贫困县宁夏海原开展对口扶贫活动，开设职业技能讲座26场，培训教师、学生3000人次。

9月9日，在第三十五个教师节来临之际，省委组织部副部长，厅党组书记、厅长鲁俊赴第45届世赛美发项目国家集训基地——杭州运河技工学校，看望慰问大赛美发项目专家组组长吉正龙、金牌获奖选手石丹以及技工院校教师。鲁俊厅长代表省人力社保厅向全省技工院校和职业培训机构全体教师和教育工作者表示亲切慰问，向为技工教育和职业培训事业无私奉献的全体离退休教师致以诚挚问候。

9月16日，省政府下发《关于同意设立湖州交通技师学院等5所技师学院的批复》（浙政函〔2019〕97号），同意设立湖州交通技师学院、慈溪技师学院、平湖技师学院、新昌技师学院、三门技师学院。

【技工院校教学管理】 9月27日，第一届全国技工院校学生创业创新大赛浙江省选拔赛在宁波技师学院举办。来自我省18所技工院校的20个创业创新项目入围本次创业创新大赛现场评审环节，经过选手展示、答辩评审等程序，最终产生一等奖2个、二等奖4个、三等奖6个。

12月4日至6日，第一届全国技工院校学生创业创新大赛决赛在合肥举行。我省共有6个项目进入全国决赛并获奖，其中：台州技工学校"壹枳独绣项目"和温州技师学院"全自动焊枪生产机"项目获得一等奖；浙江商业技师学院"盛世千禧"项目和诸暨技师学院"新视场"项目获得二等奖；浙江商业技师学院"码上见面"项目获得三等奖；宁波技师学院"多彩贵州"项目获得优胜奖。另外，我省还被授予了组织奖。

【企业自主评价】 8月，浙江省人力资源和社会保障厅办公室印发《关于开展2019年技能人才自主评价引领企业选树活动的通知》（浙人社办发〔2019〕44号），在全省范围选树企业技能人才自主评价引领企业。经各市推荐，省厅组织专家评审，杭州娃哈哈集团有限公司等32家企业被选树为技能人才自主评价省级引领企业。新增市级引领企业170家，全省已有340家企业获得技能人才自主评价市级引领企业称号，62家企业获得省级引领企业称号。12月18日，我厅发文公布2019年浙江省技能人才自主评价省级引领企业名单，30家单位入选。2019年，全省新增技能人才自主评价企业83家，评价技能人才5020人，全省累计3.36万家企业开展自主评价，技能人才评价82.78万人，其中高技能人才32.55万人。

【专项职业能力考核】 省人力资源和社会保障厅办公室先后印发茶艺培训和木地板铺装等64个专项职业能力考核规范。组织开发单位对木地板铺装等18个专项职业能力考核规范的题库进行了修订和补充完善，进一步加强题库建设，规范专项职业能力考核。全年全省专项职业能力考核人数达124004人，获专项职业能力证书116710人。

【技工院校教学管理】 全省技工院校新设专业和实施性教学计划实行备案制，共收取新设专业备案材料115份、实施性教学计划备案材料979份。9月，组织专家抽查了杭州、金华、绍兴3个市地6所技工院校的实施性教学计划执行情况。4—12月，省教研所认真贯彻落实习近平总书记3月18日在学校思想政治理论课教师座谈会上的重要讲话精神，对标争先、率先开展全省技工院校思想政治理论课规范化建设专项评估检查工作。6月，省人力资源和社会保障厅办公室印发《关于加强全省技工院校思想政治理论课建设规范工作的通知》（浙人社办发〔2019〕36号）。7月，人力资源社会保障部办公厅下发《关于公布2019年度劳动出版"技能雏鹰"奖（助）学金获奖名单的通知》，其中我省浙江公路技师学院严君锋等7名同学获奖。11月，在全省技工院校完成自查和各地市完成普查的基础上，组建省级抽查组对29所技工院校进行抽验核查并形成总结报告，推选浙江建设技师学院等6所技师学院为我省技工院校"思政课建设引领校"。

【技工院校教研教改】 全年组织开展全省技工院校教研教改活动共40次。3月，在省教研所推动下，浙江公路技师学院和杭钢炽橙智能科技有限公司、中国电信浙江分公司举行了5G+ARVR数字融合新能源汽车一体化样板实训基地建设签约仪式。4月，全省技工院校会计专业师生技能比赛在长兴举行。5月，全省技工院校学生文化素养与能力提升省级决赛及现场直播加赛诗词"飞花令"在杭州举行；全省技工院校第四届学生网站设计与开发技能比赛在杭州举行；全省技工院校学生英语配乐经典美文诵读比赛在湖州举行；全省技工院校第四届学生数学素养知识竞赛在桐庐举行。6月，中国就业培训技术指导中心在北京召开全国技工院校通用职业素质课程教学实验工作启动会，我省浙江交通技师学院等6所院校纳入全国首批100所通用职业素质课程教学实验院校；全省技工院校"产教融合校企双元育人过程中坚持抓好学生思政工作"主题论坛活动、《浙江省技工院校思想政治理论课建设评估细则》研讨活动在桐乡举行；全省技工院校第二届师生创新创意大赛总决赛在杭州举行；全省技工院校建筑与艺术运用专业 AR\VR 技术运用校企研讨活动在杭州举行；全省技工院校 CAD 机械设计世赛项目校级邀请赛在龙泉举行；全省技工院校数控车世赛项目第一期校级邀请赛在临海举行。7月，全省技工院校餐旅专业教师世赛项目技能研修活动在杭州举行；全省技工院校烹饪专业教师世赛项目技能研修活动在衢州举行；浙江省通用职业素质课程教学实验启动工作研讨会在金华召开。9月，第一届全国技工院校学生创业创新大赛浙江省选拔赛总决赛在宁波举行；全省技工院校数控车世赛项目第二期校级邀请赛在杭州举行。10月，全省技工院校 2019 年中国技能大赛计算机网络管理项目选拔赛在义乌举行；全省技工院校学籍和资助管理骨干教师培训班在杭州举办。11月，人力资源和社会保障部组织举办的第一届全国技工院校学生创业创新大赛总决赛在安徽举行，有全国 29 个省 300 余所技工院校 1000 多个项目参赛，我省选拔参赛的 6 个项目全部获奖；全省技工院校烹饪专业学生技能比赛在临海举行；全省技工院校机械专业、电工电子专业教师"一堂好课"教学比赛评审会在杭州召开；全省技工院校汽车专业同课异构教学比赛评审会在杭州召开；全省技工院校第四届教职工气排球校级邀请赛在绍兴举行；全省技工院校移动机器人世赛项目、塑料模具世赛项目校级邀请赛在宁波举行；首次开展浙江省技工院校十大最美校园、十大最受欢迎的思政课教师评选活动，"浙江人社"微信公众号上的网络总投票数共 120 万。12月，全省技工院校第四届移动电商青春 CEO 创业大赛在永康举行；全省技工院校新媒体运营＋跨境电商专业师资提升教研活动在杭州举行；全省技工院校机器人系统集成赛世赛项目师资提升教研活动在义乌举行；全省技工院校三人制学生篮球校级邀请赛在三门（东赛区）、衢州（西赛区）举行。 2019 年全省技工院校教学业务调研重点课题立项 32 个，一般课题立项 77 个；重点课题通过结题 25 个，一般课题通过结题 59 个。2019 年全省技工院校教学论文评选共收到参评论文 811 篇。在各项教研活动中继续推进我省技工院校一体化课程教学改革。

【技工院校师资队伍】 2019 年全省技工院校在职教职工总数 11859 人，其中文化技术理论课教师 6916 人，生产实习指导教师 2717 人，一体化教师 4526 人。12月，经省技工院校正高级专业技术职务任职资格评审委员会评审通过，赵宇等 10 位同志具有技工院校教师正高级专业技术职务任职资格。

【技工院校教材建设】 2019 年根据中国就业培训技术指导中心的部署，由省教研所牵头、杭州技师学院负责，北京汽车技师学院等 6 省市 7 所技师学院参与的新能源汽车检测与维修专业《国家技能人才培养标准》和《一体化课程规范》编制工作启动。2019 年省教研所组织开发的职业技能培训丛书中有 4 种荣获第 32 届华东地区科技出版社优秀图书获二等奖，分别是《新能源汽车维修》《技工院校学生职业素养教育读本——创新创业篇》《母婴护理员基础知识》《母婴护理员实训技能》。

（陈中杰　石越航　王丽慧）

事业单位人事管理

【事业单位人事管理】 3月，省人力资源和社会保障厅完成2018年度全省事业单位工作人员年报数据统计上报工作。4月，省人力资源和社会保障厅、省卫生健康委员会印发《关于建立县域医共体人员统筹使用机制的指导意见》（浙人社发〔2019〕18号）。

【事业单位岗位管理】 9月，省人力资源和社会保障厅、省教育厅印发《关于进一步完善中小学校专业技术岗位设置管理的通知》（浙人社发〔2019〕55号）。省人力资源和社会保障厅批复32家省属事业单位岗位设置及变更，核准备案316家省属事业单位岗位聘任变动8085人，办理省属事业单位管理岗位五、六级职员等级晋升118人。

【事业单位公开招聘】 4—5月，省人力资源和社会保障厅组织部分省属事业单位定向招聘随军家属工作，安置5名随军家属。4月，中共浙江省委宣传部、省教育厅、省财政厅、省人力资源和社会保障厅、省文化和旅游厅印发《关于开展2019年乡镇文化员定向培养工作的通知》（浙文旅公共〔2019〕9号），继续开展乡镇文化员定向培养工作。5月，省卫生健康委员会、省发展和改革委员会、省教育厅、省人力资源和社会保障厅、省财政厅印发《关于开展2019年基层卫生人才定向培养工作的通知》（浙卫发〔2019〕11号），继续开展基层卫生人才定向培养工作。5月，省农业农村厅、省教育厅、省人力资源和社会保障厅印发《关于开展2019年定向培养基层农技人员工作的通知》（浙农科

发〔2019〕11号），继续开展基层农业人才定向培养工作。8—10月，省人力资源和社会保障厅组织事业单位面向西藏籍少数民族高校毕业生专项招聘工作，聘用11人。全年，省人力资源和社会保障厅集中发布52家省属高校、科研院所和医院的高层次、紧缺急需岗位4717个，审核省属事业单位公开招聘方案418批次、计划招聘10178人，核准备案360家省属事业单位公开招聘4196人，办理省属事业单位人员交流手续383人次。

【事业单位创业创新】 7月，省委组织部、省人力资源和社会保障厅印发《关于支持和鼓励高校科研院所科研人员兼职创新创业的指导意见（试行）》（浙人社发〔2019〕33号）。

【事业单位分类改革】 2—6月，省人力资源和社会保障厅配合省应急管理厅完成2019年浙江省综合性消防救援队伍消防员招录工作。8月，省人力资源和社会保障厅参与事业单位改革专班工作。截至12月底，完成10个省级部门62家事业单位1810名人员转隶工作。

【部门间办事"最多跑一次"改革】 7月，省人力资源和社会保障厅、省委机构编制委员会办公室、省医疗保障局印发《关于深化机关内部"最多跑一次"改革开展"省属事业单位工作人员交流（调动）""一件事"联办的通知》（浙人社发〔2019〕35号）。12月，省人力资源和社会保障厅完成事业单位人事管理省集中数字化平台首期建设。

（陈　曦）

工资福利

【调整全省事业单位工作人员基本工资标准和离退休人员离退休费工作】 根据国家统一部署，及时部署调整全省事业单位工作人员基本工资标准和离退休人员离退休费。同时，做好交通运输部、自然资源部所属水上作业事业单位人员和体育运动员等三个行业单位人员基本工资（津贴）标准调整、副厅级事业单位副职标准调整、机构改革后副厅局级事业单位转隶人员工资待遇确定和延长院士退休年龄等工作。

【研究落实义务教育教师工资待遇保障工作】 会同省教育厅、省财政厅，研究义务教育教育教师待遇保障工作。主要是落实国家关于义务教育教师平均工资收入不低于当地公务员平均工资水平的要求，确定两者的工资比较口径，建立监督检查机制，并多部门联合选取部分县区进行了实地数据核查。6月，根据人社部、财政部、教育部有关司局通知精神，统计我省2018年度义务教育教师工资待遇保障落实兑现情况，并以省政府名义报送国家三部门。

【进一步研究推进公立医院薪酬制度改革工作】 根据人社部统一部署，组织对全省公立医院薪酬制度改革工作相关经验做法进行总结梳理，并对薪酬改革后公立医院医务人员收入情况进行了调查统计，并向部里报送相关数据。下半年，赴温州、衢州等地开展县域医共体医务人员薪酬制度改革专题调研。

【进一步完善省属事业单位绩效工资政策】 根据《浙江省人力资源和社会保障厅浙江省财政厅关于进一步完善省属事业单位绩效工资政策推动人才创业创新的若干意见（试行）》（浙人社发〔2017〕1321号）等文件精神，突出考核激励导向，落实绩效工资正常增长机制。同时，做好省属事业单位绩效考核奖调整兑现工作。

【做好精减退职等人员生活困难补助费标准调整工作】 经省政府同意，省人力资源和社会保障厅会同省委组织部、省财政厅印发了《关于调整精减退职人员生活困难补助费标准的通知》（浙人社发〔2019〕43号）和《关于调整机关事业单位工作人员死亡后遗属生活困难补助费等标准的通知》（浙人社发〔2019〕44号）两个文件，对我省机关事业单位精减退职、遗属和计划外长期临时工等三类人员补助标准继续进行调整。

【调整退休干部职工管理服务活动经费标准】 会同省委组织部、省财政厅出台退休干部职工管理服务工作活动经费标准调整的文件，明确从2020年1月起，全省机关事业单位退休干部职工管理服务活动经费标准，由原来的每人每月600—900元，调整为每人每月900—1200元。

（顾　凯　吴元利）

省级单位统发工资管理

【概况】 2019年，省级统发工资单位190家，统发工资人数1.29万人，应发工资26.83亿元，其中基本工资6.24亿元，津贴补贴10.21亿元，其他奖金等10.38亿元，代扣工资4.88亿元，实发工资21.95亿元。

【省级机关统发工资管理】 省级单位统发工资办公室全年审核办理五年晋级2116人，两年晋档1928人，职务晋升1392人，新增2395人，减少2312人。

【省属事业单位工资管理】 省属事业单位工资信息化管理524家，职工人数8.13万人；应发工资（不含应休未休年休假工资报酬）159.35亿元，其中基本工资37.36亿元，绩效工资80.06亿元。基础性绩效工资执行类别为：执行财政全额补助标准事业单位114家，执行一类基础性绩效工资标准单位23家，执行二类基础性绩效工资标准单位206家，执行三类基础性绩效工资标准单位77家，自主分配单位104家。其中，财政适当补助单位415家，经费自理单位109家。

（王君兰）

劳动关系

【和谐劳动关系先进表彰】 9月18日，浙江省协调劳动关系三方四家在杭州召开全省构建和谐劳动关系先进表彰会，表彰了被评为"浙江省创建和谐劳动关系暨双爱活动先进"的180家企业、15个园区、105个组织和65名个人，以及被授予"浙江省首席技师"的45名个人。

【出台优化新业态劳动用工服务政策】 10月30日，省人力社保厅印发《关于优化新业态劳动用工服务的指导意见》（浙人社发〔2019〕63号），提出对新业态实行更加多元的用工形式和更加灵活的薪酬分配、社会保险、工时休假等政策。

【国有企业工资决定机制改革】 6月，省人力社保厅下发《关于做好2019年国有企业工资分配宏观指导和调控有关工作的通知》，明确非竞争类国有企业工资增长调控目标的确定方法，规定全省国有企业工资指导线基准线为8.5%。

【发布工资指导价位】 11月，省人力社保厅发布39个技术工种分等级工资指导价位，各设区市发布人力资源市场（含技术工种）工资指导价位。2018年全省职工年平均工资66432元，同比增长8.7%。

（薛卫东）

农民工管理服务

【统筹协调】 1月，国务院召开农民工工作领导小组会议暨保障农民工工资支付工作电视电话会议，我省在省人民大会堂设分会场，王文序副省长代表省政府在会上交流发言。5月，制定印发《浙江省农民工工作领导小组2019年工作要点》，并组织成员单位实施。5月，在温州召开全省农民工工作会议暨温州市家政服务市场现场观摩会，省人力资源和社会保障厅副厅长金林贵出席会议，对全省农民工作和发展家庭服务业工作进行部署安排。8月，召开省农民工工作座谈会，省人力资源和社会保障厅副厅长葛平安出席会议，对相关工作进行部署。12月，国务院召开农民工工作暨保障农民工工资支付工作电视电话会议，王文序副省长代表省政府在会上作交流发言。

【调研检查】 5月，根据王文序副省长有关批示，省人力资源和社会保障厅金林贵副厅长带队赴杭州调研，并在杭州召开农民工市民化专题研讨会。7—9月，会同省家庭服务业协会赴各市开展家政行业"三服务"调研。9月，金林贵副厅长带领省财政厅、省公安厅、省建设厅等相关成员单位人员，赴四川省考察调研农民工工作体制机制建设及农民工工作信息化建设等情况，并形成专题调研报告。11月，省农民工办会同厅监察执法局，赴山东济南考察学习农民工工资支付监管平台建设情况。11—12月，省农民工办组织人员先后赴宁波、余姚、奉化、丽水、云和等地，就新生代农民工服务保障等工作情况开展调研，并对当地农民工工作推进情况进行检查指导。

【关爱帮扶】 发挥省农民工办组织协调作用，持续推动相关成员单位把农民工纳入"春送岗位、夏送清凉、秋送助学、冬送温暖"活动。8月，联合省总工会、省教育厅、省财政厅，出台《浙江省"农民工学历与能力提升行动"实施意见》，推进农民工学历和能力提升。8月，省人力资源和社会保障厅和杭州市人力资源和社会保障局在杭州联合开展"送清凉送关爱"慰问活动。省人力资源和社会保障厅金林贵副厅长受厅党组书记、厅长鲁俊委托，冒着高温酷暑，实地走访慰问了杭州奥体中心主体育馆、游泳馆和综合训练馆PPP项目及宁围街道金一、金二、宁东、宁税社区安置房工程项目，向战斗在高温岗位生产一线的农民工送上防暑降温慰问品，并检查了解了企业夏季防暑降温措施、高温津贴发放等落实情况，宣传高温天气劳动保护政策。

【发展家庭服务业】 3—4月，根据发展家庭服务业促进就业部际联席会议工作部署，研究制定发展家庭服务业重点工作思路。6—7月，编制员工制家政企业社保补贴政策"最多跑一次"《指导目录》事项业务经办地方标准。7月，落实省领导有关贯彻国办发（2019）30号批示要求，研究制定人力社保部门支持家政服务业发展政策举措。8月，指导全省有关地市开展申报家政服务"领跑者"试点工作，杭州市、温州市和常山县入选国家首批家政服务业提质扩容"领跑者"试点城市。9月，联合省职介中心组织部分重点家政企业经营管理人员赴台湾培训。9—12月，与省妇女干部学校合作实施省级高端家政服务人才培养项目，共举办5期家政师资与经营管理人员培训班，培训学员335名。1—12月，指导督促杭州、宁波、温州、金华等中心城市落实全国家政服务劳务对接扶贫行动目标任务。

【厅乡村振兴工作】 5月，制定印发《2019年厅乡村振兴工作任务清单》，提出四个方面14项具体任务。1月、7月、11月，分别在湖州、衢州、丽水、绍兴举办了3期省级乡村合作创业带头人培训班，同时指导推动市地开展培训。年度省市县三级联动，共开展培训169期，培训7755人次。深入开展调查研究，形成《适应农业农村优先发展要求的人力资源开发和社会保障体制机制建设》课题调研报告。12月，根据全省人社系统绩效考核评价办法，对年度全省各市、县（市、区）人社系统开展乡村振兴工作情况进行考核。2019年，厅劳动关系和农民工工作处被评为全省实施乡村振兴战略优秀单位。

（郑春材 韩朝利）

劳动保障监察

【概况】 2019年，全省各级劳动保障监察机构检查用人单位16.98万家，涉及劳动者645.22万人。立案办结各类劳动保障违法案件1815件，同比下降56.3%；协调处理各类案件20563件，同比下降26.7%。其中，立案查处欠薪案件487件、涉及人数7455人、金额7905.2万元，同比分别下降67.4%、56%、58.6%；协调处理欠薪案件14137件、涉及人数48702人、金额48062.2万元，同比分别下降28.6%、29.5%、12.1%。向社会公布重大劳动保障违法行为280件，推送欠薪"黑名单"信息170条。协调跨区域案件133件，督办案件线索177件，督办重大案件23件。在国务院对省级政府2018年度保障农民工工资支付工作考核中，继续取得考核等级A级第一名的成绩。

【劳动保障监察维权维稳】 全省妥善处置因劳资纠纷引起的各类突发事件31起，涉及劳动者270人；向公安机关移送涉嫌拒不支付劳动报酬犯罪案件153件（其中，公安机关立案119件，法院判决入罪39件），涉及劳动者2986人，涉及金额3623.73万元。

【劳动保障监察专项行动】 3月，在全省组织开展清理整顿人力资源市场秩序专项检查，检查用人单位11846家、人力资源服务机构1813家，依法取缔非法职业中介4家。查处违反就业管理规定的违法案件19件，责令改正16件，退赔服务费、押金1.3万元，罚款7起、金额9.4万元。

7月中旬至8月底，在全省开展根治欠薪夏季行动，共出动检查执法人员3542人次，检查在建工程项目5713个、已竣工但仍存在欠薪项目18个。涉及欠薪项目117个（其中在建工程项目92个，已竣工项目25个），立案2件，通过协调等非立案方式解决116件，涉及拖欠2844人4410.9万元工资，共补发2794人4340.9万元工资。同时，复核"回头看"案件37件，公布重大欠薪违法案件22件，列入欠薪"黑名单"信息14条。8月中下旬，省根治欠薪工作领导小组（以下简称领导小组）组织了5个省级督查组，对全省11个市夏季行动进行了联合督查。

11月中旬开始，在全省开展冬季攻坚行动，共检查用人单位38121户，涉及195.98万人（其中农民工158.02万人），查处拖欠工资和工资纠纷案件2245件，涉及1.3万人1.28亿元（其中农民工1.04万人1.18亿元）。其中，检查政府投资工程项目2070个，国企项目811个，均未发现欠薪行为。此外，公布欠薪严重违法单位75户，列入欠薪"黑名单"37件。同时，组织6个督查组开展全省冬季攻坚行动联合督查。

【"浙江无欠薪"行动】 2019年，我省继续深入推进"浙江无欠薪"行动，率先在全国建立省级根治欠薪工作领导小组，健全政府负责、部门共管、企业自律的工作责任体系。着眼根治欠薪工作的特点和规律，制定并出台升级版的浙江根治欠薪工作标准、动态管理措施和负面清单，以及工程建设领域落实六项制度工作规范，实现根治欠薪衡量标准由单一指标向综合评价转变。1月，王文序副省长主持召开全省防范处置企业拖欠工资工作电视电话会议，会后，省领导小组组织4个考核组对全省11个市保障农民工工资支付工作情况进行了考核。5月，省领导小组组织对 2018 年度 55 个"无欠薪"创建县（市、区）进行验收，51 个县（市、区）无欠薪创建达标并向社会予以公示。8 月 15 日，省领导小组召开更名后第一次小组会议，王文序副省长就做好根治欠薪工作作了重要部署。10 月，在义乌召开省根治欠薪工作再推进现场会，会议对根治欠薪工作进行了总结与部署，人社部劳动监察局王程局长参加。11 月，组织全省劳动保障监察系统实施交叉执法大检查。12 月初，王文序副省长亲赴工程建设项目工地和制造业企业，进行实地检查督导，督促各地政府落实属地管理责任，切实做好根治欠薪工作。同月，我厅委托会计师事务所对我省 11 个市 50 个政府工程项目落实《浙江省人民政府办公厅关于深入开展"浙江无欠薪"行动的通知》情况、工程建设项目有关资金支付情况以及"六项制度"落实情况等开展第三方审计。

【欠薪治理数字化转型】 推进欠薪联合预警指挥平台应用，实现我省欠薪治理由事后处置向事前预防、事中监管的转变，欠薪监管由传统模式向数字化转变。开通平台用户 4387 个，浙政钉用户 1106 个，主要功能应用覆盖率达 100%。完成了涉及 14 个部门 451 项 1076 万条数据的协同对接，监管企业 199 万家、在建工程项目 7393 个，有效化解欠薪风险 2263 个。

【基层劳动纠纷综合治理改革】 借鉴"枫桥经验"，依托基层治理"一中心、四平台"，建立基层劳动纠纷"矛盾不出企、纠纷不出镇、案件不出县"的工作目标，探索建立"一治一管四办"的工作机制，开发建设基层劳动纠纷综合治理一体化经办应用，推进劳动纠纷化解

"最多跑一次"改革，在源头上预防和化解风险隐患。

（徐　迟）

调解仲裁

【劳动人事争议调解】 全省各级劳动人事争议仲裁委员会及基层调解组织案外处理劳动人事争议案件 6.17 万件，涉及劳动者人数 6.73 万人；调解成功率 87.71%，超额完成省政府设定的年度考核目标，挽回损失 13.11 亿元。

【劳动人事争议仲裁】 全省各级仲裁委员会立案受理劳动人事争议案件 6.15 万件，涉及劳动者 7.69 万人。其中，国有企业、集体企业、港澳台及外资企业、私营企业案件分别为 390 件、55 件、664 件和 55308 件。全省各级仲裁机构共审结案件 6.34 万件（含上年度结转 6067件），结案率 93.81%，完成省政府设定的年度考核目标，挽回损失 19.64 亿元。全省各级仲裁机构立案受理后调解结案 5.01 万件，占结案数的 79%。终局裁决率 55.08%，有 90.56% 的案件终结在仲裁环节。

【调解组织和仲裁机构建设】 全省已建立乡镇（街道）基层调解组织 1374 个，配备调解员 3551 人。规模以上企业建立调解组织 4.17 万家。全省共有劳动人事争议仲裁委员会 110家；劳动人事争议仲裁院 107 家，独立办公 74家；全省共有仲裁庭 208 个，其中建筑面积 60平方米以上、配备监控、投影、质证等设备的标准庭 133 个，建筑面积 80 平米以上、配备数字化庭审系统的示范仲裁庭 55 个。在乡镇（街

道）、工会等设立仲裁派出庭 202 个。仲裁院实际在岗在编专职仲裁员 544 人，辅助人员 245 人；兼职仲裁员 1433 人。2019 年共开展培训 228 次，培训人员 21513 人次。

【法律援助】 全省各级仲裁委员会均设立法律援助工作站，为 14027 名农民工等符合条件的案件当事人提供法律援助，涉及经济标的 4.05 亿元。

【体制机制创新】 1 月，出台《浙江省劳动人事争议仲裁简易处理暂行办法》（浙劳人仲〔2019〕1 号），对事实清楚、争议标的不大的案件，实行快速处理。4 月，省人力社保厅联合省邮政管理局印发《以仲裁专递方式邮寄送达劳动人事争议仲裁文书实施方案》，统一全省仲裁文书邮寄送达要求、服务标准。专题对接省委政法委，把劳动争议多元处理机制纳入省平安考核内容，并制定了具体的考核细则。5 月，印发《关于建立仲裁员分片联系督导指导制度的通知》（浙劳人仲院〔2019〕2 号），建立仲裁员分片联系基层、联系企事业单位制度。开展首届全省劳动人事争议优秀文书、优秀案例评选，发布 10 篇优秀文书和 10 个精品案例。在安吉召开全省劳动人事争议调解仲裁制度改革创新现场会，推进劳动人事争议基层预防化解。6 月，落实省社会事业领域专项改革项目，推进乡镇（街道）"1+X"劳动纠纷多元化解，制定工作方案，整合基层调解、监察、仲裁力量，"三位一体"灵活处理劳动争议，同时将劳动纠纷处理纳入综治平台，联动多方力量处理重大纠纷，促进争议就地化解。会同省高级人民法院民一庭联合印发《劳动争议案件处理疑难问题解答（五）》（浙高法民一

〔2019〕1 号），对 16 个问题统一裁审标准。召开全省劳动人事争议仲裁要素式办案模式改革工作调研座谈会，总结经验，完善推进。9 月，召开省劳动人事争议仲裁委员会全体会议，修改完善仲裁委议事规则、兼职仲裁员聘任管理规定、仲裁委员会案件管辖规定。在温州牵头召开长三角区域劳动人事争议疑难问题联合研讨会。11 月，省劳动人事争议仲裁委员会、省人力社保厅和省总工会联合举办全省劳动人事争议调解员、仲裁员业务技能竞赛。12 月，会同省高级人民法院民一庭在金华召开全省劳动人事争议疑难问题裁审衔接会。

【"互联网＋调解仲裁"建设】 11 月，正式上线运行"浙江劳动人事争议调解仲裁网络平台"，实现劳动人事争议全流程在线办理。升级改造调解仲裁案件管理系统，实现调解仲裁案件线上、线下都能办，线上、线下灵活转换办。

浙江省劳动人事争议调解仲裁信息管理系统在全省仲裁机构和乡镇（街道）调解组织运行全覆盖。乡镇（街道）调解组织和仲裁机构办理案件 100% 实时录入系统，实现办案全程留痕、全程可查、全程监督。

（常　宽）

政策法规

【最多跑一次改革】 开展全省系统深化"最多跑一次"改革"领跑者"（金华）综合试点，打造全省系统"领跑者"标杆。制定印发《2019年全省系统"最多跑一次"改革工作要点》《全省系统"最多跑一次"事项"八统一"业务经办规范》《全省系统"最多跑一次"改革考核评价

办法》和《全省系统"最多跑一次"事项指导目录（2019 年版）》《省属事业单位工作人员交流（调动）"一件事"联办的通知》，巩固深化全省系统改革成果。牵头推进个体劳动者就业创业、失业、社保关系转移接续、退休养老、员工招聘和省属事业单位工作人员交流"一件事"改革。扎实推进全省通办、民生事项"一证通办"、机关内部"最多跑一次"改革。加强事项库管理，完成浙江政务服务网事项库事项的有效性清理、划转调整工作，梳理浙江政务服务网事项库事项网上办、掌上办、跨地区通办任务，对全省系统《指导目录》事项进行颗粒度细化。做好与国家目录"四级四同"，完成浙江人社系统政务服务事项与全国人社系统政务服务事项比对、映射、关联工作。荣获 2019 年度省全面深化改革（"最多跑一次"改革）优秀单位。

【立法调研】 牵头开展《浙江省职工基本养老保险条例》（修改）立法工作。鉴于国家对养老保险制度重大改革作出部署，且社会经济形势也发生较大变化，经充分调研论证，向省政府提请暂缓修订《条例》。完成 2020 年地方性法规和省政府规章立项申报工作，提出《浙江省劳动保障监察条例》《浙江省社会保险基金监督条例》《浙江省劳动人事争议协商调解实施办法》三项立法项目。

【行政争议和行政复议诉讼处理】 举办全省系统行政执法培训班两期，切实提高系统依法行政工作水平。制定《浙江省人力资源和社会保障厅 2019 年依法行政工作要点》《全省人社系统全面推行行政执法公示制度执法全过程记录

制度重大执法决定法制审核制度实施方案》。指导全省系统采取有效措施预防化解各类行政争议。认真做好 2018 年度行政争议案件处理分析总结。扎实做好厅本级行政争议处理工作，参加行政应诉案件 20 起，全部胜诉；参加省政府审理的行政复议案件 1 起，省政府决定维持我厅具体行政行为。审核厅信息公开答复 68 件、信访答复 15 件，办理省委省政府、外厅局相关法规规章征求意见反馈 200 余件。

【规范性文件管理】 做好规范性文件管理工作，对 16 件厅行政规范性文件、5 件省政府行政规范性文件代拟稿进行合法性审查，对 6 件行政规范性文件进行异议审查。开展厅行政规范性文件集中清理，公布废止失效行政规范性文件 68 件，现行有效文件 966 件。根据省人大、省司法厅及外厅局要求，对涉及我厅工作职能的 90 余件法律、法规、规章进行审查处理。

【法制宣传和普法活动】 全面落实法治宣传教育责任清单制度。制定印发《关于开展"服务大局普法行"主题实践活动的通知》，积极开展"宪法进机关""法律六进"主题活动，组织实施劳动监察、仲裁业务技能比武等专项活动。于 2 月 28 日在杭州举行全省人社系统法治知识竞赛，组建浙江代表队参加 4 月 8 日至 9 日在重庆举行的全国系统总决赛，并获得优秀奖。于 8 月 2 日在杭州组织开展全省人社系统窗口单位业务技能练兵比武活动，组建浙江代表队参加 6 月 26 日在宁波举行的全国系统省际邀请赛，荣获二等奖（第 2 名）。组织浙江代表队赴宁波参加人社系统技能练兵比武全国决赛，荣获三等奖（第 5 名）。荣获 2019 年度浙江省法

治政府建设（依法行政）先进单位。

（潘　剑）

规划财务和综合计划

【综合统计】　5月，省人力资源和社会保障厅下发《关于发布2018年全省在岗职工年平均工资的通知》（浙人社发〔2019〕24号）。6月，省人力资源和社会保障厅印发《浙江省人社系统绩效考核评价办法（试行）》（浙人社发〔2019〕32号）。8月，省人力资源和社会保障厅编制发布2018年浙江省人力资源和社会保障事业发展主要数据公报。

【规划管理】　6月，省人力资源和社会保障厅办公室印发《关于组织开展"十四五"规划编制工作的通知》，指导各市全面开展"十四五"规划编制工作。

【财务工作】　3月，省财政厅、省人力资源和社会保障厅下发《关于下达2019年人力社保专项资金的通知》（浙财社〔2019〕25号），明确各地市2019年人力社保和就业专项资金分配。10月，省财政厅、省人力资源和社会保障厅下发《关于提前下达2020年人力社保专项资金的通知》（浙财社〔2019〕73号）。

（石孟华）

12333电话咨询服务

【概况】　2019年，省本级12333专线来电总数22.7万个，综合接通率94%，公众满意率99%。分拣处理省统一政务咨询投诉举报平台和省惠企政策部门协同管理平台人力社保网上来信近8000件，办结率100%。

【电话咨询服务平台建设】　3月，省人力社保厅办公室印发《关于开展2019年12333全国统一咨询日活动的通知》（浙人社办函〔2019〕6号）。全省人社部门以"智慧人社　智慧服务"为主题共同组织开展"12333全国统一咨询日"活动，提供现场服务5000余人次，发放宣传资料6000余份，"德音"智能机器人服务2000余条，服务小微企业50余家。4月，健全人社行风投诉举报工作机制，12333热线首层功能菜单设立行风投诉举报功能。5月，牵头承担省惠企政策部门协同管理平台人力社保惠企政策梳理录入和来件处理工作。9月，宁波市人力资源和社会保障12333电话咨询服务中心撤销。全省地市12333热线全部并入12345等政务服务热线。10月，实施12333数字化转型工程，完成12333电话咨询服务信息系统与省统一政务咨询投诉举报平台数据全面对接。

（吴海兵）

信息化建设

【信息化建设规划】　开展数字化转型顶层设计，编制《浙江省人社数字化转型工作总体规划方案（2019—2022年）》，明确了人社数字化转型建设原则、整体架构和建设内容。加强对各地"最多跑一次"信息系统对接改造的指导，印发了《浙江省人力资源和社会保障一体化业务经办平台接入技术规范（试行）》《浙江省人力资源和社会保障公共服务平台接入技术规范》《浙江省人力资源和社会保障数据共享平台接入技术规范》

等，为各地"最多跑一次"系统建设提供技术指引。印发了《浙江省人力资源和社会保障专网安全管控体系建设方案》，明确了下一步全省专网安全管控体系建设内容和建设要求。

【"最多跑一次"信息化建设】 助力"最多跑一次"改革，积极推进政务服务事项"网上办""掌上办""一证通办""全省通办"。完成政务服务事项颗粒度细化任务，全部政务服务事项开通网上办理，80% 以上的事项实现了"掌上办"。在"浙里办"APP 开设人社专区，实现"掌上办"统一入口。全省人社系统民生事项"一证通办"率超过 90%，28 个政务服务事项实现"全省通办"。推广"浙政钉"掌上办公，推进"浙政钉"人社业务接入，上线了办公 OA、劳动监察、欠薪联合预警、通知公告、工会活动等应用。按照数据共享资源目录的要求，做好数据资源编目、共享数据归集和数据整理。推进国家互联网＋监管平台数据归集。推进政务服务 2.0 对接工作，根据政务服务"好差评"系统建设工作要求，实现全省人社系统线下大厅、PC 端与"好差评"系统对接，制定系统对接方案，实现社会保障卡、机关保等 10 个事项对接，并通过省大数据局专项组验收。参与长三角地区政务服务"一网通办"工作，完成个人社保咨询和参保情况查询及个人参保资料打印、城镇职工基本养老保险转移接续和社保卡补（换）卡相关系统对接改造。加快推进"一件事"建设，全面梳理企业全生命周期一件事目录、公民全生命周期一件事目录和部门间办事"最多跑一次"事项。做好国家政务服务事项基本目录映射关联工作，并实现"网上办"和"掌上办"。人社牵头的社会保险关系转移接续、企业职工退休、企业员工招聘、失业、个体劳动者就业创业等五个"一件事"已经在浙江政务服务网、"浙里办"APP 对外提供服务，受到企业和群众好评。

【社会保障卡建设】 截至 2019 年 12 月底，全省共发行实体社保卡 5367 万张，新增持卡人229 万，发卡总数占常住人口数的 94%，完成2019 年实体社保卡发行任务。签发电子社保卡 1172 万张，占实体社保卡的 22%。全省按照"六统一"要求推进第三代社保卡建设，全面完成第三代社会保障卡受理环境适应性改造以及联调测试工作，10 月 28 日，第三代社保卡在宁波市和湖州市成功首发。推进电子社保卡应用，持卡人可在电子社保卡专栏内享受人社各项线上服务，全省所有地市人社服务窗口和其他政府公共服务窗口都已实现持卡人"凭码办事"。

【重点业务系统建设】 做好社保系统省集中建设，完成省级社会保险系统、工伤认定和劳动能力鉴定系统的开发和上线试运行，积极推动各地市向省级集中并积极探索支撑地方先进的个性化服务，拟于 2020 年 1 月底前完成金华社保全险种历史数据迁移。完成"浙江省专业技术职务任职资格申报与评审管理服务平台"核心功能模块的开发及部署。完成"全省事业单位人事管理服务系统"省本级及金华市的系统建设。开展就业创业应用服务平台、劳动人事争议在线仲裁平台项目建设，劳动人事争议在线仲裁平台已上线运行，就业省集中系统计划 2020 年 1 月上线实现金华应用。开发省级集中行政许可办事系统，推进"证照分离"全覆盖，2020 年 1 月 1 日全省正式运行。5 月，完成省人力资源网"全省残疾人就业平台"开发并上线。全年，实现与人社部招聘数据同步上传，与省公共信用信息平台数据对接及"最多跑一次"服务事项"掌上办"；浙江省人力资源网共计发布3.24万家单位招聘岗位64万个。

【网络和信息安全工作】 开展人力社保专网安全管控体系建设，初步建成"边界清晰、监管到位、安全可控、责任明确"的全省人社专网安全管控体系。开展等保测评工作，完成就业、社保卡、全民参保等14个信息系统三级定级备案，政务办公、邮件、电话咨询服务等3个信息系统二级定级备案。根据人社部网信办、省委网信办制定的网络攻防演练方案，组织开展真实环境下信息系统攻防演练工作，保障业务系统安全稳定运行。做好全省业务专网整合工作，按照"统一规划、分步实施、平稳过渡、分级维护"的原则，全省87个点均已完成政务外网接入、联调测试和业务割接，专网整合完成率100%。推进业务系统迁政务云工作，目前已有9个系统110台应用服务器、150台数据库服务器部署于政务云，实现新建系统100%上云。

（王　津　刘真真）

宣传、培训和教育

【宣传工作重点】 3月，《浙江人力资源社会保障》编辑部约请11个市人力资源社会保障部门主要领导，围绕"务实创新 担当作为 奋力推进人力资源社会保障事业高质量发展"主题，畅谈本地区年度工作的新思路、新目标、新举措。4月，省人力资源和社会保障厅办公室印发《2019年全省人力资源社会保障宣传工作要点》（浙人

社办发〔2019〕23号），并进一步明确2019年人力资源社会保障宣传工作任务清单。6月，制定出台《浙江省人力资源和社会保障厅宣传工作办法》《浙江省人力资源社会保障领域重大、突发网络舆情应对处置工作办法》（浙人社函〔2019〕78号）。建立新闻宣传舆情督查通报机制，将各市县宣传舆情工作纳入系统绩效考核评价内容。围绕年度工作录制人社宣传片，组织开展2019年度全省人社十大改革案例、2019年度全省人社十大新闻事件、最美技工院校、最受欢迎思政课老师等评选活动，平均每场投票达50万人次；围绕"六大工程"，组织开展金华"领跑者"综合试点深度报道，持续做好"奇思妙想浙江行"创业典型、创业大赛节目录制，第45届世界技能大赛专题宣传和社保降费减负等宣传；围绕"不忘初心，牢记使命"主题教育，设计富有"人社味"宣传画，在厅门户网站、浙江人社、《浙江人力资源社会保障》杂志开设主题教育专栏，率先在全国人社系统对"人社服务标兵"先进事迹宣讲（浙江站）活动进行网络直播。积极协调中央和我省主流新闻媒体采访，就社会公众关注的热点问题和有关政策进行解读。及时主动发布新闻通稿，经对人民日报、中国组织人事报、中国劳动保障报、浙江日报、浙江卫视、浙江在线、浙江发布等7家省级以上主流媒体的用稿统计，2019年共刊发全省人力社保系统工作新闻稿件1181篇，其中厅本级稿件250篇（浙江日报59篇、浙江卫视新闻联播40篇、浙江发布101篇）；全省系统在人社部《中国组织人事报》《中国劳动保障报》分别刊登稿件303篇、334篇；我省2019年宣传工作得到了人社部的充分肯定，我厅考核位居各省市前列被通报表扬。

【宣传工作队伍和平台建设】 5月8日，组织举办舆情管理和媒体应对专题辅导讲座，邀请浙大新闻系沈爱国教授分析当前舆情形势，传授媒体应对技巧。6月13日，在绍兴召开全省人力资源社会保障宣传工作会议，并举办新闻宣传与舆论引导培训班。加强网（厅门户网站）、端（浙江人社政务微信微博）、刊（《浙江人力资源社会保障》杂志）三大宣传平台建设。按时完成杂志全年12期编辑发行和门户网站电子阅读，开设"不忘初心牢记使命""大学习大调研大抓落实""人社三服务""奋斗新时代""最多跑一次""技展宏图"等专栏，并先后策划了聚焦初心使命、和谐劳动关系、高技能人才队伍建设、"最多跑一次"改革、"领跑者"综合试点等主题宣传。在"浙江人社"开辟"浙里办"人社服务专区界面，实现人社政务服务事项信息同源发布、同步更新。实施"浙江人社"增粉计划，组织策划了"首届中国（浙江）技能培训教育博览会""全省技工院校'飞花令'诗词大赛""全国人社服务标兵先进事迹宣讲（浙江站）""全省人社系统窗口单位业务技能练兵比武竞赛""中国（绍兴）企业人力资源服务博览会""2019奇思妙想创业大赛总决赛"等8场网络直播活动。2019年，"浙江人社"发布信息1383条次，其中微信709条，累计粉丝数23.1万人。

【网络舆情应对处置】 完成"浙江省网络舆情信息管理系统"开发，初步实现人社舆情数据实时对接、指派、联动、处置反馈、数据查询和分析、大屏展示等全流程在线办理。实施全省人力社保新闻舆论周报、月报、季报制度。落实平安护航70周年大庆安保维稳人社网络舆情工作责任，建立舆情一级响应机制和24小时值班、零报告制度。2019年共监测处理网络舆情预警信息3074条，全省人社舆情总休平稳可控。

【人才培训活动】 举办省级现代服务业高级研修班25期，培训学员1436人，行业涉及物流、金融、旅游、商贸、文化、科技信息服务等11大服务业领域；举办各类出国及国内境外培训班4期，培训高端人才81人，分别是：与省海港集团联合举办涉海涉港高级人才境外培训班1期，培训学员25人；与省发改委联合举办先进制造业高级人才境外培训班1期，培训学员20人；与省科技厅联合举办英国人工智能技术创新培训班1期，培训学员16人；与省电影局联合举办国际化影视产业制作人培训班1期，培训学员17人；与省海港集团联合举办国内境外班1期，培训涉海涉港年轻干部36人。在现代服务业高端人才培养项目中加大对本土人才培养力度，拓宽培养模式；草拟我省本土人才国际化培养5年规划；积极和宣传部、商务厅等相关厅局沟通，出台行业本土人才国际化培养实施意见。

完成2019年度省部属单位军队转业干部培训班，历时45天，参训学员130人。提升事业单位工作人员素质能力，举办事业单位负责人培训1期，参加人数52人。协助厅人事处举办全省人力社保系统局长培训班2期，共培训学员104人；举办人力资源业务骨干培训班1期，培训业务骨干共79人。适应社会需求迅速发展专业技术人员继续教育移动端在线学习，做好移动端学习平台审核监管工作，新增移动端课件4门，提升学员培训体验，实现最多跑零次，移动端2019年在线学习人数3761人，人数比

2018年增加一倍。举办省级《新业态下专业技术人员综合能力提升高级研修班》，全省70多家单位107人参加研修，通过专题授课、实地考察、现场研讨等多种方式进行，内容丰富，主题前沿，效果显著。连续三年携手华为举办浙江ICT人才联盟双选会及ICT大赛，有效缓解了企业人才需求急、人才需求量大的问题。5月、11月分别在浙江职业机电学院、浙江省人力社保大楼举办ICT人才双选会，来自北京、深圳、杭州、南京、宁波等累计60多家企业和高职院校近600名学生参加，现场达成意向36.6%。配合专技处做好高级经济师决策类企业家能力提升系列高级研修班，举办《新形势下企业家综合素质提升工程》高研班培训109人，并且联合浙江工业大学、电信培训中心、杭州市干部培训中心等多家培训机构开展共计11期企业家能力提升班，共培训900余人。10月14日—18日，在杭州举办云和县乡村振兴创业带头人能力提升培训班，云和县各乡镇（街道）乡村振兴创业就业负责人、村集体经济负责人和乡村振兴相关创业人员共计42人参加培训。

（孙　凌　韩凯军　马友发）

科学研究

【人力资源和社会保障科学研究】　重点开展了以下课题研究工作。1.做好厅领导重点调研课题《促进我省技能人才大发展的思考与实践》课题工作。围绕技能人才提质增量和体制机制创新，选取激励视角，提出有关促进技能人才大发展的目标任务、实现路径和重点举措。2.完成了"十四五"时期完善社会保障体系等有关"十四五"人力社保规划前期课题研究工作，形成了调研报告。3.根据厅领导指示，就企业职工养老保险运行状况和缴费基数调整问题赴温州等地开展专题调研，形成了《温州市职工养老保险运行状况调研报告》。4.根据厅领导指示，会同有关处室开展有关我省企业基本养老保险全省统收统支重点课题的调研和报告撰写工作，形成了《浙江省养老保险制度改革回顾》子报告初稿。5.根据厅领导指示，会同有关处室做好技能提升高质量就业课题的相关工作。6.协同厅职能处室做好《浙江根治欠薪动态管理行动方案》编制工作，并形成了调研报告，提出了有关责任清单、负面清单及考核验收指标体系的政策建议。7.开展了有关中美贸易摩擦对我省就业的影响、发挥技能提升对就业的支撑作用等专题的研究工作，并形成了相关课题成果。8.围绕有关和谐劳动关系构建要进一步深化服务理念、优化服务方式开展了课题研究，形成了相关课题成果。9.开展了有关人社系统公共服务在"最多跑一次"改革中的标准化课题研究，以期对我省"最多跑一次"改革实施以来人社领域公共服务的标准化程度进行评估并提出优化建议，形成了调研报告。10.围绕激发事业单位科研人员创新创业活力，开展事业单位科研人员分配激励问题的课题研究工作，形成调研报告。11.针对新业态从业人员用工关系复杂多样、员工权益界定不清等问题，开展新业态从业人员劳动权益保障问题的课题研究工作，形成了调研报告。12.开展宁波、台州、仙居等市县有关就业、紧缺人才、"无欠薪"实施情况等基层样本类课题的研究工作。

【课题立项和结题评审】　开展2019年度我省人力社保系统科研课题申报，共收到申报课题660

项，经组织专家评审共有99个课题立项，并组织专家对上年度立项的课题成果进行结题评审。

【志书年鉴编纂工作】 在2018年底召开《人力资源志》初审会基础上，根据专家组的评审意见和厅处室单位的修改意见，对初审稿进行修改，经省方志办召开复审会通过复审，并在协调其他参编单位的基础上对《社会保障志》初稿进行了进一步修改，形成了初审稿。同时，完成了《浙江人力资源和社会保障年鉴（2019）》编纂出版工作。

（洪　韬）

对口支援和结对帮扶

【对口支援】 4月，在贵州省黔西南州举办2019"浙江—贵州"就业扶贫劳务协作专场招聘会，参加企业75家，提供就业岗位8000余个，其中针对建档立卡贫困人员，没有技能要求、没有文化要求的爱心岗位有3000多个。招聘会共有8000余名劳动者进场招聘，其中建档立卡贫困人员1023人，易地搬迁户2131人，现场达成就业意向2362人，其中建档立卡贫困人员687人。

6月，"浙江—吉林"就业扶贫劳务协作专场招聘会在四平市举行。根据四平市贫困劳动力特点和浙江省产业发展导向，共组织浙江宁波、绍兴、金华、衢州、台州等地的53家用人单位开展招聘，共推出岗位6400余个，其中爱心岗位2800多个，本次招聘会有近2200名求职者，现场达成就业意向687人，其中，贫困劳动力64人。

10月，2019"两不愁三保障"就业扶贫劳务协作"浙江—四川"（阿坝州专场）招聘会在四川省阿坝州马尔康市举行，组织69家用人单位推出岗位5287个，其中1407个爱心岗位优先招聘建档立卡贫困人员。招聘会共现场登记求职2000余人，达成就业意向465人。

2019年，组织举办余缺调剂系列招聘会12场，参加企业3054家，提供岗位104617个，进场人数15万，初步达成就业意向35981人。

【省内结对帮扶】 10月，承办2019年云和县安溪乡"乡村振兴"干部能力提升培训班1期，共55名乡村干部、行业领头人及乡贤参训。

（王维东　刘真真）

各市工作情况

各市工作情况

杭州市

【城乡就业】 深化完善就业创业政策体系，2月，市政府出台《杭州市人民政府关于做好当前和今后一个时期促进就业工作的实施意见》（杭政函〔2019〕19号），落实稳就业政策。9月，市人力社保局出台《杭州市促进就业创业督查激励实施办法（试行）的通知》（杭人社发〔2019〕115号）。实施"2019杭州就业援助精准服务计划"，实施失业保险援企稳岗"护航行动"和"展翅行动"，做好困难企业社保费返还工作。6月，全面完成政策性帮扶岗位向公益性岗位的转型升级。实施新引进应届高学历毕业生本科1万元、硕士3万元、博士5万元的一次性生活补贴政策，全年发放补贴7.14万人，发放金额10.42亿元。全市见习训练大学生8914人，大学生就业创业师友计划服务延伸至复旦大学、南京大学、上海财经大学、黄山学院等长三角重点高校。6月，市人力社保局发布《2018年度杭州市接收高校毕业生就业情况报告》。

鼓励引导创业带动就业，全年开展创业培训1.35万人，发放创业担保贷款5.41亿元，新认定市级创业陪跑空间6个。继续实施大学生创业三年行动计划（2017—2019年）和大学生创业见习政策，现有创业见习基地12家，提供创业见习项目68个。举办第六届中国杭州大学生创业大赛、杭州国际众创大会、杭州国际创业马拉松等创业赛会活动；杭州参赛项目《订单来了》获"奇思妙想浙江行"创业大赛总决赛二等奖。实施杭州大学生杰出人才培育计划，选拔培育对象20人。开设杭州大学生创业训练营，培训在杭高校意向创业者260余人；大学生创业学院开设培育班5期，培育大学生创业者210人次。全市资助大学生创业项目348个，资助经费2967万元，新增大学生创业企业2390家，带动就业9078人。

全市城镇新增就业33.95万人，应届高校毕业生就业8.81万人，其中研究生学历毕业生1.83万人；失业人员再就业6.37万人，失业保险参保净增27.28万人，年末城镇登记失业率1.8%。职业技能提升行动培训15万人，发放稳岗补贴2.92亿元，惠及5831家企业职工86.44万人，发放困难企业社保费返还30.33亿元，惠及21927家企业职工67.95万人。

【社会保险参保情况】 截至2019年底，全市职工基本养老保险、工伤保险、失业保险参保人数分别达658.46万人、556.67万人、486.65万人，比上年末分别新增参保32.97万人、

36.55 万人和 27.28 万人，全市基本养老参保率 99.13%，基本实现"人人享有社会保障"。

【社会保险政策】 临安区社保融杭计划有序实施，至 2019 年末，临安区各项社保待遇 90% 与主城区保持一致。继续提高企业退休人员养老金待遇，惠及全市企业退休人员 145.8 万人，其中，市区（不含临安区）月人均提高 153.71 元，调整后市区平均基本养老金水平为 3130.15 元／月。调整城乡居民基本养老保险基础养老金标准，其中市区（不含临安区）由每人每月 220 元提高到 240 元，临安区由每人每月 190 元调整到 220 元。出台《关于调整杭州市工伤保险费率有关问题的通知》（杭人社发〔2019〕168 号），完善全市工伤保险费率政策。落实社保降费减负工作，对制造业、交通运输业、建筑业等行业企业阶段性降低社会保险费相当于单位缴费部分 2 个月的额度，全市减征 5.85 万家企业社保费 32.67 亿元；对不裁员或少裁员的工业企业和受经贸摩擦影响的商贸企业返还 3 个月的企业及其职工应缴社会保险费，全市返还 2.19 万家企业社保费 30.33 亿元，惠及职工 67.95 万人；对不裁员或少裁员的企业，返还 2018 年实际缴纳失业保险费的 50%，全市返还 0.58 万家企业失业保险费 2.92 亿元，惠及职工 86 万人；延长阶段性降低失业保险、工伤保险费率期限，单位和职工失业保险按 0.5% 费率缴纳、工伤保险基准费率降低 50% 等政策延长至 2020 年 4 月 30 日，减征企业失业保险费 13.5 亿元、工伤保险费 5.43 亿元。降调灵活就业人员和个体工商户缴费基数，5 月起灵活就业人员和个体工商户参加企业职工基本养老保险最低缴费基数调整到全省在岗职工上年度月平均工资的 60%。

【社会保险经办管理】 长三角一体化发展有效推进，实现长三角地区养老保险关系转移接续全流程线上办理。推进企业与公民个人生命周期"一件事"联办，协同实现商事登记、上学报名、公民身后、退役军人等"一件事"联办。试行智能语音和人工交互接待服务，推进线上线下智能导办，提高咨询解答水平和服务接待能力。升级"社银合作"，全市 700 余个银行网点提供参保登记、查询打印、保险关系转移接续等 30 余个常用事项办理服务。开展社保基金管理风险专项检查，实施全市社保经办机构工作人员及其直系亲属参保和待遇享受情况排查，加强经办风险防控，对全市服刑领取、死亡冒领、重复领取养老金"三项指标"疑点数据进行核查比对，加强违规领取养老金追缴工作。

【人才引进与开发】 出台《关于服务"六大行动"打造人才生态最优城市的意见》（"人才生态 37 条"）和博士后倍增计划、"钱江特聘专家"计划、"杭州工匠"培养计划、应届高学历毕业生生活补贴、大学生创业项目资助、海外人才工作顾问等实施细则。发布《杭州市高层次人才分类目录》（2019 年修订版），把年薪、作家版税等市场化要素纳入评价条件，进一步增加人文社科、教育卫生、科技创新等领域目录。接轨杭州产业发展，聚焦数字经济中云计算、大数据、物联网、网络数据安全、集成电路、人工智能六大重点发展领域，12 月，市人才服务中心联合市统计、市经信局编制发布《杭州市 2019 年度数字经济重点领域紧缺人才需求目录》。实施海外高层次人才引进计划，新入选"国家千人计划"人才 25 人、"省千人计划"人才 101 人。开展高层次人才分类认定工作，至 2019 年年末全市认定高层次人才 10027 人。举办"发现驱动·智创未来"杭州人力资源服务和产品创新路演，承办举办第七届中国（浙江）人力资源服务博览会、2019 杭州国际人力资源峰会、2019 浙台合作周·人力资源交流与产业合作论坛等活动，促进人力资源产品创新和供需对接，32 家人力资源服务机构入选浙江省首批 100 家重点培育人力资源服务企业名录。引入第三方机构等市场化评价方式开展"521"计划人选遴选工作，新评定市"521"计划人才 98 名，直接认定海外院士等顶尖人才 12 名。举办"创客天下·2019 杭州市海外高层次人才创新创业大赛"，海选项目 1545 个，其中外国（非华裔）人才项目 416 个，14 个项目在杭签约落户。举办 2019 杭州国际人才交流与项目合作大会，组织中德生物经济大会、海外高层次人才项目洽谈、长三角高层次人才招聘会、"创客天下"大赛等 38 项活动，58 个国家和地区的 867 名留学人员 1200 余个高质量项目参会，长三角地区 1561 家企业设展招聘，与会人员达 7.2 万人，杭州市签约人才项目 391 个，金额 60.8 亿元，达成初步就业意向 1.1 万人次。杭州人才净流入率和海外人才净流入率均居全国城市榜首。

【专业技术和留学人员管理】 实施"131"中青年人才培养计划（2016—2020），选派 11 名培养人选赴美开展"数字技术融合创新"短期培训，选派 5 名培养人选参加出国中长期培训。结合杭州市重点发展产业领域，选聘钱江特聘专家 94 名。入选省有突出贡献中青年专家 5

名。新设立省级博士后科研工作站 26 家，引进博士后研究人员 221 人。提升职称管理服务水平，初定中级职称由主管部门（含区县人社部门和市直单位）初审、市人力社保局审定二级审核简化为市人力社保局直接审核，并实现"全城通办"。全市资助留学人员在杭创新创业项目 51 个、资金 3135 万元，3 人入选 2019 年中国留学人员回国创业启动支持计划，获资助 90 万元；1 个项目入选 2019 年度省"钱江人才计划"C、D 类项目择优资助，获资助 5 万元。

【职业能力建设】 12 月，市人力社保局会同市委人才办、市财政局出台《关于进一步加强"名城工匠"培养生态建设的实施意见》（杭人社发〔2019〕167 号）。实施培育"杭州工匠"行动计划（2016—2020），组织 20 名高技能人才赴美国开展"基于先进制造业和现代服务业需要的职业技能培训"，新建省级技能大师工作室 4 家、市级技能大师工作室 36 家，组织市、区（县市）级技能竞赛 130 场，带动岗位练兵 24.5 万人次。全年培养高技能人才 4.15 万人，认定杭州市首席技师 20 人、杭州市技术能手 70 人，遴选杭州市"百千万"高技能领军人才"拔尖技能人才"30 人、"优秀技能人才"302 人，获第 45 届世界技能大赛美发项目金牌、汽车喷漆项目优胜奖各 1 个。

【事业单位人事管理】 7 月，出台《中共杭州市委组织部 杭州市人力资源和社会保障局关于印发〈杭州市事业单位特设岗位设置管理暂行办法〉的通知》（杭人社发〔2019〕90 号），允许突破单位常设岗位总量、最高等级和结构比例，允许单位自行制定收入分配倾斜办法，市属事业单位在绩效工资总量内单列。拓展多层次、有针对性的公开招聘模式，组织101家市属事业单位统一招聘工作人员258人，组织事业单位到"双一流"大学设点公开招聘高层次人才178人，指导市教育、卫健系统开展自主招聘工作，市属事业单位以备案方式引进A、B、C类高层次人才9名。

【工资福利】 深化事业单位收入分配制度改革，开展绩效工资专题调研，12月，市人力社保局会同市财政局出台《关于完善市本级事业单位绩效工资政策的若干意见》（杭人社发〔2019〕160号），加强对市本级事业单位绩效工资的精细化管理。根据经济社会发展，稳步提高事业单位绩效工资水平，调整月考核奖和部门调控额标准。对全市符合条件的建国前参加革命工作、建国后获得国家级表彰奖励及以上奖励荣誉两类对象共2103人，按"一章对一人"要求颁发新中国成立70周年纪念章。

【劳动关系】 实施"构建和谐劳动关系三年行动计划（2018—2020年）"，杭州市企业社会责任建设暨发展和谐劳动关系工作领导小组出台《关于深入开展区域性（园区）和谐劳动关系创建活动的实施意见》（杭社和谐〔2019〕1号），培育和谐劳动关系标杆园区，从点到面推进区域性和谐劳动关系创建工程，传化集团等10家民营企业确定为首批"杭州民营企业构建和谐劳动关系现场教学点"。加强协调劳动关系三方机制建设，全市劳动合同签订率99.42%。继续深化国有企业工资决定机制改革。开展工资集体协商"集中要约行动"，推进行业性、区域性工资集体协商，全市签订工资专项集体合同

2.85万余份，涵盖企业7.57万余家，覆盖职工320万余人。规范劳务派遣用工行为，开展劳务派遣年度经营情况报告核验、劳务派遣用工情况专项检查。发布2019年杭州市劳动力市场工资指导价位、养老护理员工资指导价位和部分技术工人40个职业（工种）分等级的薪酬调查结果。发布2018年杭州市区全社会单位在岗职工（含劳务派遣）年平均工资为73678元，同比增长11.2%，扣除价格因素实际增长8.7%。

【农民工管理服务】 协调市农民工工作领导小组各成员单位共同做好农民工服务工作，稳定和扩大农民工就业，有序推进农民工市民化。全年全市培训进城务工农民3.96万人，落实企业职工技能提升补贴0.81亿元，惠及在岗职工4.5万人次；落实用人单位职工（含农民工）技能培训补贴3756.17万元，惠及职工39917人；全市农民工养老保险、工伤保险、失业保险参保人数分别达286.04万、348.52万、254.36万。

【劳动保障监察】 全市各级劳动保障监察机构监察检查用人单位12.5万余户（次），协调处置各类劳动保障违法案件5439件。组织实施农民工工资支付检查、人力资源市场秩序整治、互联网企业执法服务、安全月检查、根治欠薪夏季行动、根治欠薪冬季攻坚行动等专项治理行动6次，检查用人单位11070户，针对性集中整治、规范劳动用工秩序。深入开展"杭州无欠薪"专项治理行动，推动根治欠薪工作，全年为2414名劳动者追发工资待遇1517万余元，向公安机关移送涉嫌拒不支付劳动报酬犯罪案件23件，公开曝光重大欠薪违法企业57家。

【调解仲裁】 至2019年末,全市154个乡镇街道完成劳动纠纷多元化解机制建设,完成率80%。吸纳律师和人民调解员充实劳动纠纷多元化解队伍,举办劳动纠纷多元化解工作人员培训班,提升基层调解仲裁队伍工作能力。推广劳动争议调解工作经验,参与发布《长三角区域(杨浦—杭州—南京—合肥2017—2018年劳动争议白皮书》。全市处理劳动人事争议案件15330件,结案15729件,当期结案率102.6%。

【信息化建设】 深化"最多跑一次"改革,人力社保领域33个主项、129个子项、10个孙项、2个特有事项100%实现跑零次、网上办、掌上办,其中,39个民生事项全部实现"一证通办",65个事项实现"全市通办"。做好"个体劳动者就业创业""大学生创新创业""引进人才居住证办理""社会保险关系转移接续""员工招聘""失业"等6个"一件事"全流程"最多跑一次"工作,深化"企业职工退休"24个事项"一件事"联办,全市平均每月办理退休5800余人次。推进机关内部"最多跑一次"改革,梳理7个主项32个子项,100%实现线上(浙政钉)办和跑零次,14个事项做到当场办结,占事项总数43.8%。

10月,上线全市集中人力社保信息系统,实现市域内社保权益互查互认、信息互联互通。完成杭州人社所有民生事项"一证通办"在华数综合自助办事服务机终端办事接入,推行政务服务事项"全省通办",集成长三角地区政务服务"一网通办"事项。全面推进企业退休人员档案电子化工作,主城区退休人员档案至12月底全部完成上传应用,各县(市)启动整理扫描。开发建立领取养老待遇资格认证手机终端平台(支付宝)应用,实现"静默认证"。增加支付宝APP和市民卡APP2个渠道签发电子社保卡,截至2019年12月,杭州市社会保障卡发卡1027.03万张,电子社保卡签发211.5万张。

【对口支援和结对帮扶】 实施《杭州市东西部扶贫劳务协作三年行动计划(2018—2020年)》,进一步加大东西部就业扶贫政策支持力度。2019年度,贵州省建档立卡贫困人员在杭稳定就业6232人、新增就业1894人,其中黔东南州在杭稳定就业3364人、新增就业1274人;湖北省建档立卡贫困人员在杭稳定就业5976人、新增就业1336人,其中恩施州在杭稳定就业1596人、新增就业537人。杭州市在对口帮扶地区共举办专场招聘会82场,861家次杭州企业参会,累计提供扶贫就业岗位6.7万个。发挥黔东南州驻杭"1+16"、恩施州"1+8"劳务协作工作站职能优势,打造"总站+分站+企业+联络员"劳务协作工作体系,为贫困人口来杭就业提供政策指导、权益维护等"一条龙服务"。择优评选10家就业扶贫"爱心企业",给予每家5万元的一次性奖补。与对口地区共同推进"教育+就业"精准扶贫模式,继续招收200名恩施籍建档立卡贫困生到杭州第一技师学院、轻工技师学院就读,杭州帮扶资金给予每位学生每年1万元生活补助,恩施州给予每位学生3000元交通补助和2000元生活补助,并向20名优秀贫困学生颁发"浙金奖学金"。举办创新创业培训班,200余名创客参加培训。在恩施州举办2019杭州市·恩施州·黔东南州东西部协作网络创业大赛,黔东南州、恩施州共选拔50余个项目参赛。杭州大学生创业企业发展促进会与黔东南州雷山县签订创业帮扶协议,启动"涌泉计划"雷山企业服务工程,浙江华博特教育、艺福堂茶叶、浙江每日互动等20家大学生创业企业与雷山脚尧茶业、雷山万城生态农业等20家当地企业一对一结对。组织2个国家级人力资源产业园与黔东南州、恩施州签订人力资源战略合作协议。杭州市与对口地区签订劳务合作协议34份,召开劳务协作会议92场,协调解决劳务协作方面的问题203个。

【获省级以上荣誉】

荣誉集体

1. 全国人力资源社会保障系统2017—2019年度优质服务窗口

杭州市社会保险服务中心

富阳区社会保险管理中心

2. 2018—2019年度《中国劳动保障报》新闻宣传工作做得好的单位

杭州市人力资源和社会保障局

江干区人力资源和社会保障局

3. 第二届全国创业就业服务展示交流活动宣传报道突出贡献奖

杭州市人力资源和社会保障局

4. 2019年度全省人社系统绩效考评优秀单位

杭州市人力资源和社会保障局

余杭区人力资源和社会保障局

上城区人力资源和社会保障局

下城区人力资源和社会保障局

江干区人力资源和社会保障局

西湖区人力资源和社会保障局

滨江区人力资源和社会保障局

余杭区人力资源和社会保障局

富阳区人力资源和社会保障局

临安区人力资源和社会保障局

桐庐县人力资源和社会保障局

淳安县人力资源和社会保障局

5. 2018—2019年平安浙江建设先进集体

上城区人力资源和社会保障局

6. 第五轮省级创建和谐劳动关系暨双爱活动无欠薪先进单位

杭州市劳动保障监察支队

杭州市上城区劳动保障监察大队

7. 第五轮省级创建和谐劳动关系暨双爱活动先进基层调解组织

江干区九堡街道劳动人事争议调解中心

拱墅区祥符街道劳动人事争议调解中心

西湖区转塘街道劳动人事争议调解中心

余杭区崇贤街道劳动人事争议调解中心

杭州经济技术开发区下沙街道劳动人事争议调解中心

8. 第五轮省级创建和谐劳动关系暨双爱活动其他先进组织

杭州市人力资源和社会保障局

临安区人力资源和社会保障局

9. 2019年度全省劳动人事争议案件处理成绩突出单位

上城区人力资源和社会保障局

江干区人力资源和社会保障局

拱墅区人力资源和社会保障局

余杭区人力资源和社会保障局

富阳区人力资源和社会保障局

10. 2019年度全省劳动人事争议"互联网＋调解仲裁"成绩突出仲裁院

滨江区劳动人事争议仲裁院

余杭区劳动人事争议仲裁院

桐庐县劳动人事争议仲裁院

11. 2019年度全省劳动人事争议案件处理成绩突出基层调解组织

江干区丁兰街道劳动人事争议调解中心

西湖区转塘街道劳动人事争议调解中心

西湖区西湖街道劳动人事争议调解中心

滨江区浦沿街道劳动人事争议调解中心

萧山区所前镇劳动人事争议调解中心

余杭区仓前街道劳动人事争议调解中心

临安区锦北街道劳动人事争议调解中心

钱塘新区白杨街道劳动人事争议调解中心

淳安县威坪镇劳动人事争议调解中心

12. 2019年度全省劳动人事争议案件处理成绩突出派出庭

杭州市劳动人事争议仲裁委员会工会派出庭

上城区劳动人事争议仲裁委员会南星街道派出庭

拱墅区劳动人事争议仲裁委员会园区派出庭

13. 全省人社系统窗口单位业务技能练兵比武竞赛团体三等奖、优秀组织奖

杭州市人力资源和社会保障局

荣誉个人

1. 全国人力资源社会保障系统2017—2019年度优质服务先进个人

滨江区劳动保障监察大队　　　丁　峰

2. 全国人社窗口单位业务技能练兵比武活动省际邀请赛最佳风采奖

拱墅区人力资源和社会保障局　　吴华敏

3.《中国劳动保障报》优秀通讯员

杭州市人力资源和社会保障局　　周　曦

4. 第五轮省级创建和谐劳动关系暨双爱活动劳动争议优秀仲裁调解员

下城区东新街道劳动争议调解委员会

方大明

淳安县青溪新城劳动人事争议调解委员会

洪紫倩

杭州大江东产业集聚区前进企业服务处劳动争议调解委员会　　张海洋

杭州市劳动人事争议仲裁院　　罗士匡

江干区劳动人事争议仲裁院　　周佳君

拱墅区劳动人事争议仲裁院　　郑才岳

西湖区劳动人事争议仲裁院　　傅世男

5. 2019年度全省劳动人事争议案件处理成绩突出仲裁员

杭州市劳动人事争议仲裁委员会

宋虹光　朱佳男

上城区劳动人事争议仲裁委员会　　王　岩

下城区劳动人事争议仲裁委员会　　徐　丹

江干区劳动人事争议仲裁委员会　　程　序

拱墅区劳动人事争议仲裁委员会　　庄晨丽

西湖区劳动人事争议仲裁委员会　　钱映鸳

滨江区劳动人事争议仲裁委员会　　周锦荣

萧山区劳动人事争议仲裁委员会　　潘晓锋

余杭区劳动人事争议仲裁委员会　　沈　晶

富阳区劳动人事争议仲裁委员会　　李晓波

桐庐县劳动人事争议仲裁委员会　　陈林开

淳安县劳动人事争议仲裁委员会　　徐胜元

钱塘新区劳动人事争议仲裁委员会　　梁宇栋

6. 2019年度全省劳动人事争议案件处理成绩突出调解员

上城区小营街道劳动人事争议调解中心

戴潇洲

下城区东新街道劳动争议调解中心

姜维青

江干区四季青街道劳动人事争议调解中心

余 亮

江干区九堡街道劳动人事争议调解中心

熊建良

拱墅区大关街道劳动人事争议调解中心

范 例

拱墅区小河街道劳动人事争议调解中心

朱毅俊

西湖区灵隐街道劳动人事争议调解中心

孔虓晨

滨江区长河街道劳动人事争议调解中心

袁志农

萧山区衙前镇街道劳动人事争议调解委员
会 夏冬冬

余杭区乔司街道劳动人事争议调解中心

杨利平

富阳区春江街道劳动人事争议调解中心

冯海珍

临安区锦北街道劳动人事争议调解中心

朱丽霞

钱塘新区临江企业服务处劳动人事争议调
解中心 裘 梁

建德市梅城镇劳动人事争议调解中心

李建平

桐庐县旧县街道劳动人事争议调解中心

杨 伦

淳安县富文乡劳动人事争议调解中心

汪书敏

7. 全省人社系统窗口单位业务技能练兵比
武竞赛优秀选手

下城区人力资源和社会保障局 滕伊凡

拱墅区人力资源和社会保障局 沈 迪

8. 全省劳动人事争议仲裁员业务技能竞赛
二等奖

上城区人力资源和社会保障局 王 岩

下城区人力资源和社会保障局 杨燕琪

（骆椿美）

宁波市

【城乡就业】 2019 年，宁波市人民政府印发
《宁波市人民政府关于做好当前和今后一个时期
促进就业工作的实施意见》（甬政发〔2019〕3
号），进一步强化统筹指导，部署全市就业工
作。4 月，宁波市人力社保局出台《关于落实失
业保险援企稳岗政策有关事项的通知》（甬人
社发〔2019〕26 号），全面开展困难企业稳岗返
还和失业保险返还工作，截至 2019 年底，发放
困难企业稳岗返还 11.07 亿元、失业保险返还
1.31 亿元，受惠企业 3.69 万家。深入实施“甬
上乐业”计划，以“援企稳岗促发展”、“重点扶
持促就业”、“夯实基础强服务”三大行动为抓
手，大力支持和促进各类群体就业创业。建成
市级创业孵化示范基地 20 家，市大学生就业
实践示范基地 50 家。发放创业担保贷款 7.62
亿元，新增创业实体 17.80 万家、新增创业者
22.74 万人。农村电商培训人数 5936 人；新建
成村级电商服务站 289 个；扶持农村电商创业
2186 人，带动就业人数 6775 人。全年接收高校
毕业生 13.75 万人，其中应届毕业生 7.89 万人。
城镇新增就业 25.38 万人，同比增长 9.41%；城
镇失业人员再就业 6.84 万人，其中困难人员再
就业 2.38 万人，城镇登记失业率 1.61%，持续
保持低位。开发（保持）公益性岗位 6591 个，

始终保持零就业家庭动态归零。

【社会保险参保情况】 截至2019年底，全市户籍人员养老保险参保率98.82%。全市企业职工基本养老保险、城乡居民基本养老保险、被征地人员养老保障、机关事业养老保险、工伤保险、失业保险参保分别为468.2万人、113.8万人、33万人、28万人、375.5万人、297.21万人。继续实施社保精准扶贫三年行动计划，全市23.2万困难群体中养老保险应参保的21.7万人已全员参保，全年共将1.4万未参保的贫困人员纳入养老保险，完成三个"100%"扶贫目标，实现贫困人员和残疾人"应保尽保、应补尽补、动态精准"。

【社会保险政策】 2019年，宁波市人力社保局联合市财政局、国家税务总局宁波市税务局印发了《关于我市贯彻落实降低社会保险费率有关工作的通知》（甬人社发〔2019〕39号），并对制造业、交通运输业、建筑业等行业的企业实施阶段性降低社会保险缴费。宁波市人力社保局会同市财政局研究起草出台《关于2019年调整企业退休人员基本养老金的通知》（甬人社发〔2019〕57号）和《关于建立城乡居民基本养老保险待遇确定和基础养老金正常调整机制的通知》（甬人社发〔2019〕104号），适当调整提高企业退休、城乡居民等人员养老保障待遇。贯彻落实职工基本养老保险中央调剂制度。

【社会保险经办管理】 全年为15.05万家企业减负养老、工伤、医疗保险费9.31亿元。实现"领丧葬费、企业职工退休、工伤报销、社保转入、转出"和"用工参保"6项"一件事"联办。推出微信支付宝支付、大型企业退休上门预审、灵活就业人员APP参保缴费、劳动能力鉴定申报网上办理等便民举措。建设推广宁波社保风控系统，梳理采集155个事项风险点，部社保中心于12月12日至13日在宁波召开全国社会保险经办风险防控交流会，32个省份社保经办机构对系统集中观摩，并获部、省中心领导高度肯定。城乡居民社保费征管职责有序划转，全省率先将灵活就业人员移交税务征缴。工伤保险一体化系统在全市16家定点医院上线，工伤住院费用直接结算走在省内前列。完成"八统一"事项"最小颗粒度"梳理，社保经办窗口实施分区域"全科无差别受理"。实现53个事项"网上办、掌上办、跑零次"、43个事项"全城通办"，"材料电子化"实现率达100%，"即办件"占比94.34%，"承诺期限压缩比"为97.15%，13个民生事项实现手机、电脑、窗口三端"一证通办"。

【人才引进与开发】 2019年，宁波市人力社保局依托中国宁波人才市场共举办635场各类招聘会，其中市本级市场179场、区县（市）分市场456场，共35559家（次）企业参会，提供岗位需求人数78.45万人（次），吸引38.62万人（次）进场求职，达成意向约10万人（次）。赴香港、北京、上海、武汉、西安等43个大中城市，复旦大学、哈尔滨工业大学等92所高校，组织2365家（次）企事业单位，开展了103场招聘宣讲活动，共推出岗位需求总人数4.3万余人，洽谈异地人才3.5万余人（次），达成初步意向1.4万余人（次）。组织浙江史上规模最大的高层次青年人才招聘会——第二十一届高洽会，充分融入"规模+""产业+""区域+""青年+""数字+"元素,汇聚"246"万千亿级产业集群,邀请省内外参会单位1315家,推出各类人才需求16078名,吸引205所全国各地高校、20132名高层次人才进场洽谈,达成意向5856人次。举办第三十届"毕洽会",近900家用人单位设摊招聘,推出岗位需求近2万人,共12235名高校毕业生进场求职,4890人初步达成就业意向,意向率近40%。首次在"宁波人才日"上举办"我才甬现"2019人才路演与对接洽谈会,组织我市知名企事业单位105家单位参会,推出岗位需求总人数1403人,吸引1080余人参与洽谈,共425人达成意向;留学人员春季招聘会共26家企业推出近百个高薪岗位,300余名海外知名高校留学人才参与对接。持续深化最多跑一次改革,宁波市高层次人才服务联盟总窗受理人才服务事项22项,服务人才4万人次,发放购房补贴、安居补助、就业补助等各类补助10075.2万。提供人才档案保管服务47052人次,实现零差错档案转接1975份,转出1373份,为1286位应届毕业生签订就业协议。截至2019年底,宁波市人才总量263.1万人。新引进大学生13.7万人,同比增长65.2%。新增高技能人才5.89万人,同比增长17.7%。全市人才净流入率居全国城市第2位,制造业人才净流入率居全国首位。

【专业技术和留学人员管理】 2019年,宁波市全市共向黔西南州、延边州统筹选派1—12个月专技人才572人(2019年新增504人),完成年度指标任务(新增400人)的126%。选派17位专家赴延边州、11位专家赴黔西南州、14位专家赴丽水市开展"专家人才对口帮扶行"系列活动。在黔西南州建立10个专家人才服务站。2019年共评定市突出贡献专家30名、服务人才先进单位20家、服务人才先进个人30名,全市共6名专家获评省突出贡献中青年专家。宁波市本土人才培养升级奖励第一批共审核通过67人,发放升级奖励1790万元。新增专家免费旅游景点14处,体育场馆10处,享受交通出行、体育健身、景点游览等服务36万人次,协调解决专家子女入学9人,A类专家就医20次。深化职称制度改革,起草制定我市《关于深化职称制度改革的实施意见》(甬党办〔2019〕74号)。梳理并重新调整我市职称评审机构设置,调整后,我市设置职称高评委8个,中评委53个,另有职称自主评审(评聘)试点单位119个。全面实施职称电子证书制度,截至12月底,已受理申报24505人次,审核通过16299人次,制发电子证书15884本。扎实推进博士后工作,出台《关于调整部分宁波市博士后工作资助政策的通知》(甬人社发〔2019〕45号)。新设站28家,招收进站博士后126人。在宁波市博士后联谊会成立大会暨专场对接会上,我市的40家企业博士后工作站推出了98个博士后项目,有24名博士与博士后工作站达成初步进站意向。持续打造专技人才培养平台,组织"主题研修班"2期,"对标学习"3期,"领军学堂"2期;联合交通广播推出了"领军探秘"系列节目,已播出26期;组织"领军初心"系列活动6期,产业链合作交流专题活动4期,结合学科组活动组织合作交流10次。组织开展"领军格物"活动6期,已累计开展18期。组织开展2019年市人才工程选拔工作,666人入选。公布2018年度浙江省151人才工程宁波市入选人员名单,我市入选重点资助1名,第一层次

10 名，第二层次 18 名。开展百千万人才工程国家级人选推荐工作，向省推荐人选 4 名，其中 2 人获省厅向国家推荐，1 人入选。组织开展 2019 年专业技术人员继续教育市级高研班、紧缺人才培训项目申报评审工作，实施 2019 年度计划。开展 2019 年专业技术人员继续教育市级基地、示范基地申报、认定工作。2019 年 9 月，举办 2019 中国·宁波人才科技周海外留学人才创业行活动，精准邀约 135 名高层次海外留学人才及 101 个创业创新项目与宁波近 500 家企事业单位、高校科研院所共 600 余人进行现场对接洽谈，达成初步对接意向共 152 人次。

【职业能力建设】 宁波市人力社保局着眼打造完整的 1+X 技能人才政策体系，相继出台了《关于进一步加强职业技能培训监管的实施意见》（甬人社发〔2019〕32 号）、《宁波市技能创业孵化基地管理办法》（甬人社发〔2019〕47 号）、《宁波市技能人才自主评价办法（试行）》（甬人社发〔2019〕54 号）、《关于在工程技术领域实现高技能人才与工程技术人才职业发展贯通的实施意见（试行）》（甬人社发〔2019〕60 号）、《宁波市高技能人才直接认定暂行办法》（甬人社办发〔2019〕48 号）等规范性文件，按照国务院和省人社厅部署要求，以市政府办公厅名义拟定印发《宁波市职业技能提升行动实施方案》。2019 年，全市参加职业技能鉴定人数共计 57369 人，获得职业资格证书为 45588 人，合格率为 79.5%，鉴定人数比上年同期增加了 23.3%。其中高技能人才鉴定人数为 28598 人，占鉴定总人数的 49.8%，获证人数为 24140 人，占获证总人数的 52.9%。技能人才总量达到 163.63 万，新增 12.63 万；高技能人才数量

48.39 万，新增 5.89 万；高技能人才占技能人才总量达到 29.57%。不断加大培训基础工作建设，以宁波市职业培训公共网为基础，建设全国首家技能人才继续教育学院，探索互联网+远程职业技能培训新模式。开展 2019 年度优秀高技能人才奖以及技能大师工作室评选表彰工作，评选表彰 12 名优秀高技能人才，推荐 7 名"万人计划"高技能领军人才报省厅，推荐 30 名拔尖人才、300 名优秀技能人才；评选 10 家技能大师工作室，推荐 4 家工作室获评省级工作室，同时，组织对已建 90 家技能大师工作室进行全面考核评估。发布《关于公布 2019 年度宁波市职业技能培训补贴目录（标准）的通知》《关于公布 2019 年度市级统筹区紧缺职业（工种）高技能人才岗位补贴目录和做好岗位补贴申报工作的通知》，全年完成 690 余家企业，近 2000 人次紧缺岗位审核申报，累计 39371 人次，发放技能培训补贴以及紧缺岗位补贴 4441 余万元。2019 年，首次顺利举办服装设计等 3 个项目的全国邀请赛，组织开展宁波市"技能之星" 10 项，市级一、二类技能竞赛 61 项。坚持把落实新型学徒制作为年度重大任务，截至 2019 年年底，宁波市一共有 26 家培训机构参与企业新型学徒制的培养，与 82 家企业达成企业新型学徒制培养合作，共有 1673 人参与企业新型学徒制培养，其中学生学徒 153 人，企业职工学徒 1520 人，超额完成了年度 1500 人的目标计划。2019 年正式建成启用市级综合性公共实训中心——宁波（北仑）高技能人才公共实训中心。

【事业单位人事管理】 2019 年，根据党和国家机构改革部署要求，宁波市委组织部、市人力

社保局下发了《关于市党群系统事业单位人事综合管理有关问题的通知》，明确市本级事业单位人事管理分工职责和事项梳理，将党群口40家事业单位近1000名工作人员移交市委组织部管理。开展事业单位人事管理政策建设年活动。在全省率先制定出台《事业单位特设岗位设置管理实施办法（试行）》，通过制度创新体现特殊支持、分类实施体现特殊用途、条件控制体现特殊管理，为事业单位吸引和聚集高层次、高技能人才开辟"绿色通道"。制定《宁波市事业单位专业技术二级岗位拟聘人选审核认定实施细则》，首次自行审核认定工作，按规定程序完成了20名二级岗人员聘任工作。会同市教育局出台《宁波市中小学校专业技术三级岗位管理办法（试行）》，首批16名正高级中小学教师获评三级岗。推进事业单位人事管理机关内部"最多跑一次"试点。建设事业单位人事管理综合信息系统，打造市县两级"数据、平台、业务"一体化网上办理平台，实现了从"跑部门"办理向线下、线上并行办理的转变，从被动服务向互动智慧服务的跨越。依法规范事业单位人事管理。全年共组织公开招聘243家次，发布公开招聘计划7101名，公示拟聘用4899名。其中市本级128家次事业单位发布招聘计划2403名，公示拟聘用人员1276人。连续第二年开展宁波市面向2020届优秀高校毕业生选聘高层次紧缺人才工作。市、区县（市）、开发园区联动推出246个岗位，共有224名考生进入考察体检环节，为我市引进储备了一批经济社会发展急需的优秀青年人才。全年共核准（调整）50家市属事业单位岗位设置方案；对市属500余家次事业单位6500余人次进行了岗位变动认定。首次举办为期一个月的事业单位领导人员学习贯彻习近平中国特色社会主义思想进修班，并纳入市委党校主体班次，85位处级领导人员圆满结业，事业单位领导人员培训走上了规范化、制度化、常态化轨道。

【工资福利】 宁波市统筹推进事业单位绩效工资政策落地，根据《关于进一步完善市属事业单位绩效工资政策推进人才创业创新的若干意见》（甬人社发〔2018〕136号）文件精神，就贯彻落实事业单位绩效工资水平动态调整机制，会同财政部门明确政策操作办法，结合上报单位的综合效益考核结果及经费结余情况，对符合条件的市属财政部分补助和自收自支的66家事业单位，完成2018年度绩效工资总量调整。调整市级财政全额补助事业单位部门奖励基金。对2018年考核优秀的市属事业单位发放了绩效工资奖励，并加强对事业单位实施"绩效工资+X项目"的指导。

【劳动关系】 2019年，宁波市企业劳动合同签订率达98%，已建工会企业集体协商建制率达95%。联合三方四家研究出台区域性和谐劳动关系创建"1518工程"及集体协商"稳就业、谋发展、促和谐"三年行动计划，提出推进体面劳动、促进新业态劳动用工规范、产业工人持续增收、"宁波无欠薪"、更高水平争议调解仲裁建设等区域性和谐劳动关系创建五大行动18项工作，劳动关系和谐指数跃居全省第一。宁波市国家高新区成为全国构建和谐劳动关系模范工业园区，全市新增全国模范劳动关系和谐企业3家，省级先进园区和企业26家，14个单位、组织被授予"浙江省创建和谐劳动关系暨双爱活动先进组织"称号，11位先进个人获"浙江省首席技师"、"浙江省劳动争议优秀仲裁调解员"等称号和荣誉。11月，以宁波市人民政府名义拟定印发了《宁波市国有企业工资决定机制改革工作实施办法》，该办法结合宁波实际，在国务院和省政府办法基础上，新增"对引进和培养紧缺急需高层次、高技能人才成效突出；政策性吸纳安置相关人员，为区域社会经济发展和社会稳定作出贡献的国有企业，当年工资总额可适当调整，具体由履行出资人职责机构根据企业实际情况合理确定"等创新做法，配合市国资委做好区县（市）国有企业负责人薪酬改革实施方案的审核工作、确定2018年度区县（市）及市直部门国有企业负责人基本计薪基数工作。

【劳动保障监察】 2019年，全市各级劳动保障监察机构主动监察用人单位3.21万户，涉及劳动者98.3万人。处置各类工资纠纷5344件，为1.48万名劳动者追回被拖欠工资1.55亿元，接待受理投诉举报3645件。其中立案查处劳动违法案件473件，行政处罚173件，清退童工42名；责令补缴社会保险121人次。在省政府组织的对各地市2018年度保障农民工工资支付工作考核中，取得考核等级A级第一名的成绩；同时市劳动保障监察支队被表彰为第5轮全省创建和谐劳动关系无欠薪先进单位。全市妥善处置因劳资纠纷引起的各类突发事件12起，涉及劳动者217人；向公安机关移送涉嫌拒不支付劳动报酬犯罪案件16起，涉及劳动者356人涉及金额357.9251万元。组织开展农民工工资支付情况专项检查，检查用人单位8916户，涉及劳动者42.1359万人，责令用人单位支付职工工资317.6639万元，向社会公布

严重违法行为单位1家，向公安机关移送涉嫌拒不支付犯罪案件2件，列入欠薪黑名单2家。会同住建、交通、水利等主要行业监管部门在全市范围内开展根治欠薪夏季专项行动，共出动执法人员766人次，检查在建工程项目655个，其中政府投资项目200个，加工制造业企业5584家，其他企业42家，为889人追回工资1415.34万元。发挥市清理拖欠农民工工资工作领导小组办公室的牵头协调作用，联合住建、水利、交通等成员单位，持续深化制造业企业、工程建设领域和企业欠薪失信行为专项治理，深入实施工程建设领域实名管理制度、工资专用账户制度等"六项制度"，全市各级劳动保障监察机构共处置各类工资纠纷5814件，立案查处欠薪案件108件，同比下降76.2%，涉及劳动者人数同比下降56%，涉及金额同比下降42%，为16241名农民工追回工资1.67亿元，拖欠农民工工资问题得到有力遏制。

【调解仲裁】 2019年，宁波市全市两级仲裁机构共立案受理案件12149件（含人事争议23件），同比上升3.7%，涉及劳动者17408人，同比下降1.6%，其中10人以上集体争议案件152件，涉及劳动者4380人，同比分别下降5%和12.9%。共审结案件12514件，结案率为93.3%，调解率为76.2%，涉案金额4.23亿元。各级调解组织共受理案件17812件，同比下降0.9%，涉及劳动者19383人，同比下降4.2%，其中10人以上集体争议64件，涉及劳动者1045人，同比分别下降17.9%和40%。共调解结案17762件，调解结案率为99.7%，涉案金额为4.52亿元。宁波市仲裁院简化案件处理程序，采用要素式审理模式，提升仲裁办

案效能。2019年，全市共采用要素式审理模式开庭千余次，平均减少办案时限30%。积极探索适合宁波劳动人事争议调解仲裁工作实际的"移动微仲裁"，依托省调解仲裁网平台结合宁波市实际情况做好劳动争议调解仲裁受理工作，全市2019年共有155件劳动纠纷通过省网络平台得到有效调处。构建乡镇（街道）劳动纠纷调解网络，形成了以区县（市）联合调解中心、乡镇（街道）调解机构、村（社区）调解小组及企业内部调解组织为依托的四级劳动争议调解网络，做到基层纠纷基础解决。2019年，60%的劳动纠纷在基层得到就地化解。深入优化调解程序，建立基层调解、仲裁、监察"三位一体"纠纷调处机制，实现劳动纠纷在基层处理的无缝衔接。继续加强基层派出庭办案比重，今年全市25家基层派出庭共办案2000余件，处理了近18%的劳动争议。

【信息化建设】 2019年5月，人社部开展的全国人社系统网络安全攻防演练中，宁波市人力社保局在全国44个省、自治区、直辖市及副省级参赛队伍中取得了全国攻击第三、防守第四的成绩。2019年10月，第三代社会保障卡浙江（宁波）首发仪式在宁波人社智慧中心顺利举行，标志着我市社会保障卡建设进入了一个崭新的阶段。截至12月底，电子社保卡累计签发量已达实体卡持卡人数的17.07%，提前超额完成部省下达的15%的年度目标考核任务。推出社保卡"一证通办"，社保卡应用多方面发展，率先在全省开展社保卡快递寄送业务，实现零跑腿，目前已办理社保卡快递业务达5439笔。积极打造宁波人社数据仓，优化人社业务数据内外部交换共享，累计数据共享交易量近

2亿条，累计接口调用量位全市第一，累计被调用接口量全市第二，政务信息资源归集情况全市第一。通过人社数据仓加快一体化经办平台构建，完成行政审批、社保、人才、鉴定等"最多跑一次"事项对接，完成市信用平台、好差评系统、可信认证系统等对接，实现人社业务"一站式"办理，将宁波人社APP各项服务全面对接"浙里办"移动应用汇聚平台。经过对大数据研判分析，充分应用在最多跑一次业务运行监测、事业单位管理、基金监督分析等领域，联合考试院全面打造智慧中心考试监管指挥能力，全面提升智慧中心服务、监管、运维、决策四大功能。

【对口支援和结对帮扶】 宁波市人力社保局认真落实对口支援整体联动、劳务协作、专家精准帮扶支援、技能人才培训协作、人力资源协作和劳动保障监察协作等六项工作机制，将东西部扶贫协作纳入全市人社系统目标管理考核体系，加大考核权重，并实行"一把手"负责制，确保对口支援统筹力度不减。同时，在国家下达劳务协作任务指标的基础上分别上浮222%、300%分解下达，并在保持2018年短期人才选派总量的基础上，适当提升中长期结构比例，增加中长期专业技术人才，加大向深度贫困县倾斜力度。对外，加强沟通对接。落实局领导带头推进工作机制，局党组先后4次专题研究扶贫工作，加强与省人社厅、市对口支援办和对口支援地区人社部门的沟通对接，及时分解下达年度扶贫工作任务，并多次召开会议研究部署阶段性工作。局主要领导和分管领导先后5次到对口支援地区考察对接工作，其他层面互访往来30余次，并通过电话、微信等方

式，及时通报情况、交换意见，保证了各项工作紧张有序推进。落实市县两级日常工作通报和"一月两报"制度，动态掌握全市扶贫协作进度。落实跨区域就业信息发布、来甬就业人员信息互通机制，在宁波人才市场驻黔西南分市场正常运营、对口支援地区人才市场网站互设招聘专区的基础上，指定专人分类甄选，定期向对口支援地区推送我市岗位需求信息8万多条次，并先后组织近300家宁波企业深入对口两地，举办或参与招聘活动37场次，达成来甬就业协议948人，其中建档立卡845人。

【获省级以上荣誉】

荣誉集体

1. 浙江省省劳动保障监察执法技能比武团队第三名

宁波市劳动保障监察支队

2. 浙江省劳动保障监察执法技能比武"案卷评查"专项团队第二名

宁波市劳动保障监察支队

3. 全国人社系统2017—2019年度优质服务窗口

宁波市鄞州区养老保险管理中心

宁波市镇海区人力资源市场服务大厅

4. 浙江省人力资源服务企业五星级企业

宁波市人才服务中心

5. 2019—2021重点培育人力资源服务企业

宁波市人才服务中心

6. 全省人社系统窗口单位业务技能练兵比武竞赛团体一等奖

宁波市人力资源和社会保障局

7. 全省人社系统窗口单位业务技能练兵比武竞赛优秀组织奖

宁波市人力资源和社会保障局

8. 2018—2019年度《中国劳动保障报》新闻宣传工作做得好单位

宁波市人力资源和社会保障局

宁波市镇海区人力资源和社会保障局

9. 全省人社系统法治知识竞赛优秀组织奖和网络答题活动优秀组织奖

宁波市人力资源和社会保障局

10. 第五轮省级创建和谐劳动关系暨双爱活动先进集体"无欠薪先进单位"

宁波市劳动保障监察支队

宁波市海曙区劳动保障监察大队

11. 第五轮省级创建和谐劳动关系暨双爱活动先进集体"先进基层调解组织"

宁波市江北区甬江街道劳动人事争议调解中心

宁波市镇海区庄市街道劳动人事争议调解中心

宁波市奉化区溪口镇劳动人事争议调解中心

慈溪市龙山镇劳动人事争议调解中心

宁海县梅林街道劳动人事争议调解中心

12. 第五轮省级创建和谐劳动关系暨双爱活动先进集体"其他先进组织"

宁波市江北区人力资源和社会保障局

13. 2019年度全省劳动人事争议案件处理成绩突出单位

宁波市人力资源和社会保障局

宁波市海曙区人力资源和社会保障局

宁波市北仑区人力资源和社会保障局

宁波市鄞州区人力资源和社会保障局

宁波市奉化区人力资源和社会保障局

慈溪市人力资源和社会保障局

14. 2019年度全省劳动人事争议"互联网＋调解仲裁"成绩突出仲裁院

宁波市江北区劳动人事争议仲裁院

宁波市镇海区劳动人事争议仲裁院

宁海县劳动人事争议仲裁院

象山县劳动人事争议仲裁院

15. 2019年度全省劳动人事争议案件处理成绩突出基层调解组织名单

宁波市海曙区高桥镇劳动人事争议调解中心

宁波市海曙区段塘街道劳动人事争议调解中心

宁波市鄞州区云龙镇劳动人事争议调解中心

宁波市北仑区小港街道劳动人事争议调解中心

宁波市奉化区溪口镇劳动人事争议调解中心

象山县爵溪街道劳动人事争议调解中心

宁海县长街镇劳动人事争议调解中心

余姚市低塘街道劳动人事争议调解中心

16. 2019年度全省劳动人事争议案件处理成绩突出派出庭

宁波市海曙区劳动人事争议仲裁委员会石碶镇派出庭

宁波市鄞州区劳动人事争议仲裁委员会五乡镇派出庭

宁波市鄞州区劳动人事争议仲裁委员会姜山镇派出庭

17. 2019年度全省人社系统绩效考评优秀单位

宁波市人力资源和社会保障局

宁波市海曙区人力资源和社会保障局

宁波市江北区人力资源和社会保障局

宁波市北仑区人力资源和社会保障局

宁波市镇海区人力资源和社会保障局

宁波市鄞州区人力资源和社会保障局

象山县人力资源和社会保障局

宁海县人力资源和社会保障局

余姚市人力资源和社会保障局

慈溪市人力资源和社会保障局

荣誉个人

1. 浙江省劳动保障监察执法技能比武"案件演讲"专项个人第二名

宁波市北仑区人力资源和社会保障局

刘柏武

2. 全省人社系统窗口单位业务技能练兵比武竞赛优秀选手

宁波市海曙区人力资源和社会保障局

张国坚

3. 全省劳动人事争议调解员业务技能竞赛二等奖

宁波市鄞州区中河街道劳动人事争议调解委员会　　王维庆

4. 全省劳动争议仲裁院业务技能竞赛一等奖

宁波市鄞州区劳动人事争议仲裁院

凌静寅

5. 全省劳动争议仲裁院业务技能竞赛二等奖

宁波市奉化区劳动人事争议仲裁院　张　蝶

6. 全省劳动争议仲裁院业务技能竞赛三等奖

宁波市劳动人事争议仲裁院　　陆桑榆
宁波市海曙区劳动人事争议仲裁院
　　　　　　　　　　　　　　郑巩席

7. 第五轮省级创建和谐劳动关系暨双爱活动先进个人"劳动争议优秀仲裁调解员"

宁波市劳动人事争议仲裁院　　周适人
宁波市高新技术产业开发区劳动人事争议
　　仲裁院　　　　　　　　　　邵　洁
宁波市北仑区劳动人事争议仲裁院
　　　　　　　　　　　　　　沈松和
宁波市鄞州区劳动人事争议仲裁院
　　　　　　　　　　　　　　王珍珍
宁波市海曙区人民政府鼓楼街道劳动人事
　　争议联合调解分中心　　　夏蓉菁
余姚市陆埠镇劳动人事争议调解中心
　　　　　　　　　　　　　　陈苗龙
象山县石浦镇劳动人事争议调解中心
　　　　　　　　　　　　　　石　燕

8. 新中国成立70周年庆祝活动和党十九届四中全会期间信访工作先进个人

宁波市劳动保障监察支队　　章少华

9. 2019年度全省劳动人事争议案件处理成绩突出仲裁员

宁波市劳动人事争议仲裁会　　汪敏君
宁波市劳动人事争议仲裁院　　郑途远
宁波市海曙区劳动人事争议仲裁院
　　　　　　　　　　　　　　朱金屏
宁波市鄞州区劳动人事争议仲裁院
　　　　　　　　　　　　　　施丽丽
宁波市鄞州区劳动人事争议仲裁院
　　　　　　　　　　　　　　施　璟
宁波市北仑区劳动人事争议仲裁院
　　　　　　　　　　　　　　乐小波

宁波市奉化区劳动人事争议仲裁院
　　　　　　　　　　　　　　张　莹
宁波市高新区劳动人事争议仲裁院
　　　　　　　　　　　　　　励　斌
宁波市东钱湖旅游度假区劳动人事争议仲
　　裁院　　　　　　　　　　周敏捷
宁波市大榭开发区劳动人事争议仲裁院
　　　　　　　　　　　　　　王　兴
宁波市杭州湾新区劳动人事争议仲裁院
　　　　　　　　　　　　　　何　赟
象山县劳动人事争议仲裁院　　郑鑫玲

10. 2019年度全省劳动人事争议案件处理成绩突出调解员

宁波市海曙区集士港镇劳动人事争议调解
　　中心　　　　　　　　　　方　萍
宁波市海曙区鼓楼街道劳动人事争议调解
　　中心　　　　　　　　　　夏蓉菁
宁波市江北区中马街道劳动人事争议调解
　　中心　　　　　　　　　　陈圆圆
宁波市镇海区庄市街道劳动人事争议调解
　　中心　　　　　　　　　　张咏梅
宁波市北仑区小港街道劳动人事争议调解
　　中心　　　　　　　　　　方乐君
宁波市北仑区大碶街道劳动人事争议调解
　　中心　　　　　　　　　　於贤忠
宁波市鄞州区东柳街道劳动人事争议调解
　　中心　　　　　　　　　　侯旭辉
宁波市鄞州区钟公庙街道劳动人事争议调
　　解中心　　　　　　　　　黎　卓
宁波市奉化区岳林街道劳动人事争议调解
　　中心　　　　　　　　　　张明波
宁波市奉化区莼湖街道劳动人事争议调解
　　中心　　　　　　　　　　庄惠国

余姚市朗霞街道劳动人事争议调解中心

章　昕

余姚市梁弄街道劳动人事争议调解中心

夏旭峰

慈溪市宗汉街道劳动人事争议调解中心

马忠炎

慈溪市观海卫镇劳动人事争议调解中心

王　斌

宁海县梅林街道劳动人事争议调解中心

刘岳斌

象山县丹西街道劳动人事争议调解中心

张静素

11. 贵州省脱贫攻坚先进个人

宁波市就业管理中心　　　　　屠浩斌

12. 第八届全国数控技能大赛第二名

宁波技师学院　　　　　　　　贺陈挺

13. 全国技术能手

宁波技师学院　　　　　　　　贺陈挺

14. 2019 年第二届浙江省工业机器人技术应用技能大赛二等奖

宁波技师学院　　　　　　　　陈　弢

15. 第三届全国智能制造应用技术技能大赛维修电工项目教师组三等奖

宁波技师学院　　　　陈东旭、陈　弢

16. 2019 年全省技工院校"一堂好课"教学比赛二等奖

宁波技师学院　　　　　　　　卞宏山

（蒋盛锵）

温州市

【城乡就业】　2019 年，温州市人力资源和社会保障局（以下简称温州市人力社保局）出台了《关于做好当前就业创业工作的补充通知》和《温州市就业创业补贴政策申报指南（试行）》，从加大稳岗支持力度、加强就业服务和青年就业见习、加大创业担保贷款实施力度、支持创业载体建设等九方面入手，进一步完善政策体系，全力推动就业创业工作。一年来，全市共发放创业担保贷款 717 笔，总金额 2.31 亿；高校毕业生求职创业补贴 130.8 万。全市稳岗补贴支出 3829.1 万元，惠及企业 2104 家，涉及职工 15.78 万人；其中，市区稳岗补贴支出 2478.94 万元，惠及企业 1067 家，涉及职工 9.11 万人。全市社保费返还金额排名全省第二，已返还社保费 19.67 亿元，惠及企业 5.2 万家，涉及职工 57.5 万人；其中，市区共返还社保费 10.64 亿元，惠及企业 2.6 万家，涉及职工 29.2 万人。全市失业保险费降费减负 2.679 亿元。升级打造 2019 温州创业创新博览会为 2019 浙江·温州创博会，由省人力社保厅和温州市人民政府主办，温州市人力社保局和省就业中心承办。展会在办展层次、规模、看点、内容上都较前四届更上一层楼，邀请到了上海嘉定、福建宁德、浙江省内各地市以及全市各县（市、区）、各相关部门、各大院校、国内外企业，携带各自创业创新项目集中参展。展会期间，主会场参观人次达 6.85 万，达成签约和合作意向 423 个，现场成交及合作意向资金达到 3.67 亿元。展会荣获中国会展经济产业贡献奖、2019 年度中国十佳优秀特色展会等奖项。

【社会保险参保情况】　2019 年，温州市养老、工伤、失业三项社会保险基金收入 340.0 亿元，支出 399.97 亿元，当年缺口 59.97 亿元，累计结余 333.66 亿元。2019 年，温州市企业职工基本养老保险参保人数 315.88 万人，比上年增加 20.9 万人，其中企业单位身份参保 150.77 万人，同比增加 7.94 万人；灵活就业人员身份参保 165.11 万人，同比增加 12.96 万人；企业职工基本养老保险基金收入 234.78 亿元，支出 275.71 亿元，当年缺口 40.93 亿元，累计结余 272.98 亿元。机关事业单位基本养老保险参保人数 31.36 万人，同比增加 0.54 万人；机关事业单位基本养老保险基金收入 66.15 亿元，支出 67.19 亿元，当年缺口 1.04 亿元，累计结余 13.12 亿元。城乡居民基本养老保险参保人数 219.97 万人，同比增加 2.91 万人；城乡居民基本养老保险基金收入 26.89 亿元，支出 25.54 亿元，当年结余 1.35 亿元，累计结余 13.15 亿元。被征地农民基本生活保障参保人数 35.06 万人，同比增加 0.63 万人；被征地农民基本生活保障基金收入 23.49 亿元，支出 28.33 亿元，当年缺口 4.84 亿元，累计结余 11.44 亿元。2019 年，全市户籍法定人员基本养老保险参保率达到 99.35%。2019 年，温州市工伤保险参保人数 277.19 万人，同比增加 18.57 万人；失业保险参保人数 133.71 万人，同比增加 9.65 万人。全市工伤保险基金收入 5.82 亿元，支出 7.11 亿元，当年缺口 1.29 亿元，累计结余 11.91 亿元；失业保险基金收入 6.36 亿元，支出 24.42 亿元，当年缺口 18.06 亿元，累计结余 22.50 亿元。2019 年，温州市职工工伤认定 18783 人次，劳动能力鉴定 11716 人次。

【社会保险政策】 2019 年，温州市人力社保局印发《关于调整企业职工基本养老保险灵活就业参保人员缴费基数确定办法的通知》（温人社发〔2019〕99 号），明确个体工商户和灵活就业人员参加我市企业职工基本养老保险，缴费基数统一按照上一年度全省在岗职工平均工资的一定比例确定，具体区间为 60% 至 300%。温州市人力社保局、温州市财政局联合印发《关于调整城乡居民基本养老保险基础养老金标准的通知》（温人社发〔2019〕106 号），规定自 2019 年 1 月 1 日起，温州市区城乡居民基本养老保险基础养老金标准由人均 190 元 / 月调整为 215 元 / 月。温州市人力社保局、温州市财政局联合印发《转发浙江省人力资源和社会保障厅 浙江省财政厅关于 2019 年调整退休人员基本养老金的通知》（温人社发〔2019〕118 号），调整市区 302240 名企业退休人员基本养老金，人均增加 148.02 元 / 月。本次基本养老金调整后，市区企业退休人员（含退职人员）基本养老金月平均水平为 2857.63 元。温州市人力社保局牵头做好社会保险阶段性降费惠企工作，会同相关部门为市区制造业、交通运输业、建筑业三个行业 3 万多家企业集中减征 2 个月的社会保险费单位缴纳部分，涉及金额 5.37 亿元。

【社会保险经办管理】 温州市人力社保局牵头推出退休"一件事"，梳理、整合 18 个部门的 25 个事项，全力构建企业职工退休"一窗受理，一表申请，一站服务，一次办结"的经办服务模式，并于 2019 年 9 月 2 日开办。率全省之先开发工程建设项目职工工伤参保登记网上（掌上）申报平台，使工程建设施工企业以企业法人的身份，实现工程建设项目职工工伤参保登记全市网上（掌上）全城通办，变工程建设项目职工工伤参保登记"多地跑"为"一地也不用跑"，切实解决了横亘在办事流程中的"中梗阻"，让全市 2633 家企业、55.48 万名职工办理工伤参保登记和变更手续实现"零上门"。持续延伸民生服务线，推出温州市外社银合作业务，2019 年开通温州银行在上海的 11 个网点及杭州的 13 个网点，浙江农商行在西安、石家庄等地的村镇银行，等等。全年共开通温州市外社银便民服务网点 27 个，积极服务在外温商。此外，依托服务及设施比较完善的丰收驿站，织密农商行社银便民服务网点，全年新开通 15 个丰收驿站。截至 2019 年底，全市累计开通 539 个社银便民服务网点，累计办理业务 21.12 万笔。

【人才引进与开发】 2019 年，温州市共举办各类线上线下人才交流会 219 场，参会单位 7582 家，提供岗位 128704 个；开展"智汇温州·才聚两区"全国巡回引才活动，组团我市 1802 家单位赴境内外人才集聚城市举办温州专场招聘会 57 场，提供 41700 个岗位。组织温州市本级事业单位面向全球招录博士、"双一流"高校和海外排名前 923 所高校硕士及"双一流"高校 2019 届优秀本科毕业生工作。通过发布公告、网上报名和以用人单位为主组织的面谈、考核和综评选的方式共招录 127 名青年优秀人才，其中博士 6 人；硕士 113 人；2019 届本科 8 人。组织举办 2019 中国·温州"千企百校"人才合作对接会，来自全国的 104 所高校和全市 1217 家企业参会，经洽谈，538 家企业和 104 所院校达成合作意向 849 项。首次采用"1+2"形式，除了主会场，还分别在瑞安和乐清设立了分会场，增设了以汽摩配、工业电器为主的专业人才对接平台。特邀上海交通大学、上海财经大学、上海第二工业大学等在沪的 14 所高校组团参加，寻找上海的人力资源、科研力量与我

市企业的合作点，助推温州更好地融入长三角一体化发展。温州市人力社保局印发《异地温州商会人才工作联络站考核办法》（温人社发〔2019〕131 号），加强异地温州商会人才工作联络站建设，充分发挥异地温州商会的人脉、信息、技术等资源优势，助力温州引智引才。截至 2019 年底，已建成武汉、南京、昆明、西安等 11 家异地温州商会人才工作联络站。

【专业技术和留学人员管理】 2019 年，温州市入选百千万人才工程国家级人选 2 人、省有突出贡献中青年专家 4 人。博士后工作取得新的突破，全年新建省级博士后工作站 5 家，指导 16 家工作站完成博士后进站开题，全年新增进站博士后 26 人。组织"人才周"博士专场对接活动，共提供博士岗位和科研项目需求近 1000 个，邀请 361 名海内外青年博士参会，100 多名带科研项目的博士与我市博士后设站单位建立了合作意向。继续实施省市系列人才培养工程，择优开展了高层次人才创新技术项目重点资助、"扶工扶农"活动和面向欠发达地区科研项目课题资助、选派赴国内外进修学习、导师制结对培养等一系列措施，共涉及培养人员 73 人次，投入人才经费 169.72 万元。深入推进职称制度改革，进一步推进自主评聘和社会化评价改革，新增 83 家学校、医院、科研院所为职称自主评聘单位，共自主评聘职称 1064 人。推进工程技术领域社会化评价改革，完成了 12 个系列相关专业新的评价标准的修订，并将高技能人才纳入评审范围，实现高技能人才与工程技术人才职称互通，全年 827 人通过社会化评审取得初中级资格。指导各行业主管部门和行业协会做好各专业系列的职称评审和推荐工作，全年共

晋升高级职称3135人；13211人通过专业技术资格考试取得相应资格。规范开展专业技术人员继续教育工作，深化"掌上学"功能，拓宽学习途径，优化学时认定流程，在着力解决专业技术人员工学矛盾的同时，实现学员碎片化时间学习，提升学习效果；专业科目方面，注重加强各专业系列继续教育师资队伍建设，充分利用本地高校师资资源，不断拓展市外高校、科研机构、龙头企业的优良师资的聘用渠道，提高专业技术人员的学习效果。全市全年累计完成专业技术人员继续教育102378人。成功举办5期省级和13期市级专业技术人员高级研修班，累计培训专业技术人员788人次。温州市人力社保局重视留学人员管理和发展。2019年5月，举办以"厚植中意友谊，共促青年发展"为主题的首届中意（温州）青年人才交流联谊会，并在意大利驻沪总领事馆指导下挂牌成立中意（温州）青年留学人才服务中心，形成中意青年留学人才交流合作长效机制，拓展中意人才引进和交流渠道；6月，举办首期海归创业研习班，利用亲清政商学堂平台优势打造温州海归人才研修基地，共有来自我市各领域海归创业代表、相关部门职能处室和园区平台的负责人，以及金融、创投、法律和政府机关共35名学员代表参加专题研习。活动邀请到澳大利亚前总理陆克文和浙大资深教授上专题课和进行高端对谈。

【职业能力建设】 温州市人力社保局会同温州市财政局、温州市总工会、温州市团委、温州市妇联下发《关于举办2019年温州市职业技能大赛的通知》，进一步发挥职业技能大赛在高技能人才培养中的引领示范作用。全年共举办涉及电力、交通运输等18个行业包括焊工、钳工、电子商务、鞋类设计等38个市级职业技能竞赛项目，近3900人参加比赛，带动全市3万多人岗位大练兵，产生了近130名温州市级技术能手。全年培育"杰出技能人才"2名、"拔尖技能人才"20名和"优秀技能人才"200名。评选出市"特支计划"高技能领军人才10人、市首席技师30人。全年新建市级技能大师工作室20家、市级高技能人才公共实训基地1家。在全国率先推出家政服务人员岗前培训补贴项目，通过对家政服务人员开展道德、技能、安全、法律等知识的岗前培训，提高从业人员基本素养。截至2019年年底，家政服务人员培训14849人次。根据《关于贯彻落实〈浙江省职业技能提升行动实施方案（2019—2021年）〉的通知》（温人社发〔2019〕160号），全市共开展各类技能人才培训13.5万人次，其中高技能人才培养2.96万人，进城务工农民培训2.8万人，农村劳动力转移培训2万人，大学生创业培训4258人。参加职业技能鉴定69029人次，发证58938册，其中职业资格鉴定49018人次，发证40358册；专项职业能力鉴定20011人次，发证18580册，新增专项职业能力工种50个。根据浙江省人力资源和社会保障厅办公室《关于加强全省技工院校思想政治理论课建设规范工作的通知》（浙人社办发〔2019〕36号）要求，通过听取报告、查阅资料、随堂听课、师生座谈等方式，开展了为期4天的温州地区6所技工院校思政理论课建设专项评估工作，并取得了良好成效。

【事业单位人事管理】 2019年，温州市公开招聘事业单位工作人员3796人，其中市本级

651 人。首次组织教育、卫计行业专业考官培训 149 人。首次自主开展全市专技二级岗评审工作，联合台州、丽水三地市开展行业专家评议，择优确定 10 名专技二级拟聘人选，涉及医学、化工等 9 大学科领域。办理市级事业人员交流 259 人、机构改革人员转隶 3500 人。核准新设或变更市级事业单位岗位设置 70 家、聘期考核 85 家；审核认定岗位聘用变更调整 4500 人。组织开展 55 名事业单位科级干部任职培训和 162 名新进事业人员岗前培训。完成近 400 家市属事业单位工作人员、机关工勤人员年度考核。完成全市 18 万名事业单位工作人员的年报统计，协助市委组织部完成全市 6798 名事业单位领导班子报表统计。开展部门间最多跑一次改革，梳理公开招聘、人员交流、岗位管理等办事事项 9 项，压缩办理时间，精简办事材料。牵头设计"事业人员进流转"一件事联办，与市委编办、公积金等单位梳理办事材料、设计办事流程，实现钉钉联办。

【工资福利】 因机构改革，2019 年机关（含参公事业单位）工资福利管理职能全部划转市委组织部。2019 年，纳入市直工资统发（代发）事业单位 273 个共计 14253 人。

温州市人力社保局制定了《温州市属高校激励性绩效考核管理暂行办法》，联合温州市卫健委、温州市财政局出台了《关于调整温州市市级公立医院绩效工资总量核定试行办法和院长年薪制管理试行办法有关内容的通知》。完成教育办学体制改革收入分配工作。解决瓯江口多年违规发放绩效工资问题，并会同温州市财政批复《温州瓯江口产业集聚区其他事业单位绩效工资实施方案》；严格事业单位收入发放管理，开展收入自查抽查工作，审核 249 家市属全额事业单位 2018 年收入发放情况自查材料，并对三个部门 52 家事业单位进行抽查，现所有问题单位均已完成整改。发放"庆祝中华人民共和国成立 70 周年"纪念章，颁发人员 1269 人；推进工资跑改工作，统一业务事项，简化办理流程，精简材料时限，6 个业务事项提供材料由 32 项减少为 19 项，办理时限由 22 天减少为 5 天；加强工资信息部门间交换，通过电子数据交换实现社保、公积金扣缴数据同步更新；优化工资管理方式，实现工资发放网上查，推进工资业务网上办，开展工资信息电子核查。

【劳动关系】 温州市人力社保局对市区 900 多家企业的人工成本和职工工资报酬等数据进行采集，发布温州市人力资源市场工资指导价位。对纺织业、化学原料制造业、通用设备制造业等 11 个行业大类的 155 家制造业企业人工成本按季度进行动态监测。温州市获评全国模范劳动关系企业 2 家、浙江省创建和谐劳动关系暨双爱活动先进企业 18 家。在温州市外商投资企业探索开展特殊工时审批清单式改革试点工作。全市取得行政许可劳务派遣企业 235 家，涉及劳务派遣人员 5.35 万人。

【劳动保障监察】 2019 年，温州市共受理处置劳资纠纷举报投诉案件 1993 起，补发清欠工资金额 5758.91 万元，涉及劳动者 4373 人，同比分别下降 64.46%、68.36% 和 73.97%，劳动关系领域实现了零突发、零伤亡和零极端事件的目标。

率全省之先创新建立"智慧监察·阳光支付"系统，依托大数据和云登记等物联网技术，打破部门信息"孤岛"，构筑根治欠薪四大机制，实施对在建工程项目全覆盖动态即时监管、全流程处置督办、全方位巡查比对、全渠道维权快速受理，形成"一机在手、一眼明了、一键督办"的根治欠薪监管格局，该系统已被列为省级改革创新项目，2020年将在全省全面推广使用；率全省之先推出"无欠薪"示范楼宇、街道创建；龙湾、洞头、瑞安、永嘉、平阳等五地通过省"无欠薪"县（市、区）创建考核验收；在全省"浙江无欠薪"平安建设年度考核中，温州市名列第二。

【调解仲裁】 2019年度，温州市共处理劳动人事争议案件7271件，涉及劳动者8071人，其中十人以上集体争议案件31件，涉及劳动者501人；已办结6815件，结案率93.73%，涉案金额15878.36万元；调解结案5345件，调解率78.43%；一裁终局741件，一裁终局率50.41%。创新办案方式，有序推进信息建设，实现网上调解仲裁和全市庭审联网监控；在全市范围推行"裁审合力助民企，规范用工促健康"十百千系列活动，联合市中院结对鞋革、服装、制笔等十大行业协会（商会），签署《共建和谐用工环境意见书》；编印《温州企业用工规范100问》，赠发企业6000余本指导规范用工；以讲座、沙龙、主动走访等形式，指导企业用工管理体系完善，提升企业依法用工能力，共联合开展32场专业用工培训，惠及企业近3000家，听课人数近4000人。联合温州市总工会创新劳动争议调解机制，调解关口前移，实现案前调解473件，调解成功469件，调解成功率99.15%。

【信息化建设】 温州市全面推动人社数字化转型，提前完成社保系统市级集中工作，实现了全市1000多万参保人员以及48亿条数据的集中；加快推进人社业务经办一体化平台建设，正式上线106个事项（市本级），完成122个事项线上入口建设工作，互联网、APP渠道累计收件57万余件，排名全市第三。同时，建立了部门间数据共享机制，实现90余个数据接口对接，并应用于54个事项，调用省市数据交换平台数据量超过7万余次，归集各类电子证照872万本，数据上传量21万余件，排名全市第四。温州联网数据质量得分由年初的全省最后上升到全省第一；提前谋划、布置全市专网整合工作，并于8月中旬完成该项工作，成为全省第二个完成网络接入的地市。社会保障·市民卡累计发放863.1万张，实现了待遇享受人群的全覆盖，创新实现打造电子社保卡和电子健康卡"两卡融合、一网通办"，电子社保卡累计发放197.13万张，全省排名第二，2019年度全市共有290家医院、药店已开通电子社保卡服务，36家医院开通"医后付"服务；推广"旅游惠民""健身优惠"、未来社区等公共服务应用，合计刷卡消费金额达8545万元。全年刷卡量1亿多笔，金额超160亿元。

【对口支援和结对帮扶】 温州市人力社保局出台《温州市助力东西部扶贫协作结对帮扶地区建档立卡人员来温就业的若干措施》及配套实施办法，在交通路费、生活补贴、岗位培训等方面给予政策激励。温州市率全省之先为结对地区务工人员建立"帮扶、活动、维权"三位一体的"壤塘驻温务工人员管理服务中心""阿坝·瑞安职工之家""阿坝·瓯海职工之家"等，为结对县在温务工人员提供一条龙服务。全年共组织前往四川开展对口支援劳务协作对接16批次，举办专场招聘会18场，组织一批企业提供4568个岗位，其中爱心岗位1418个，与结对县意向对接2519次。全年累计向结对县就业局推送岗位信息11717个，其中爱心岗位223个；已成功接纳结对县人员来我市就业232人，其中建档立卡94人。帮助对口帮扶四省贫困生到我省就读职业院校97人；开展对口帮扶四省贫困人口就业培训808人。

【家政服务业】 温州市积极推进家政服务业提质扩容"领跑者"行动试点申报工作，围绕诚信管理、集约经营、岗前培训等多个方面创建"一站式"家庭服务市场。11月27日，温州市正式入选家政服务业提质扩容"领跑者"行动重点推进城市名单。12月30日，正式上线全国首个由政府主导建设、覆盖全市的家政服务线上平台"温州家服云"。该平台集手机APP和线下管理系统为一体，家服人员可以通过平台建档入职，客户可以通过平台挑选人员、签订合同、评价服务，家服企业可以通过平台强化管理、洽谈业务，通过政府引导来促进家政服务市场由分散管理向规范化、制度化管理逐步转变。

【获省级以上荣誉】

荣誉集体

1. 2017—2019全国人社系统优质服务窗口
温州市劳动保障监察支队
2. 浙江省"模范集体"
温州市劳动保障监察支队
3. 第四届浙江省"人民满意的公务员集体"
温州市劳动保障监察支队
4. 浙江省创建和谐劳动关系暨双爱活动先进组织
温州市劳动保障监察支队
5. 2019年度全省人社系统绩效考评优秀单位
瓯海区人力资源和社会保障局
永嘉县人力资源和社会保障局
6. 浙江省劳动保障监察执法技能比武"团体第一名"
温州市劳动保障监察支队
7. 全省第五轮构建和谐劳动关系"无欠薪先进单位"
永嘉县劳动保障监察大队
8. 2019年度全省劳动人事争议案件成绩突出单位
温州市人力资源和社会保障局
温州市鹿城区人力资源和社会保障局
瑞安市人力资源和社会保障局
永嘉县人力资源和社会保障局
平阳县人力资源和社会保障局
苍南县人力资源和社会保障局
9. 2019年度全省劳动人事争议"互联网+调解仲裁"成绩突出仲裁院
温州市劳动人事争议仲裁院
温州市瓯海区劳动人事争议仲裁院
瑞安市劳动人事争议仲裁院
10. 2019年度全省劳动人事争议案件处理成绩突出基层调解组织名单
温州市鹿城区丰门街道劳动人事争议调解中心
温州市龙湾区永中街道劳动人事争议调解中心

温州市瓯海区用工风险预防及劳动纠纷调
　　裁一站式服务中心

11.2019年度全省劳动人事争议案件处理成绩突出派出庭

瑞安市劳动人事争议仲裁委员会塘下派
　　出庭

温州市劳动人事争议仲裁委员会总工会派
　　出庭

12.浙江省劳动保障监察执法技能比武"团体第一名"

温州市劳动保障监察支队

13.全省人社系统法治知识竞赛优秀组织奖和网络答题活动优秀组织奖

温州市人力资源和社会保障局

14.2018—2019年度《中国劳动保障报》新闻宣传工作做得好的单位

温州市人力资源和社会保障局

温州市瓯海区人力资源和社会保障局

荣誉个人

1.2019年度中国会展经济产业贡献奖

温州市人力资源和社会保障局　　徐顺聪

2.全国人力资源社会保障系统2017—2019年度优质服务先进个人

温州市社会保险管理服务中心　　潘海翔

3.2019年度全省劳动人事争议案件处理成绩突出仲裁员

温州市劳动人事争议仲裁委员会　　叶青青

温州市劳动人事争议仲裁委员会　　王旭之

温州市龙湾区劳动人事争议仲裁委员会
　　　　　　　　　　　　　　　　蔡文年

温州市瓯海区劳动人事争议仲裁委员会
　　　　　　　　　　　　　　　　陈光海

温州市洞头区劳动人事争议仲裁委员会
　　　　　　　　　　　　　　　　周必杰

乐清市劳动人事争议仲裁委员会　　陈永良

平阳县劳动人事争议仲裁委员会　　林元昆

文成县劳动人事争议仲裁委员会　　刘丽萍

泰顺县劳动人事争议仲裁委员会　　徐小青

温州经济技术开发区劳动人事争议仲裁委
　　员会　　　　　　　　　　　　陈邹豪

4.2019年度全省劳动人事争议案件处理成绩突出调解员

温州市职工法律维权中心　　　　瞿桥桥

温州市劳动争议人民调解委员会　　魏为锡

温州市龙湾区状元街道劳动人事争议调解
　　中心　　　　　　　　　　　　张帆

温州市瓯海区用工风险预防及劳动纠纷调
　　裁一站式服务中心　　　　　　吴晓

温州市鹿城区丰门街道劳动人事争议调解
　　中心　　　　　　　　　　　　黄云胜

永嘉县瓯北街道劳动人事争议调解中心
　　　　　　　　　　　　　　　　林艳

瑞安市陶山镇劳动人事争议调解中心
　　　　　　　　　　　　　　　　傅维角

苍南县宜山镇劳动人事争议调解中心
　　　　　　　　　　　　　　　　杨伟伟

乐清市柳市镇劳动人事争议调解中心
　　　　　　　　　　　　　　　　郑旦

5.浙江省创建和谐劳动关系暨双爱活动先进个人

温州市劳动争议人民调解委员会　　魏为锡

苍南县劳动人事争议仲裁委员会　　应雪莲

6.全省劳动人事争议调解员业务技能竞赛三等奖

温州市劳动争议人民调解委员会　　胡皖瓯

7. 全省劳动人事争议仲裁优秀裁决书

温州市劳动争议人民调解委员会　　柳景珏

8. 浙江省担当作为好支书

温州市劳动保障监察支队　　　　　潘剑龙

（陈昭伦）

湖州市

【城乡就业】　制定出台《湖州市人民政府关于促进就业工作的六条扶持意见》（湖政发〔2019〕3号）、《关于印发〈湖州市人民政府关于促进就业工作六条扶持意见相关实施办法〉的通知》（湖人社发〔2019〕44号），大力促进就业创业。出台《关于开展湖州市第六批市级高校毕业生（青年）创业示范园认定工作的通知》（湖人社发〔2019〕27号），新建高校毕业生（青年）创业示范园7家。出台《关于开展市级高质量就业社区（村）认定工作的通知》（湖人社发〔2019〕29号），评选认定高质量就业社区50个。出台《关于开展"双十佳"大学生就业创业典型评选的通知》（湖人社发〔2019〕30号），评选大学生就业创业典型17名。联合市农业局发布《关于举办2019年湖州市农村实用人才暨乡村振兴合作创业带头人培训班的通知》。

积极应对中美贸易摩擦影响，系统监测全市1751家企业用缺工情况。组建人力资源保障专班，开展"百人微访、千步丈量"走访调研，针对性地实施"一企一策"服务。组织参加2019年"春风行动"、省内人力资源余缺调剂招聘会、民营企业招聘周、秋季人力资源交流大会等系列公共就业专项活动362场次，推出就业岗位34.76万个，达成初步就业意向13.67万人。全市城镇新增就业15.58万人，帮扶困难人员就业再就业6746人，城镇登记失业率1.86%。新增大学生创业主体6915家，发放创业担保贷款5.62亿元、各类补贴1.39亿元。

【社会保险参保情况】　持续推进全民参保计划，深化全民参保登记动态管理系统运用，以灵活就业人员为重点，强化社会保险精准扩面，基本实现法定人群应保尽保。全市职工基本养老保险参保人数达到151.33万人、城乡居民基本养老保险参保人数达到51.99万人，失业保险参保人数达到82.7万人，工伤保险参保人数达到112.73万人。全市基本养老保险参保率达97.95%。

【社会保险政策】　发布《关于转发〈浙江省人力资源和社会保障厅　浙江省财政厅关于建立城乡居民基本养老保险待遇确定和基础养老金正常调整机制的实施意见〉的通知》（湖人社发〔2019〕69号）、《关于调整我市城乡居民基本养老保险基础养老金标准的通知》（湖人社发〔2019〕70号），调整湖州城乡居民基本养老保险基础养老金和缴费办法。从2019年1月1日起相应调整基础养老金，标准从每人每月180元提高到215元，每人每月增加35元。调整缴费档次，从2020年1月起将市区城乡居民基本养老保险个人缴费档次从原先的10档调整为9档。低保对象、特困人员、残疾人、低保边缘户等困难群体政府按300元档标准全额代缴。同时调整政府缴费补贴。对65岁及以上老年居民再增发人均15元／月基础养老金。制定出台《关于印发市区工伤调查劳动保障监察联动促进"无欠薪"县区建设试点办法的通知》（湖人社发〔2019〕48号），建立工伤事故调查与劳动保障监察"一案双查"新模式，有效提升工伤调查效率，加大规范用工监察力度。

发布《关于市区企业社会保险费返还有关问题的通知》（湖人社发〔2019〕21号）、《关于贯彻落实降低社会保险费率有关问题的通知》（湖人社发〔2019〕24号）等文件，为企业返还社保费3.3亿元、减征社保费8.82亿元。

【社会保险经办管理服务】 深化互联网＋政务服务，打造网购式服务体验。实施智能咨询客服系统，按照"八统一"和"最小颗粒度"要求精细化梳理政策，开发精准推送智能服务导图，社保大厅窗口办事总体提速97.63%。实施人机协同联动，加快业务大厅"无人式"窗口建设。市本级网上申报单位2.5万家，日均办理业务2000余笔。深入推进"一证通办""网上办""掌上办""跑零次"和压缩时限等工作。通过深化社保"5A"经办模式，以受办分离的形式，将53个民生和重点便民服务事项下延下放到市区31个乡镇（街道）经办。扩大"社银合作"事项，将下延银行办事项由社保事项，逐步扩大到全部人力社保领域。

制定出台《湖州市劳动能力鉴定医疗卫生专家库管理办法》《湖州市劳动能力鉴定工作规程》，完成湖州市劳动能力鉴定医疗卫生专家库成员调整，共续聘、增聘专家150名。全市完成工伤认定案9577件，完成劳动能力鉴定5581件。召开劳动能力鉴定委员会专家会议17次，完成劳动能力鉴定1927件。

【人才引进与开发】 深度融入长三角一体化发展战略，组织举办G60科创走廊九城市人社局局长联席会议第二次会议。按照《共建共享G60科创走廊人才新高地行动方案》，参与组建长三角一体化城市联盟，深化区域人才共引共育合作。

出台《湖州市大学生就业创业工作联席会议关于进一步完善大学生就业创业政策的通知》等文件，加大大学生招引激励。强化政策落地，通过进高校、进园区、进特色小镇、进企业、进社区等途径，广泛宣传大学生就业创业政策，提高大学生政策兑现度。全年累计发放各类补贴1.2亿元。建立由市委常委组织部长和分管副市长为召集人的领导小组，将大学生招引工作有效纳入全市人才工作体系。健全"每周一报、每月例会、每季督查、每年考核"工作制度，及时通报各地各部门招引推进情况。联席会议办公室编制大学生就业创业工作简报36期。市、区县四套班子领导带队，赴外开展以"魅力南太湖 双创湖州城"为品牌的"人才＋"活动，累计赴西北、东北、西南等23个省（区、市）65个城市136所高校举办政策宣讲会、招聘会800余场，与160多所高校建立深度人才战略合作关系。举办百家高校和人力资源机构湖州行、湖州籍在外大学生交流大会、湖州市2019届高校毕业生专场招聘等活动，新建大学生实训基地400多个，5200余名大学生来湖开展实习实践活动。全年共吸引大学生和其他各类人才来湖就业创业11.3万人，其中大学生9.2万人，新增大学生创业主体6700余家。

大力实施"南太湖精英计划"，完善"南太湖精英计划"实施办法，增设高校院所专项，优化人才项目遴选标准，强化"人才＋产业""人才＋项目"双招双引，加速引进产业层次高、带动能力强的高端人才项目。全市共引进领军型创新创业团队和创新领军人才项目

279个。在上海设立湖州全球招商引才中心，全市驻点专班引进高层次人才项目232个，并同27家科研机构签订合作协议。通过"在湖注册、离湖孵化"的方式，面向全球、多点布局，累计在美国波士顿、南非比勒陀利亚、上海等城市建立人才飞地12个，入驻高端人才项目102个。组织高端人才"月月行"、院士专家湖州行活动，共举办院士专家服务湖州"两山"发展论坛、首届人才智能产业发展研讨会等活动13次，引进人才项目56个。举办"2019湖州人大会"重大项目签约暨高层次人才峰会，43个重大人才项目和重大招商项目落户湖州，合计投资218亿元。举办第二届中国·湖州全球高层次人才创新创业大赛，创新"边比赛边引进边落户"模式，引进海内外高层次人才项目94个。健全"南太湖本土高层次人才特殊支持计划"体系，增设乡村振兴领军人才专项，扩大本土高层次人才支持范围，共遴选资助科技创新、人文社科、乡村振兴、教育、高技能、传统工艺等领域本土高层次人才121名。

【专业技术和留学人员管理】 发布《关于做好2019年度湖州市1112人才工程学术技术带头人培养人选和后备人选选拔工作的通知》（湖人社发〔2019〕45号），新选拔学术技术带头人培养人选和后备人选154名。

抓好每万从业人员专技人员数摸底调查，研究建立人才信息动态更新机制。深化专业技术人才继续教育工程，举办省级以上专业技术人员高级研修班11个，范围涉及数字经济、高端装备、乡村振兴等领域。实施博士后人才倍增工程，组织核工业、宜可欧、精通科技、中科卫星等设站单位参加"浙江—成都人才招聘

大会"博士后专场招聘活动，达成博士后进站合作意向5人。推进博士后引智引才平台建设，全市新建省级博士后科研工作站12家、新引进博士后科研人员13人，入选省级博士后科研项目择优资助13人，获得资助71万元。

加速发展高端人才载体建设，举办全国留学人员回国创业高级研修班，深入推进全市"1+5"模式创建省部共建国家级留学人员创业园。湖州市连续三年成为全省唯一入选人社部"海外赤子为国服务行动计划"的地市。

【职业能力建设】 制定出台《关于做好湖州市职业技能提升行动（2019—2021年）工作的通知》（湖人社发〔2019〕71号），启动实施职业技能提升行动，计划三年内培训技能人才15万人次，平均每年5万人次。进一步加大对企业职工、初高中毕业生、城镇登记失业人员、退役军人、就业困难人员等群体培训补贴力度，提高技师、高级技师补贴标准。

发布《关于做好2019年浙江省"百千万"高技能领军人才培养工程的通知》（湖人社发〔2019〕40号），大力开展省"百千万"高技能领军人才培养工程，推荐入选省拔尖技能人才11人、省优秀技能人才150人。评选产生"南太湖本土高层次人才特殊支持计划"高技能领军人才11名，遴选浙江省"万人计划"高技能领军人才4人。全市新增高技能人才1.9万人。

发布《关于公布浙江省技能人才自主评价市级引领企业名单的通知》（湖人社发〔2019〕15号），深入推广企业技能人才自主评价。全市73家重点企业开展技能人才自主评价，2500余名企业技能人才通过自主评价取得国家职业资

格证书，其中高级工以上 2300 余人。组织电工等 10 个制造类工种的全国统一鉴定理论考试，全市鉴定各类考生 4.6 万人，发证数 3.5 万人，其中高级工及以上发证数 1.8 万人。

出台《关于做好 2019 年技能大师工作室和高技能人才建设项目工作的通知》（湖人社发〔2019〕35 号），加快各类技能载体建设。长兴技师学院和湖州交通技师学院分别获评国家级高技能人才培训基地及省级高技能人才公共实训基地。新建省级技能大师工作 3 家、市级技能大师工作室 18 家。加快推广"企业新型学徒制"试点，推动湖州工程技师学院与星光农机、大东吴等企业合作。推动湖州市技师学院与中铁合作，开设"AICC 中车国际青年工匠班"。大力实施"金蓝领"培训项目，组织推荐机器人制造与开发等项目的 5 名人员参加"金蓝领"出国培训。长兴技师学院获得全国职业院校技能大赛建筑智能化系统安装与调试项目一等奖 1 项，湖州交通技师学院获得汽车机电维修、现代物流综合作业等项目二等奖 2 项。安吉高级技工学校学生杨应政获得第 45 届世界技能大赛银牌。

【事业单位人事管理】 发布《关于转发〈浙江省事业单位特设岗位设置管理暂行办法〉的通知》（湖人社发〔2018〕20 号）、《关于转发〈浙江省事业单位专业技术二级岗位管理办法（试行）〉的通知》（湖人社发〔2018〕26 号），联合市委组织部制定《关于印发〈湖州市事业单位专业技术三级岗位管理办法（试行）〉的通知》（湖人社发〔2018〕41 号），联合市委组织部、市财政局制定《关于进一步深化市属事业单位人事制度改革的指导意见》（湖人社发〔2019〕54 号），

加快推进事业单位人事制度改革。做实岗位说明书，优化竞聘程序，落实聘期考核，稳妥推进评聘结合改革。深化卫生高级职称自主评聘改革，会同市卫健委制定印发《关于做好湖州市 2019 年卫生高级职称自主评聘工作的通知》，新增南浔区人民医院、安吉县人民医院和安吉县中医院 3 家单位，开展高级职称自主评聘工作。深化中小学教师职称自主评聘改革，新增湖州中学、德清县第一中学和安吉县高级中学等 8 所学校，开展高级职称自主评聘工作。推动技工院校教师职称自主评聘改革，新增湖州技师学院开展高级职称自主评聘工作。

【工资福利】 出台《关于进一步完善市级公立医院薪酬制度改革有关问题的通知》（湖人社发〔2019〕10 号），完善公立医院薪酬制度改革。出台《关于公布 2019 年度湖州市区人力资源市场工资指导价位的通知》（湖人社发〔2019〕43 号）。发布《关于做好 2019 年国有企业工资分配宏观指导和调控有关工作的通知》（湖人社发〔2019〕72 号），稳妥推进国有企业薪酬改革。

深化绩效工资改革，对强化岗位绩效管理、健全岗位能上能下机制的事业单位，实施绩效工资适当上浮奖励，上浮的绩效工资用于优秀人才激励。启动制定城市医共体薪酬管理办法。调整完善市级机关事业单位考核奖惩政策。顺利开展新中国成立 70 周年纪念章发放和部分人员慰问。扎实推进"三服务"推动减压松绑活基层工作，清理创建示范活动，确定市级保留的创建示范项目 24 项、区县 31 项。建立健全评比达标表彰和创建示范活动管理制度，编制《关于进一步规范评比达标表彰和创建示范活动的政策口径解答》，深入规范评比达标表彰和创

建示范活动工作。会同开展"湖州市人民满意公务员""突出贡献教育个人和单位"等年度表彰表扬项目，指导开展"平安金鼎""大禹鼎"等行政奖励3项。

【**劳动关系**】 制定出台《关于开展2019年集体协商要约行动的通知》（湖人社发〔2019〕13号）、《关于湖州市实施特殊工时审批清单式管理改革的通知》（湖人社发〔2019〕67号），定期研究工资集体协商要约行动、技术工人待遇提升专项行动、特殊工时审批清单式改革等，促进区域劳动关系和谐水平不断提升。

出台《关于开展第七批湖州市创建和谐劳动关系先进企业（"双爱"活动示范企业）、先进园区（"双爱"活动示范园区）推荐评选工作的通知》（湖人社发〔2019〕46号），启动第七批市级创建和谐劳动关系先进企业、园区评选。1家企业被授予国家级创建和谐劳动关系先进企业，16家企业被授予省级创建和谐劳动关系先进企业，2家园区被授予省级创建和谐劳动关系先进园区。

积极推进和谐劳动关系建设，出台《湖州市区域性和谐劳动关系创建工程实施方案》，市、区（县）联动，全域整体推进。积极推进协调劳动关系三方机制建设，组织召开市协调劳动关系三方会议。完善劳动关系和谐指数测评体系，发布347个职业（工种）工资指导价位。

【**劳动保障监察**】 出台《关于印发〈湖州市清理整顿人力资源市场秩序专项执法行动实施方案〉的通知》（湖人社发〔2019〕19号）等文件，加大监督检查和行政执法力度。开展2019年春节前防欠薪百日攻坚大会战、清理整顿人力资源

市场秩序、劳动保障书面审查、"我的工资有话说"工资支付调查等专项行动，检查用人单位9100家，人力服务机构95家，书面审查入库1.3万家。

制定《湖州市开展受中美贸易摩擦影响企业劳动保障监察执法活动实施方案》，联合商务部门重点关注1165家企业用工情况，对102家重点企业开展结对帮扶。

整合《全市建筑业开展"浙江无欠薪"行动实施方案》《湖州市建筑施工领域农民工工资分账管理实施细则》，统一各区县建立在建工程项目"14+9"基础和动态管理台账，实现在建工程项目"六项制度"全覆盖。组织开展根治欠薪夏季专项行动，开启"冬病夏治"模式，检查在建工程项目370个。组织根治欠薪冬季攻坚行动，组织全域隐患排查、强化预警监测、完善应急预案，累计排查欠薪隐患37个。

加强信用建设"红""黑"名单结果运用，推进劳动保障监察信用评价体系建设，公布欠薪失信企业"黑名单"2家、重大劳动保障违法行为2起。

【**调解仲裁**】 按照"属地管辖、就近化解"原则，出台《关于湖州市、区劳动人事争议仲裁管辖划分的意见》，明确市、区仲裁管辖以劳动合同履行地和用人单位所在地作为划分的唯一标准。

5月30日，成功承办全省劳动人事争议调解仲裁制度改革创新现场会。

深化纠纷多元化解体系建设，加强对派出庭、基层调解组织的培训、指导、考核、监督，提高基层调解规范化水平，在乡镇、街道调解组织建设基础上进一步做好劳动争议预防调解

示范村、社区的试点培育。乡镇（街道）劳动纠纷多元化解机制初显成效，基层调处案件占比超过70%。全市劳动人事争议仲裁案件结案率97.27%，调解率92.17%。

开展仲裁员分片联系督导街道（乡镇）及企业活动。创新法制宣传举措，推出"庭审课堂"，邀请企业人事干部旁听案件庭审，以案说法。联合司法、工会及人力资源行业协会开展劳动法专题培训，累计举办培训29期、参训人员1600余人。

【信息化建设】 7月1日，市集中社保综合系统正式上线，同步对医保系统进行了切割；10月底完成全部核心系统市集中任务。持续建设和发展"两地三中心"总体布局，落实人社信息系统23个安全等级保护测评，完成人社专网安全管控试点建设。自建系统100%规范接入浙江政务服务平台。

全面推进三代卡试点发行，9月2日正式完成人社功能和金融功能全部发行审批工作。有效落实三代卡制发秘钥系统、核心平台和服务体系建设，大力实施用卡环境升级改造，10月28日实现三代卡（市民卡）首发。同步实施电子社保卡建设。

按期完成人社133个政务服务事项和5个"一件事"以及人事工资系统开发。大力推进人社数据归集共享，累计向市大数据管理局归集共享数据超1亿条。对外通过省、市大数据管理中心申请并获取了24项接口，获取共享数据40余万条。

【对口支援和结对帮扶】 贯彻落实湖州市发展和改革委员会、湖州市财政局、湖州市人力资源和社会保障局《〈关于做好湖州市助力东西部扶贫协作地区就业脱贫工作〉的通知》、湖州市发展和改革委员会、湖州市财政局、湖州市人力资源和社会保障局《关于明确就业扶贫政策执行有关问题的通知》文件精神，完善配套实施办法，着力加大交通、探亲、就业、租房等补贴力度，吸引对口地区建档立卡人员来湖就业。全市组织334家企业在新疆柯坪、吉林靖宇等对口地区举办专场招聘会22场，达成就业意向3000余人。吸纳全国22个省份1.68万名建档立卡人员来湖实现稳定就业，人均增收近3万元。为对口地区194名建档立卡人员发放各类补助94.05万元。把"输血"与"造血"结合起来，注重提升员工就业技能，抓好源头"扶技"。结合对口地区务工人员就业能力和就业意愿，重点围绕电焊、建筑、湖羊养殖等项目，组织开展订单式培训班17期，培训3500余人。

组织大康控股集团有限公司、浙江恒林椅业股份有限公司、华祥（中国）高纤有限公司等9家企业于2月13—15日先后赴台州市仙居县、丽水市松阳县参加2019年省内人力资源余缺调剂招聘会，推出各类岗位911个，平均月薪5500元。累计有1000多人次向我市企业进行了应聘咨询、投递简历，现场达成就业意向超过200人。

【获省级以上荣誉】

荣誉集体

1. 全国人力资源社会保障系统2017—2019年度优质服务窗口

湖州市社会保险服务中心

2. 第45届世界技能大赛工作作出突出贡献单位

安吉县人力资源和社会保障局

3.2019年度就业宣传先进单位（中国就业促进会）

长兴县就业管理服务处

4. 全省人社系统绩效考核优秀单位

湖州市人力资源和社会保障局

吴兴区人力资源和社会保障局

南浔区人力资源和社会保障局

德清县人力资源和社会保障局

长兴县人力资源和社会保障局

安吉县人力资源和社会保障局

5. 第五轮省级创建和谐劳动关系暨双爱活动无欠薪先进单位

长兴县劳动保障监察大队

6. 第五轮省级创建和谐劳动关系暨双爱活动先进基层调解组织

湖州市吴兴区埭溪镇劳动人事争议调解中心

德清县禹越镇劳动人事争议调解中心

安吉县天子湖镇劳动人事争议调解中心

7. 第五轮省级创建和谐劳动关系暨双爱活动其他先进组织

湖州市吴兴区构建和谐劳动关系工作领导小组

长兴县人力资源和社会保障局

8. 全省劳动人事争议案件处理成绩突出单位

湖州市人力资源和社会保障局

德清县人力资源和社会保障局

安吉县人力资源和社会保障局

9.2019年度全省劳动人事争议"互联网+调解仲裁"成绩突出仲裁院

湖州市吴兴区劳动人事争议仲裁院

湖州市南浔区劳动人事争议仲裁院

长兴县劳动人事争议仲裁院

10.2019年度全省劳动人事争议案件处理成绩突出基层调解组织

湖州市吴兴区八里店镇劳动人事争议调解中心

湖州市南浔区南浔镇劳动人事争议调解中心

德清县钟管镇劳动人事争议调解中心

长兴县和平镇劳动人事争议多元化解中心

安吉县递铺街道劳动人事争议调解中心

11.2019年度全省劳动人事争议案件处理成绩突出派出庭

德清县劳动人事争议仲裁委员会禹越派出庭

长兴县劳动人事争议仲裁委员会开发区派出庭

安吉县劳动人事争议仲裁委员会天子湖派出庭

荣誉个人

1.2019年度就业宣传先进个人（中国就业促进会）

湖州市长兴县人力资源和社会保障局

汤盈波

2. 平安护航新中国成立70周年工作成绩突出个人

湖州市劳动保障监察支队　　　董金党

3. 第五轮省级创建和谐劳动关系暨双爱活动劳动争议优秀仲裁调解员

湖州市吴兴区爱山街道劳动人事争议调解

中心　　　　　　　　　　　胡安良

湖州市南浔区劳动人事争议仲裁院　朱佳宾

德清县劳动人事争议仲裁院　　黄振豪

长兴县夹浦镇劳动人事争议调解中心

施云火

4. 第五轮省级创建和谐劳动关系暨双爱活动其他先进个人

湖州市安吉县人力资源和社会保障局

董秀忠

5. 2019年度全省劳动人事争议案件处理成绩突出仲裁员

湖州市劳动人事争议仲裁委员会　蔡水蓓

吴兴区劳动人事争议仲裁委员会　林永吉

南浔区劳动人事争议仲裁委员会　朱佳宾

德清县劳动人事争议仲裁委员会　姜　旻

长兴县劳动人事争议仲裁委员会　许　悦

安吉县劳动人事争议仲裁委员会　陈元翔

6. 2019年度全省劳动人事争议案件处理成绩突出调解员

湖州市吴兴区朝阳街道劳动人事争议调解中心　　　　　　　　裘国伟

湖州市吴兴区埭溪镇劳动人事争议调解中心　　　　　　　　　周前胜

浙江南浔经济开发区劳动人事争议调解中心　　　　　　　　　吕建忠

德清县武康街道劳动人事争议调解中心

胡振芳

德清县乾元镇劳动人事争议调解中心

费成成

长兴县画溪街道劳动人事争议调解中心

江　俊

长兴县李家巷镇劳动人事争议调解中心

王金龙

安吉县昌硕街道劳动人事争议调解中心

黄　成

安吉县灵峰街道劳动人事争议调解中心

夏　超

7. 2019年全省劳动人事争议调解员、仲裁员业务技能竞赛二等奖

湖州市劳动人事争议仲裁院　　蔡水蓓

8. 浙江省劳动保障监察执法技能比武"案卷评查"专项第一名

湖州市劳动保障监察支队　　　黄建章

湖州市劳动保障监察支队　　　汪满满

（郑一栋）

嘉兴市

【城乡就业】　2019年，全市城镇新增就业15.89万人、城镇失业人员再就业5.65万人、就业困难人员再就业1.67万人，分别完成目标任务的240.8%、182.31%、167.6%，城镇登记失业率1.81%。共走访就业困难家庭871户，登记认定就业困难人员965人，就业困难人员实现就业720人。全市新增就业困难人员7390人，全市实有公益性岗位在岗人数1336人。落实市本级灵活就业社保补贴3483.17万元、享受补贴人数8332人，残疾人"三小车"公益性岗位补贴161.42万元、享受补贴人数98人。完成离校未就业高校毕业生就业帮扶3111人。全市新认定省级就业见习示范基地2家，市级就业见习（实践）示范基地30家。落实困难家庭高校毕业求职创业补贴50.1万元，涉及167人。全市接收高校毕业生档案数21605人，举办专场招聘会171场，参会单位12071家，提供就业岗位25.08万个。

开展创业贷款精准帮扶进高校活动，对重点人员创办的优秀创业项目免除反担保。2019年，全市办理创业贷款305笔，发放创业贷款10484.5万元，创业服务机构108家，征集创业项目731个，创业导师169人，创业基地69家，创业基地共入驻各类企业（个体工商户）2860户、带动就业47709人，高校毕业生实现自主创业1123名、带动就业3417人。

完成市人力资源中心市场智能化改造，市场综合管理系统、智能信息发布系统、职能招聘APP等全面上线。2019年，全市10家人力资源市场共举办招聘会557场，进场单位31162家次，累计提供岗位694427个次，进场求职389108人次，达成就业意向217267人次。组织75家企业、6所学校分别赴杭州、湖州参加"2019年浙江省技能人才校企合作洽谈会"，提供岗位2178个、实习生5246人，与省内外技工（职业）院校达成初步合作意向108项，与市内外企业达成合作意向80余项。全市企业经营状况和用工情况月监测统计样本企业1021家，块状监测企业469家，失业动态企业389家，重点企业监测203家。

【社会保险参保情况】 2019年，基本养老保险户籍人员法定参保率为96.42%，全市职工基本养老、机关事业养老、城乡居民养老、失业、工伤保险参保人数分别是248.69万人、14.60万人、65.09万人、149.04万人、194.36万人。

【社会保险政策】 完善社会保障公共平台，实现了退休联办一件事"一窗受理、集成服务"。出台《关于建立城乡居民基本养老保险待遇确定和基础养老金正常调整机制的实施意见》《关于加快实现贫困人员城乡居民基本养老保险应保尽保工作的实施意见》《明确市区被征地居民社会保障有关缴费和待遇标准的通知》。持续推进机关事业单位养老保险改革工作，全市累计采集单位数2890家，共8.63万人纳入机关事业单位养老保险系统参保缴费，已基本实现人员全覆盖。

2019年，企业退休人员基本养老金实现"十六连调"，人均月增资140元。城乡居民基本养老保险基础养老金标准人均月增20元。出台《关于全市统一试行大中专学生在实习期间和部分已超过法定退休年龄人员在继续就业期间参加工伤保险的通知》，2019年全市完成工伤认定18237件，劳动能力鉴定11394人次。受理因病丧失劳动能力鉴定1427人次。按规定做好三类企业（制造业、建筑业、交通运输业）阶段性降低社会保险缴费工作，共减免46366家（市本级9148家）企业职工2019年5、6月份的企业养老保险、基本医疗保险、工伤保险、生育保险以及失业保险的单位缴纳部分，共计14.96亿元（市本级5.7亿元）。

加强失业保险基金收支管理，2019年，失业保险基金收入69084.06万元，支出187626.41万元，累计结余191119.2万元。开展市本级稳岗补贴复核及拨付，全市稳岗补贴支出6413.08万元，涉及补贴企业数5830家。开展失业保险稳就业社会保险费返还工作，全市共返还社会保险费13.8亿元，返还企业数13033家，累计技能提升补贴支出958.16万元，补贴发放5376人次。

【社会保险经办管理】 2019年，征收企业养老保险基金203.82亿元、机关事业养老保险基金

36.94亿元、城乡居民基本养老基金21.63亿元、工伤保险基金5.41亿元，发放职工基本养老保险待遇231.58亿元，机关事业养老保险待遇37.59亿元，城乡居民基本养老保险待遇22.71亿元，工伤保险待遇支出6.10亿元。一是大力推进"最多跑一次"改革。通过"一窗受理、集成服务、一次办结"的服务模式创新，为企业和群众创建社保办事方便快捷方式，全年窗口办件量158万件，一体化平台窗口办件量超52万件。二是积极实施社保"降费减负"。全面落实企业阶段性降低社保费率政策，减轻参保企业负担，统一对部分参保企业、"小升规"企业基本养老保险执行降费政策。2019年，共减免31511家企业减免单位缴纳部分，共计7.45亿元。实施社保精准扶贫，免征困难群体3064人，养老保险费452.16万元。三是开展市本级职工基本养老保险、机关事业养老保险、城乡居民基本养老保险待遇调整。

【人才引进与开发】 2019年，出台《关于深化推进"创新嘉兴·精英引领计划"的实施办法》，通过集中评审、创业大赛、孵化移植、直接认定、直接纳入等途径，遴选创业创新领军人才175名。开展精英计划十周年回顾系列活动，宣传一批领军人才创业创新故事、发布一份精英计划十年评估报告、展示一批领军人才企业产品、表彰一批优秀创新创业领军人才。

2019年入选"省万"青年拔尖人才2人、高技能人才2人，引进各类人才8.7万人，新增省首席技师3人、市首席技师30人，新增"百千万"高技能领军人才培养工程杰出技能人才2人、拔尖技能人才17人、优秀技能人才168人。嘉兴市中高端人才净流入率居全国第四。

参与举办星耀南湖长三角人才峰会暨第二届G60科创走廊人才峰会。举办G60科创走廊九城市圆桌会，签署《深化G60科创九城市人才交流合作协议》，发布《2019年G60科创走廊九城市高层次紧缺人才需求目录》，举办长三角人才发展成果展，汇聚长三角100多家企业机构参展交流。举办高端人才对接会和青年科学家论坛，邀请全球100名高端人才、118名青年科学家及18家知名人才协会与嘉兴平台企业交流对接。举办第六届嘉兴国际人才交流与合作大会，邀请全球590名海内外高层次人才、26家海内外引才机构、7所国内知名高校校友会参会，68个创业项目达成落户意向。

2019年，深入实施"人才强企""助企聚才"计划，积极培育一批发展强、党建强、人才强"三强"企业。全市共举办各类现场招聘活动728场，其中，市级共举办现场人才招聘活动48场，含大型/专场41场（外出35场），提供岗位5.7万余个；网上招聘每日全天候开展，提供活跃职位数2万个。举办嘉兴首届硕博人才招聘会、"学子回嘉 追梦奔跑"——嘉兴籍大学生就业创业推介会，启动"千企百校行"巡回引才活动，积极打造嘉兴引才升级版。

【专业技术和留学人员管理】 加强专业技术人员管理服务。新增专技人才25215名，其中专业技术资格20214人，执业（职业）资格5001人。公需科目累计培训12万余人次，专业科目累计培训4万余人次，高研班累计培训近6000人次。推进高层次人才队伍建设。3人入选省有突出贡献中青年专家。新建省级博士后工作站13家，新授牌省级博士后工作站14家，6位博士后获得省级博士后科研项目择优资助，1位博士后获得省生活补助，4位博士后获得省引才补助，3个项目入选"钱江人才"计划C、D类项目。

【职业能力建设】 组织开展全市职业技能竞赛。全市发动超过10万名职工参加各个层次的技能比赛活动，完成汽车维修工、车工、劳动关系协调员等31个竞赛项目，产生57名技师和1873名高级工；共组织50多名选手参加省级药膳、茶艺师、创业讲师大赛以及G60城市首届家庭服务业竞赛；参与承办第六届全国残疾人职业技能大赛取得圆满成功，我市7名选手全部获奖，获得2个第一名、2个第二名的优异成绩。技工教育发展取得新成绩。平湖市高级技工学校成功升格平湖技师学院，成为我市第三家技师学院；平湖技师学院高技能人才公共实训基地入围2019年国家级高技能人才培训基地项目，成为我市第三家国家级高技能人才公共实训基地。省"万人计划"高技能人才评选再取佳绩，今年我市再入围2人，近三年总数达到6人，在全省地市中名列前茅。省、市高级技师增量明显，今年我市新增省首席技师3人、市首席技师30人，经过近6年评选累积，目前全市有省首席技师11人、市首席技师75人。省"百千万"高技能领军人才培养工程建设成果显著，今年我市新增杰出技能人才2人、拔尖技能人才16人、优秀技能人才162人，两年累积杰出技能人才4人、拔尖技能人才32人、优秀技能人才330人。技能大师工作室建设取得阶段性成果。今年新增市级技能大师工作室22家，省级3家，目前我市技能大师工作室数达到110家，省级技能大师工作室达到28家，国家级技能大师工作室4家。全年共开办创业培训班193期，完成创业培训5786人。开办农村电商人员培训班242期，完成培训5567人。开办长护险人员培训班28期，完成培训462人。

【事业单位人事管理】 开展事业单位公开招聘，市级部门集中统一招聘工作人员114名。开展分行业公开招聘，探索符合不同行业、岗位特点的多层次招聘办法，教育、卫生行业招聘教师48名，医护人员134名。开展高层次紧缺人才公开招聘，打破传统"笔试+面试"的常规考试方式，招聘高层次紧缺人才64名。开展少数民族高校毕业生公开招聘，招聘西藏籍高校毕业生1名。核准23个市级机关部门所属42家市属事业单位岗位设置方案，其中9家为新设立事业单位。做好岗位聘任认定工作，岗位聘任认定770余人，其中管理岗位聘任（晋升）28人，专技岗位聘任（晋升）752人。规范有序推动事业单位人员交流调动，全年办理交流调动103人，其中交流备案48人。

【工资福利】 4月28日，市人力社保局、市财政局、市卫生健康委联合印发《嘉兴市市属公立医院绩效工资总量核定办法》，具体落实公立医院薪酬制度改革政策。8月7日，市人力社保局、市公安局联合印发《关于给予全市交通安全大会战作出较大贡献的集体和个人立功嘉奖的决定》。8月19日，市人力社保局、市财政局联合印发《关于进一步完善市属事业单位绩效工资政策推动创新发展的若干意见（试行）》。国庆前夕，做好新中国成立70周年纪念章的发放工作，全市发放纪念章625枚。做好评比达标表彰工作，全市共开展表彰项目9个、通报表扬项目26个。另外，向省里共推荐14批次，其中先进集体 15 个、先进个人 31 名。

【劳动关系】 推进"双爱"活动综合试验区创建。新增创建国家级模范劳动关系和谐工业园区 1 家、国家级模范劳动关系和谐企业 2 家、省级创建和谐劳动关系暨双爱活动先进组织 4 家、省级和谐劳动关系先进企业 16 家、市级先进园区 6 家、市级先进企业 30 家、市级先进组织 10 家。举办劳动关系协调员职业培训,市本级 200 多名企业法人、人力资源干部和劳动关系协调员参训。发布 2019 年度嘉兴市人力资源市场工资指导价位及 2018 年度嘉兴市行业人工成本信息。在外商投资企业中开展特殊工时审批清单式改革试点工作。全市人力社保系统办理来信 197 件、接待来访 486 批、办理网上信访 2953 件、办理市(县)长电话 785 件。

【农民工管理服务】 完善就业见习制度,将就业见习政策对象扩展至 16 至 24 周岁的失业青年,全市完成就业见习 986 人次,完成省厅的目标任务。以就业品质提升、公共就业服务信息化为重点,开展新一批省级高质量就业社区(村)创建工作,全市推荐 19 家社区(村)报送省厅。认定农村电子商务创业孵化园 2 家,县级服务中心 16 家,已建成村级电商服务站 602 个,服务站人数 685 人;扶持农村电商创业 3195 人,扶持农村电商创业带动就业 12725 人,发放农村电商创业就业各类补贴合计 144.4342 万元,

2019 年保障农民工工资支付工作,强化制度建设落地见效。一方面,建设领域工资支付保障"六大机制"实现标准化,市在建工程项目用工实名管理、分账管理、按月足额支付、委托银行代发工资制度实施率以及维权信息公示、保证金制度覆盖率均达 100%。另一方面,信用建设实现正向激励与反向惩戒"两手硬"。在继续强化重大劳动保障违法行为社会公布与劳动保障失信"黑名单"制度落实基础上,将农民工用工主体单位信用评价结果与企业欠薪保证金浮动管理挂钩,2019 年度全额退还连续三年诚信单位工资保证金 160 家 1.2 亿元。

【劳动保障监察】 推进"无欠薪"创建离实现"满堂红"目标又近一步,自 2019 年度 5 个申报创建地区全部通过省政府考核后,我市 9 个创建地区中,已有 8 个创建成功,创建进度在全省范围位居前列。2019 年,全市主动监察用人单位 10549 家,完成书面审查与信用等级评价 44125 家,处置各类劳动保障案件 1360 件(同比下降 39.01%),其中欠薪案件 558 件(同比下降 45.56%),累计为 4600 多名劳动者追发工资等待遇 3800 余万元。对 84 家违反劳动保障法律法规的企业作出了行政处罚(处理),向公安机关移送涉嫌拒不支付劳动报酬案件 17 件。

【调解仲裁】 强化劳动人事争议预防和源头调处,推进镇(街道)劳动纠纷多元化解机制建设,全市镇(街道)80% 乡镇完成以调解、监察、仲裁"三位一体"为基础,多方力量参与的"1+X"模式"劳动纠纷多元化解中心"。全市各级劳动人事仲裁机构全年立案受理案件 3149 件,涉及劳动者 5209 人,案件结案率 93.8%,调解撤诉率 78.6%,结案经济标的 15554.62 万元。

【信息化建设】 推进全市人力社保一体化业务经办平台建设，完成与省人社业务中台的联通，实现28个人力社保事项的全省通办；完成5个"一件事"联办、43个民生事项三端"一证通办"、111个"最多跑一次"事项"网上办""掌上办"的技术支撑；"一证通办"实现率、"网上可办"实现率、"掌上可办"实现率均为100%；完成办事大厅窗口评价器、网上评价和扫码评价程序的开发及接入工作。完成就业信息系统运行基础环境搭建、系统开发、系统测试和上线；完成市级、南湖区、秀洲区、嘉兴经济技术开发区、嘉兴港区就业事项的部署和原有就业系统数据的迁移，正式启用市级集中系统；统一组织县（市）开展系统测试和联调，实施县（市）就业数据的迁移工作，2019年6月完成了就业系统的市级集中工作。推进信息化项目建设，完成嘉兴市人力社保"最多跑一次"阳光政务深化项目（二期）、嘉兴市人力资源和社会保障局业务信息系统建设（一期）项目、嘉兴市公共事务信息系统三期项目（社保市级集中）的立项；完成网站集约化迁移项目的实施；完成嘉兴市人力社保一体化业务经办平台功能扩充——"一件事"办理等14项功能建设方案，以及嘉兴市人力社保网络和信息系统安全管控体系建设方案预审。完成专网整合项目的预审、招标工作；开展设备采购和安装测试，完成线路调试和联通；完成业务系统向整合后的网络割接工作。做好社保卡事项的颗粒度细化梳理、三端"一证通办"应用和全省"通办"等工作；在社保卡应用领域实现医保移动支付、人社"最多跑一次"事项的电子社保卡接入；完成三代社保卡受理环境的联调测试。

【对口支援和结对帮扶】 2019年，与对口支援地开展互访9次，对接调研10次，互设劳务联络站4个。赴对口支援地举办招聘会19场，提供岗位49484个，开发爱心岗位546个。来浙就业1045人，其中建档立卡人员479人。赴对口支援地开设岗前技能培训班11次，培训人数873人，其中建档立卡人员379人，面向建档立卡人员发放补贴18.67万元。中西部22个省份贫困人口到我省稳定就业我市指标为2280人，实际完成数为59687人，完成率2517.85%。对口帮扶4省到我省就业我市指标为530人，实际完成数为4967人，完成率为837.17%%。全省帮扶四川省新增稳定就业数5512人，我市帮扶人数1315人，居全省第一。

【获省级以上荣誉】

荣誉集体

1.2018—2019年度《中国劳动保障报》新闻宣传工作做得好的单位

嘉兴市人力资源和社会保障局

2. 浙江省创建和谐劳动关系暨双爱活动先进组织

嘉兴市人力资源和社会保障局

3.2019年全省劳动人事争议案件处理工作优秀单位

海宁市劳动人事争议仲裁委员

4. 全国巾帼文明岗

海盐县社会保险管理中心服务大厅

5.2018—2019年度"无欠薪"县（市、区）

海盐县

嘉善县

南湖区

6.2019 年度全省劳动人事争议案件处理工作成绩突出的单位

辖区内嘉兴科技城（大桥镇）仲裁庭

7.2018 年度全省劳动人事争议案件处理工作优秀单位

秀洲区劳动人事争议仲裁委员会

荣誉个人

1. 全省劳动人事争议仲裁员业务技能竞赛一等奖

秀洲区人力资源和社会保障局　　曹颖霞

2. 全省人社系统窗口单位业务技能练兵比武竞赛优秀选手

南湖区人力资源和社会保障局　　杨海涛

3.2019 年度全省劳动人事争议案件处理成绩突出仲裁员

平湖市人力资源和社会保障局　　沈中华

4. 全省劳动人事争议仲裁员业务技能竞赛三等奖

海宁市人力资源和社会保障局　　何志伟

5.2019 年度全省劳动人事争议案件处理成绩突出仲裁员

海宁市人力资源和社会保障局　　杜　瑜

（李　清）

绍兴市

【城乡就业】 2019 年，全市新增城镇就业 27.46 万人，11.68 万城镇失业人员实现再就业，其中 1.76 万就业困难人员实现再就业。全市城镇登记失业率为 2.05%。全市举办人力资源招聘会 498 场，提供岗位 23.7 万余个。

比对美方征税清单涉及我市的 2737 家企业税收、贸易额、用电量等数据，提前分析企业规模性裁员征兆，每月调查走访贸易额和用电量下降幅度超过 30% 的企业，定期开展就业形势分析研判。

实施援企稳岗护航行动，发放 2419.88 万元稳岗补贴，有效引导企业稳定岗位，不发生规模性裁员。对受中美贸易摩擦影响出现暂时生产经营困难的企业开展社保费返还，享受困难企业社保费返还政策企业为 1.85 万家，返还金额 13.28 亿元，惠及职工人数 45.25 万人。做好阶段性降低社会保险费率工作，累计减负 2.77 亿元，惠及企业 9.89 万家；继续阶段性降低工伤保险费率，1—12 月全市累计实现工伤保险单位缴费减负 1.12 亿元。对制造业、交通运输业、建筑业等行业实施阶段性降低两个月社会保险缴费政策，累计减负 12.24 亿元。

【社会保险参保情况】 2019 年全市基本养老保险参保 346.42 万人（其中职工养老保险 245.8 万人，城乡居民养老保险 100.62 万人），绍兴市户籍法定人员基本养老保险参保率达到 96.56%。全市工伤保险、失业保险参保人数分别达到 149.23 万人、126.81 万人。

【社会保险政策】 1 月 1 日起，调整企业退休人员养老金标准，月人均养老金从 2258.93 元调整至 2388.53 元，月平均增资 129.6 元，连续第 15 年提高退休人员养老金水平。

调整职工社会保险缴费基数，7 月 1 日起，2018 年度职工工资总额高于 199296 元的，2019 年月缴费基数按 16608 元确定；低于 39859.2 元的，月缴费基数按 3322 元确定。2019 年度灵活就业人员的基本养老保险费缴纳标准分每人每月 598 元、797 元、996 元、1993 元、2989 元五个档次。

【社会保险经办管理】 9 月初，"互联网＋绍兴人社"项目社保经办系统全市 6 个统筹区全部顺利上线，全市社保业务经办趋向统一，经办行为更加规范，群众办事更加简便。

11 月 14 日，市人社局联合市财政局印发了《关于明确我市市内基本养老保险关系转移接续有关问题的通知》（绍市人社发〔2019〕82 号）。根据该政策，绍兴实现了市内可暂不转移养老保险关系，待临近退休时再进行转移接续。在参保人员办理养老保险待遇核准支付或申请转往市外时，由养老保险待遇核准支付办理地或最后参保地归集市内各统筹区基本养老保险参保关系。基本养老保险关系转移接续的办理时间由原先的 45 个工作日变为即办，同时参保人员在到达法定退休年龄前未办理养老保险关系转移接续的不会影响退休后的基本养老待遇。

全面落实"三个全面取消"要求，开展社保基金疑点信息核查和整改工作，建立全市涉刑人员违规领取养老保险待遇问题整治工作协调机制，做好社保经办工作人员近亲属养老保险参保信息核查工作，堵塞基金管理风险漏洞。对所有区、县（市）开展安全评估及第三方审计工作，对三个县（市）开展社保基金管理风险专项检查，进一步提高基金管理风险防控水平。

【人才引进与开发】 2019 年，全市引进大学生 10.25 万人，同比增长 66%，其中引进硕博士 3632 人、博士后 61 名，分别增长 18.5%、103%。

结合"三服务"要求，分春秋两季，对全市人才需求最旺盛的重点企事业单位近 1000 家进行走访，深入企业与单位负责人、人力资源部门负责人面对面对接，推介我市人才政策、人才平台，摸排高层次人才需求、高校毕业生需求、技能人才需求和科技项目需求 2.6 万个。

开展"活力绍兴 智引全球"春秋季专列活动，先后赴杭州、郑州、西安、合肥等 30 多座城市 300 多所高校，开展招才引智、青年活动、学术交流、项目合作等一系列交流合作，线上线下达成大学生就业意向超过 10.8 万人次，与 23 所知名高校、科研院所签订人才智力合作协议，设立招才引智联络站 52 个，建立起重点产业人才交流和合作工作机制。

2 月 16 日至 18 日，2019 新春绍籍大学生大会暨专场招聘会连续召开三天六场，吸引 300 余家企业及 3000 余名绍籍学子参加。8 月 8 日至 10 日，举办中国（绍兴）大学生就业创业论坛暨千名重点高校优秀大学生"梦起绍兴"活动，国内 112 所优质高校 2000 多名老师、学生来绍开展交流，与绍兴 495 家企业进行对接，国内就业创业领域各位专家以"大学生职业选择与发展"为主题开展论坛。

10 月 27 日至 28 日，举办第十七届"海内外博士绍兴行"活动，来自中国、美国、德国、英国、加拿大、法国、新加坡、俄罗斯、日本等 14 个国家和地区的 200 余名海内外博士参加活动，为企业解决技术难题提出建设性的意见，全方位为企业"问诊把脉"，达成初步合作意向 54 项。

建成绍兴人力资源产业园、嵊州市人力资源产业园，绍兴人力资源产业园引进入驻人力资源机构 26 家，为 6000 余家企业提供 4.7 万余人次服务，实现产值超 5.2 亿元。

3 月至 5 月，针对全市 120 家企业开展"人才强企"专项调研，实地访谈 300 余人，6000 余名企业员工填写调查问卷，全面掌握企业人力资源服务基本需求。5 月 30 日，同步开展人力资源服务博览会、名企约见会、主题论坛和人力资源供需对接会，全国 58 家知名人力资源服务机构参会设展，全市 800 余家企业观展对接，2000 余名社会各界人士参展观展。

【专业技术与留学人员管理】 2019 年，全市新建省级博士后科研工作站 10 家，全市博士后工作站达到 81 家，新引进博士后 61 人，组织申报省博士后科研项目择优资助工作，12 个项目成功入选，其中一等资助 6 项，二等资助 6 项。完成"钱江人才计划"C、D 类项目择优资助推荐工作，组织全市相关单位围绕省、市重点支持产业进行项目申报，上报 C 类项目 1 项，D 类项目 7 项。开展浙江省有突出贡献中青年专家人选推荐工作，有两位专家成功入选。组织全市 40 名高层次人才举办了以"爱国奋斗精神"为主题的专题研修班，加强党对高层次人才的政治引领。

9 月，印发《关于做好在工程技术领域实现高技能人才与工程技术人才职业发展贯通工作》，两类人才评价将破除身份、学历、资历等障碍，突出品德、能力、业绩评价导向，同时建立评价与培养、使用、激励相联系的机制。

开展重新核准设置中、高级职称评审委员会工作，对全市现有中、高级职称评委会（含自主评聘委员会）进行梳理，2019 年共组建各类中高级评审委员会 35 个、下放中高级评审委员会 27 个、实施自主评聘单位 30 家、取消评委会 3 个。继续深入拓展职称社会化评价工作，在去年试点的基础上，今年开展社会化评价 4

个。开展建设施工专业高评委和经济专业中评委专家库调整扩充工作，分别新入库专家 92 人和 23 人。

【职业能力建设】 2019 年，全市开展职业技能鉴定 4.45 万人次，新增高技能人才（含专项）2.7 万人，开展职业培训逾 9.3 万人次，新增国家级大师工作室 1 家、省级 3 家、市级 10 家，省首席技师 4 人，新认定市突出贡献高技能人才 10 人，新遴选"拔尖技能人才"20 人，"优秀技能人才"202 人。

10 月，在全省率先出台《绍兴市职业技能提升行动实施方案（2019—2021）》，计划在 2019 年至 2021 年，大规模开展职业培训，加大对职工等重点群体的职业技能培训力度，到位培训资金 7.27 亿元，计划三年开展各类补贴性职业培训 30 万人次以上。

2019 年，全市 6 所技工院校招生 7473 人。新昌技师学院成功摘筹，柯桥区技工学校提档升级为高级技工学校，诸暨技师学院试行企业新型学徒制取得明显成效。绍兴技师学院（筹）9.4 亿校园易地新建工程加快推进，成立全市职技院校第一家微电子学院。

打造"越匠汇"职业技能竞赛品牌，组织实施 42 项市级职业技能大赛，核发职业技能竞赛补助经费 110 万元。共组织快递业务员、茶艺师、养老护理等职业技能竞赛 30 余项，其中黄酒小吃美食、防水工等 20 余项职业技能竞赛项目在人才峰会期间相继比拼。承办第 45 届世界技能大赛，"酒店接待""化学实验室技术"2 个项目全省选拔赛双双获得第一名；承办第五届浙江省茶艺师职业技能大赛；我市选手荣获第一届全国技工院校学生创业创新大赛二等奖。

举办全市首届技能荟萃展，通过工匠大讲堂、技能文化展、大师作品展、青工技艺展、征文等形式弘扬工匠精神，广泛宣传我市技能人才风采。会展参加人数逾300人，共展示技能大师作品百余件、青工技艺11位，征文40余篇。

进一步规范以职业院校（技工院校）为基础、学校教育与企业培训相结合的技能人才培养体系，健全"2+6+N"职业培训服务网络构建。组织开展浙江大学数控工艺应用研修班、大数据技术与管理研修班、国际化高技能人才（机电一体化）研修班三期，落实高层次人才研修培训工作。

【事业单位人事管理】 2019年，绍兴市通过考试公开招聘事业单位工作人员3039人，其中，市本级708人，县（市、区）2271人，镇（乡、街道）60人。组织开展事业人员培训529人。全年组织各类考试31项，参考人数计362017人次。

12月，制订印发《绍兴市支持和鼓励高校科研院所科研人员兼职创新创业的实施细则》（试行），破除制约科研人员创新创业的体制机制障碍，激发科研人员创新创业积极性。

【工资福利】 8月，发布绍兴市工资指导价位，调查有效企业样本957户，涉及劳动者数据147814人。2018年度绍兴企业劳动者平均工资报酬水平为67556元，工资报酬水平的中位数为59160元；企业人均人工成本水平为7.7万元，比2017年度（7.5万元）增长2.6个百分点。

探索改革"绩效工资总量+X"管理制度，起草我市《关于进一步完善市直事业单位绩效工资政策推动人才创业创新的若干意见》，主要涉及事业单位年终奖考核奖励优化分配、稳步提升教师收入、科技成果转化奖励等问题。

【劳动关系】 2019年，全市规模以上企业劳动合同签订率保持在98.8%以上，小微企业劳动合同签订率达到96%以上。加强工资集体协商规范化建设，全市市级劳动关系和谐企业工资集体协商规范化水平达到100%。推进区域性和谐劳动关系创建工作，稳步推进国有企业职工工资增长机制改革，顺利完成漓铁集团职工劳动关系处置工作。

【劳动保障监察】 2019年，全市各级劳动保障监察机构办结各类举报投诉案件870件，共为266名劳动者追讨劳动报酬231.0639万元，作出行政处罚案件80件，罚款金额67.3458万元。完成48271家企业分类书面审查，评选出诚信示范企业366家，失信企业2家。

11月，全市申报创建省级"无欠薪"县（市、区）的越城区、上虞区、诸暨市和新昌县均通过验收，全市所有区、县（市）全部创建成为省级"无欠薪"县（市、区）。

【调解仲裁】 全年仲裁机构和调解组织案外处理案件2052件，涉及劳动者2445人，涉案金额达2279.96万元。其中，达成调解协议1724件。

实现线上申请仲裁全覆盖，网上调解仲裁服务普遍开展。出台《关于加强劳动人事争议裁审衔接工作的意见》，全面提高裁审衔接的规范化水平，改善仲裁院与法院在裁判尺度、信息共享方面等工作。以乡镇街道基层劳动纠纷化解工作纳入省平安考核过程性指标为契机，实地调研全市112个乡镇街道，就乡镇街道基层调解组织在制度、人员、程序等方面开展全面梳理，针对乡镇街道的不足方面提出了整改意见，积极组织乡镇街道调解员参加省人社厅调解员培训。

【劳动保障电话咨询】 7月起，在全市范围内实行投诉维权"最多诉一次"，以"零障碍、零距离、零跑腿"帮助农民工维权。自制度实施以来处置跨区域投诉112件，市级投诉咨询热线接听量明显增多，总计587余起；通过"一线受理全市协办"移交督办案件共计66起，其中五日内调处督办案件59起，回访投诉人满意率达100%。

【信息化建设】 开发建成"互联网＋绍兴人社"系统，全市人力社保政务服务事项全部实现浙江政务服务网、"浙里办"掌上办，人力资源管理领域83项部门间办事事项全部实现"最多跑一次"，办事所需材料缩减40.5%，平均办结时间提速51%。

【对口支援和结对帮扶】 扎实推进对口地精准就业扶贫工作，通过"输血式＋造血式"扶贫双向举措，助力四川阿坝州、乐山市马边县和青海海西州等地区摘掉"贫困帽"。全市累计吸纳中西部22个省到我市稳定就业共计28195人，其中四省建档立卡贫困人员来绍稳定就业共计9705人。绍兴赴受援地共组织举办劳务协作招聘会13场，提供岗位7231个，其中不讲技能、不讲学历、月薪在4000元以上的爱心岗位2527个。

【获得省级以上荣誉】

集体荣誉

1. 全国就业宣传工作先进集体

柯桥区就业管理服务中心

2. 全国人力资源社会保障系统2017—2019年度优质服务窗口

柯桥区社会保障管理服务中心社保综合窗口

3. 2018—2019年度《中国劳动保障报》新闻宣传工作做得好的单位

绍兴市人力资源和社会保障局

上虞区人力资源和社会保障局

4. 浙江省创建和谐劳动关系暨双爱活动先进组织

柯桥区人力资源和社会保障局

5. 2019年度全省劳动人事争议案件处理成绩突出单位

绍兴市越城区人力资源和社会保障局

诸暨市人力资源和社会保障局

6. 2019年度全省劳动人事争议案件处理成绩突出基层调解组织

绍兴市上虞区劳动争议人民调解委员会

7. 2019年度全省劳动人事争议"互联网＋调解仲裁"成绩突出仲裁院

柯桥区劳动人事争议仲裁院

新昌县劳动人事争议仲裁院

8. 2019年度全省人社系统绩效考评优秀单位

绍兴市人力资源和社会保障局

柯桥区人力资源和社会保障局

上虞区人力资源和社会保障局

诸暨市人力资源和社会保障局

新昌县人力资源和社会保障局

9. 全省人社系统窗口单位业务技能练兵比武竞赛团队二等奖

上虞区人力资源和社会保障局

个人荣誉

1.《中国劳动保障报》优秀通讯员

绍兴市人力资源和社会保障局 　　　张　涌

2. 全国就业宣传工作先进个人

柯桥区就业管理服务中心 　　　俞美丹

3. 2019年度全省劳动人事争议案件处理成绩突出仲裁员

绍兴市劳动人事争议仲裁委员会 　　　李国芳

绍兴市劳动人事争议仲裁委员会 　　　董银红

绍兴市柯桥区劳动人事争议仲裁委员会
　　　　　　　　　　　　　　　　赵　兰

绍兴市上虞区劳动人事争议仲裁委员会
　　　　　　　　　　　　　　　　王燕青

绍兴市上虞区劳动人事争议仲裁委员会
　　　　　　　　　　　　　　　　周萌芳

诸暨市劳动人事争议仲裁委员会 　　　方燕飞

嵊州市劳动人事争议仲裁委员会 　　　丁　炯

4. 省人社系统窗口单位业务技能练兵比武竞赛优秀选手

柯桥区人力资源培训指导中心 　　　徐佳楠

5. 全省劳动人事争议仲裁员业务技能竞赛一等奖

上虞区人力资源和社会保障局 　　　胡晓斐

（潘洲彬）

金华市

【城乡就业】　市人民政府印发《关于做好当前和今后一个时期促进就业工作的实施意见》（金政发〔2019〕18号）。市人力资源和社会保障局、市发展和改革委员会、市财政局印发《进一步推进东西部扶贫劳务协作的通知》（金人社发〔2019〕47号）。全市各级人力资源和社会保障部门举办招聘会、校企对接会、外省劳务洽谈等活动238场，促进就业9.2万余人。全市城镇新增就业17.2万人，失业人员再就业4.8万人，其中就业困难人员实现就业1.16万人，城镇登记失业率1.77%；发放创业担保贷款2.28亿元。全年新增人力资源服务机构57家，累计达263家。

【社会保险参保情况】　全市基本养老保险参保人数395.99万人，比上年增加32.23万人，参保率为98.8%；失业保险参保人数98.1万人，比上年增加6.49万人；工伤保险参保人数188.83万人，比上年增加43.05万人；被征地农民基本生活保障参保人数24.29万人，比上年减少0.72万人。

【社会保险政策】　市人力资源和社会保障局、市财政局印发《关于印发金华市企业人才集合年金试行办法的通知》（金人社发〔2019〕68号）。市人力资源和社会保障局、市财政局印发《关于调整城乡居民基本养老保险基础养老金标准的通知》（金人社发〔2019〕85号），金华市区城乡居民基本养老保险基础养老金由每人每月180元调整为215元。上调企业退休人员基本养老金，金华市区人均调待137元，调整后平均月基本养老金为2423.39元。

【社会保险经办管理】　探索推行"机器换窗、

人机联办"模式,设置自助服务终端12台,自助网办终端8台,开通"自助＋一对一"服务,服务窗口从37个减少到10个,自助办理分担70%以上的大厅业务量。加强"五办便民、零跑直享",134个服务事项"网上办""掌上办"实现率100%;48个民生事项"一证通办"实现率100%;60个社保事项"社银合作"实现率100%;91个事项实现跨区域"全市通办",占全部事项的68%。推进"基层办事、社银合作",全市147个乡镇(街道)全部实现办事事项"八统一",可办理业务83项;设立银行、邮政代办网点368个,可办理业务67项;投放综合自助终端247台。开展工伤、集体合同备案、技能提升、个体劳动者就业创业、失业、社保关系转移接续、退休养老和员工招聘等8个"一件事"改革。开发"新办企业"和"高层次人才"两个服务套餐,探索多事项联办模式。

【人才引进与开发】 市委人才工作领导小组印发《关于吸引更多在金高校优秀毕业生留金就业创业的若干举措》(金人才领〔2019〕5号),全年共新引进高校毕业生11.56万名,同比增长105%;其中新引进硕士以上学历3472人。举办"金华博士家乡行""金华博士论坛"等活动近100场。新建省级博士后工作站11家,招收进站博士14人,同比分别增长120%和180%。累计建成博士后工作站64家。新增省突出贡献中青年专家2人、省拔尖技能人才20人、省优秀技能人才200人。

【专业技术和留学人员管理】 完成专业技术人员继续教育培训考试4.62万人,全年新增专业技术人才4.63万名,2名人才入选浙江省有

突出贡献中青年专家。实施321人才"领创计划",遴选33个优秀成果项目,表彰13名优秀人才。开展"专技服务进企业百千万"活动,组织专家服务活动112场,服务企业1859家,1个项目列入国家级专家对口扶贫服务项目。深化职称制度改革,创新开展职业农民职称评审试点,推广实施"直评工程师"制度,直评职业农民27人,全市"直评工程师"累计达669人。完成全市中评委重新核准工作,核准非自主评聘中评委40个,中小学教师自主评聘试点单位23家。

【职业能力建设】 启动职业技能提升行动,全市开展政府补贴性培训11万人次。开展首次高技能领军人才选拔,共选拔"金华市技能大师"10人、"金华市首席技师"20人、"金华市技能之星"200人;建成国家级高技能人才培训基地3个,省级公共实训基地5个;全市组织各类职业技能鉴定7.46万人次,6.65万人取得证书,其中当年新增高技能人才数1.62万人。

【事业单位人事管理】 市委组织部、市人力资源和社会保障局印发《关于开展2019年度金华市事业单位专业技术二级、三级岗位拟聘人选申报工作的通知》(金人社发〔2019〕52号)。市委组织部、市人力资源和社会保障局印发《关于开展事业单位岗位聘期考核工作的通知》(金人社发〔2019〕27号)。全市公开招聘事业单位职工3421人,其中市直事业单位招聘670人。办理市直属事业单位工作人员调动手续87人。

【工资福利】 落实义务教育教师工资待遇,确

137

保市直属中小学教师平均工资水平不低于市直机关部门公务员平均工资水平。实现"工资业务电子化"，事业单位人员正常晋升、转正定级、职务和岗位变动工资审核、退休前在职工资审核等多个事项实现"零次跑"。发布2019年市区企业196个职业（工种）人力资源市场指导价位和39个技术工人职业（工种）分等级工资指导价位。2018年度市区在岗职工（含劳务派遣）年平均工资为59838元。

【劳动关系】 市政法委、市人力资源和社会保障局印发《关于加强劳动纠纷综合治理工作的意见》（金人社发〔2019〕66号），制定《基层劳动纠纷综合治理工作规范》，落实日常监管、隐患处置、纠纷化解、群体性事件处置等职责。开展第六轮金华市和谐劳动关系企业（园区）评选，全市3家企业被评为全国模范劳动关系和谐企业，70家企业、4个园区被评为省级创建和谐劳动关系先进企业（园区），234家企业、12个园区被评为市级和谐劳动关系企业（园区）。

【农民工管理服务】 全市走访低收入农户25832人，开展农民工职业技能培训，共培训3.66万人，开发公益性岗位3696个，发放公益性岗位补贴134万元，实现就业23.8万人。

【劳动保障监察】 市根治欠薪工作领导小组办公室印发《金华市根治农民工欠薪2019行动计划实施方案》《县（市、区）政府保障农民工工资支付工作考核细则》，开展"三进三送一承诺"宣传和劳动监察"互联网＋执法"活动，推进基层劳动纠纷综合治理改革，推行在建项目"安心工资卡"工程等工作。全市共发放法律法规手册12.9万册、宣传资料19.5万份，签订不欠薪承诺书4.8万份。共处置各类欠薪案件699件（含协调案件），为1725名劳动者追发工资1938万元，欠薪案件、欠薪人数、涉及金额同比分别减少70%、76%和75%。

【调解仲裁】 市委政法委、市人力资源和社会保障局印发《进一步深化全市乡镇（街道）劳动纠纷多元化解机制建设工作方案》（金人社发〔2019〕42号），建立企业调解员"一员多用"模式，承办全省劳动人事争议疑难问题裁审衔接和网络审理研讨会。全市劳动人事争议仲裁机构共审理办结仲裁案件6678件，结案率为97.7%，调撤结案6051件，调解率为87.1%；全市调解组织当期共审结各类争议案件11042件，达成调解协议及和解10729件，调解率为97.2%。

【信息化建设】 完成"金华E人社"信息化建设项目，建成全市统一的"业务应用平台""公共服务平台""智能指挥平台""智慧监管平台""大数据分析平台"等五大平台，实现全市"一卡通办""一网通联""一库通享""一点通办"。推进社会保障卡建设，累计发卡533.8万张。加快电子社保卡签发，全市签发率达26.47%。启动第三代社保卡试点项目，完成卡面报批。

【对口支援和结对帮扶】 全市在对口四省建立劳务合作基地102个，开展招聘会30余场，提供岗位2.6万个，开发爱心岗位3000个，吸纳中西部22个省份建档立卡贫困人员到我市就业8.9万人。

【获省级以上荣誉】

荣誉集体

1. 全国人社系统2017—2019优质服务窗口

金华市人力社保行政服务中心人力社保服务大厅

2.2018—2019年度《中国劳动保障报》新闻宣传做得好单位

金华市人力资源和社会保障局

3.2019年度人事报刊宣传做得好单位

金华市人力资源和社会保障局

4.2019年度全省人社系统绩效考评优秀单位

金华市人力资源和社会保障局

5. 全省人社系统技能比武大赛三等奖、优秀组织奖

金华市人力资源和社会保障局

6. 全省人社系统法制知识竞赛三等奖

金华市人力资源和社会保障局

7.2019年度全省劳动人事争议案件处理成绩突出单位

金华市人力资源和社会保障局

婺城区人力资源和社会保障局

东阳市人力资源和社会保障局

永康市人力资源和社会保障局

浦江县人力资源和社会保障局

武义县人力资源和社会保障局

8.2019年度全省劳动人事争议"互联网+调解仲裁"成绩突出仲裁院

金华市金东区劳动人事争议仲裁院

义乌市劳动人事争议仲裁院

东阳市劳动人事争议仲裁院

9.2019年度全省劳动人事争议案件处理成绩突出基层调解组织

金华市婺城区新狮街道劳动人事争议调解中心

金华市金东区澧浦镇劳动人事争议调解中心

义乌市苏溪镇劳动人事争议调解中心

永康经济开发区劳动人事争议调解中心

兰溪市云山街道劳动人事争议调解中心

浦江县黄宅镇劳动人事争议调解中心

武义县泉溪镇劳动人事争议调解中心

10.2019年度全省劳动人事争议案件处理成绩突出派出庭名单

义乌市劳动人事争议仲裁委员会工会派出庭

东阳市劳动人事争议仲裁委员会白云街道派出庭

11.2018年度全省劳动人事争议案件处理工作优秀单位

金华市劳动人事争议仲裁委员会

东阳市劳动人事争议仲裁委员会

义乌市劳动人事争议仲裁委员会

永康市劳动人事争议仲裁委员会

浦江县劳动人事争议仲裁委员会

荣誉个人

1. 全国人社系统2017—2019优质服务先进个人

永康市社会保险事业管理局　　胡金露

2.2019年度全省劳动人事争议案件处理成绩突出仲裁员名单

金华市劳动人事争议仲裁委员会　　王冬雅

金华市劳动人事争议仲裁委员会　　李蕲彦

金华市婺城区劳动人事争议仲裁委员会　　黄立忠

金华市金东区劳动人事争议仲裁委员会　　陈红磊

义乌市劳动人事争议仲裁委员会　　王晓明

义乌市劳动人事争议仲裁委员会　余双燕

东阳市劳动人事争议仲裁委员会　马江红

永康市劳动人事争议仲裁委员会　章洪村

兰溪市劳动人事争议仲裁委员会　蒋卓君

浦江县劳动人事争议仲裁委员会　倪少聪

武义县劳动人事争议仲裁委员会　王庆其

3. 2019 年全省劳动人事争议案件处理成绩突出调解员名单

金华市劳动人事争议联合调处中心　陈　翔

金华市劳动人事争议联合调处中心　向李明

金华市婺城区新狮街道劳动人事争议调解
中心　邵惠丹

金华市金东区塘雅镇劳动人事争议调解
中心　方志荣

义乌市佛堂镇劳动人事争议调解中心
傅晓康

义乌市北苑街道劳动人事争议调解中心
蒋丹丹

东阳市新明红木家具有限公司劳动争议调
解委员会　葛仙卿

横店集团东磁股份有限公司劳动争议调解
委员会　何　静

永康市古山镇劳动人事争议调解中心
沈艳京

兰溪市灵洞乡劳动人事争议调解中心
徐　敏

浦江县黄宅镇劳动人事争议调解中心
郑晓晖

武义县桐琴镇劳动人事争议调解中心
曾剑锋

磐安县方前镇劳动人事争议调解中心
陈伟伟

金华经济技术开发区劳动人事争议调解
中心　吕文锋

4. 全省劳动人事争议调解员业务技能竞赛
一等奖

金华市劳动人事争议联合调处中心
向李明

5. 全省劳动人事争议调解员业务技能竞赛
二等奖

永康市劳动人事争议联合调处中心
李　翔

6. 全省劳动人事争议仲裁员业务技能竞赛
二等奖

义乌市劳动人事争议仲裁院　王　晟

（陈鑫磊）

衢州市

【城乡就业】　全市城镇新增就业 7.86 万人，同比增长 43.7%；城镇失业人员实现再就业 3.40 万人，同比增长 40.1%；就业困难人员实现就业 0.77 万人；发放创业担保贷款 7831.7 万元，同比增长 54.9%；城镇登记失业率 2.03%，低于 3.5% 的省控线，就业形势稳定。政策落地惠民利企，积极开展各类补贴发放工作，全市共返还企业社保费 3592 家，返还资金 3.68 亿元，消化累计结余基金的 26.87%；发放稳岗补贴企业 311 家，返还资金 1316.92 万元；发放用人单位吸纳就业社保补贴 84.83 万元；发放职工技能提升补贴 5133 人次，共计 804.21 万元；减征失业保险费 7600 万元。双创工作激发活力，圆满承办第二届全国创业培训讲师大赛浙江分赛，获得最佳组织奖、突出贡献奖荣誉称号；开展"知名创业导师衢州行"活动，通过创业专题讲座、创业故事分享、现场项目指导等形式进行创业指导服务；举办 2019 年衢州市"奇思妙想"创业大赛暨"五创联盟"成立仪式，整合各类创业资源，形成全市大创业工作格局。平台搭建有序推进，启动大学生创业园西区园提升提级工程，充分满足入园科技创新企业需求；举办"衢州市大学生创业园西区园三周年暨园区开放日"系列活动，进一步激发大学生创业热情；完成 100 家高质量就业社区（村）和 10 家返乡农民工创业基地的建设工作，下沉下放高质量就业创业工作，有效吸引乡贤人才返乡创业。托底帮扶精准高效。共帮扶 2683 名重点人群就业，完成全年任务的 134.1%；通过举办招聘会、开发公益性岗位、开展技能培训等方式帮助援助对象实现就业，共走访就业困难人员和零就业家庭 712 户，帮助就业困难人员实现就业 622 人，帮助就业困难人员享受政策 1639 人。

【社会保险参保情况】 扎实推进全民参保工作，全市职工基本养老保险参保 78.20 万人，城乡居民基本养老保险参保 95.21 万人，被征地农民基本生活保障期末参保 2.28 万人，工伤保险参保 44.52 万人，失业保险参保 35.41 万人。全市户籍人口基本养老保险参保率达 99.2%。

【社会保险扶贫】 积极落实社会保险扶贫相关政策，全面落实困难人员各项参保优惠及代缴政策。全市困难人员最低档缴费由财政补贴，年内全市共有 4.28 万名困难人员享受社会保险缴费补贴 428 万元，4.88 万名困难人员享受城乡居民基本养老保险待遇，符合条件人员基本实现应保尽保、应发尽发。

【社会保险政策】 出台《退休返聘人员参加工伤保险试行办法》，在全国范围内率先将退休返聘人员纳入工伤保险管理。出台《关于残疾人参加基本养老保险个人缴费补贴的指导意见》，对于全市符合条件的持证残疾人参加城乡居民养老保险的，按最低缴费档次标准给予个人缴费全额补贴；参加城镇职工基本养老保险的，按当年度最低缴费标准的 10% 给予个人缴费补贴。

【社会保险经办管理】 针对参保人员重点关注的"退休一件事"、衢州市"灵活就业人员养老保险未到账提醒"等社保经办事项办理进程提醒和工伤保险医疗待遇核准支付、社会保险待遇领取资格认证、自动认证提醒等两方面 10 个事项，推出"百姓秘书"短信提醒服务，年内共发送各类短信 100 余万条。新增自由职业者参保登记、社会保险单位登记、企业职工基本养老关系转移等 63 项"掌上办"社保业务，市本级 102 项社保业务全面实现"掌上办"。制订出台《衢州市社会保险待遇领取资格认证经办规程（试行）》。成功开发社保待遇领取资格认证系统，应用社保、医保、卫生、交通、民政、公安、司法等活跃数据，为 3.1 万名退休人员提供"无感认证"服务，占比达 78.2%，"无感认证"成为资格认证主要方式。全国首个上云社保信息系统——衢州社保新信息系统，于 9 月 12 日正式上线运行。全面推进通过社银接口发放社保待遇，取消手工处理和人工报盘发放待遇模式，确保基金支付安全。按季度开展专项稽核，年内开展全市被征地农民基本生活保障参保人员参保资格比对核查、市本级社会保险风险防控排查业务、判刑人员比对等专项稽核检查。按月开展日常稽核检查，年内共发现存在自做自审业务、参保增减表单不统一等21个问题并整改到位。积极做好各项数据比对，共核实重复领取养老待遇人员72人，追回基金123.9万元；核实违规领取养老待遇的判刑人员186人，追回基金181.01万元。

【人才引进与开发】 针对我市重点推进的数字经济智慧产业、美丽经济幸福产业、高端装备制造业转型升级等产业人才需求，先后16次组织317余家数字经济、金融、新材料、新能源等企事业单位，赴安徽医科大学、武汉工程大学、浙江工业大学、四川大学等高校举办专场引才活动，共提供岗位1973余个，接待各类人才4838人，其中博士85人，硕士1392人，初步达成意向3100余人。

【专业技术和留学人员管理】 入选省"千人计划"1人；入选省有突出贡献中青年专家3人。发放高层次人才津贴1134.5万元，一次性奖励97.8万元，安家补助422.5万元。全市获各类专业技术资格9731人，其中正高级资格92人、副高级资格796人。

【职业能力建设】 推进技能人才队伍建设，开展职业技能培训44706人次，新培养高技能人才9253人；市本级审核发放职业培训补贴1614人，涉及金额174.34万元；举办29个职业（工种）的全市性技能大赛，3692人参加竞赛，带动万人岗位练兵活动；市本级审核发放技师、高级技师人才津贴351.8万元；评选出浙江省"拔尖技能人才"10名、浙江省"优秀技能人才"20名（市级区域）、衢州市"杰出技能人才"3名、衢州市"拔尖技能人才"20名、衢州市"优

秀技能人才"40名；新建市级技能大师工作室10家、市级公共实训基地2家、市级企业高技能人才示范基地2家；与衢州职业技术学院合作，联合发起成立"浙闽赣皖四省边际职业培训联盟"，推进四省边际职业培训的深度交流与合作。

【事业单位人事管理】 公开招聘事业单位工作人员2289人，其中市本级418人。审核办理岗位晋升、新进人员入岗16224人次，其中市本级2884人次。完成市级事业单位机构改革人员转隶工作；出台《衢州市市本级事业单位工作人员交流办法》；探索出台政府高级雇员试点办法，面向全国选聘了一批急需紧缺的专业型人才，破解专业人才紧缺问题；牵头开展市级机关事业单位编外用工清理劳动关系处理工作，规范市级机关事业单位编外用工招聘及退休返聘工作；探索部门间"最多跑一次"改革，领跑市级各部门，解决了事业单位办理新进人员业务需到各部门"多头跑""反复跑"的问题。

【工资福利】 完成机关事业单位在职工作人员各类福利待遇审核27499件次。会同市委组织部、市财政局研究出台《关于规范市级机关事业单位劳务费支出管理的通知》（衢市人社薪〔2019〕43号）文件；会同市委编办、市财政局研究出台《衢州市市级机关事业单位编外用工薪酬福利管理办法（试行）》（衢市人社〔2019〕117号）文件；表彰突出贡献3批次20家单位，其中集体三等功7家、集体嘉奖13家、个人三等功13人、个人嘉奖25人；庆祝中华人民共和国成立70周年，全市共完成443位纪念章获得者和123位建国初期参加革

命工作退休老同志的慰问工作。

【劳动关系】 全市规模以上企业劳动合同签订率99%，小微企业劳动合同签订率95.6%。全市已建工会企业5918家，集体合同签订率95.8%，涉及职工34.6万人。依法规范企业劳务派遣用工，审批劳务派遣经营许可5家、延续劳务派遣经营许可5家、劳务派遣变更许可8家、通过年检20家。全市月均最低工资标准调整为1660元，非全日制工作最低小时工资标准调整为15元。

【农民工管理服务】 全市共开展家庭服务业职业技能年平均培训165期，培养家庭服务业职业技能人才22592人，取得证书4785人，其中高级工及以上高技能人才1016人。各级财政扶持家政服务业发展资金达3000万元；加大对返乡农民工择业观念的宣传教育，大力宣传自主创业致富的先进典型，引导广大农民工树立自力更生、创业致富的信心和决心，自觉投身创业大潮；进一步健全农民工工作领导小组制度和农民工创业就业帮扶机制，明确各阶段工作任务和要求，将工作具体到岗到人，形成一把手负总责、分管领导具体抓的工作机制，确保各成员单位立足部门职能，各负其责又通力协作，切实解决农民工就业创业、技能培训、子女教育、合法权益等切身利益问题。同时，全市各级劳动保障监察机构在农民工工资专项检查期间，发放宣传资料6万余份，主动监察用人单位4023家，涉及劳动者13.26万人，查处欠薪单位38家，追回欠薪336万余元。

【劳动保障监察】 全市各级劳动保障监察机构在农民工工资专项检查、根治欠薪夏季行动、根治欠薪冬季攻坚行动等一系列检查期间，主动监察用人单位9623家，涉及劳动者29.36万人。全年共受理劳动者举报投诉530起，涉案金额1872.51万元，结案率为100%。累计筹集建筑施工企业工资保障金8384.04万元，各级政府筹集欠薪应急周转金3680万元。

【调解仲裁】 全市各级劳动人事争议仲裁机构共立案处理劳动争议案件1778件，涉及劳动者2521人，结案1707件，结案率达96%。双方当事人申请仲裁经济标的1.26亿元，通过仲裁机构调解裁决维护双方当事人合法权益6675万元。

【劳动保障电话咨询】 即时办结"12345"政府服务热线交办工单290件。受理答复"通衢问政"来信咨询164件。

【信息化建设】 全面推进"最多跑一次"改革，完成浙里办、政务网申报事项139个，"无差别受理""网上办""掌上办"比例全省领先。长三角地区社保卡补换卡实现"一网通办"。推进数据共享，归集数据88类，总量达3.0367亿条，并实时更新，申请接口98个，获取共享数据121余万次，注册接口67个，被调用1538万次。创新开展社保系统上阿里云，对原社保系统进行重构，实现社保业务一体化经办，全国首创实现将核心业务生产数据全部迁移到阿里云平台上运行。完成就业信息系统升级改造，实现数据向上集中、服务向基层延伸。"互联网＋人社"应用目录完成率达89.5%，圆满完成省厅下达的75%任务。电子社保卡申领率达28%，位居全省第一。局网站年访问总量211.5万次，居市本级部门网站第一。

【对口支援和结对帮扶】 按照"重点突出、搭建平台、优势互补、合作共赢"原则，充分发挥双方资源禀赋，开创"五度"工作法，积极推进就业扶贫、技能扶贫、产业扶贫，力促对口支援5个县建档立卡贫困人员脱贫摘帽。加大政策支持，会同市财政局、市协作办出台《关于进一步推进东西部扶贫劳务协作工作的通知》，鼓励我市企业支持扶贫工作；加强劳务协作，先后21次开展就业扶贫劳务协作工作互访，开发爱心岗位22622个，签订劳务合作协议5份，互设劳务联络站5个；强化动态管理，通过比对参保数据、工资条、缴税记录等方式，核实每一条可能来衢就业人员的信息，做到应核尽核；选树先进典型，将"龙游飞鸡"作为一个主打创业项目来孵化，该项目被认定为返乡农民创业基地，创业带动就业成效进一步显现。2019年，我市完成核查22省份贫困人口来我省稳定就业3874人，完成核查对口帮扶4省到我省就业1340人，分别完成省对口办下达目标任务的535.82%、797.62%，"五度"工作法被人社部工作信息刊发向全国推广。

【流动党员清理】 认真做好城镇流动党员专项清理工作，城镇流动总支清理前共有党员326名，其中城镇流动人员支部党员257名、流动人员二支部6名、5个企业支部63名，共计转出流动党员228名；对1名被判刑党员给予开除处分，对8名长期不交纳党费党员予以除名，对失联、出国5年以上等26名党员给予停止党籍。截至12月底，已成功迁转228人，占应迁转人数的79%。

【开设人社大讲堂】 举办4期人力社保业务免费培训班，完成就业创业、社会保险、人事人才、劳动关系等4期企业人力资源管理专题培训，200多家企业977人次参加，深受广大人力干部和群众欢迎。

【人事考试】 稳步推进"安全考试、公平考试、科学考试、规范服务"。完成省公务员招录、市属事业单位、二建、社工、一建等27批次考试考务的组织实施工作，39813名考生总计88249人次参考；制作发放各类资格考试证书18种共4610本。

【获省级以上荣誉】

荣誉集体

1.2019年度中国人事报刊宣传工作做得好的单位

衢州市人力资源和社会保障局

江山市人力资源和社会保障局

2.《中国劳动保障报》2019年度新闻宣传工作先进单位

衢州市人力资源和社会保障局

3.全国人力社保系统法治知识竞赛优秀奖

江山市人力资源和社会保障局

4.全国人力资源社会保障系统2017—2019年度优质服务窗口

衢江区劳动人事争议调解仲裁窗口

5.第二届全国创业培训讲师大赛浙江分赛最佳组织奖、突出贡献奖

衢州市人力资源和社会保障局

6. "奇思妙想浙江行" 2019创业大赛总决赛优秀组织奖

衢州市人力资源和社会保障局

7. 浙江省创建和谐劳动关系暨双爱活动先进组织

衢江区人力资源和社会保障局

江山市人力资源和社会保障局

8. 2019年度全省劳动人事争议案件处理成绩突出单位

衢州市人力资源和社会保障局

衢江区人力资源和社会保障局

江山市人力资源和社会保障局

9. 2019年度全省劳动人事争议"互联网+调解仲裁"成绩突出仲裁院

龙游县劳动人事争议仲裁院

常山县劳动人事争议仲裁院

10. 2019年度全省劳动人事争议案件处理成绩突出基层调解组织

衢江区廿里镇劳动人事争议调解中心

11. 2019年度全省劳动人事争议案件处理成绩突出派出庭

江山市劳动人事争议仲裁委员会贺村派出庭

12. 全省劳动人事争议仲裁优秀裁决书

衢江区劳动人事争议仲裁委员会浙衢江劳人仲案（2019）247号裁决书

荣誉个人

1. 全国人社窗口单位业务技能练兵比武活动省际邀请赛二等奖

龙游县人力资源和社会保障局　　夏　绮

2. 2019年度人社系统窗口单位业务技能练兵比武全国赛三等奖、最佳风采奖

龙游县人力资源和社会保障局　　夏　绮

3. 全省人保系统窗口单位业务技能练兵比武竞赛优秀选手

龙游县人力资源和社会保障局　　夏　绮

4. 全省劳动保障监察执法技能比武个人第二名

江山市人力资源和社会保障局　　徐饶燕

5. 全省人力社保系统法治知识竞赛最佳选手

江山市人力资源和社会保障局　　徐饶燕

6. 2019年度全省劳动人事争议案件处理成绩突出仲裁员

衢州市劳动人事争议仲裁委员会　　陈连金

衢州市柯城区劳动人事争议仲裁委员会

周　啸

龙游县劳动人事争议仲裁委员会　　叶新燕

常山县劳动人事争议仲裁委员会　　何木军

开化县劳动人事争议仲裁委员会　　郑丽芬

7. 2019年度全省劳动人事争议案件处理成绩突出调解员

衢州市柯城区信安街道劳动争议调解中心

周利民

龙游经济开发区劳动争议调解中心　周智莹

江山市虎山街道劳动争议调解中心　汪　艺

常山县球川镇劳动人事争议调解中心

吴建华

开化县大溪边乡劳动争议调解中心

毛承震

8. 第五轮省级创建和谐劳动关系暨双爱活动劳动争议优秀仲裁调解员

龙游县人力资源和社会保障局　　童立平

（熊晓锐）

舟山市

【城乡就业】 出台新一轮就业创业促进政策。2月，舟山市人民政府出台《关于做好当前和今后一段时期就业创业工作的实施意见》（舟政发〔2019〕5号），深入贯彻落实中央政治局会议提出的"六个稳"，"稳就业"作为"六稳"之首的决策部署，把就业工作放在更加突出位置，进一步稳定就业形势。6月，市人社局、市财政局出台《关于做好当前和今后一段时期就业创业工作的实施细则》（舟人社发〔2019〕77号），明确了创业、就业、培训3大块24项政策的具体操作依据。

积极营造创业创新良好氛围。首次面向全国组织举办2019年中国·浙江舟山群岛新区大学生创业大赛，大赛以"智汇新区、创业起航"为主题，在北京召开新闻发布会暨启动仪式，先后在北京、武汉举办城市赛，并在我市举办总决赛。大赛共征集到项目101个，"甬舜源海上智慧供油B2B平台"最终获得金奖；开展以"汇聚双创活力，澎湃发展动力"为主题的2019年舟山群岛新区第六届创新创业大赛，收到报名项目近200个，最终定海区参赛项目"高效节能型污泥电解干化技术及成套设备研发"获大赛一等奖；开展"大学生创业之星"评选活动，经过宣传发动、县（区）选拔、综合评审等环节，择优选出10位"大学生创业之星"。全市完成创业培训3300人次。发放创业担保贷款419笔，贷款总额8616.8万元。

开展重点人群就业帮扶。7月，舟山市人力社保局出台《关于开展高质量就业社区（村）建设活动的通知》（舟人社发〔2019〕106号），当年新增高质量就业社区（村）38个，经县区推荐、市级综合评定，确定城东街道阳光园社区等18家为市级高质量就业社区（村），并择优推荐14家为省级高质量就业社区（村）。是年，新增见习基地15家，和润集团有限公司被认定为第四批省级高校毕业生就业见习示范基地。至年末全市共有见习基地114家，见习规模708人，发放各类见习补贴98.98万元。全市新增城镇就业人员33150人，城镇登记失业人员再就业5047人，其中就业困难人员再就业2621人。全市城镇登记失业率1.76%，零就业家庭实现"动态归零"。全市累计发放失业保险金42485人次，发放金额6119.57万元；支付职工基本医疗保险费1125.5万元。启动价格临时补贴工作，全市对领取失业保险金人员发放价格临时补贴151.29万元。

【社会保险参保情况】 2019年，全市养老保险、失业保险、工伤保险参保人数分别达到81.70万、24.61万、39.51万人。其中，职工基本养老保险56.24万人，比上年新增2.29万人；机关事业单位养老保险5.83万人，比上年新增0.13万人；城乡居民基本养老保险19.62万人，比上年减少0.53万人；被征地农民基本生活保障2.07万人，比上年减少0.55万人。全市养老保险户籍法定人员参保率达到95.64%。

【社会保险政策】 2019年1月1日起施行《舟山市人民政府办公室关于进一步完善被征地农民基本养老保障制度的通知》（舟政办发〔2018〕175号），增设最低生活保障线缴费档，其待遇水平与我市最低生活保障线标准同步调整；6月，舟山市人力社保局办公室印发《关于做好全市个体劳动者基本养老保险缴费基数调整有关工作的通知》（舟人社办发〔2019〕32号），自2019年5月1日起，参加企业职工基本养老保险的个体劳动者基本养老保险缴费基数，从我市上年度在岗职工月平均工资的80%—300%之间，调整为我省全口径城镇单位就业人员月平均工资（省在岗职工月平均工资）的60%—300%之间。调整后最低缴费基数为3322元，最高16608元。7月，舟山市人力社保局印发《舟山市基本养老保险全民参保扩面工作方案》（舟人社发〔2019〕91号），实施参保精准扩面，重点推进灵活就业人员、新业态人员等群体的参保。开展"特殊困难群体参保助推行动"，通过政府全额代缴方式，推进残疾人和低收入渔农户全员参保，惠及全市1.3万余名困难群体。至年末参保率从90.62%提高到95.64%。10月，舟山市人民政府办公室印发了《关于进一步提高传统海洋捕捞渔民养老保障水平的通知》（舟政办发〔2019〕101号），对传统海洋捕捞渔民原集体捕捞年限生活补贴标准和缴费参保人员的原集体捕捞年限账户养老金标准进行调整，更好地引导有条件的人员选择高档标准缴费参加城乡居民基本养老保险，政策从2020年1月1日起施行。11月，舟山市人力社保局、市卫健委印发《舟山市工伤保险医疗机构协议管理办法》（试行）（舟人社发〔2019〕143号），明确协议医疗机构范围、各部门职责、协议医疗机构职责、申请条件、申请材料等事项。2019年1月1日起，全市城乡居民基本养老保险基础养老金标准从每人每月180元提高到190元，机关事业、企业退休人员基本养老金分别调整为人均6607元、2585元。

落实企业降费减负政策，对全市符合条件的制造业、交通运输业、建筑业行业企业实行五险单位缴费部分的阶段性降费，4970家行业企业共计减征养老保险和工伤保险费约7613万元，10074家企业共计减征失业保险费685.6万元。减征参加机关事业单位养老保险统筹单位社保费约7770万元；阶段性降低企业工伤保险费率，对除一类行业外的其他各类行业现行工伤保险费率下调50%，全年费率下浮企业达11137家，全市累计减征达6500万元；继续实施失业保险单位缴费比例下调政策，全市失业保险单位费率0.5%、个人费率0.5%的政策执行时间从2019年12月31日延长至2020年4月30日，累计为1.5万余家企业减负超1亿元。全市共返还困难企业社会保险费1.01亿元，惠及企业1566家、职工2.9万人；共受理企业稳定岗位补贴1914家，补贴金额2056.62万元，惠及职工7.4万人。

【社会保险经办管理】 全面应用国家级标准化试点创建成果，作为国家行业标准制定工作组的成员单位，参与制定《社会保险经办工作人员基本行为规范》及《社会保险服务综合柜员制实施指南》。持续深化"最多跑一次"改革，开展参保登记、转移接续、退休、个体劳动者就业创业、失业等8个"一件事"改革，实施工伤待遇支付"超敏服务"，率先全省实现一次性伤残补助金和一至四级伤残津贴免申请支付。6月，率先在全省启动"人机联办"改革，通过机器换人，将前台受理和后台审批环节同步前移，建立"自助机受理＋平板电脑审批＋工作人员全程引导"的新型服务模式，办事窗口由10个减少为4个，网上办件率提高到86.75%。该项目入选《浙里改（领跑者）》第63期。全面开展"社银合作"，将16项个人办事高频事项下放到银行网点及其便民服务点办理。至年末，市本级人力社保系统政务服务事项共 141 项，全部实现"网上办"和"掌上办"，材料电子化比例、即办件比例、法定时限压缩比和跑零次实现率分别达到 100%、90.07%、96.95% 和 100%。34 个民生事项"一证通办"三端实现率达到 100%，72 个事项实现"全市通办"，并有 60 个高频事项下放至乡镇（街道）。持续开展减证便民行动，全市人社系统统一精简办事材料 131 件。

加强基金安全监管。8 月，舟山市人力社保局印发《舟山市社会保险经办机构内部控制实施办法》和《舟山市社会保险基金行政监督工作办法》（舟人社发〔2019〕114 号）。8 月，舟山市人力社保局办公室印发《舟山市人力资源和社会保障局内部审计工作办法》（舟人社办发〔2019〕12 号），从社会保险基金监督、规范社会保险经办业务内部管理及局审计工作角度出发，健全了相关管理制度。集中开展涉刑参保人员数据清理，从法院获取 2001 年 1 月至 2019 年 7 月全市 2.79 万名涉刑人员数据，经核查比对梳理出涉刑待遇享受人员 834 名和在职参保人员 4638 名，对涉刑在职参保人员进行标记，对超发待遇进行清算追回，已追回超发待遇 137.86 万元。

【人才引进与开发】 持续实施紧缺高端人才引进计划，全年共引进年薪 30 万以上紧缺高端人才 93 人，其中机关事业 10 人、院校 3 人、国企 3 人、民企 77 人。持续实施"高校毕业生聚舟计划"，12 月，舟山市人才工作领导小组办公室、市人社局、市公安局、市财政局联合印发《舟山市关于进一步加大高校毕业生来舟工作支持力度的实施办法》（舟人才办〔2019〕7 号），进一步放宽高校毕业生落户条件，加大购房补贴支持力度，加大就业创业资助力度，对就业补贴、创业资助、实习补贴、交通补贴进行明确。举办"市外高校学子看舟山""我和家乡有个约会"、重点高校巡回宣讲等系列宣传推介活动，开展大学生暑期实习活动，与东北石油大学、哈尔滨石油学院、西安石油大学、宁波大学、浙江工商大学、浙江工业大学签订校地合作协议。全市举办各类招聘活动 180 余场次，推出各类招聘岗位 15000 余个，其中组织赴上海、大连、青岛等 26 个城市举办"智汇新区·同舟启航"全国巡回专场招聘活动 60 余次。是年，引进各类高校毕业生 10764 人，其中硕士及以上学历 442 人（硕士 345 人、博士 97 人），分别同比增加 95%、193.9%。

【专业技术和留学人员管理】 8 月，舟山市人力社保局、市经信局出台《舟山市采掘爆破行业初、中级职称改革实施方案（试行）》（舟人社发〔2019〕117 号），将爆破行业中初级评审权限下放至舟山市爆破协会。10 月，舟山市人力社保局印发《舟山市人力资源和社会保障局关于甬舟职称证书互通互认的通知》（舟人社发〔2019〕138 号），甬舟职称证书实现互通互认。加快职称信息化建设，实现大中专毕业生职称初定全程网上办理。推动技师学院教师专业技术职务评聘改革，舟山技师学院（筹）首次开展自主评聘工作。是年，赖祥华入选 2019 年度省有突出贡献中青年专家，汪雪芹、张冬冬分别入选省"钱江人才计划"C 类、D 类项目。新设立省级博士后工作站 2 家（浙江石油化工有限公司、岱山县东沙汽船配小镇开发有限公司），全市共有博士后工作站 9 家，其中国家级

2家、省级7家。至年末，全市有专业技术人员93454人，其中高级职称专业技术人员7038人、中级职称专业技术人员35881人、初级职称专业技术人员50535人。

【职业能力建设】 12月，舟山市人民政府办公室出台《关于印发舟山市推进职业技能提升行动实施方案（2019—2021年）的通知》（舟政办发〔2019〕127号），通过开展补贴性职业技能培训，提升劳动者就业创业能力、缓解结构性就业矛盾、促进扩大就业。是年，共开展职业技能提升培训35140人，全市新增高技能人才5078人。深化"新型学徒制"建设，进一步扩大学徒范围，实现"招工即招生、入企即入校、企校双师联合培养"，目前已有500人顺利注册入学。开展技能人才自主评价引领企业的选树活动，新增冠素堂食品有限公司、弘业建设集团有限公司、舟山市银岱汽车零部件有限公司等5家企业为市级企业技能人才自主评价引领示范企业，浙江海中洲集团、兴中石化（舟山）转运有限公司被评选为省级自主评价引领示范企业。6月，以"培育航海工匠，建设交通强国，做强海事服务，助力'一带一路'"为主题的第五届中国海员技能大比武在舟山举办，共有13家航运企业队、25家航海院校队和5支港澳台代表队参赛，并首次邀请了新加坡等"一带一路"沿线国家代表前来观摩。持续开展职业技能比武活动，全市共有300余名一线工人直接参与港贸物流、绿色石化、海洋旅游、综合服务4大行业领域8个职业（工种）的市级一类大比武活动，共晋升技师18名、高级工80余名，21名工人获"舟山市技术能手"称号。

【事业单位人事管理】 4月，舟山市委组织部、市人力社保局下发《关于转发〈浙江省事业单位专业技术二级岗位管理办法（试行）〉的通知》（舟人社发〔2019〕60号），经组织申报、条件把关、审核认定等程序，为1名新聘专技二级岗人员办理了岗位变动，为1名市外调入专家办理了专技二级岗认定备案。8月，舟山市委组织部、市人力社保局出台《舟山市事业单位特设岗位设置管理实施办法》（舟人社发〔2019〕115号），在省里政策基础上，明确了我市事业单位特设岗位的定位、适用范围、条件和等级、设置管理要求及退出机制。9月，舟山市委组织部、市人力社保局出台《支持和鼓励高校科研院所科研人员兼职创新创业的指导意见》（舟人社发〔2019〕123号），支持和鼓励高校、科研院所科研人员到与所在单位业务领域相近或学科有交叉的企业和科研机构、高校、社会组织等兼职。全年核准43家岗位设置（调整）方案，完成事业单位岗位变动2366人次，预审科级领导岗位120个。做好事业单位改革人事管理配套工作，办理18批次668名转隶事业人员办理手续，完成16名公安边防部队划转地方公安机关士兵转改聘用工作，做好舟山医院管理体制调整后三家医院岗位设置和2442名人员的聘用工作。按照生产经营类改革要求，研究制定了提前退休等相关人事政策，做好市属8家自收自支事业单位98人分流安置工作。

建立事业单位公开招聘面试专业考官库，共收录各类副高以上专业技术面试考官647名，涉及工程、教育、科研、财经、农业、卫生医药、新闻出版等8类行业。市本级共发布招聘公告49个，滚动推出招聘计划665名，截至12月31日入围体检考察460人。推出通用类岗位招聘计划，并继续面向残疾人、大学毕业生、退役士兵招聘事业编制人员，面向在岗大学生村官择优招聘乡镇（街道）下属事业单位工作人员，共招录81人。着力破解教育卫生系统教师医生招人难问题，先后赴华东师范大学、东北师范大学、华中师范大学等教育部直属师范院校和哈尔滨医科大学等医学院校开展校园招聘。教育系统发布招聘公告10个，举办专场招聘13次，推出教师岗位招聘计划193名，入围体检考察167名；卫生系统发布招聘公告8个，举办专场招聘10次，推出医护岗位招聘计划206名，入围体检考察116名。招聘密度和批次都创下历年新高，招聘场次同比增长28.5%，推出岗位同比增长47.8%，入围体检考察人数同比增长41.5%，取得了较好的招聘效果。

【工资福利】 2月，舟山市卫健委、市人力社保局、市财政局出台了《舟山市公立医院院长年薪制实施办法（试行）》（舟卫发〔2019〕6号），明确了院长年薪范围、基数、发放等口径。4月，舟山市卫健委、市人力社保局、市财政局和市医保局下发《关于印发舟山市市级公立医院绩效考核方案（试行）的通知》（舟卫发〔2019〕19号），规范了市级公立医院绩效考核办法程序。4月，舟山市教育局、市财政局、市人力社保局下发《关于明确市级职业院校社会服务收入与绩效工资挂钩办法的通知》（舟教职成〔2019〕1号），明确了市级职业院校社会服务与绩效工资挂钩的办法。是年，调整交通运输部所属水上作业事业单位船员和潜水员工资标准；调整机关事业单位精减退职、遗属和计划外长期临时工生活困难补贴标准，分别调整至

1530元／月、1275元／月、1110元／月，月增资分别为80元、65元、60元。

【劳动关系】 4月，舟山市人力社保局、市总工会、市工商联、群岛新区企业联合会／企业家协会印发《舟山市区域性和谐劳动关系创建工程实施方案》（舟人社发〔2019〕45号）；10月，舟山市人力社保局、市总工会、市工商联、群岛新区企业联合会／企业家协会印发《舟山市和谐劳动关系示范行业、企业和园区评价指标》（舟人社发〔2019〕126号），两个文件进一步明确了"双爱"综合试验区创建标准，推动创建工作顺利开展。11月，舟山市人力社保局出台《舟山市特殊工时工作制审批和清单式管理实施细则（试行）》（舟人社发〔2019〕142号），在全市全面推行特殊工时制度审批清单式改革，对申请实行特殊工时工作制度行政许可的用人单位，经批准后，其清单内岗位实行特殊工时工作制度不需要按周期向人力社保部门报批。11月，舟山市人力社保局下发《关于公布舟山市劳动保障诚信示范红名单企业的通知》（舟人社发〔2019〕145号），确定舟山市普陀山客运服务有限公司等46家企业为第二批公布的舟山市劳动保障诚信示范红名单企业。是年，全市最低月工资标准为1800元，非全日制工作的最低小时工资标准为16.5元。至年末，全市企业劳动合同签订率为98.0%。

【农民工管理服务】 9月，舟山市人力社保局制定出台《贯彻落实〈舟山市全面实施乡村振兴战略高水平推进渔农业渔农村现代化行动计划（2018—2022 年）〉实施方案》（舟人社办发〔2019〕45号），成立乡村振兴工作领导小组，

有效建立乡村振兴工作考核机制。是年，全市共举办乡村振兴合作创业带头人培训 24 期；组织专家助力乡村振兴活动 25 次；全员就业信息动态登记共采集劳动年龄内户籍人口 47.85 万，覆盖率 95.02%；就业困难人员实现就业 2036 人；完成创业培训 3200 人次，其中电商培训 2100 人次。

【劳动保障监察】 全面落实"浙江无欠薪"行动长效机制，扎实做好在建工程项目"三查两清零"工作，全市督查检查工程项目工地 542 次，协调处理案件 179 起，涉及人员 409 人，追回欠薪 746.5 万元，向公安部门移送拒不支付劳动报酬案 5 起，结案率 100%；舟山在建工程项目六项长效机制基本实现全覆盖，定海区、嵊泗县顺利通过省"无欠薪"县（区）创建考核评审。开展夏季和冬季根治欠薪专项行动，全市组织各级劳动保障监察机构出动 2664 人次，检查用人单位 1332 家，涉及劳动者 8.36 万人。全年开展双随机抽查 390 起，责令整改 21 起。建立直达乡镇街道的欠薪舆情反馈和应对机制，全年共处理欠薪舆情 32 起。

5 月，舟山市人力社保局出台《舟山市拖欠工资"黑名单"管理实施细则》（舟人社发〔2019〕71 号），进一步明确实施拖欠工资"黑名单"管理的具体操作程序，统一规范了全市实施拖欠工资"黑名单"管理的各类审批文书、行政文书，通过多部门联合惩戒和社会信用体系评价，使得用人单位"一处违法、处处受限"。是年，上海世方建筑工程有限公司被列入 2019 年拖欠工资"黑名单"。开展企业劳动保障守法诚信等级评价，对 3253 家企业劳动保障守法诚信等级进行定级。

创新打造"舟山市工程建设领域工资支付全过程监管平台"，实现从项目立项到施工许可再到工资按月足额支付的全过程动态管控。该平台于 9 月 30 日正式上线试运行，至 2019 年年末，共收集整理工程项目工资支付全过程信息 22000 余条，涉及农民工 3662 名、银行 12 家，监管工资发放 4139 万元，产生预警 88 项，全部预警信息在 24 小时内分派给属地政府和相关部门。

【调解仲裁】 3 月，舟山市人力社保局办公室印发《关于在小沙街道等乡镇（街道）开展劳动纠纷"1+X"多元化解机制建设的通知》（舟人社办发〔2019〕39 号），确定全市 24 家乡镇（街道）为"1+X"多元化解机制建设示范单位。至年底，全市完成基层调解组织 100% 建立的阶段性目标，多元化解机制建设示范单位创建率达到 94%。3 月，舟山市人力社保局、市海洋渔业局印发《关于组建远洋渔业劳动争议"海上调解员"队伍的通知》（舟人社发〔2019〕42 号），于 6 月完成第一期 26 名调解员的培训工作并发放了海上调解员证书。4 月，召开第三次劳动人事争议裁审衔接会议，交流了市中级人民法院和市劳动人事争议仲裁院系统受理、办结的劳动争议办案情况，就部分疑难问题达成共识。并于 9 月召开"舟山市劳动争议案件裁审白皮书"新闻发布会，对近五年的劳动争议案件裁审衔接工作进行了全面总结发布。8 月，舟山市总工会、市司法局、市人力社保局印发《关于加强劳动争议公共法律服务 保障职工合法权益的协作意见》的通知（舟总工〔2019〕62 号），在劳动关系纠纷处理中前置"律师调解"工作，建立工会、司法、仲裁三位一体的员工维权闭环。是年，舟山市全市各级仲裁机构立案受理劳动争议案件 1591 件，上年未结 107 件，涉案人数 2101 人，涉及金额 10737.19 万元。审理结案 1594 件，结案率为 93.88%，其中调解撤诉 1222 件，调解率 76.66%，结案金额 5200.43 万元。

【信息化建设】 推进舟山人社信息一体化建设，完成二期建设，制定三期建设方案并通过专家论证。进一步健全一体化支撑平台、整合公共服务渠道、扩展公共服务应用功能和完善各业务板块建设，将人才、人事、专技、社会保险和公共就业各类数据整合到数据中心，在"互联网＋人社"一体化经办平台实现社保、就业、人社综合和人事人才各类事项统一受理。完成所有"一证通办"事项三端数据共享改造，并通过验证。制定《舟山市人社专网整合技术实施方案》，于 8 月 30 日顺利完成全省业务接入，完成专网迁移整合工作。制定电子社保卡建设推进计划，推进电子社保卡应用开发，在一体化经办平台和自助终端开发电子社保卡验证功能，并上线应用。9 月，舟山市人民政府办公室下发《关于全面开展电子社保卡推广应用工作的通知》，推动全市机关事业单位、国有及国有控股企业、银行等单位人员电子社保卡签发工作。至年底，社保卡实体卡持卡率 94.0%，电子社保卡签发率为 15.1%。

【对口支援和结对帮扶】 6 月，舟山市人力社保局出台《关于贯彻落实东西部扶贫劳务协作的实施细则》（舟人社发〔2019〕88 号），明确爱心岗位补贴、就业扶贫基地认定、一次性就业创业服务补贴、建档立卡劳动力就业创业培训政策等申请对象、申请条件、补贴标准等，

促进对口帮扶地区建档立卡贫困劳动力来舟就业创业和稳定就业。6 月，舟山市人力社保局印发《关于建立舟山—达州劳务协作联络服务站的通知》（舟人社发〔2019〕90 号），成立舟山—达州劳务协作联络服务站，与已建成的驻定海、普陀联络点形成"1+2+N"的劳务协作联络站模式。建立并持续深化东西部劳务协作"2+1"扶贫机制，先后开办了机电、旅游管理、海员等专业"2+1"订单班，共组织 240 余名四川达州籍人员来舟，帮助其实现技能脱贫，有效推进达州市富余劳动力和舟山市企业用工需求的精准对接。该项目被国家人社部评为"2019 年人社扶贫典型事例"，这是全国 20 个典型事例之一，也是浙江省唯一入选的项目。是年，全市帮助中西部 22 省贫困人员在我市稳定就业 5230 人、帮助对口帮扶 4 省贫困人员在我市稳定就业 1162 人、开展对口帮扶 4 省贫困人口就业培训 1252 人，建立东西部劳务协作就业扶贫基地 3 家。

【获省级以上荣誉】

荣誉集体

1. 全国人力资源社会保障系统 2017—2019 年度优质服务窗口

舟山市人力资源和社会保障综合服务大厅

2.2019 年度全国巾帼文明岗

舟山市社会保险事业管理局社保窗口

3.2019 年人社扶贫典型事例

舟山市东西部劳务协作 2+1 扶贫机制

4. 全省人社系统窗口单位业务技能练兵比武竞赛团体三等奖

舟山市人力资源和社会保障局

5. 全省人社系统窗口单位业务技能练兵比武竞赛优秀组织奖

舟山市人力资源和社会保障局

6. 全省人力社保系统法治知识竞赛二等奖

舟山市人力资源和社会保障局

7. "奇思妙想浙江行" 2019 创业大赛优秀组织奖

舟山市人力资源和社会保障局

8. 第二届全国创业就业服务展示交流活动优秀项目奖

舟山市普陀退役军人创业园

9. 全国创业孵化示范基地

普陀湾众创码头

10. 2019 年度全省人社系统绩效考评优秀单位

舟山市人力资源和社会保障局

普陀区人力资源和社会保障局

11. 2018—2019 年度《中国劳动保障报》新闻宣传工作优秀单位

舟山市嵊泗县人力资源和社会保障局

12. 浙江省第五轮省级创建和谐劳动关系暨双爱活动无欠薪先进单位

舟山市普陀区劳动保障监察大队

13. 浙江省第五轮省级创建和谐劳动关系暨双爱活动先进基层调解组织

舟山市普陀区六横镇劳动争议调解中心

14. 浙江省第五轮省级创建和谐劳动关系暨双爱活动其他先进组织

舟山市定海区人力资源和社会保障局

15. 2019 年度全省劳动人事争议案件处理成绩突出单位

舟山市岱山县人力资源和社会保障局

16. 2019 年度全省劳动人事争议 "互联网＋调解仲裁" 成绩突出仲裁院

舟山市普陀区劳动人事争议仲裁院

17. 2019 年度全省劳动人事争议案件处理成绩突出基层调解组织

舟山市定海区小沙街道劳动人事争议调解中心

18. 2019 年度全省劳动人事争议案件处理成绩突出派出庭

舟山市劳动人事争议仲裁委员会普陀山派出庭

荣誉个人

1. 全国人力资源社会保障系统 2017—2019 年度优质服务先进个人

舟山市嵊泗县人力资源和社会保障局洋山分局局长　　　　倪芳芬

2. 第六届浙江省道德模范

舟山市嵊泗县人力资源和社会保障局洋山分局局长　　　　倪芳芬

3. 全省人社系统窗口单位业务技能练兵比武竞赛优秀选手

舟山市人力资源和社会保障局　　陈蕴韵

舟山市社会保险事业管理中心　　张天一

4. 全省人力社保系统法治知识竞赛最佳选手

舟山市人力资源和社会保障局　　陈　洁

5. 浙江省平安护航 70 周年工作成绩突出个人

舟山市岱山县人力资源和社会保障局

於国君

6. 浙江省第五轮省级创建和谐劳动关系暨双爱活动劳动争议优秀仲裁调解员

舟山市普陀区朱家尖街道劳动人事争议调

解中心　　　　　　　　　孔凡银

舟山市定海区盐仓街道劳动人事争议调解

　　中心　　　　　　　　徐志峰

舟山市普陀区劳动人事争议仲裁院　陈丹维

7.2019 年度全省劳动人事争议案件处理成绩突出仲裁员

　　舟山市劳动人事争议仲裁院　　　夏　凉

　　舟山市普陀区劳动人事争议仲裁院

　　　　　　　　　　　　　　　　鲍国强

　　舟山市岱山县劳动人事争议仲裁院

　　　　　　　　　　　　　　　　叶开浩

8.2019 年度全省劳动人事争议案件处理成绩突出调解员

舟山市定海区双桥街道劳动人事争议调解

　　中心　　　　　　　　李佳蓓

舟山市普陀区东港街道劳动人事争议调解

　　中心　　　　　　　　毛斯黎

舟山市嵊泗县劳动人事争议调解中心

　　　　　　　　　　　　　　　　童燕红

　　　　　　　　　　　　　　（安佳媚）

台州市

【城乡就业】 2019 年，城镇新增就业完成 33.78 万人，实现失业人员再就业 35128 人，困难人员再就业 8052 人，城镇登记失业率为 1.7%。发放创业担保贷款 5.02 亿元，贴息 3714 万元，帮扶 1906 名创业者。台州大学生创业园成功创建国家级创业孵化示范基地，成为省内 6 家国家级示范基地之一。实施"我聚台州就业见习计划"，设立就业见习基地 238 家，帮扶 3309 名高校毕业生就业。举办线下见习双选会 15 场，吸纳 3203 名高校毕业生在台见习。

全市促进乡村就业 42123 人，帮扶"雁归"创业企业 2522 家、扶持电商企业 2526 家、技能和创业培训补贴 22253 家。举办第四届"创赢台州"乡村振兴创业大赛。开展就业政策和指导进农村文化礼堂活动 472 场次，群众参与 18937 人次。全市举办以特色民宿、农村电商、乡村旅游、种植业为业态的乡村合作创业带头人培训 49 期。组织创业导师、农业专家等到基层农村开展服务 87 次。赴吉林四平、四川乐山、峨边、苍溪等地举行招聘会 21 场。

台州市被省政府列入就业创业工作成效明显的地市，予以通报激励。创业担保贷款工作作为全国优秀创业项目参展第二届全国就业创业展。台州大学生创业园创建国家级创业孵化示范基地，成为省内 6 家国家级示范基地之一。

【社会保险参保情况】 截至 2019 年底，全市企业职工基本养老保险参保人数为 223.89 万人，比上年末增加 14.59 万人；城乡居民基本养老保险参保人数为 205.68 万人，比上年末减少 5.7 万人；其中，60 周岁以下参保人数 138.27 万人，比上年末减少 6.17 万人。失业保险参保人数 100.06 万人，比上年末增加 1.46 万人。工伤保险参保人数为 218.41 万人，比上年末增加 23.81 万人。

【社会保险政策】 统一社会保险参保、待遇等多项标准。出台《关于统一全市社保经办业务的通知》（台人社函〔2019〕68 号）、《关于明确被征地农民衔接企业职工养老保险折算补缴办法的函》（台人社便函〔2019〕97 号）。2019 年 1 月 1 日起，市本级、椒江区、黄岩区、路桥区四个统筹区的企业职工基本养老保险、工伤保险、生育保险、失业保险，整合为市区职工社会保险基金统筹区管理。出台《台州市人民政府办公室关于切实加强被征地农民社会保障工作的意见》（台政办函〔2019〕47号）。出台《台州市区职工社会保险工作目标评价办法》，对各区2018年底结余基金情况进行审计、确认。建立完善工伤保险配套制度，制定出台《台州市工伤保险定点服务机构协议管理办法》（台人社发〔2019〕51号）、《关于确定台州市工伤保险辅助器具目录及配置机构准入管理的通知》（台人社发〔2019〕71号）和《台州市工伤保险医疗管理与医疗费结算试行办法》（台人社发〔2019〕73号）。

3月29日，在全省率先完成12.9亿元的困难企业社保费返还，惠及23539家企业。对制造业、交通运输业、建筑业等三大行业的企业实施阶段性降低社会保险缴费，涉及全市约7万家企业，减费10.1亿元。降低工伤保险费率，可支付能力18个月以上的市区、仙居县、三门县三个统筹区分别按50%、50%、20%的幅度降低工伤保险费率，全年降费7000万元。4月1日起，对市区工伤保险费率除一类行业外，其余各类行业现行费率下调50%。城乡居民基本养老保险基础养老金从155元提至180元，惠及67万人。全年为企业单位社保减负近30亿元。5月1日开始，机关事业单位养老保险单位缴费比例下调至16%。个体工商户和灵活就业人员参加企业职工基本养老保险的，从2019年5月起可以在本省全口径城镇单位就业人员平均工资的60%至300%之间选择缴费基数。实施持证残疾人参加城乡居民养老保险个人缴费政府全额代缴政策，全市8.5万名残疾人实现应保尽保。

【社会保险经办管理】 全市户籍法定人口养老保险参保率96.39%，同比提高2.65%。全年共经办各险种待遇享受35万人次，基金累计发放10.7亿元。市本级1458名已退休机关事业在编人员的个人缴费清退，涉及资金约1700万元。连续第十六年对基本养老金待遇进行调整，市本级共涉及企业退休职工1.8万人，机关事业单位退休人员0.6万人。7月，全市75.3万名企业退休人员和5.8万名机关事业单位退休人员调待，企业退休人员人均提高121元。台州市内养老保险关系转移接续实现无感办理。联合法院等部门在全省首推涉刑退休人员养老保险待遇处置联合工作机制，处置473人，追回资金467.28万元。

开展全市被征地农民参加养老保障"人地对应"检查审计工作，1月开始在全市范围对被征地农民保障制度实施以来的参保指标核定、参保资格确定、资金落实情况进行检查审计及整改工作，收回参保指标1570个，清理取消参保资格12320人，整改到位资金18.95亿元。

【人才引进与开发】 全年新引进"500精英计划"创业创新人才237人，新增落地高层次人才创业企业103家，新创建台州市级"500精英计划"创业创新园4家。举办"500精英计划"人才创业成长营2期，"500精英计划"人才系列创业大赛10场，获奖项目融资2.35亿元，落地4个。兑现10批人才专项经费，涉及1800余人次4700万元。发放四批人才房票，涉及98人次3996.1万元。

开启2019智汇台州"百校引才"活动，分12个片区在全国19个重点城市、百所知名高校集中开展台州城市宣传、政策宣讲和人才招聘活动34场，参会单位1131家，提供人才需求岗位39029个，达成意向10425人，建成13个引才联络站点，签署校地、校企合作协议24份。举办校企合作洽谈会3场，达成初步意向344项。2019年引进大学生5.6万人。

制订实施《关于加快人力资源服务业高质量发展的实施意见》（台政办发〔2019〕44号）。实施高层次人才创业保险政策，首次投保人才共512人，累计提供最高风险保障近7亿元。成立创业创新服务团为人才提供法务、税务、财务管理等服务。编制发布高层次人才创业企业产品推荐目录，组织两批共44家企业99种产品入驻台州精品馆。

7月，举办台州首届国际青年学者论坛，海内外近100名青年博士参加，当场达成合作意向27项。在深圳举办粤港澳高层次人才座谈会，组织12名香港人才参会。举办台州首届人力资源服务管理高峰论坛、全市重点企业首席人才官培训班。开展各类人力资源沙龙、讲座、入企等活动15场，举办人力资源从业人员培训班4期，共培训388人。对接乌克兰、白俄罗斯两国在航空航天、智能制造等领域的优势，组织我市5家企事业单位赴两国开展引才活动，当场签订协议3项，达成合作意向6项。台州国际人才大会期间，邀请乌克兰专家团队35人和10个项目参加。

【专业技术和留学人员管理】 印发《台州市博士后工作管理办法》，与浙江大学继续签订合作协议，组织参加全省赴外专题招聘洽谈。全年新建省级博士后科研工作站7家，市级博士后创新实践基地21家，新招收博士后科研人员27人，入选省级博士后择优项目8个。

制定出台《台州市青年拔尖人才举荐制工作细则（试行）》，组建青年拔尖人才举荐委员会，兑现市211人才工程政策。

机构改革后，重新核准设置各系列职称评审委员会，进一步规范核准制度、评审范围、评审级别和专业、评审程序及工作规范，调整专家库。开展职称自主评聘改革试点工作，推进评审权限下放，全市12家牵头医院等级为二甲的医共体，全部开始实行自主评聘改革，10家三级医院继续开展自主评聘工作，新增5家高级中学实行自主评聘试点，新增2家企业开展自主评聘试点。创新职业农民中级职称评审工作，开展职业农民到乡间地头及工程系列进车间面试评审。组织30多场评审会议，初定、认定及调入300多人。组织开展国家"百千万"人才评选推荐、第七届拔尖人才考核、第八届拔尖人才评选、浙江省有突出贡献中青年专家、钱江人才计划C/D类项目等各类人才工程（称号）专家评审工作，评选台州市第八届拔尖人才（科技创新类）13人，3人获得省级人才工程称号。

【职业能力建设】 制定实施《台州市职业技能提升行动实施方案（2019—2021年）》（台政办发〔2019〕57号），在市失业保险基金结余中拿出7.58亿元补贴职业培训。制定《台州市职业技能培训职业（工种）和补贴标准》及分县市区、分行业部门3年培训30万人。全年共完成职业技能培训14万人次，其中高技能人才培养21738人次。

组织认定"杰出台州工匠"30人，推荐5人参加省"万人计划"高技能领军人才遴选，获评1名，获评省"百千万"高技能领军人才培养

（拔尖技能人才）10 名，获评台州市第八届拔尖人才（高技能类）5 人，新建台州市技能大师工作室 10 家，获评省级技能大师工作室 3 家。组织认定 15 家企业开展新型学徒制试点。获评省级高技能人才公共实训基地 1 家。开展规上企业自主评价 117 家。举办市级一类竞赛 9 个、二类竞赛 6 个，共 821 人参赛，决出台州技能大师 11 人、台州市技术能手 40 人。

3 月，举办台州市校企合作洽谈会。5 月，承办 2019 年第十二届浙江省技能人才校企合作洽谈会浙东分会场。12 月，举办台州市职业技能提升行动服务周启动仪式暨校企合作洽谈会，共 81 家次院校和 537 家次企业参加，达成初步意向 344 项。

台州技师学院（筹）首届 299 名学生毕业，新校区项目用海已获省政府批准，建设资金追加已获市政府批准。三门技师学院摘筹转正。台州第一技师学院（筹）新校区通过验收开始启用，组织全市 9 所技工院校参加技博会和"两抓"年用工服务校企合作洽谈会。举办基于德国技能人才培养模式教师教学能力提升的培训班。全市技工院校思政理论课建设通过省厅验收。学生创业大赛取得全省第三名，并参加全国决赛，获得一等奖。

【事业单位人事管理】 全省率先出台《台州市市直事业单位人员变动"一件事"实施方案》，实施事业单位人员新增、流入、流出、岗位变动、退休 5 个"一件事"办理，实现"一处收件、一次申请、一站服务"。出台《关于在部分事业单位试行公开招聘进入报备制的通知》，为各市属高校、医院提供高效便利的公开招聘进人服务。印发《关于规范市直事业单位工作人员交流的暂行规定》，完善市直事业单位工作人员交流机制，22 家单位共组织 26 次公开选聘，共聘用 34 人，其中本科学历 24 人，硕士研究生学历 10 人。全年流入市本级单位 66 人，流出市本级单位 28 人，市级事业单位间交流 52 人。全年有 20 家市属事业单位共组织 30 次公开招聘，共聘用 548 人。组织 1 次市属事业单位统一招聘，32 家单位共聘用 80 人。

【工资福利】 联合纪委机关等单位建立市直事业单位绩效工资发放情况专项检查制度。实施市直公立医院薪酬及院长（书记）年薪制度。10 月，出台《市直事业单位绩效工资发放情况专项检查制度（试行）》（台人社发〔2019〕76 号）。11 月，委托第三方机构先行对市直四家事业单位进行抽查审计。12 月，出台《台州市 2019 年市级公立医院绩效工资总量核定办法》和《台州市 2019 年市级公立医院院长（党委书记）年薪制实施办法》。核定 7 家市直公立医院绩效工资总量和院长年薪。开展机关事业单位工资福利事项办事流程优化培训。完成公安警长警员序列和警务技术序列套改和晋升工资确定工作，市本级首次套改 726 人，晋升 507 人。开展综合管理类公务员职级工资规范津贴补贴、市本级公务员职级套改和晋升工资变动审核工作。

【劳动关系】 6 月，在全市范围内对 200 家企业开展薪酬调查。9 月，发布 2019 年劳动力市场工资指导价位和部分技术工人职业（工种）分等级工资指导价位。完善劳动合同制度，提高劳动合同签订率至 99%，集体合同签订率达到 95%。

【劳动保障监察】 全年共查处欠薪案件 1351 件、涉及人数 3483 名、涉及金额 2837 万元，同比分别下降 35%、31%、44%，未发生重大影响社会稳定事件，劳动关系和谐稳定。全年共检查在建工程项目 2550 个，举办业务培训 30 多场次，近 2200 名工地负责人和劳资人员参加培训。11 月实施根治欠薪冬季攻坚行动，排摸检查企业 1664 家，责令补发工资 333.5 万元。全年共移送司法机关案件 30 件，公安立案 25 件。全市共对外曝光欠薪案件 133 件，26 家企业被列入"黑名单"。

【调解仲裁】 市本级办理各类信访咨询、投诉件 1000 多件，平均办件时长 0.49 天，满意率 99.37%。全市受理劳动人事争议案件 4558 件，结案率 95%，调解率 83%。与上海市宝山区仲裁院签订合作共建框架协议。

【信息化建设】 开展"社银联通"工程规范提升年建设，经办网点累计经办人社业务 81.27 万件，占全市人社系统省厅监测"最多跑一次"经办事项 77.92%。优化办理流程，提高办事效率，即办件 33 件，即办率达 76.7%；压缩办结时限 747 天，压缩率达 89.6%。创建无证明城市，通过内部核查、数据共享、告知承诺制等方式共减少证明材料 26 件。

142 个政务服务事项实现 100% 掌上办、网上办、跑零次，其中民生事项实现 100% 一证通办。全面完成人力社保业务一体化、就业信息系统市级集中和社保信息系统市级集中项目上线。在省内率先开通领取失业金人员手机人脸识别认证功能，取消每月现场签到。

制定出台企业职工退休"一件事"、企业员工招聘"一件事"、社保关系转移接续"一件事"、个体劳动者就业创业"一件事"、失业"一件事"方案，5 个"一件事"申请材料从 65 件压缩到 31 件，压缩率为 60%，办结时间从 163 天压缩到 60 天，压缩率为 62%。

全市电子社保卡签发 120 万张，签发率 20.2%；实现 2 分钟自助发卡，实体卡累计发放 584.6 万张，发卡率 95.4%。在台州市中心医院等 7 家市级医院开通电子社保卡扫码就医。在全市公共服务领域"最多跑一次"改革专项评议中获得第一名。

【对口支援和结对帮扶】 扶贫协作四川省阿坝州（松潘县、茂县）、乐山市（峨边县）、广元市（朝天区、旺苍县、苍溪县）、南充市（阆中市）地区，对口支援重庆市涪陵区（三峡库区移民）、西藏自治区那曲嘉黎县、新疆维吾尔族自治区农一师阿拉尔市、青海省海西州茫崖行委地区，对口合作吉林省通化市，结对帮扶三门县浦坝港镇桃峙村。东西部扶贫工作入选"中国就业十件大事及地方就业创新事件"。吸纳中西部 22 省贫困人口到台就业 64431 人，完成率 2159%；吸纳四川、贵州、湖北、吉林四省贫困人口到台就业 24833 人，完成率 3568%。

【获省级以上荣誉】

荣誉集体

1. 全国人力资源和社会保障系统 2017—2019 年度优质服务窗口
台州市就业失业服务窗口
2. 全国第四批创业孵化示范基地
台州大学生创业园

3. 全国第二批就业扶贫基地

利欧集团浙江泵业有限公司

4. 全国清理整顿人力资源市场秩序专项执法行动先进单位

台州市椒江区劳动监察大队

5. 浙江省2018—2019年度"无欠薪"县（市、区）

台州市椒江区

台州市黄岩区

台州市路桥区

临海市

6. 全省人社系统绩效考评优秀单位

台州市椒江区人力资源和社会保障局

台州市黄岩区人力资源和社会保障局

台州市路桥区人力资源和社会保障局

临海市人力资源和社会保障局

温岭市人力资源和社会保障局

天台县人力资源和社会保障局

仙居县人力资源和社会保障局

7. 省市县党政领导人才工作目标责任制考核优秀单位

台州市椒江区

8. 省级构建和谐劳动关系先进组织

台州市人力资源和社会保障局

临海市人力资源和社会保障局

天台县总工会

温岭市工商业联合会

9. 省级构建和谐劳动关系先进集体

中新科技集团股份有限公司

方远建设集团股份有限公司

浙江台州一罐食品有限公司

腾达建设集团股份有限公司

浙江万盛股份有限公司

拓卡奔马机电科技有限公司

台州法雷奥温岭汽车零部件有限公司

浙江中马传动股份有限公司

玉环普天单向器有限公司

浙江圣达生物药业股份有限公司

浙江仙居农村商业银行股份有限公司

浙江元创橡胶履带有限公司

恒勃控股股份有限公司

天台经济开发区

10. 省级构建和谐劳动关系无欠薪工作先进单位

玉环市劳动保障监察大队

11. 省级构建和谐劳动关系先进基层调解组织

台州市椒江区海门街道劳动人事争议调解中心

台州市路桥区金清镇劳动人事争议调解中心

温岭市松门镇劳动人事争议调解中心

玉环市大麦屿街道劳动人事争议调解中心

12. 省级信访工作成绩突出单位

台州市路桥区人力资源和社会保障局

天台县人力资源和社会保障局

13. 省劳动人事争议案件处理成绩突出基层调解组织

温岭市城东街道劳动人事争议调解中心

仙居县南峰街道劳动人事争议调解中心

玉环市大麦屿街道劳动人事争议调解中心

三门县珠岙镇劳动纠纷多元化解中心

14. 省劳动人事争议案件处理工作成绩突出单位

临海市人力资源和社会保障局

温岭市人力资源和社会保障局

三门县人力资源和社会保障局

15. 省劳动人事争议"互联网＋调解仲裁"成绩突出仲裁院

台州市黄岩区劳动人事争议仲裁院

天台县劳动人事争议仲裁院

仙居县劳动人事争议仲裁院

16. 省劳动人事争议案件处理工作成绩突出派出庭

台州市椒江区劳动人事争议仲裁委员会海门街道仲裁庭

台州市路桥区劳动人事争议仲裁委员会金清镇派出庭

17. 省博士后科研工作站

浙江天台药业有限公司

浙江司太立制药股份有限公司

浙江中兴减震器制造有限公司

浙江八环轴承股份有限公司

浙江民泰商业银行股份有限公司

浙江诚信医化设备有限公司

浙江中马传动股份有限公司

18. 东西部扶贫协作获省厅表扬信

台州市人力资源和社会保障局

椒江区人力资源和社会保障局

黄岩区人力资源和社会保障局

路桥区人力资源和社会保障局

临海市人力资源和社会保障局

温岭市人力资源和社会保障局

玉环市人力资源和社会保障局

天台县人力资源和社会保障局

仙居县人力资源和社会保障局

三门县人力资源和社会保障局

19. 省人社系统法治知识竞赛一等奖、优秀组织奖

台州市人力资源和社会保障局

20. 省劳动人事争议调解员、仲裁员业务技能竞赛优秀组织奖

台州市人力资源和社会保障局

21. 省示范数字档案室

台州市人力资源和社会保障局

22. 省"最美离退休干部党支部"

天台县人力资源和社会保障局离退休干部党支部

荣誉个人

1. 省级构建和谐劳动关系劳动争议优秀仲裁调解员

台州市黄岩区江口街道劳动争议调解委员会　解正东

临海市杜桥镇劳动争议调解委员会　黄元荣

玉环市劳动人事争议仲裁院　方直栋

三门县劳动人事争议仲裁院　李世平

天台县劳动人事争议仲裁院　潘哲锋

2. 省创建和谐劳动关系先进个人

临海市总工会权益保障部部长　吕邢丹

3. 省劳动人事争议案件处理工作成绩突出仲裁员

台州市劳动人事仲裁院　管旦阳

台州市黄岩区劳动人事争议仲裁院　潘倩瑜

台州市路桥区劳动人事争议仲裁院　陈方华

临海市劳动人事争议仲裁院　金卫东

温岭市劳动人事争议仲裁院　蔡灵巧

玉环市劳动人事争议仲裁院　黄山

天台县劳动人事争议仲裁院　蔡栋楠

仙居县劳动人事争议仲裁院　张贵

三门县劳动人事争议仲裁院　任文晖

4. 省劳动人事争议案件处理工作成绩突出调解员

台州市总工会劳动人事争议调解中心
　　　　　　　　　　　　　　黄军辉
台州市椒江区三甲街道劳动人事争议调解
　　中心　　　　　　　　　　汤庆树
台州市黄岩区北城街道劳动人事争议调解
　　中心　　　　　　　　　　叶曦
浙江头门港经济开发区管委会劳动人事争
　　议调解中心　　　　　　　葛建能
临海杜镇社会矛盾纠纷调处化解中心
　　　　　　　　　　　　　　黄元荣
温岭市太平街道劳动人事争议调解中心
　　　　　　　　　　　　　　元剑广
玉环市大麦屿街道劳动人事争议调解中心
　　　　　　　　　　　　　　杨连慧
天台县平桥镇劳动人事争议调解中心
　　　　　　　　　　　　　　徐朱佑
仙居县劳动人事争议调解中心　　泮洁
三门县人民政府海游街道劳动人事争议调
　　解中心　　　　　　　　　陈娇华

5. 省劳动人事争议仲裁员业务技能竞赛三等奖

天台县人力资源和社会保障局　　蔡栋楠
仙居县劳动人事争议仲裁院　　　泮洁

6. 全国离退休干部先进个人称号

天台县人力资源和社会保障局退休干部
　　　　　　　　　　　　　　王祖英
　　　　　　　　　　　　　（李宗伟）

丽水市

【城乡就业】 全市城镇新增就业 35662 人，同比增长 58.2%；城镇失业人员再就业 21003 人，完成目标任务的 318.2%；城镇登记失业率 1.87%，控制在 3% 的目标之内。大力促进城乡居民增收，城镇常住居民人均可支配收入 46437 元，同比增长 9.1%，增速居全省各市首位。丽水市人民政府出台《关于支持企业用工促进就业稳定的十五条意见》（丽政发〔2019〕18 号），从支持企业健康发展、鼓励自主创业就业、提升劳动者职业技能、提升基层公共就业服务水平四个方面，全面落实党中央、国务院和省政府关于稳就业工作的决策部署。市人力资源和社会保障局出台《丽水市本级支持企业用工促进就业稳定相关政策实施细则》（丽人社〔2019〕125 号），明确申报对象、申报条件、补助标准、申请材料、办理流程，确保各项就业创业政策全面落实。市人力资源和社会保障局联合中国人民银行丽水市中心支行、市财政局出台《丽水市本级创业担保贷款专题工作会议纪要》，对创业担保贷款申请条件、申请额度等方面进行细化。市人力资源和社会保障局联合市财政局出台《关于明确失业保险相关政策实施细则的通知》（丽人社〔2019〕124 号），着力提升失业保险服务能力，切实保障失业人员基本生活，加强失业保险基金管理风险防控。市人力资源和社会保障局出台《养老、家政服务和现代农业企业创业就业补贴实施细则》（丽人社〔2019〕174 号），进一步明确养老、家政服务和现代农业企业创业就业补贴申领条件、流程，确保政策落实到位。

落实稳岗政策，启动企业社会保险费返还工作，全市失业保险基金共向企业返还社保费 3.62 亿元，惠及企业 10665 家、职工 10.34 万人，其中市区返还 1.31 亿元。继续实施失业保险单位缴费比例下调政策，失业保险单位费率由 1% 降为 0.5%，个人费率仍按 0.5% 执行，截至12月底,全市今年减征企业失业保险费7606万元。将服务企业用工摆在突出位置,共组织人力资源交流大会111场,参加招聘单位4449家,提供招聘岗位10.8万余个,达成意向数为20643人。组织开展以"就业政策惠民企,就业服务促发展"为主题的民营企业招聘周活动,签订就业(意向)协议2314人,其中高校毕业生370人,就业困难人员135人,建档立卡贫困人员28人。搭建校企合作平台,组织院校和企业参加2019年浙江省技能人才校企合作洽谈会及宁波就业实践校企合作洽谈会,为企业转型升级积极助力。实施职业培训"百千万"计划,举办首期创业师资训练营,对在丽高校大学生开展"启航行动"创业培训计划,全市共举办606个培训班,投入培训补贴资金1716.5万元,组织培训30284人,其中创业培训7267人(含大学生1273名),分别完成目标任务的151.42%和145.34%。制定《家政服务组织基本要求》和《家政服务从业人员基本要求》等两个丽水市家政服务业地方标准,建设丽水市家庭服务业联合工会之家,开展家庭服务从业人员培训、家政服务带头人培训,提升从业人员能力素质。

开展就业援助月专项活动,共走访就业困难人员家庭405户,登记认定未就业困难人员116名,其中残疾困难人员人数7名,帮助就业困难人员实现就业656人,帮助1499名就业困难人员享受政策,提供公共就业服务人数7.4万人次。市人力资源和社会保障局出台《关于做好2019年青年就业见习工作的通知》(丽人社〔2019〕107号),稳步推进就业见习工作,全市共有见习基地468家,提供企业见习岗位2212个。市人力资源和社会保障局出台

《关于推进2019年社区(村)公益性岗位开发的通知》(丽人社〔2019〕78号),深入推进社区(村)公益性岗位开发工作,全市共有社区(村)公益性岗位1669个,吸纳低收入农户成员和就业困难人员1323人,分别完成目标任务的119.2%和132%。市人力资源和社会保障局出台《关于推进2019年高质量就业社区(村)建设工作的通知》(丽人社〔2019〕144号),有序推进高质量就业社区(村)创建工作,建成301个高质量就业社区(村)。

落实各类创业扶持政策,新增创业担保贷款8283.6万元,同比增长67.01%,扶持创业3168人,扶持创业带动就业15348人。连续五届举办"奇思妙想,创赢绿谷"创业创新大赛,共举办各类创业活动168场次。成功举办2019中国(丽水)超市创业创新展示交流会暨高峰论坛,有88家展商参展,吸引近3000名业内人士和群众观展,达成合作意向360笔,涉及金额2080万元;发布针对外出超市创业者的贷款产品"乡贤超市贷";表彰超市创业典型85个;我市被中国商业企业管理协会授予"中国超市创业之乡"称号,活动先后被新华社、中国新闻网、浙江卫视、学习强国平台、《中国劳动保障报》和《中国劳动保障》杂志报道。"丽创荟"正式通过国家商标总局审核批复,获颁商标注册证书,市县两级举办的创业展示交流、创业大赛、创业讲堂、创业沙龙等统一冠名"丽创荟"的主题活动超过210余场,服务创业者6万多人次。发布首个创业担保贷款品牌"丽创贷",推广复制申请创业担保贷款"线上办""代跑办"模式,开展小微创业政策精准服务系列活动。"缙云烧饼"创业培训项目入选全国就业创业服务展示交流活动,"云和师傅"入

选全国 40 个典型劳务品牌。打造创业创新孵化载体，新认定市级创业园 5 家，市级创业示范园 4 家，全市已建成创业园 24 家，入驻创业实体 1194 个，带动就业 9206 人，依托园区开展 2019 年"创业绿谷乐业丽水"创业服务系列活动 55 场，服务 1.65 万人次。

市人力资源和社会保障局印发《关于进一步推进东西部扶贫劳务协作的通知》（丽人社〔2019〕14 号），制定市、县两级《对口帮扶、支援（合作）劳务协作工作方案》，建立完善跨区域劳务协作机制。先后两次赴四川广元、巴中开展招聘活动，丽水用工企业参加现场招聘 179 家，代理招聘 138 家，共提供岗位 12700 多个（包含爱心岗位 1048 个），现场达成就业意向 1568 人，其中建档立卡贫困劳动力 339 人。开展 2019 年东西部扶贫劳务协作建档立卡贫困人员在我省就业情况核实工作，对建档立卡贫困人员实行"进、管、出"动态精准管理，对新增来浙和离浙建档立卡人员开展就业情况核查；对在浙稳定就业，有住房、子女教育、残疾帮扶等需求的建档立卡人员，开展一对一的精准帮扶。

【社会保险参保情况】 聚焦灵活就业人员、新业态从业人员、私营企业和个体工商户从业人员等重点人群分类施策，进一步扩大参保覆盖面，全市养老保险参保人数 185.93 万人，较上年末新增 11.36 万人，参保率达到 97.48%；工伤保险参保人数达 59.33 万人，净增 2.28 万人；失业保险参保人数 273941 人。全市失地农民基本生活保障参保人数 3.24 万人，共办理征地保障转保职工养老 1.1 万人。

【社会保险政策】 市人力资源和社会保障局、市财政局出台《关于建立城乡居民基本养老保险待遇确定和基础养老金正常调整机制的通知》（丽人社〔2019〕242 号），建立激励约束有效、筹资权责清晰、保障水平适度的城乡居民基本养老保险待遇确定和基础养老金正常调整机制。市人力资源和社会保障局、市财政局出台《关于调整市区被征地农民基本生活保障金标准的通知》（丽人社〔2019〕153 号），从 8 月 1 日起，市区被征地农民基本生活保障金标准与低保标准同步调整，第三档由原来 700 元／月提高到 770 元／月，其他档次同比例提高。完成退休人员基本养老金调整工作，涉及企业退休人员 24.3 万人，月人均增加 126 元。市人力资源和社会保障局办公室出台《关于贯彻落实贫困人员城乡居民基本养老保险应保尽保工作的通知》（丽人社办〔2019〕3 号），对年满 60 周岁、未领取国家规定的基本养老保险待遇的我市户籍低保对象、特困人员进行全面梳理，自 2018 年 12 月 1 日起，将其纳入城乡居民基本养老保险制度，按月发放城乡居民基础养老金。落实《关于进一步做好我市残疾人参加城乡居民基本养老保险工作的通知》（丽人社〔2018〕341 号），从 2019 年 1 月 1 日起，我市持证残疾人参加城乡居民基本养老保险的，政府按最低缴费标准予以全额补助。市人力资源和社会保障局会同市税务局、市财政局、市医保局对制造业、交通运输业、建筑业等行业企业实施阶段性集中降费，全市共计 12704 户企业享受优惠，合计金额 16727.18 万元。

【社会保险经办管理】 探索社保基金数字化管理模式的应用，完成了"丽水市社会保险基金财务集中管控平台"的建设工作，在全省率先实现财务管理市级统一集中管控，累计完成各类基金待遇支付317.73万笔，金额67.97亿元。在景宁县开展人力社保"综合柜员制"服务规范标准化建设试点工作，制定发布市级地方标准。开展养老保险待遇领取人员信息核实和社保数据整理工作。按照"按时接收、平移征管、提质增效、逐步规范"的原则，稳妥有序做好城乡居民基本养老保险费征管职责划转工作，城乡居民基本养老保险费自2019年1月1日起由税务部门统一征收。推动"人力社保+平台"便民服务、"人力社保+银行"网点就近服务，80%以上社保"最多跑一次"事项实现"就近跑一次"服务延伸，58项社保业务服务延伸至全市173个乡镇（街道）和152个农商银行服务网点。实现企业社会保险单位参保登记、员工新参保与企业设立登记同步入库，企业开办全流程"一件事"一日办结，实现企业注销与市场监管局企业注销同步，为企业营造良好的创业创新环境。共完成劳动能力鉴定31批次，面检鉴定4200人，较去年同期增长30%，其中申请因工鉴定4030人，因病鉴定160人，委托鉴定10人。

丽水市人民政府办公室出台《关于印发丽水市社会保障市民卡建设工作方案的通知》（丽政办发〔2019〕33号），要求以发行电子社保卡和升级换发第三代社会保障卡为基础，建设"一卡多能、应用集成、便民高效"的丽水市社会保障市民卡运营保障体系，建成集成社会保障、医疗保障和金融功能，并加载公共交通、卫生健康、文化旅游等其他公共服务功能应用的智能IC卡，包括同步建成的基于新型数字载体的"电子市民卡"。截至年底，基本建成电子社保卡应用支撑平台，发行电子社保卡49.6万张，已实现利用电子社保卡在医保协议药店扫码购药、在乡镇卫生院电子社保卡扫码就医、在人社服务窗口使用电子社保卡扫码办事。第三代社保卡发行已获得人社部和人民银行的批准。社保卡持卡人数277万人，新增持卡人数13.6万人，快速发卡网点增加到115个，社保卡公共服务事项全部实现"网上办""掌上办""一证通办""全省通办"。

【**人才引进与开发**】　根据《丽水市138人才工程（2011—2020年）实施意见》（丽委办〔2011〕113号）精神，选拔138人才第一层次20人，第二层次60人，兑现省151人才工程培养人员资助经费32万元。组织专家开展E类人才认定评审工作，评审认定15人符合E类人才资格条件，发给E类人才认定证书，并享受相应人才津贴。根据《丽水市"首席专家"选聘与管理办法（试行）》（丽委人〔2014〕11号），对首席专家在聘期年度内的实际工作绩效、研发水平、团队建设、实现岗位目标等情况进行考核，并根据考核结果兑现激励性绩效工资。举办第三批重点企业技术创新团队建设情况年度汇报会，10家重点企业技术创新团队的企业负责人和团队带头人就建设任务、创新成果、人才队伍建设、资助资金使用等内容作了汇报和交流。开展百千万人才工程国家级人选、省有突出贡献中青年专家、省"万人计划"青年拔尖人才人选推荐工作。编制发布《丽水市2019—2020年度紧缺人才开发导向目录》。在浙江大学华家池校区举办2019年市138人才高级研修班，全市48位培养管理期内的省151人才工程和市138人才工程培养人员参加研修。

组织 50 名人力资源服务业企业负责人和企业人力资源部门负责人，参加在丽水学院举办的高研班。组织申报的浙江臻泰能源科技有限公司胡强博士的"新型高温燃料电池及其系统"项目成功入选 2019 年度"中国留学人员回国创业启动支持计划"（优秀类），获 20 万元资助。开展精准服务企业专项行动，实施"百名专员联千企"活动。启动建设丽水人力资源服务产业园筹备工作，开展政策梳理、园区选址、规划设计、经费测算等多项前期工作，提出了初步建设规划方案。

2019 丽水人才·科技峰会期间，承办全国"两山"发展人才论坛、长三角一体化人才社团联盟论坛、"人才金桥"合作单位代表丽水行、人才创业创新成果展四项子活动。编制《2019—2020 年丽水市紧缺人才开发导向目录》，引进急需紧缺人才和高校毕业生 15373 名。开展赴外各类大型引才活动 24 余场，其中我市专场招聘会 12 场，组团参加省厅招聘会 12 场，活动足迹遍及全国 10 个省份，参与单位近 700 家。"人才金桥"工程新增北京林业大学为合作高校，我市已与 38 所高校和 17 所知名机构建立"人才金桥"合作关系。召开浙江大学研究生社会实践基地启动仪式，3 家用人单位接收 15 名浙江大学研究生开展社会实践工作，浙江丽水基地获"浙江大学 2019 年研究生社会实践先进基地"称号。举办丽水籍在沪大学生座谈会，50 位丽水籍在沪大学生以及丽水籍上海高校老师代表、丽水籍在沪创业青年代表共话丽水未来，共谋家乡发展。开展丽水市职业技能提升行动暨校企合作推进活动，搭建企业与院校机构合作共赢和创新发展平台，共有 36 所院校、120 家企业参加。开展 2018 年度高层

次人才享受人才津贴对象申报工作，市本级、丽水经济技术开发区及莲都区有 1582 人申报享受人才津贴，其中专技人才 1349 人、紧缺技能人才 233 人，分别发放人才津贴 1344.55 万元和 149.1 万元，合计 1493.65 万元。共接待各类人才政策及业务咨询 8000 余人次，人才卡申请业务 880 件。持续开展"最美人才服务专员"选树、高层次人才健康体检工作，高校毕业生就业手续办理"零次跑"，流动人事档案管理已实现全面数字化，变"纸"服务为"智"服务。修改和完善《丽水市首期人才公寓租住管理实施细则（试行）》，变"先审核后入住"为"先入住后审核"，办理完成人才公寓申请业务 121件，极大方便来丽人才的工作和生活。高级人才联合会、市博士联谊会举办了首届趣味高联会运动会、"为祖国献歌"合唱联谊活动、丽水市科学讲坛瓯江中医药论坛等活动，全年举办各类活动近 60 场。

【专业技术和留学人员管理】 实施"双百引领计划"，完成"双百引领计划"第四批挂职人才匹配、协议签订备案等工作，共选派挂职人才 60 人、挂职企业 56 家，涉及机械、电子、农林、行业等 8 大行业。完成第二批挂职人才期满综合考核、第三批挂职人才中期考核工作，选树先进挂职人才 15 人。加大博士后工作站建站和博士后研究人员招收力度，新设立及授牌博士后工作站 6 家，招收博士后研究人员 5 人，6 人获省级博士后科研项目择优资助。实施"千名企业骨干人才培育计划"，完成第一批 400 名企业骨干人才的遴选认定、建档以及首批培训工作，进一步加强我市企业骨干人才队伍建设，激发人才成长动力，增强企业创新活力，为企

业发展提供人才支撑。组织开展省、市级现代服务业和专业技术人员高级研修班申报遴选工作，获批入选省级高研班 7 个，其中现代服务业高研班省级资助 1 个、专业技术人员高研班省级一般资助 2 个、自筹 4 个；遴选市级高研班项目 6 个。组织开展"宁波专家丽水行"对口支援服务活动，来自教育、卫生、农林等领域的 15 名专家深入学校、医院和农村提供精准的技术指导和帮扶，共举办专家讲座 11 场，座谈交流 10 场，观摩教学 13 场，进行医患交流 110 人次，提供农业技术指导 15 人次。

进一步深化职称制度改革，全年职称评审通过 4878 人，其中高级 359 人，中级 1830 人，初级 2689 人。截至 2019 年底，我市共有专业技术人员 118335 人，其中高级 11341 人，中级 41367 人，初级 65627 人。开展 2018 年度职称改革督察工作，对卫生、中小学领域以及市农业中评委、市建筑工程中评委进行重点检查，全面完成职称制度改革督查复审工作。全市医共体、市直中小学自主评聘工作全面铺开。建立健全农业、林业生产经营主体人才评价机制，助力乡村振兴人才发展。开展工程类职称企业自主评价试点工作，遴选试点企业 11 家为历年之最。完成大中专毕业生职称初定和各系列职称评审工作。启用"云上职评"系统，在大中专毕业生职称初定和企业工程职称评审先行先试，其中初定职称实现全流程电子化受理，全年共有 1639 人通过"云上职评"管理系统取得相应专业技术资格。按照"最多跑一次"理念，为专业技术人员提供高效、便捷的继续教育公需科目学习平台，从报名到获取合格证书全程网络上实现，全年培训 20410 人。

【职业能力建设】 2019 年，共培养高技能人才 4320 人，组织技能鉴定 2.49 万人次。丽水市人力资源和社会保障局出台《丽水市职业技能提升行动实施方案（2019—2021 年）》（丽人社〔2019〕239 号），以"稳就业、广扶持、促提升、抓实效"为导向，大规模开展职业培训，着力培养一支知识型、技能型、创新型技能人才队伍，2019 年职业技能培训 39703 人次。抓好高技能人才培养平台建设，龙泉市青瓷宝剑技师学院（筹）入选国家级高技能人才培训基地建设项目，建成 2 家省级技能大师工作室和 10 家市级技能大师工作室。加强高技能人才建设项目的管理，我市陈爱明国家级技能大师工作室顺利通过人社部考核。开展"百千万"高技能领军人才的选拔工作，培养拔尖技能人才 10 名，优秀技能人才 101 名。举办 2019 年丽水市"五养"职业技能竞赛，通过竞赛选出包含中式烹调、美发、茶艺、摄影、母婴护理（育婴员）、民宿管家 6 个项目（工种）30 名"五养"技能大师和 30 名丽水市技术能手，并通过产业推介、"五养"技能大师座谈会、"五养"产业发展论坛等方式，按照"一县一品牌"的指导思想，助力产业发展。突出助力区域产业发展和规范技工院校管理两大任务，支持以特色专业为重点的龙泉市青瓷宝剑技师学院（筹）和以特色管理为重点的丽水市技工学校建设，推进龙泉市青瓷宝剑技师学院（筹）的摘筹工作。促成丽水市技工学校、杭州轻工技师学院、华润三九众益制药有限公司签订企校合作三方协议，确定定制培养、双向互动、定向招才的合作方式。实施多元化评价方式，以壶镇带锯床行业为单位实施技能人才自主评价，在艾莱依集团开展服装缝纫专项职业能力考核规范自主评价，选树省市技能人才自主评价引领企业 9 家。确定纳爱斯集团、维康药业、丽汽集团、意尔康集团、浙江元立集团等 5 家规上企业作为首批技能等级试点企业。打造"绿谷工匠精神"的区域品牌工匠精神，在全市选择 10 名高技能人才代表，拍摄《绿谷工匠精神》微视频，在培训机构、技工学院中广泛宣传，以身边的技能成才故事，在全市弘扬工匠精神，树立工匠地位。

【事业单位人事管理】 根据市委深化改革领导小组要求，做好机构改革人员转隶工作，涉及事业单位 74 家，转隶人数 788 人（其中事业单位人员 755 人，工勤人员 35 人）。协助市委组织部开展第六轮巡视"选人用人"检查，推进处级事业单位和重大领域事业单位改革。开展三级岗位拟聘用人选评审工作，经过资格审核、专家组评审、会议研究、社会公示等程序，最终杨乐平等 36 位同志被评为丽水市第五批三级岗位人员。中共丽水市委组织部、市人力资源和社会保障局联合出台《关于开展第六批事业单位专业技术二级岗位拟聘人员申报工作的通知》（丽人社〔2019〕87 号），纪建松等 5 位同志被评审为丽水市第六批专业技术二级岗位拟聘用人选。开展事业单位公开招聘工作，共招聘高层次、紧缺人才 134 人，其中高校 44 人，市直医院 90 人；招聘卫技人员 183 名，中小学教师 70 名。赴西藏招聘少数民族工作人员，完成市公安局 20 名辅警和市检察院 30 名司法雇员招聘。推进事业单位人事管理信息化建设，建成事业单位人事管理系统。做好事业单位岗位聘用变动（晋升）审核工作，共审核岗位变动 296 批次，涉及 1822 人。推进市属 4 家生产经营类事业单位改制工作，4 家事业单位均已完成资产评估和审计工作。按照统筹兼顾、资源均衡、有保有压、突出重点，与全市教育事业发展相适应的原则，完成全市中小学专业技术岗位结构比例调整。做好专业技术人员离岗创业创新和事业单位编外用工招聘审核备案工作。截至 2019 年底，全市事业单位共计 2887 家，从业总人数 65275 人，正式在册工作人员 53534 人，其中管理人员 5944 人，专技人员 49093 人（其中包含双肩挑人员 3050 人）、工勤人员 1547 人，其他（非正式）从业人员 11741 人。

组织实施人事考试 39 项，应考人数 38586 人，查处考试违纪违规人员 24 人，其中纳入浙江人事考试网诚信记录 8 人。全市各级机关公务员录用考试首次在下辖所有县（市、区）设考点，市人事考试院制定《2019 年丽水市公务员招录考务工作标准》（试行），对从招考公告发布到考试成绩公示的整个工作流程作出了细致全面的规定，启用公务员招录考试视频调度指挥中心，全市各考点的视频信息实时传输到指挥中心，实现了统一调度、统一指挥、视频会议和数据共享的目的，搭建起了一个全方位、多层次、高效率的指挥控制平台。严厉打击考试违规违纪行为，邀请公安机关派员进驻考点，邀请无线电管理局派无线电台监测车对考场周边无线电信号进行屏蔽，在全国计算机技术和软件专业技术资格考试中查处一起利用手机聊天 APP 传递试题答案的考试作弊案件，查获涉案人员 15 人，其中 1 人已被执行行政拘留。

【工资福利】 市人力资源和社会保障局、市财政局、市卫生健康委员会联合出台《关于印发〈丽水市市本级公立医院薪酬总量核定办法（试行）〉的通知》（丽人社〔2019〕227 号），按照总量控制、适度增长、自主分配、激励引导的原则，进一步改革完善适应行业特点的公立医院薪酬制度。中共丽水市委组织部、市人力资源和社会保障局、市财政局联合出台《关于进一步规范市本级机关事业单位劳务费支出管理的通知》（丽人社〔2019〕238号），进一步贯彻厉行节约有关规定，按照合理必须的原则，规范市本级机关事业单位劳务费等支出管理。完善基层卫生机构绩效工资政策，建立基层卫生机构绩效工资正常调整机制，绩效工资上浮比例与门诊、住院业务量挂钩。完成2018年度各类奖金津贴的发放建议工作，调整机关公务员退休人员非领导职务养老待遇。配合相关部门做好巡视整改工作，在全市范围内开展违规发放津补贴情况的自查自纠，针对自查自纠中部分单位存在的问题，督促各有关单位整改到位。根据国家统一部署，做好全国公务员工资试调查的统计工作。开展网络版工资管理系统信息采集工作，对市本级352家单位13324人进行信息采集。

【劳动关系】 丽水市构建和谐劳动关系工作领导小组办公室出台《关于印发〈丽水市推进技术工人工资集体协商的实施意见〉的通知》（丽构建办〔2019〕2号），推进技术工人工资集体协商工作，完成了云和、缙云4家企业的试点工作，推动建立与技能水平相挂钩的薪酬分配体系。举办"和谐之美劳动之赞'迎五一'丽水市暨莲都区'双爱'宣传周劳动法律法规咨询活动"和"劳动法律法规主题灯谜"活动，为群众提供面对面的劳动法律法规、维权、社保、掌上人社操作、电子社保卡申领等专业化咨询服务，共提供现场服务300余人次，发放各类宣传材料500余份，有效提高了"双爱"活动的知晓率和影响力。在9月召开的全省全省构建和谐劳动关系先进表彰会上，我市共有21个集体和9名个人获得表彰，其中，省级和谐企业12家，和谐园区1个。丽水市人力资源和社会保障局出台《关于在外商投资企业中开展特殊工时审批清单式改革试点工作的通知》（丽人社〔2019〕26号），在我市外商投资企业中开展特殊工时审批清单式管理工作。创新工资指导价位发布机制，把我市薪酬调查企业数量增加到450家，确保岗位的多样性和工资数据的准确性，丽水市人力资源和社会保障局出台《关于全面建立人力资源市场工资指导价位制度的通知》（丽人社〔2019〕38号），在每年发布全市人力资源市场工资指导价位的基础上，各县（市、区）同时发布当地主导及特色产业相关岗位工资指导价位，使其更符合丽水实际，更具指导性。进一步推进市管企业负责人薪酬制度改革和国有企业工资决定机制改革工作，完成了市管企业负责人2018年度薪酬兑现和市属企业情况摸底工作，基本确定2019年我市市属一级国有企业共32家，分属14家市直单位。

【劳动保障监察】 推进"丽水无欠薪"建设，龙泉、莲都、云和、青田、景宁、遂昌6个县（市、区）已通过"无欠薪"县（市、区）验收。市防范处置企业欠薪工作领导小组办公室开展实体化运作，统筹协调全市保障农民工工资支付工作的调度指挥和案件处理，切实形成治欠保支合力。召开全市防范处置企业拖欠工资工作电视电话会议，对全市春节前防范处置企业拖欠工资工作进行部署，开展全市欠薪隐患专项整治，并对重点案件进行挂牌督办。成功处置衢宁铁路丽水段建设项目、丽嘉花园项目、丽水处州府城项目等一批重点欠薪案件。在全市范围内对招用农民工较多的建筑施工、加工制造等劳动密集型企业，开展农民工工资支付情况专项检查活动。对辖区所有在建工程项目用工实名制管理、按月足额支付工资、分账管理、银行代发工资、施工现场维权信息公开等各项长效机制的和落实情况进行逐一排查。全市各级人力社保部门共主动巡查各类用人单位6097户，审查用人单位报送的书面审查材料15713份；处置各类欠薪案件929件，涉及劳动者6514人，清欠金额1.97亿元；向公安机关移送拒不支付劳动报酬案件9起。向社会公布重大劳动保障违法行为22起，5家用人单位被列入拖欠工资"黑名单"。

【调解仲裁】 推进调解仲裁庭审系统网络平台建设，建成全流程在线办理的劳动人事争议维权平台。健全基层调解组织，在全市60%的乡镇（街道）推进乡镇（街道）劳动纠纷多元化解机制建设，设立"夕阳红"调解室。全市共处理劳动人事争议案件2129件，涉及劳动者2268人，涉案金额7024.77万元，结案2122件，结案率96.11%；其中调解结案1740件，调解率82%。加强长江三角地区劳动人事争议调解仲裁合作，丽水和奉贤两地劳动人事仲裁机构开展交流活动。在全省劳动人事争议调解员、仲裁员业务技能竞赛中，2人分获个人二、三等奖，丽水市人力资源和社会保障局获竞赛优秀组织奖。丽水市人力社保局在全省劳动人事争议仲裁案件查评处理中获成绩突出单位，丽水市人事仲裁院获全省劳动人事争议"互联网＋调解仲裁"成绩突出单位，全市9名仲裁员、9名调解员荣获全省优秀仲裁员和优秀调解员荣誉称号。

【信息化建设】 率先全市采用受办分离模式，全力推进自建系统与市"一窗平台"对接，完成"一件事""好差评"系统对接。实现"掌上人社"整入"浙里办"，做好掌上人社引流工作。推进人社数字化转型，实现市人力社保数据中心与市数据共享平台对接，依托"全域一证通办"系统，已申报获取到部门的共享信息50余项和申请接口137个，可查询获得非公营业执照、火化证明、在编身份证明等方面的信息共享，减少了部门间办事的证明材料流转。市本级、庆元县和青田县开展专网安全管控体系试点建设工作，通过项目建设，和省厅专网安全管控体系对接，系统实行市县两级部署、与省厅联动运行模式，进一步提升丽水市人力社保安全防范能力。推进丽水市社会保障卡、市民卡、职称评审和人事管理系统、人力社保一体化业务经办平台、社会保险两费征管改造、人力资源和社会保障专网整合、社保业务系统省集中等信息项目建设。

【最多跑一次改革】 深入推进"最多跑一次"改革，政务服务事项开通网上办理率达到100%、民生事项一证通办率达到100%、跑零次实现率达到100%、材料电子化率达到100%、政务服务事项"掌上办"率达到100%、承诺期限压缩比达到97.37%、即办率达到96.4%。推进民生和企业"一件事"联办，实现社保关系转移接续等5个"一件事"上线运行。率先完成省市一体化办事平台对接，社保卡和机关保的17个事项已实现全省通办，丽水人在外地可以办理相关业务，外地人在丽水也可以办理所在地业务。全面实施"好差评"工作，实现服务好与差，群众来评价。我局"最多跑一次"改革工作在市委市政府年底考核中得分蝉联市直部门第一。

市人力资源和社会保障局被列为全省人力社保系统机关内部"最多跑一次"改革试点单位，针对机构改革职能划转，对机关内部"最多跑一次"事项进行动态调整，率先全省将职称评审类事项纳入改革，共梳理和实施机关内部"最多跑一次"事项53项。大力推进线上办，网上可办率达到100%。推进机关内部"一件事"改革，共整合完成事业单位工作人员退休、选聘、晋升、降级、市本级之间交流人事关系转移、同一主管单位交流人事关系转移、解除和终止合同等7个"一件事"的流程再造，其中退休、事业单位选聘"一件事"上线运行，改革试点工作取得一定成效，我局先后在全省系统"最多跑一次"改革推进会和全市"最多跑一次"改革工作例会暨深化部门间"最多跑一次"改革推进会作了典型发言。

【获省级以上荣誉】

荣誉集体

1. 第二届全国创业就业服务展示交流活动优秀项目奖

缙云县人力资源和社会保障局

2. 全国人力资源社会保障系统2017—2019年度优质服务窗口

丽水市景宁畲族自治县社会保险事业服务中心

3. 2019年度全省劳动人事争议案件处理成绩突出单位

丽水市人力资源和社会保障局
丽水市莲都区人力资源和社会保障局
云和县人力资源和社会保障局
缙云县人力资源和社会保障局

4. 2019年度全省劳动人事争议"互联网＋调解仲裁"成绩突出仲裁院

丽水市人事劳动仲裁院
庆元县人事劳动仲裁院
龙泉市人事劳动仲裁院

5. 2019年度全省劳动人事争议调解员、仲裁员业务技能竞赛决赛荣获竞赛优秀组织奖单位

丽水市人力资源和社会保障局

6. 2019年度全省劳动人事争议案件处理成绩突出基层调解组织

云和县白龙山街道劳动人事争议调解中心
缙云县五云街道劳动人事争议调解中心

7. 2019年度全省劳动仲裁先进集体

莲都区人力资源和社会保障局

8. 浙江省人力社保系统窗口单位业务技能练兵比武竞赛优秀组织奖单位

丽水市人力资源和社会保障局

9. 第五轮省级创建和谐劳动关系暨双爱活动先进集体与先进基层调解组织

丽水市莲都区人力资源和社会保障局
景宁畲族自治县人力资源和社会保障局
云和县人力资源和社会保障局
丽水市莲都区碧湖镇劳动人事争议调解中心
龙泉市塔石街道劳动人事争议调解中心
景宁县鹤溪街道劳动人事争议调解中心

10. 全省"七五"普法中期成绩突出集体

景宁畲族自治县人力资源和社会保障局

11. 东西部扶贫协作工作获浙江省人力资源和社会保障厅书面《表扬信》表扬单位

青田县人力资源和社会保障局

松阳县人力资源和社会保障局

缙云县人力资源和社会保障局

12. 省"无欠薪县"创建成功（达到"无欠薪"建设标准）

遂昌县人力资源和社会保障局

莲都区劳动监察大队

景宁畲族自治县人力资源和社会保障局

13. 2018年度全省劳动人事争议基层调解优秀单位

松阳县人事劳动争议仲裁院

14. 全省劳动人事争议仲裁优秀裁决书

丽水市松阳县劳动人事争议仲裁委员会浙松阳劳人仲案【2018】第42号裁决书

15. 2019年度全省人社系统绩效考评优秀单位

缙云县人力资源和社会保障局

荣誉个人

1. 第十批省优秀农村工作指导员

丽水市人力社保局派驻松阳县望松街道乌石下村　　　　　　　　陈永连

2. 2019年度全省劳动人事争议案件处理成绩突出仲裁员

丽水市劳动人事争议仲裁委员会　　季建荣

丽水市劳动人事争议仲裁委员会　　黄力莎

丽水市莲都区劳动人事争议仲裁委员会　　　　　　　　　　　　杨孙彬

龙泉市劳动人事争议仲裁委员会　　王　俞

庆元县劳动人事争议仲裁委员会　　吴修荣

缙云县劳动人事争议仲裁委员会　　陆德杨

遂昌县劳动人事争议仲裁委员会　　余友山

松阳县劳动人事争议仲裁委员会　　丁路阳

景宁县劳动人事争议仲裁委员会　　杨玉山

3. 2019年度全省劳动人事争议案件处理成绩突出调解员

丽水市莲都区劳动纠纷人民调解委员会　　　　　　　　　　　　吴凌芳

龙泉市剑池街道劳动人事争议调解中心　　　　　　　　　　　　张继友

缙云县五云街道劳动人事争议调解中心　　　　　　　　　　　　朱焙钡

云和县元和街道劳动人事争议调解中心　　　　　　　　　　　　董星花

庆元县劳动人事争议调解委员会　　李俊瑶

遂昌县云峰街道劳动人事争议调解中心　　　　　　　　　　　　吴久富

松阳县西屏街道劳动人事争议调解中心　　　　　　　　　　　　祝南胜

景宁县鹤溪街道劳动人事争议调解中心　　　　　　　　　　　　刘海莺

4. 浙江省首席技师

松阳县人力资源和社会保障局　　潘樟军

5. 浙江省劳动争议优秀仲裁调解员称号

松阳县人力资源和社会保障局　　李海水

6. 全省劳动人事争议调解员、仲裁员业务技能竞赛

庆元县劳动人事争议仲裁院　　　　　　　　　　　　李俊瑶（三等奖）

云和县劳动人事争议仲裁院　　　　　　　　　　　　朱美云（二等奖）

7. 第五轮省级创建和谐劳动关系暨双爱活动先进个人

庆元县劳动人事争议仲裁院

　　吴修荣（劳动争议优秀仲裁调解员）

缙云县人力资源和社会保障局　　田文婉

8. 全国人社窗口单位业务技能练兵比武活动省际邀请赛二等奖

莲都区人力资源和社会保障信息中心

　　　　　　　　　　　　　　雷巧燕

9. 全国人社窗口单位业务技能练兵比武活动全国赛三等奖

莲都区人力资源和社会保障信息中心

　　　　　　　　　　　　　　雷巧燕

10. 2019 年度全省劳动仲裁工作先进个人

莲都区人力资源和社会保障局　　杨孙彬

11. 全国人力资源和社会保障系统 2017—2019 年度优质服务先进个人

缙云县人力资源和社会保障局　　田文婉

　　　　　　　　　　　　　　（周广）

重要文件选载

浙江省人力资源和社会保障厅关于做好人力资源服务行政许可及备案有关工作的通知

浙人社发〔2019〕7号

各市、县（市、区）人力资源和社会保障局：

为认真贯彻落实《人力资源市场暂行条例》（以下简称《条例》），进一步激发人力资源市场主体活力，规范人力资源市场活动，促进我省人力资源服务业健康有序发展，结合我省"最多跑一次"改革要求，现就做好人力资源服务行政许可及备案有关工作通知如下：

一、依法规范实施人力资源服务行政许可

《条例》规定，经营性人力资源服务机构从事职业中介活动的，应当依法向人力资源社会保障行政部门申请行政许可，取得人力资源服务许可证。职业中介活动是指为用人单位招用人员和劳动者求职提供中介服务以及其他相关服务的活动，包括为劳动者介绍用人单位、为用人单位推荐劳动者、为用人单位和个人提供职业介绍信息服务、根据国家有关规定从事互联网人力资源信息服务、组织开展现场招聘会、开展网络招聘、开展高级人才寻访服务等。

各地人力资源社会保障部门要对本地人力资源服务机构基本情况、业务范围、许可证发放使用等情况进行全面调查摸底，及时更新人力资源服务机构管理档案和台账，建立与市场监督管理等部门的定期信息推送和信息共享工作机制，为依法规范实施人力资源服务行政许可夯实基础。要将行政许可的依据、程序、期限、条件以及需要提交的全部材料目录、申请书示范文本和监督电话等在行政许可受理窗口和本部门网站等政务服务平台上进行公示告知，并提供申请表格的免费下载服务。要简化优化许可工作流程，科学细化量化人力资源服务行政许可受理、审核、决定、送达、公告等各环节工作标准，完善适用规则，严格办理时限，及时依法办结。对《条例》实施前已经依法取得的许可证业务范围里包含职业中介服务的机构、符合许可条件的，要及时为其更新换发人力资源服务许可证，不得变相重新审批。人力资源服务许可证由人力资源社会保障部统一印制并免费发放。

二、做好人力资源服务备案管理工作

《条例》规定，经营性人力资源服务机构开展人力资源供求信息的收集和发布、就业和创业指导、人力资源管理咨询、人力资源测评、人力资源培训、承接人力资源服务外包等人力资源服务业务的，应当自开展业务之日起15日内向人力资源社会保障行政部门备案。各地人力资源社会保障部门要将行政备案的事项、依据、程序、期限以及需要报送的全部材料目录和相关示范文本等在服务窗口和本部门网站等政务服务平台上公示。人力资源服务机构可以通过当面提交、信函、传真、电子数据交换和电子邮件等方式报送行政备案材料，并对其报送材料的真实性负责。报送材料齐全、符合法定形式的，人力资源社会保障部门应当予以备案并出具书面回执。要及时对备案材料进行统计、存档和核查，建立备案资料分类管理台账，需要与其他行政机关互通共享的，应及时信息共享；需要向社会公开相关信息内容的，要及时向社会公开；涉及行政相对人商业秘密、个人隐私的，应严格保密。要建立健全监督制度，根据备案及核查情况开展后续监督管理工作。为方便人力资源服务机构，也可以在申请行政许可时，一并办理备案事宜。

三、建立完善人力资源服务机构年度报告公示制度

《条例》规定，经营性人力资源服务机构应当在规定期限内向人力资源社会保障行政部门提交经营情况年度报告。人力资源社会保障行政部门可以依法公示或者引导经营性人力资源服务机构依法公示年度报告的有关内容。

各地人力资源社会保障部门要按照《条例》规定，建立完善人力资源服务机构年度报告公示制度，促进人力资源服务机构切实履行依法报告和公开生产经营活动中有关信息数据的法定义务，主动接受社会监督，强化信用约束。年度报告包括行政许可和备案事项、注册资本实缴情况、经营活动情况、财务情况等内容。对人力资源服务机构名称、营业地址、法定代表人、服务范围、联系方式、设立分支机构、网站网址以及行政许可和备案及其变更、延续情况、行政处罚等年度报告有关内容，人力资源社会保障行政部门可在门户网站上统一公示，有条件的地方也可依托人力资源市场管理信息平台，引导人力资源服务机构按要求自行公示。人力资源服务机构应对其报送和公示信息的真实性、合法性负责。对于机构从业人数、资产总额、营业收入、利润总额、净利润、纳税总额等信息，各机构可自行选择是否向社会公示。对涉及国家秘密、商业秘密等涉密信息，或其他确实暂不宜公开的信息，不进行公示。人力资源社会保障行政部门要依法开展抽查或者根据举报核查人力资源服务机构年度报告及公示信息，对未按规定报送年度报告、未依法履行信息公示义务以及存在隐瞒真实情况、弄虚作假等行为的人力资源服务机构，依法作出相应处理。

四、积极推进行政许可及备案工作便民化

各地人力资源社会保障部门要切实贯彻中共中央办公厅、国务院办公厅印发的《关于深入推进审批服务便民化的指导意见》精神，加强指导和服务，为经营性人力资源服务机构依

法取得行政许可和进行行政备案提供便利条件。要按照全面推行审批服务"马上办、网上办、就近办、一次办"的要求，全面梳理人力资源服务行政许可和备案工作流程，大力优化前台服务流程、后台管理流程和业务控制流程，进一步提升审批和备案工作效能。积极推行多种途径办理审批和备案，有条件的地方要实现人力资源服务行政许可和备案事项全程网上办理，已在窗口办理的，不得要求机构补填网上流程。要积极推行行政许可及备案标准化工作，按照减环节、减材料、减时限的要求，编制标准化工作规程和办事指南，推行一次告知、一表申请、最多跑一次，构建和完善形式直观、易懂易操作的审批服务事项办理流程图（表），实现网上可查、电话可询，为人力资源服务机构进行许可和备案提供清晰指引。要加快推进与市场监督管理等部门政务信息联通共用，在办理行政许可和备案过程中，能够通过信息共享获得的信息不得要求经营性人力资源服务机构重复提供。各地人力资源社会保障行政部门可采取受理人力资源服务机构主动申请、结合开展2018年年度报告公示工作、许可证有效期到期换发等方式，于2019年12月31日前，积极稳妥完成已取得人力资源服务许可证的人力资源服务机构的许可证换发及许可事项简化为备案事项等工作。要加强经办人员配备和业务培训，既确保在规定的时限内及时办结，又保证审批备案服务质量。

五、人力资源服务行政许可和备案的操作要求

（一）申请人力资源服务许可的，应具备以下条件：

1．有开展业务必备的固定场所、办公设施和一定数额的开办资金；

2．有3名以上具备相应职业资格的专职工作人员。

具备相应职业资格是指：取得人力资源相关职业资格证书、人力资源相关专业毕业证书、参加人力资源市场主管部门和设区市以上人力资源服务协会组织的从业人员培训并取得培训合格证等情况，皆视同为满足该条件。

申请设立中外合资或外商独资中介机构的，中方和外方出资者应当是从事3年以上职业中介的公司、企业和其他经济组织。

（二）申请人力资源服务许可的，应提交以下材料：

1．《经营性人力资源服务机构从事职业中介活动许可（备案）申请表》原件一份；

2．办公及服务场所产权或使用权证明复印件一份；

3．从业人员的劳动合同、身份证明、职业资格复印件一份；

4．营业执照及法定代表（负责）人身份证或受委托人身份证、委托书等复印件一份。

（三）人力资源服务行政备案应提交以下材料：

1．《经营性人力资源服务机构从事职业中介活动许可（备案）申请表》原件一份；

2．营业执照及法定代表（负责）人身份证或受委托人身份证、委托书等复印件一份。

设立非独立法人机构从事职业中介活动的，实行备案管理，还需提供《人力资源服务许可证》复印件一份。

（四）申请行政许可或行政备案时提交的复

印件，需申请人签名或加盖单位公章，并提供原件用于核查。同时申请行政许可和行政备案的，相同的材料仅需提供一次。

（五）人力资源社会保障行政部门应自受理申请之日起 10 个工作日内办理完毕。在作出准予行政许可的决定或审核予以备案后 3 个工作日内，根据申请人选择的送达方式，送达行政许可决定文书、人力资源服务许可证或行政备案书面回执。人力资源服务许可证原则上 5 年换发一次。

（六）经营性人力资源服务机构发生变更名称、经营场所、经营范围、法定代表人等情形，应当自工商变更登记之日起 15 日内，书面报送人力资源社会保障行政部门。

（七）对《条例》施行前，已开展人力资源服务的单位，帮助其做好人力资源服务行政许可和备案的申请工作，换发《人力资源服务许可证》；对《条例》施行后，新申请从事职业中介活动及人力资源服务业务的机构，要指导其具备基本条件、完备申报材料，为其依法取得

行政许可和进行备案提供服务。

（八）对正在申请行政许可但暂未达到条件的现有人力资源服务机构，要指导其创造条件依法取得行政许可；对确实无法达到从事职业中介活动的经营条件，不能取得行政许可的现有服务机构，监督其不得经营新的人力资源服务业务，指导其和取得行政许可的人力资源服务机构合作等措施，妥善处置。

各地人力资源社会保障部门要明确一个职能处室（科室）或单位负责和管理，确保行政许可和备案管理工作稳步实施。在工作中遇到重大、疑难问题，请及时报告省人力资源和社会保障厅。

本通知自 2019 年 3 月 20 日起施行。

附件：经营性人力资源服务机构从事职业中介活动许可（备案）申请表

浙江省人力资源和社会保障厅
2019 年 2 月 20 日

附件

编号：

经营性人力资源服务机构从事职业中介活动许可（备案）申请表

机构名称：_____

法定代表（负责）人：_____

填表日期：_____

浙江省人力资源和社会保障厅制

续表

机构基本情况

机构名称			
机构类型		服务方式	□专营　□兼营
营业地址			
统一社会信用代码		成立日期	
注册资本		联系人	
联系电话		办公邮箱	
经营场所情况	□自有　□租用　　建筑面积：　　平方米		
申请类型	□人力资源服务许可 □人力资源服务业务备案 □人力资源服务业务变更 □人力资源服务许可延期		
申请事项	从事职业中介活动：　　　　□ □1 为劳动者介绍用人单位 □2 为用人单位推荐劳动者 □3 为用人单位和个人提供职业介绍信息服务 □4 根据国家有关规定从事互联网人力资源信息服务 □5 组织开展现场招聘会 □6 开展网络招聘 □7 开展高级人才寻访服务 人力资源服务业务备案：　　　□ □1 开展人力资源供求信息的收集和发布 □2 就业和创业指导 □3 人力资源管理咨询 □4 人力资源测评 □5 人力资源培训 □6 承接人力资源服务外包 □7		

续表

法定代表（负责）人情况

姓　名		性　别		国　籍	
身份证件类型		有效证件号码			
固定电话				手机号码	

注　册　资　本　情　况

出资方名称	出资方式	出资额（万元）	出资比例	出资方性质

工 作 人 员 情 况

总人数	专职人员数	学历情况			党员人数
		研究生及以上	本科	大专及以下	

主要管理人员情况（可附纸填写）

姓　名	性别	学　历	国　籍	身份证件类型	有效证件号码

181

续表

申请材料清单（可附纸填写）

序号	材 料 名 称	数 量	备注
1			
2			
3			
4			
5			
6			
7			

本单位根据《中华人民共和国行政许可法》《中华人民共和国就业促进法》《人力资源市场暂行条例》《人才市场管理规定》《就业服务与就业管理规定》《中外合资人才中介机构管理暂行规定》《中外合资中外合作职业介绍机构设立管理暂行规定》等有关法律法规章规定，以上填表信息和提交材料真实合法有效，并对申请材料实质内容的真实性负责。

法定代表（负责）人签字：　　　　申请单位盖章：
年 月 日

人力资源社会保障部门意见	受理人意见： 受理人签字： 年 月 日		
	单位意见： 单位公章： 年 月 日		
许可（备案）编号		核发日期	年 月 日
备 注			

浙江省人力资源和社会保障厅等5部门关于做好2019年高校毕业生求职创业补贴发放工作的通知

浙人社发〔2019〕13号

各市人力资源和社会保障局、财政局，各普通高等学校，各相关技工院校：

根据《浙江省人民政府关于做好当前和今后一段时期就业创业工作的实施意见》（浙政发〔2017〕41号）精神，现就做好2019年高校毕业生求职创业补贴发放有关工作通知如下：

一、发放对象和标准

（一）求职创业补贴发放对象为在毕业年度内有就业意愿、积极求职并符合下列条件之一的全日制普通高等学校毕业生（技工院校高级工班和技师班的毕业生参照执行）：

1. 来自城乡居民最低生活保障家庭；

2. 孤儿；

3. 持证残疾人；

4. 在学期间已获得校园地或生源地国家助学贷款；

5. 来自建档立卡贫困家庭；

6. 来自贫困残疾人家庭（城乡低保边缘家庭且毕业生父母其中一方为持证残疾人）。

升学、出国、应征入伍、参加基层服务项目、定向培养以及暂无就业意愿的除外。

（二）求职创业补贴发放标准为3000元／人。

二、申请发放程序

（一）毕业生自愿申请。4月1日至4月22日，符合条件的毕业生可通过"浙江政务服务网"个人服务中"高校毕业生求职创业补贴申领"入口申请并上传相关证明材料。申请人信息将与省民政厅社会救助信息管理系统、省残联残疾人信息库、生源地国家助学贷款名单核对，核对通过者免予上传证明材料。高校统一提供已获得校园地国家助学贷款的学生名单，并加盖学校公章和贷款发放银行公章的，名单上的申请人可免予上传证明材料。

（二）学校初审、公示。4月2日至4月30日，各高校通过"浙江政务服务网"进行初审。对免予上传证明材料的申请人，学校仅需核对毕业生个人信息，无需收取纸质材料和公示。对其余申请人，学校要严格审查资格，将人员

183

信息提交人力社保部门进行网上预审核，并通知通过预审核的申请人提交《高校毕业生求职创业补贴申请表》（附件1）、本人身份证复印件、相关证明等纸质材料，一式三份；学校在查验材料原件并将初审通过人员名单公示5个工作日后，于5月20日前将所有申请人相关材料、公示原件、《高校毕业生求职创业补贴发放一览表》（附件2）等纸质材料报送人力社保部门。

（三）审核拨付。6月30日前，人力社保部门和财政部门完成审核，7月30日前将补贴资金拨付到毕业生个人账户。

三、其他事项

（一）高校要明确告知申请人认真如实填报申请材料，因材料不全或信息有误导致补贴款不能发放到账的，后果由申请人自己负责。申请人虚报冒领求职创业补贴的，须退回补贴资金并由高校将不良记录记入本人档案。

（二）因故无法在6月30日前通过审核的应届毕业生，可于次年与2020届申请者一起向学校提交申请，审核通过后于2020年发放求职创业补贴，未通过则不可再次申请。

（三）省部属高校求职创业补贴由学校所在地市级财政列支，省财政在下达就业补助转移支付资金时作为因素给予体现。各相关部门要严格按照要求认真审核把关，及时把补贴发放到位。有条件的地方可对免予上传证明材料的申请人先行发放补贴，以便学生尽快领取。

本通知自公布之日起施行。

联系人：蔡一帆

联系电话：0571—85151526，

电子邮箱：cyf@zjhrss.gov.cn。

附件：

1. 高校毕业生求职创业补贴申请表

2. 高校毕业生求职创业补贴发放一览表

浙江省人力资源和社会保障厅

浙江省教育厅

浙江省财政厅

浙江省民政厅

浙江省残疾人联合会

2019年3月20日

附件1

高校毕业生求职创业补贴申请表

学校（院系）：   学号：

<table>
<tr><td rowspan="12">学生基本情况</td><td>姓　名</td><td></td><td>性别</td><td></td><td>民族</td><td></td><td rowspan="6">彩色一寸免冠照片</td></tr>
<tr><td>出生年月</td><td></td><td>学　历</td><td></td><td colspan="2"></td></tr>
<tr><td>身份证号</td><td colspan="5"></td></tr>
<tr><td>生源地</td><td></td><td>专　业</td><td colspan="3"></td></tr>
<tr><td>移动电话</td><td></td><td>QQ</td><td colspan="3"></td></tr>
<tr><td>电子邮箱</td><td colspan="6"></td></tr>
<tr><td>银行账号</td><td colspan="6"></td></tr>
<tr><td>开户行</td><td colspan="6"></td></tr>
<tr><td>就业去向</td><td colspan="6"></td></tr>
<tr><td>困难类型</td><td colspan="6">□城乡低保家庭　□残疾人　□孤儿　□校园地国家助学贷款
□生源地国家助学贷款　□建档立卡贫困家庭　□贫困残疾人家庭</td></tr>
<tr><td colspan="6">是否通过社会救助信息管理系统、残疾人信息库、生源地国家助学贷款名单核对；是否在高校提供的校园地国家助学贷款名单中</td><td>□是　□否</td></tr>
</table>

<table>
<tr><td>学生申请</td><td>本人申请领取求职创业补贴，申报情况属实，请予批准。

申请人（签字）：　　　　　　　　　　　　　　　　　年　月　日</td></tr>
<tr><td>学校意见</td><td>该生填报情况属实，经公示无异议，同意上报。

学校公章　　　　　　　　　　　　　　　　　　　　　年　月　日</td></tr>
<tr><td>职能部门联审</td><td><table><tr><td>人力资源社会保障部门意见

盖章

年 月 日</td><td>财政部门意见

盖章

年 月 日</td></tr></table></td></tr>
</table>

备注：证明材料附后。

附件2

高校毕业生求职创业补贴发放一览表

填报学校：（盖章）　　　　　　　　　　　　　　　　　　　　　　　　　　　　　　填报日期：　年　月　日

序号	姓名	专业	就业去向	手机号码	困难类型	是否免交纸质材料与公示	开户行及银行账号

审核人：　　　　　　　　　　　　填表人：　　　　　　　　　　　　联系电话：

附件3

各市人力社保部门联系方式

杭州市就业管理服务局
马　宁　　0571—87916063
宁波市就业管理服务局
陈晓妤　　0574—87112905
温州市就业管理服务局
李文秀　　0577—89090323
湖州市人才市场管理中心
卜洪垚　　0572—2059294
嘉兴市就业管理服务局
胡润嘉　　0573—82228910
绍兴人才开发服务中心

史永红　　0575—81500699
金华市就业管理服务局
余冰逸　　0579—82366885
衢州市就业管理服务局
徐　坤　　0570—3086329
舟山市就业管理服务局
杜　旻　　0580—2027273
台州市就业管理服务局
张　丹　　0576—88201858
丽水市就业管理局
林　丽　　0578—2106277

浙江省人力资源和社会保障厅关于申报
2019年职业技能考核鉴定点的通知

浙人社发〔2019〕15号

各市人力资源和社会保障局，省级有关单位：

为进一步规范职业技能人才评价工作，有序设置全省统一鉴定及省属定期鉴定考核点，切实提升技能鉴定质量，根据省人力社保厅办公室《关于印发〈2019年浙江省职业资格鉴定计划〉的通知》（浙人社办发〔2019〕7号）、《浙江省职业技能鉴定所（站）管理办法》（浙劳社培〔2007〕150号）等文件精神，经研究，决定在全省开展2019年职业技能考核鉴定点申报工作。现将有关事项通知如下。

一、工作目标

国家职业技能鉴定所（站）〔以下简称"鉴定所（站）"〕作为具体实施职业技能鉴定的场所，在职业资格鉴定中占有重要地位，但在近年的考核鉴定中发现部分鉴定所（站）设备数量减少、硬件设备设施更新不足，在一定程度上影响了技能鉴定。为形成良好的技能人才评价环境，充分发挥鉴定所（站）、公共实训基地、大型企业、技工院校、职业院校、高等院校在考核鉴定中的资源优势，满足不断增长的技能

人才工作需要，自2019年起，全省统一鉴定、省属定期鉴定将实行职业技能考核鉴定点（以下简称"考核鉴定点"）申报和考核评估制度，做到好中选优。

根据2019年全省职业资格鉴定计划，依照现行国家职业技能标准要求，由鉴定所（站）、公共实训基地、大型企业、技工院校、职业院校、高等院校等机构以职业为单元，通过基础情况、专业能力情况自评自荐申报考核鉴定点，经专家对标核定、专业评定，分职业进行综合等级排序，确定年度内全省统一鉴定、省属定期考核鉴定点。

二、申报条件

（一）申报机构原则上以具备资质的鉴定所（站）、公共实训基地为基础，大型企业、技工院校、职业院校、高等院校主体专业设置与鉴定职业一致的，可进行申报；

（二）申报机构接受人力资源和社会保障部门监督管理与业务指导，社会公信力佳，无违规违纪行为，具有相关职业、等级考试组织

经验；

（三）申报机构的场地、设备、人员及配套制度符合有关职业《国家职业技能标准》要求，职业鉴定技能操作考核时一次性可至少接纳30名考生；严格坚持"考培分离、鉴培分离"原则，考场可实现专场专用。

（四）全省统一鉴定工作遇本地区无相关职业高级技师（一级）鉴定所（站）的，应依照标准要求，由开展过技师鉴定的鉴定所（站）、技工院校、职业院校等作为申报主体。

三、申报程序

本次考核鉴定点申报程序分四个阶段：

第一阶段：自评自荐（2019年4月18日—4月30日）。各申报机构根据实际情况，按申报职业对照《国家职业技能标准》等规定开展自评自荐，填写《2019年浙江省职业技能考核鉴定点申报情况表》（以下简称"申报表"，详见附件1），分别提交单位基础情况与专业能力情况两部分资料，申报表满分为100分，其中基础情况占40分，专业能力情况占60分，申报2个及以上职业考核鉴定点的机构需按职业分别对专业能力情况进行自评，并将得分填入自评结果中。

各市申报全省统一鉴定考核点的机构向各市技能鉴定中心申报；各在杭省属国家职业技能鉴定所（站）或符合鉴定要求的机构请于4月30日前将申报表以电子文档及经盖章的文本一份向省职业技能鉴定指导中心（以下简称"省技能鉴定中心"）申报。

第二阶段：专家评估（5月5日—5月24日）。省、市人力社保部门抽调组建专家组，根据《国家职业技能标准》到各申报单位进行现场考核打分，通过查对资料文档、查看鉴定场地、交流询证、方案审阅等方式，按机构基础分、专业能力分对机构进行考核评分，申报2个及以上职业的机构，按各职业给出专业能力分。专家组评估时请各申报机构根据专家人数准备申报表及相关文本资料。

第三阶段：审核推荐（5月25日—5月31日）。根据专家评分，各市人力社保局分职业向省技能鉴定中心推荐全省统一鉴定考点，原则上各市各职业一级考核鉴定点不多于2个（按照专家评估得分排序），于5月31日前将考核鉴定点推荐名单汇总表（详见附件2）报省技能鉴定中心。省属考核鉴定点由省技能鉴定中心根据专家考核评分按职业排序确定推荐对象。各机构按基础情况、专业能力情况得分汇总按职业确定星级，85分及以上者为职业鉴定五星级，75至84分为四星级，60至74分为三星级，低于60分的不评星级等次。被评为三星级及以上等次的机构可推荐为考核鉴定点。

第四阶段：公布考点（6月1日—6月12日）。经审核推荐，厅职业能力建设处和省技能鉴定中心联合会审，报厅领导审定后，发文公布2019年度职业技能考核鉴定点名单，并由省、市技能鉴定中心与考核鉴定点签订职业资格技能鉴定考核承办协议。

四、工作要求

本次考核鉴定点申报与考核评估工作在省人力资源和社会保障厅领导下，由省技能鉴定中心具体组织实施。各市及有关单位要高度重视申报、评估工作，以真实有效的文件资料和业务记录为依据，认真组织自评自荐，及时对标考核评估，确保考核鉴定点好中选优，提升技能人才评价质量。

本通知自公布之日起实施。

（联系人：厅职业能力建设处 黄晓红，0571—87057810；省技能鉴定中心 卜肖杭、严姝，0571—85213804、85214338，电子邮箱：zjkw0571@163.com。）

附件：1. 2019年浙江省职业技能考核鉴定点申报表

2. 2019年浙江省职业技能考核鉴定点推荐汇总表

3. 2019年浙江省职业技能考核鉴定职业目录

浙江省人力资源和社会保障厅

2019 年 4 月 12 日

附件1

2019年浙江省职业技能考核鉴定点申报表

填报单位（盖章）：

一、基础情况（40分）

（一）基础信息汇总

鉴定所（站）或机构名称		主管或主办部门			单位地址	
批准文号、时间		负责人			是否独立法人	是□，否□ 法人证号：
负责人职务或职称		负责人联系方式	办公电话： 手机：			
考务联系人		考务联系人联系方式	办公电话： 手机： 电子邮箱：			
申报鉴定职业等级与考核点类型	职业与等级： 考核点类型：统一鉴定纸笔作答理论类考点 □、统一鉴定机考考点 □、定期鉴定理论类考点 □、定期鉴定技能操作类考点 □、定期鉴定理论与技能操作等综合考点 □					
鉴定所（站）或机构人员情况	工作人员共计（ ）人，其中专职（ ）人、兼职（ ）人 岗位设置情况： 领导及管理人员（ ）人、考务工作人员（ ）人，技术维护管理（ ）人、考评员（ ）人、高级考评员（ ）人 其他人员：					

	职业	等级	②鉴定场次	鉴定人数	合格人数	鉴定收费金额（一次性耗材除外）	实操一次性耗材收费（按人次，均值）	③考评员、高级考评员人数
①2018年度鉴定与收费情况								

续表

	职业	等级	②鉴定场次	鉴定人数	合格人数	鉴定收费金额（一次性耗材除外）	实操一次性耗材收费（按人次，均值）	③考评员、高级考评员人数
①2018年度鉴定与收费情况								

（二）基础情况评估（40分）　　　　　　　　**自评得分：**

项目		评估细则	评估分值	评估标准	机构自评得分	专家评估得分
1.岗位设置与制度建立情况（10分）	1.1 领导管理岗位情况	机构负责人岗位职责明确，领导层能从人、财、物和工作举措等多方面确保高效运行；建立并督促落实各项规章制度，质量管理举措到位；能定期组织全体人员学习技能人才政策文件，提高管理、服务水平和质量意识。	2	1.查阅文件、制度、岗位任命书或聘书。2.现场工作人员情况交流，职责分明、业务清晰。3.各岗位人员职责明确，无问题得评估分值满分，反之不得分。4.制度建立并执行到位的，即得相应分值满分、有制度未执行得分减半、无制度不得分。		
项目		评估细则	评估分值	评估标准	机构自评得分	专家评估得分
1.岗位设置与制度建立情况（10分）	1.2 考务管理岗位情况	考务管理岗位职责明确，鉴定考核安排符合国家有关规定；能严格按照鉴定所（站）管理办法、鉴定规程开展考核；考务管理和组织实施无差错。	2			
	1.3 技术维护管理	技术维护管理人员岗位职责明确，可充分满足鉴定职业的设施设备维保、运行需求，符合如机械设备、计算机、网络管理应用等工作要求，能确保设备、硬件等安全使用。	2			

项目		评估细则	评估分值	评估标准	机构自评得分	专家评估得分
1.岗位设置与制度建立情况（10分）	1.4 管理制度	鉴定考务管理工作规则与鉴定监考、考务、考评人员管理制度健全，有鉴定考核应急预案。	2			
		技能鉴定设备设施使用与安全管理、鉴定考核资料文档管理制度健全。	2			
2.鉴定实施情况（20分）	2.1 考务工作	熟悉职业能力建设一体化平台、鉴定申报流程，能指导考生进行网上报名。	3	1.现场询问考务人员业务工作情况。2.抽查考生申报基础信息及审核记录。3.查看考务表单资料，如鉴定方案实施表。4.业务熟悉、资料完备得相应分值满分，有缺失的根据评估细则扣减相应分值。		
		以真实有效为前提，严格审核考生申报资格要件，按照"谁审核、谁负责"的要求落实资格审核责任，完善审核记录。	3			
		有效制定考核实施方案，及时向鉴定中心提交；能提前完善考务准备，根据备料通知单准备材料、物件到位。	3			
	2.2 试卷管理	考试过程确保人员、设备安全；应急举措到位；能及时向鉴定中心反馈考试情况。	3	1.现场询问考务人员业务工作情况。2.抽查考生申报基础信息及审核记录。3.查看考务表单资料，如鉴定方案实施表。4.业务熟悉、资料完备得相应分值满分，有缺失的根据评估细则扣减相应分值。		
		技能操作考核以考评人员评审结果为唯一有效成绩，严格遵守成绩保密制度，不向考生及任何人传递、传送成绩信息或评分表单，能及时提交成绩至鉴定中心。	3			
		试卷保管符合保密要求，试卷启封、装袋严格按要求进行。鉴定试卷的领取、传输有专人负责，并符合保密规定，试卷领卷承诺书保存完备。	2	1.检查保管记录及试卷领取承诺书等。2.资料完备得满分，反之不得分。		
			1			

项目		评估细则	评估分值	评估标准	机构自评得分	专家评估得分
	2.3 考评人员	支持考评人员按规持有效证件执行考评，严格按照考培分离、鉴培分离原则，严格执行回避制度；在日常工作中考评人员能对鉴定工作执行业务指导。	2	1.查阅考评人员记录资料。2.执行到位得满分，反之不得分。		
3.档案保存情况（5分）	3.1 考务关键记录	机构申报与批建情况资料、考生申报情况资料的保存。	1	1.查阅证书、文件与表单资料。2.资料保存完备，存档规范，即得相应分值满分；部分资料有备存的，得分减半；资料未作备存的不得分。		
		职业技能鉴定实施方案与考核评定原始表单的备存。	2			
		职业技能鉴定考务影像资料与设备运维资料的记录备存。	2			

续表

4. 能力建设 （5分）	4.1 业务 培训 与信 息化 应用	根据鉴定所自身服务水平提升需要，定期组织鉴定所管理人员、考务人员、工作人员开展业务学习或管理培训。	1	1.查阅工作记录或资料。 2.资料完备得分值满分，反之不得分。	
		注重考评人员等专业人员业务培养培训，积极推荐符合要求的技能人才参加鉴定中心组织的考评人员培训考核。	1		
		根据"互联网+"工作要求，鉴定所（站）积极应用职业能力建设一体化平台，并在工作中应用信息化手段开展工作。	1		
		对鉴定所（站）持续发展建立工作总结和重点计划制。鉴定所应定期开展内部审核工作，对鉴定考核重要环节作出及时分析与记录，并接受有关部门的监督指导。	2		

合　计					

二、专业能力情况（60分）职业名称：

（一）场地设备情况评估（40分）　　　　　　　　　　　　　**自评得分：**

理论或机考场地及设备情况	1.纸笔考试类鉴定场地：以标准考场30人/教室（1人1桌）计，教室数（　）间，一次可容纳纸笔作答考试（　）人； 2.机考类考试鉴定场地：机房（　）个，计算机（　）台（含备用机）、服务器（　）台，一次可接纳机考（　）人； 3.纸笔或机考考场内监控设备、影像录取设施等配备：							
技能操作考核场地与设备情况（可另附件）	职业、等级	场地面积	监控配备	鉴定、检测设备名称与品牌	设备型号与应用系统	设备添置时间	设备数量	④一天（8小时）可完成考核人数

（二）模拟制定考核方案（20分）	自评得分：

1.评估方法说明

请以我们提供的模拟考试信息为条件，以申报的考核点类型为原则，以申报实施鉴定职业的最高等级为目标，制定一套考核实施方案，如机构申报定期鉴定电工三、二级考核点的，则形成《电工二级职业资格鉴定考核方案》。

对于申报单位制订的考核方案，专家组将根据机构基础情况、设施设备情况等对方案进行论证，按考核方案的科学合理程度（占5分）、考核实施与鉴定设备匹配程度（占10分）、考务应急预警及服务保障（占5分）等综合情况进行评分。申报机构可按配分值进行方案自评。

2.模拟考核任务信息

申报统一鉴定考核点的考核任务信息：

（1）2019年3月30日8:30—10:30，你机构将为省统考考生提供理论纸笔作答考试服务，本次统考涉及3个职业的一级理论考试，其中劳动关系协调员1088人、中式烹调师261人、汽车维修工471人，请按照鉴定考核规定，以鉴定考核点的身份，结合本机构场地设备情况，设计一套全省统一鉴定理论考核实施方案。

（2）2019年3月30日8:30起，你机构将为省统考考生提供机考考试服务，本次统考涉及企业人力资源管理师一级考试259名考生，机考考试分三部分进行，理论知识机考时间8:30—10:00、专业能力机考时间10:30—12:30、综合能力文件框机考：14:00—17:00，请按照鉴定考核规定，以鉴定考核点的身份，结合本机构场地设备情况，设计一套鉴定考核实施方案。

申报定期鉴定考核点的考核任务信息：

2019年3月30日8:30起，你机构将为___职业___等级考生提供鉴定服务，考生共计45人，考核项目按照职业《国家职业技能标准》进行，请按照鉴定考核规定，以鉴定考核点的身份，结合本机构场地设备情况，设计一套鉴定实施方案（注：可另行附件，如申报2个或以上职业，请分别按职业设计相应方案）。

_____职业技能鉴定实施方案

鉴定职业：　　　　　　　　鉴定等级：　　　　　　　　鉴定单位名称：

考务联系人：　　　　　　　联系电话：　　　　　　　　理论鉴定时间：

理论鉴定教室数共：　　个，监考人员总人数：　人，各教室安排监考人员：　人，各教室设置监控数：　个。

考场、教室张贴指示内容：

课桌排布情况：

监考配备资料：

其他注意事项：

理论（机考）考场、监考人员费用测算：

理论考试场地以教室为单位、每2小时为一场计，据成本测算，需考场考务费（含监考人费用）（　　）元/间；

计算机考场考务费每2小时每考生（　　）元/机位。

实操考核鉴定日期：　　年　月　日　时　分

预估实操结束时间：总耗时约　　小时，结束日期：　　年　月　日　时　分

考评人员数：　　人，现场考务工作人员数：　　人

工位总数：　　个，监控数：　个，考场主要张贴内容：

请分别列明工位采用的设备及名称和数量：

具体安排方式（如是否需分组、分组安排方式、工作人员配比等）：

其他注意事项：

本场技能操作考务及考评人员费用测算：

综合评审考核鉴定日期（请根据前置条件注明）：　　年　月　日　时　分
预估综合评审结束时间：总耗时约　　小时，结束日期：　　年　月　日　时　分
是否与实操考核鉴定同步进行：是□　否□
考评人员数：　　人，现场考务工作人员数：　　人，监控设置情况：
教室数及具体用途安排：

综合评审考务安排（如是否需分组、分组安排方式、工作人员配比等）：
其他注意事项：

本场综合评审考试考务及评审专家费用测算：

续表

核定结果						
自评结果	基础综合情况得分（40分）	专业能力情况（60分）		总分	自评星级	鉴定所负责人（签字）： 填表人（签字）： 时间： 年 月 日
		职业	自评得分			
专家评估结果	基础综合情况得分（40分）	专业能力情况（60分）		总分	专家评定星级	评估专家（签字）： 时间： 年 月 日
		职业	评估得分			
评定确认	鉴定中心负责人（签字）： 复核人（签字）： 统分人（签字）： 时间： 年 月 日					

填写说明：

1. 《2019年浙江省职业技能鉴定考核点申报表》基础综合情况、专业能力情况是申报机构自查自评的对标内容，请按实际情况填写，并在"鉴定所自评分"栏打分；涉及内容填写不下可另行附件。

2. "专家评估结果"由专家组成员填写。

3. 表内有关项目栏说明：

① "2018年度鉴定与收费情况"以自然年度鉴定、收费情况为统计口径；

② "鉴定场次"指某一职业完成理论、实操、综合全部考核项目为一场。

③ "考评员、高级考评员人数"请分类列示，如：考评员n人/高级考评员m人（n、m代表数字）。

④ "一天（8小时）可完成考核人数"是指根据国家职业技能标准要求、结合鉴定所（站）设施设备工位数，经统筹安排考核模块、考核流程后，机构在8小时内能完成的实操考试最多考生人数。可以三年鉴定考核的实施情况作参考。

4. 评估所涉及需查阅的文件记录、档案资料等请鉴定所梳理近三年内相关文本原件或证明材料，于现场评估时提交。

5. 本表需在规定时间内以电子文档和文本方式报省或市鉴定中心，专家组评定时需按专家组人数准备申报表。

附件2

2019年浙江省职业技能考核鉴定点推荐汇总表

填报单位（盖章）：　　　　　　　联系人：　　　　　　　联系电话：

序号	考核点机构名称	鉴定职业	鉴定等级	对应职业评定星级	考核点机构地址	考核点联系人	联系电话	备注

鉴定中心负责人（签字）：　　　　　填表人：　　　　　日期：　年　月　日

附件3

2019年浙江省职业资格考核鉴定职业目录

序号	职业资格名称 （职业方向）	鉴定等级	序号	职业资格名称 （职业方向）	鉴定等级
1	企业人力资源管理师	4—1级	20	铸造工	5—1级
2	焊 工	5—1级	21	磨 工	5—1级
3	汽车维修工	5—1级	22	*金属热处理工	5—1级
4	劳动关系协调员	3—1级	23	*锻造工	5—1级
5	电 工	5—1级	24	*电切削工	5—1级
6	车 工 （职业方向：普通车床）	5—1级	25	育婴员	5—3级
			26	保育员	5—3级
	车 工 （职业方向：数控车床）	4—1级	27	*眼镜验光员	5—1级
7	铣 工 （职业方向：普通铣床）	5—1级	28	*眼镜定配工	5—2级
	铣 工 （职业方向：数控铣床）	4—1级	29	*有害生物防制员	5—2级
8	钳 工 （职业方向：机修钳工）	5—1级	30	防水工	5—2级
	钳 工 （职业方向：工具钳工）	5—1级	31	混凝土工	5—3级
	钳 工 （职业方向：装配钳工）	4—1级	32	钢筋工	5—2级
	钳 工 （职业方向：装配钳工）	5—1级	33	架子工	5—3级
9	中式烹调师	5—1级	34	锅炉操作工	5—2级
10	中式面点师	5—1级	35	*机床装调维修工	4—1级
11	西式烹调师	5—1级	36	*制冷工	5—2级
12	西式面点师	5—1级	37	手工木工	5—2级
13	评茶员	5—1级	38	*中央空调系统 运行操作员	5—2级
14	茶艺师	5—1级	39	砌筑工	5—2级
15	美容师	5—1级	40	起重装卸机械 操作工	5—1级
16	美发师	5—1级	41	模具工	4—1级
17	智能楼宇管理员	4—1级	42	制冷空调系统 安装维修工	5—1级
18	电梯安装维修工	5—1级	43	*安全评价师	3—1级
19	保安员	5—1级			

浙江省人力资源和社会保障厅浙江省卫生健康委员会印发《关于建立县域医共体人员统筹使用机制的指导意见》的通知

浙人社发〔2019〕18号

各市、县（市、区）人力社保局、卫生健康委（局）：

根据省委办公厅、省政府办公厅《关于全面推进县域医疗卫生服务共同体建设的意见》（浙委办发〔2018〕67号）精神，我们制定了《关于建立县域医共体人员统筹使用机制的指导意见》。现印发给你们，请认真遵照执行。

浙江省人力资源和社会保障厅

浙江省卫生健康委员会

2019年4月17日

关于建立县域医共体人员统筹使用机制的指导意见

根据省委办公厅、省政府办公厅《关于全面推进县域医疗卫生服务共同体建设的意见》（浙委办发〔2018〕67号）精神，现就建立县域医共体人员统筹使用机制，提出如下指导意见。

一、统一设置岗位

（一）医共体统筹制定岗位设置方案，经卫生健康主管部门同意后，报同级人力社保部门备案。医共体的岗位设置方案，可将所有成员单位视为一个整体统一设置，也可牵头医院单独设置、各分院统筹设置。按照"职能整合、专兼结合、一人多责"的原则，科学合理设置岗位，明确岗位职责、考核标准和聘任条件，并向全体职工公开。鼓励后勤服务社会化，对安保、物业、保洁等一般性劳务工作，不再设置工勤技能岗位，目前在聘的，可暂时超岗聘用，"退一减一"自然消化，腾出更多岗位用于临床一线及基层。

（二）医共体专业技术岗位一般应不低于岗位总量的90%，中高级专业技术岗位结构比例可按不高于牵头医院等级对应标准核定，牵头医院未定等级的，暂按不高于二级乙等医院对应标准核定。新增中高级专业技术岗位应预留一定数量，用于引进紧缺急需高层次人才，同时要向偏远山区、海岛等条件艰苦的分院和急诊、儿科、影像等一线业务科室倾斜。牵头医院不得挤占分院中高级专业技术岗位，中高级专业技术岗位结构比例不得突破医院等级对应标准。

二、统一公开招聘

（三）坚持公开公正、竞争择优、按岗招聘、统招共用的原则，在核定的医共体岗位总量内，由医共体根据功能定位、工作需要和岗位空缺情况，制定公开招聘实施方案，按程序报同级卫生健康和人力社保部门审核同意后组织实施。

（四）医共体统一组织各分院开展公开招聘时，一般应在招聘公告中明确具体分院和工作岗位。确需暂不定岗到具体分院，由医共体统筹安排的，须在招聘公告中予以明示。拟聘人员确定后，由医共体依法与其签订聘用合同；医共体不具有事业法人资格的，由分院与其签订聘用合同。聘用合同中的工作岗位、职责要求和待遇等内容，应与招聘公告相关表述保持一致，避免由此引发人事争议纠纷。

（五）完善公开招聘办法。要根据用人需求和岗位特点，综合运用笔试、面试、业务操作、技能测试等多种考评方式和手段，优化考试考核内容和程序。对在校园招聘中特别优秀的医学类应届毕业生，可按规定直接考核聘用。对于条件艰苦或面向中高级专业技术人员的分院岗位招聘，可适当放宽学历和年龄限制。

三、统一岗位竞聘

（六）明确岗位竞聘标准。始终坚持重医德、重业绩、重能力的导向，充分体现不同专业、分院之间的岗位差异，向一线岗位、艰苦岗位倾斜，对于科研、论文等要求不搞求全责备。在量化考核时逐步取消或降低实践技能考试成绩占比，提高工作业绩权重。在落实专业技术岗位逐级晋升原则的基础上，研究制定越级竞聘规则，既发挥好岗位等级的阶梯作用，又鼓励优秀人才脱颖而出。

（七）健全岗位竞聘办法。坚持"按岗竞聘、人岗相适、公开公正、竞争择优"原则，专业技术岗位一般应采取竞聘上岗方式确定聘任人选。要加大对"富余"人员培训力度，通过中短期专业培训，力求达到人岗相适。

（八）规范岗位竞聘程序。

1. 由医共体负责制定实施方案，公布岗位名称、职责任务、竞聘条件、考核标准和相关待遇；

2. 个人申报，作出岗位履职承诺；

3. 考评竞聘，根据岗位需要和申报人员情况，通过业绩展示、民主测评、专家评议等方式进行综合考评。经医共体评聘组织集体研究确定拟聘人选并公示不少于 5 个工作日；

4. 由医共体与上岗人员签订岗位聘任协议，将岗位名称、等级、聘期、职责任务、履职承诺和考核标准等写入聘任协议，按约履职取酬并接受考核。

（九）稳步推进评聘结合。下放职称评聘自主权，副高级及以上卫生专业技术职务由医共体在核定的岗位结构比例内自主评聘。按照以用为本、评聘结合要求，职称评审与岗位竞聘同步推进、统筹实施，在申报职称与竞聘岗位等级、职称评审与岗位竞聘条件、职称评审与岗位竞聘程序等方面，互相融合、衔接一致。

（十）强化岗位考核。岗位考核采取聘期考核与年度考核结合的方式，由医共体统一组织实施，考核组织应注重吸纳业务骨干和基层一线人员参加，采取民主测评、集体评议、量化考核、第三方评价等多种方式，确保考评标准公开、考评程序公正、考评结果公平。年度考核要对岗位履职情况进行总结和绩效评价，为实施聘期考核打好基础。岗位聘期届满，应对照岗位说明书和履职承诺进行考核，考核合格的可竞聘本岗位或高一等级岗位，特别优秀的可越级竞聘高等级岗位，考核不合格的不得竞聘原聘等级及以上的岗位。

四、统一人员使用

（十一）推进内部人员有序合理流动。医共体在编在岗人员实行全员岗位管理、统筹调配使用，在医共体内部人员交流，不受事业单位类别、编制性质、财政保障比例的限制。牵头医院中符合基层所需的主系列专业技术人员，在晋升中高级专业技术职务前，应具备一定的分院工作经历。分院有高等级专业技术岗位空缺时，鼓励牵头医院专业技术人员参与分院岗位竞聘，可适当放宽学历资历等任职条件，竞聘上岗后按规定调整聘用合同，在分院实际工作时间一般不得少于3年或一个聘期。适当控制分院医护人员往牵头医院流动，因特殊情况确需交流的，应通过公开竞聘或考试考核方式，确定拟聘人员和岗位等级。

（十二）规范管理岗位人员聘任。全面推行

医共体主要负责人聘任制，突出专业化管理能力，医共体班子成员一般不得兼任内设科室负责人。医共体主要负责人按干部管理权限选拔任用，医共体其他班子成员由同级卫生健康主管部门选聘。

医共体应制定分院和牵头医院内设科室负责人选拔任用办法，经同级卫生健康主管部门同意后实施。分院及牵头医院内设科室负责人，通过本人申请、公开竞聘，由医共体主要负责人聘任，报同级卫生健康主管部门备案。

五、加强监督管理

（十三）进一步落实医共体用人自主权。按照深化"放管服"改革要求，充分落实医共体在人员招聘和用人管理、内设机构和岗位设置、中层干部聘任和职称评聘、内部绩效考核和收入分配等方面的自主权，激发医共体运行活力、服务效率和发展动力。

（十四）加强事中事后监管。各级人力社保和卫生健康主管部门要按照"管好放活"要求，切实加强对医共体人事管理工作指导和监管，改进工作方式，避免过度干预。通过随机确定抽查单位、随机确定抽查岗位和公开抽查结果方式，对医共体岗位设置、公开招聘、竞聘上岗、职称评聘、岗位考核、人员交流等重点环节进行定期或不定期抽查，对违纪违规情况及时作出处理。对推进人事制度改革力度大、成效好，各项核心考核指标显著提升的医共体，在核定中高级专业技术岗位结构比例，评选推荐各类优秀拔尖高层次人才时，予以倾斜支持。

本意见自公布之日起施行。

浙江省人力资源和社会保障厅浙江省教育厅国家税务总局浙江省税务局关于实施支持和促进重点群体创业就业有关税收政策享受具体操作办法的通知

浙人社发〔2019〕22号

各市、县（市、区）人力资源和社会保障局，国家税务总局浙江省各市、县（市、区）税务局，各高校：

根据《浙江省财政厅 国家税务总局浙江省税务局 浙江省人力资源和社会保障厅 浙江省扶贫办公室关于落实重点群体创业就业有关税收优惠政策的通知》（浙财税政〔2019〕8号），为推动税收优惠政策有效落地，现结合"最多跑一次"改革、证明事项清理等要求，就重点群体创业就业税收政策具体操作办法通知如下：

一、重点群体自主创业税收政策享受

（一）向人力社保部门申请资格认定

登记失业半年以上的人员，零就业家庭、享受城市居民最低生活保障家庭劳动年龄的登记失业人员，以及毕业年度内高校毕业生（指普通高等学校、成人高等学校应届毕业的学生，毕业年度为毕业当年1月1日至12月31日）

向当地人力社保部门申请个人自主创业税收优惠政策资格认定。

人力社保部门根据省人力社保厅"八统一"要求，核实以下内容：

（1）该人员是否属于享受税收优惠政策对象；

（2）该人员是否属于自主创业。

对符合条件的人员，经办机构在《就业创业证》和经办系统内注明"自主创业税收政策"或"毕业年度内自主创业税收政策"，并标注"认定时间"和"自主创业实体名称"。

（二）向税务部门申报

上述重点群体凭人力社保部门注明相关信息后的《就业创业证》，向税务部门申报（通过办税服务厅或电子税务局网上申报，下同）并按规定自行计算享受金额。

建档立卡贫困人员从事个体经营的，无需向人力社保部门申请资格认定，直接向税务部门申报享受税收优惠政策。

二、企业招用重点群体税收政策享受

（一）向税务部门申报享受

招用建档立卡贫困劳动力和登记失业半年以上人员的企业，可在人力社保部门核实相关信息前向税务部门申报预享受税收优惠政策，并按规定采集人员姓名、身份证号码、《就业创业证》编号（建档立卡贫困人员无需提供）等信息。

（二）向人力社保部门申请资格认定

每年纳税年度终了后3个月内，企业向当地人力社保部门申请上年度单位吸纳就业税收优惠政策资格认定。

人力社保部门根据省人力社保厅"八统一"要求，核实纳税年度内以下情况：

（1）招用人员是否属于享受税收优惠政策的人员范围；

（2）重点群体在该企业缴纳社会保险的具体起止时间和月数。

对符合条件的招用人员，经办机构在经办系统内注明"企业吸纳税收政策"，对符合条件的企业核发《单位吸纳就业税收优惠政策情况确认表》（见附件）。

（三）向税务部门申请核对税收优惠额度

企业凭人力社保部门审核后的《单位吸纳就业税收优惠政策情况确认表》向税务部门申请核对相关信息。税务部门按规定审核并落实企业应享受税收优惠额度。

三、工作要求

（一）做好协查互助。税务部门在日常管理中发现重点群体人员身份有疑问的，可通过《就业创业证》查询系统、全国扶贫开发信息系统进行查询，或提请同级人力社保部门协查。

（二）加强信息共享。同级税务和人力社保部门之间应就本地重点群体人员信息和税收优惠政策落实情况建立定期通报制度。各地要依托大数据，逐步采用部门间比对核实的信息，取代实体《就业创业证》等证明材料。

（三）加大宣传力度。各地各部门要通过业务经办、各类专项行动、"三服务"活动等渠道加大税收优惠政策宣传力度，让企业和群众了解政策、掌握政策，提高申请政策的积极性。各高校要加强校内宣传，确保自主创业的毕业年度毕业生知晓政策。

本通知自发文之日起施行。

附件：单位吸纳就业税收优惠政策情况确认表

浙江省人力资源和社会保障厅
浙江省教育厅
国家税务总局浙江省税务局
2019 年 5 月 21 日

附件

单位吸纳就业税收优惠政策情况确认表

（年度）

单位名称		统一社会 信用代码	
单位地址			
联系人		联系电话	

吸纳建档立卡贫困人员和登记失业半年以上人员名册

序号	姓名	身份证号码	人员类型	就业创业证编号	社保缴纳起止时间	社保缴纳月数

经办机构：   经办时间：   年   月   日

备注：本表一式两份，由经办机构和申请单位各留存一份。人员类型①为建档立卡贫困劳动力，②为登记失业半年以上

浙江省人力资源和社会保障厅转发人力资源社会保障部《关于在工程技术领域实现高技能人才与工程技术人才职业发展贯通的意见（试行）》的通知

浙人社发〔2019〕31号

各市、县（市、区）人力资源和社会保障局、省级有关单位：

现将人力资源社会保障部《关于在工程技术领域实现高技能人才与工程技术人才职业发展贯通的意见》（人社部发〔2018〕74号）转发给你们，并结合我省实际，提出如下补充意见，请一并贯彻执行。

一、高技能人才参评工程技术职称相关要求

（一）范围对象

在我省工程技术领域生产一线岗位，从事技术技能工作，具有高超技艺和精湛技能，能够进行创造性劳动，并作出贡献的技能劳动者。

（二）基本要求

参评的技能人才需符合我省相应专业工程技术职称评价标准规定的基本条件。遵守单位规章制度和生产操作规程，具有良好的职业道德和敬业精神，具有高级工及以上职业资格或职业技能等级，在现工作岗位上近3年年度考核合格，并达到行业继续教育规定学时要求。技能培训学时视同专业技术人员继续教育学时。

（三）学历资历要求

技工院校中级工班、高级工班、预备技师（技师）班毕业生分别按相当于中专、大专、本科学历申报评审相应专业职称。

获得高级工职业资格或职业技能等级后从事技术技能工作满2年，可申报评审相应专业助理工程师。获得技师职业资格或职业技能等级后从事技术技能工作满3年，可申报评审相应专业工程师。获得高级技师职业资格或职业技能等级后从事技术技能工作满4年，可申报评审相应专业高级工程师。

（四）直接申报条件

对在生产一线工程技术岗位从事技能工作，具有高超技艺技能和取得突出业绩的，可直接申报相应工程技术职称评审。

获得浙江省技术能手、省级一类技能竞赛前五名、省级二类技能竞赛前三名的人员，省"百千万"高技能领军人才培养工程中入选"优

秀技能人才"的人员，可直接申报助理工程师；

省级技能大师工作室领办人、省首席技师、全国技术能手，获得世界技能大赛优胜奖，国家级一类技能竞赛前五名、国家级二类技能竞赛前三名，省"百千万"高技能领军人才培养工程中入选"拔尖技能人才"的人员，可直接申报工程师；

钱江技能大奖获得者、国家级技能大师工作室领办人、世界技能大赛银牌铜牌获得者，省"百千万"高技能领军人才培养工程中入选"杰出技能人才"的人员，可直接申报高级工程师；

世界技能大赛金牌获得者、中华技能大奖获得者，享受国务院政府特殊津贴的人员，可直接申报正高级工程师。

以上项目的认定均以证书或文件为准。

（五）评审条件

高技能人才申报职称评审应充分体现其职业特点，坚持把职业道德放在评审的首位，引导技能人才爱岗敬业，弘扬工匠精神。要以职业能力和工作业绩评定为重点，注重评价高技能人才执行操作规程、解决生产难题、完成工作任务、参与技术改造革新、传技带徒等方面的能力和贡献，把技能技艺、工作实绩、产品质量、技术和专利发明、科研成果、技能竞赛成绩等作为评价条件。淡化对高技能人才申报评定职称时的论文要求，注重对其能力、贡献、业绩等的评价。

二、专业技术人才参加职业技能评价相关要求

（一）范围对象。在技能岗位工作的专业技术人才。

（二）首次参评要求。专业技术人才取得助理工程师、工程师、高级工程师职称后，累计工作年限达到职业技能评价申报条件的，可分别申请参加与现岗位相对应职业（工种）的高级工、技师、高级技师职业技能评价，合格后取得相应职业资格证书或职业技能等级证书。

（三）晋级评价要求。专业技术人才在取得现从事职业（工种）职业资格或职业技能等级证书后，可根据相关职业（工种）《国家职业技能标准》的申报条件参加晋级评价。

（四）考评要求。对参加职业技能评价的专业技术人才，应注重技能考核。对具有所申报职业（专业）或相关职业（专业）毕业证书的，可免于理论知识考试，具体职业或专业参照《国家职业技能标准》。

三、其他事宜

工程系列各行业主管部门在修订本行业工程技术评价标准时，要充分考虑技能人才从事专业技术工作的特点，完善评价办法、评价程序。

各技能鉴定机构应及时调整技能考评办法，综合考虑，健全完善评价程序。请各地各部门认真做好政策宣传解读，引导广大技能人才和专业技术人才积极参与和支持贯通工作，促进人才流动和发展。

原有政策与本通知意见不一致的，以本通知意见为准。

本通知自 2019 年 7 月 15 日起执行。

浙江省人力资源和社会保障厅

2019 年 6 月 18 日

关于在工程技术领域实现
高技能人才与工程技术人才
职业发展贯通的意见（试行）

人社部发〔2018〕74号

各省、自治区、直辖市及新疆生产建设兵团人力资源社会保障厅（局），国务院各部委、各直属机构人事劳动保障工作机构，中央企业等人事劳动保障工作机构：

为拓宽人才发展空间，促进人才合理流动，提高技术技能人才待遇和地位，根据党中央、国务院《新时期产业工人队伍建设改革方案》《关于深化职称制度改革的意见》等有关要求，现就在工程技术领域实现高技能人才与工程技术人才职业发展贯通提出如下意见。

一、总体要求

（一）指导思想。

全面贯彻党的十九大和十九届二中、三中全会精神，坚持以习近平新时代中国特色社会主义思想为指导，牢固树立和贯彻落实新发展理念，深入实施人才强国战略，坚决破除束缚人才发展的思想观念和体制机制障碍，最大限度激发各类人才创新创造创业活力，努力形成人人渴望成才、人人努力成才、人人皆可成才、人人尽展其才的良好局面，加快建设知识型、技能型、创新型劳动者大军，为实现"两个一百年"奋斗目标和中华民族伟大复兴中国梦提供坚实人才保障。

（二）基本原则。

1. 坚持遵循规律。适应人才融合发展趋势，遵循社会主义市场经济规律和人才成长规律，建立高技能人才与专业技术人才职业发展通道，促进两类人才深度融合。

2. 坚持问题导向。针对束缚人才发展的思想观念和体制机制问题，打破职业技能评价与专业技术职称评审界限，改变人才发展独木桥、天花板现象，搭建人才成长立交桥。

3. 坚持科学评价。破除身份、学历、资历等障碍，突出品德、能力、业绩评价导向，建立体现两类人才特点的评价机制，让各类人才价值得到充分尊重和体现。两类人才贯通条件大体平衡，适当向高技能人才倾斜。

4. 坚持以用为本。围绕用好用活两类人才，发挥用人主体作用，建立评价与培养使用激励相联系的机制，营造有利于人才成长和发挥作用的制度环境。

二、主要内容

（一）支持工程技术领域高技能人才参评工程系列专业技术职称。

1. 明确参评范围。参加工程系列专业技术职称评审的高技能人才，应为在工程技术领域生产一线岗位，从事技术技能工作，具有高超技艺和精湛技能，能够进行创造性劳动，并作出贡献的技能劳动者。

2. 严格评审条件。高技能人才参加工程系列专业技术职称评审应具备以下基本条件：符合国家规定的工程技术人才职称评价基本标准条件；遵守单位规章制度和生产操作规程；具有高级工以上职业资格或职业技能等级，在现工作岗位上近 3 年年度考核合格。

技工院校中级工班、高级工班、预备技师（技师）班毕业，可分别按相当于中专、大专、本科学历申报评审相应专业职称。

获得高级工职业资格或职业技能等级后从事技术技能工作满 2 年，可申报评审相应专业助理工程师；获得技师职业资格或职业技能等级后从事技术技能工作满 3 年，可申报评审相应专业工程师；获得高级技师职业资格或职业技能等级后从事技术技能工作满 4 年，可申报评审相应专业高级工程师。

3. 突出高技能人才工作特点。高技能人才职称评审应充分体现其职业特点，坚持把职业道德放在评审的首位，引导技能人才爱岗敬业，弘扬工匠精神。要以职业能力和工作业绩评定为重点，注重评价高技能人才执行操作规程、解决生产难题、完成工作任务、参与技术改造革新、传技带徒等方面的能力和贡献，把技能技艺、工作实绩、生产效率、产品质量、技术

和专利发明、科研成果、技能竞赛成绩等作为评价条件。改变唯身份、唯论文等倾向，不得将身份、论文等作为高技能人才职称评审的限制性条件。要通过职称评审，评价选拔一批技能精湛、专业知识扎实的工程技术人才，鼓励和支持他们在更宽广的领域钻研业务，解决工程技术难题，促进工程理论知识与技术技能的深度融合。

4. 注重向高技能领军人才倾斜。对长期坚守生产一线且在工程技术岗位从事技术技能工作、具有高超技艺技能和一流业绩水平、为经济发展和国家重大战略实施作出突出贡献的高技能人才，包括获得中华技能大奖、全国技能手等荣誉，担任国家级技能大师工作室负责人，享受省级以上政府特殊津贴，或各省（自治区、直辖市）人民政府认定的高技能领军人才，可破格申报专业技术职称评审。

（二）鼓励专业技术人才参加职业技能评价。

1. 首次参加职业技能评价（含职业技能鉴定和职业技能等级认定，下同）。专业技术人才在技能岗位工作，可按有关规定申请参加与现岗位相对应职业（工种）的职业技能评价。取得助理工程师、工程师、高级工程师职称，其累计工作年限达到申报条件的，可分别申请参加与现岗位相对应职业（工种）的高级工、技师、高级技师职业技能评价，合格后取得相应职业资格证书或职业技能等级证书。

2. 参加晋级评价。专业技术人才在取得现从事职业（工种）职业资格或职业技能等级 1 年后，可按累计工作年限申报现从事职业（工种）晋级评价。助理工程师在取得现从事职业（工种）高级工 1 年后，其累计工作年限达到技

师申报条件的，可申报技师考评；工程师在取得现从事职业（工种）技师1年后，其累计工作年限达到高级技师申报条件的，可申报高级技师考评。

3. 注重技能考核。对参加职业技能评价的专业技术人才，应注重技能考核。对具有所申报职业（专业）或相关职业（专业）毕业证书的，可免于理论知识考试。

（三）建立评价与培养使用激励相联系的工作机制。

落实中共中央办公厅、国务院办公厅《关于提高技术工人待遇的意见》要求，鼓励用人单位对在聘的高级工、技师、高级技师在学习进修、岗位聘任、职务职级晋升等方面，比照相应层级工程技术人员享受同等待遇。

三、组织实施

在工程技术领域实现高技能人才与工程技术人才职业发展贯通，促进技能人才与专业技术人才融合发展，是贯彻落实党中央、国务院人才强国战略部署的重要举措，各级人力资源社会保障部门要加强统筹管理，各部门和各有关单位要高度重视，加强领导，精心组织。要健全完善制度，制定具体实施方案，对评价条件、评价程序、评价办法和配套政策等作出具体规定。要严格评价标准，规范评价程序，不得随意降低评价标准条件，不得擅自扩大评价范围。要坚持试点先行，及时总结经验，逐步推开。要完善监管机制，加强指导监督，及时妥善处理工作中遇到的各种新情况新问题。要加强舆论引导，搞好政策解读，引导广大技能人才和专业技术人才积极参与和支持贯通工作，促进人才流动和发展。

人力资源社会保障部
2018 年 11 月 25 日

中共浙江省委组织部
浙江省人力资源和社会保障厅印发
《关于支持和鼓励高校科研院所科研人员兼职创新创业的指导意见（试行）》的通知

浙人社发〔2019〕33号

各市、县（市、区）党委组织部、政府人力资源和社会保障局，省直各单位：

现将《关于支持和鼓励高校科研院所科研人员兼职创新创业的指导意见（试行）》印发给你们，请认真贯彻实施。

中共浙江省委组织部
浙江省人力资源和社会保障厅
2019年7月6日

关于支持和鼓励高校科研院所科研人员
兼职创新创业的指导意见（试行）

根据省委、省政府《关于深化人才发展体制机制改革支持人才创业创新的意见》（浙委发〔2016〕14号）、人力资源社会保障部《关于支持和鼓励事业单位专业技术人员创新创业的指导意见》（人社部规〔2017〕4号）和省委办公厅、省政府办公厅《关于实行以增加知识价值为导向分配政策的实施意见》（浙委办发〔2018〕45号）等文件精神，现就支持和鼓励高校、科研院所科研人员兼职创新创业提出如下指导意见。

一、支持和鼓励高校、科研院所科研人员（以下简称"科研人员"）到与所在单位业务领域相近或学科有交叉的企业和科研机构、高校、社会组织等兼职，从事科学研究、技术创新、科技成果转化、技术咨询和服务等工作，或利用与本人从事专业相关的创业项目在职创办企业。

二、科研人员要求兼职的，应在履行好岗

位职责、完成本职工作的前提下，向所在单位提出书面申请，并提交相关说明材料，一般应经单位领导班子集体研究同意。所在单位应将科研人员兼职情况在单位内部进行公示，并报上级主管部门备案。

三、高校、科研院所与科研人员应约定兼职期限、职责任务、考核、待遇、保密、违约责任等权利与义务，有必要的可签订补充聘用合同。兼职涉及所在单位知识产权、科研成果和其他资源占用情况的，相关单位、企业和个人应签订协议，进一步明确科研成果归属和权益分配等内容。

四、积极鼓励科研人员公益性兼职，参与决策咨询、扶贫济困、科学普及、法律援助和学术组织等活动。科研人员公益性兼职，在本人业务领域相关的学会、协会兼职，以及其他不涉及科研成果归属和权益分配，也不领取工作报酬的兼职，可简化申请、公示、审批、备案等程序。

五、科研人员按约定取得的兼职报酬，原则上归个人所有，不受所在单位绩效工资总量限制。个人应如实将取得的兼职报酬报所在单位备案，按有关规定缴纳个人所得税。

六、科研人员在兼职工作期间，兼职单位（相关企业）应当为其缴纳工伤保险费，参保缴费、工伤认定、劳动能力鉴定、待遇标准等按照《工伤保险条例》《浙江省工伤保险条例》及相关配套规定执行。

七、科研人员因兼职影响本职工作，与所在单位利益发生冲突，或损害社会公共利益的，

所在单位负责人应及时约谈科研人员，及时提出整改要求。经单位负责人提醒仍未改正的，或年度考核未达到合格档次的，不得继续兼职。

八、担任或曾担任高校、科研院所领导职务和在涉密岗位工作的科研人员兼职，严格按照国家和省有关规定执行。

九、高校、科研院所可根据科研工作需要设立流动岗位，吸引有创新实践经验的企业管理人才、科技人才和海外高水平创新人才兼职，应与流动岗位人员签订协议，明确工作期限、工作内容、工作时间、工作要求、工作条件、工作报酬、保密、成果归属等内容。流动岗位不占所在单位专业技术岗位总量和结构比例。用于发放流动岗位人员的工作报酬，不纳入所在单位绩效工资总量。流动岗位人员通过公开招聘被事业单位正式聘用的，其在流动岗位工作业绩可作为事业单位岗位聘用和职称评审的重要依据。

十、科研人员兼职应严格遵纪守法，不得违反承担的社会责任，不得损害或侵占本单位合法权益，不得通过交叉兼职等手段规避国家和省收入分配政策规定。高校、科研院所要落实主体责任，结合实际研究制定具体实施细则，加强对兼职人员的管理和考核，防止影响单位正常工作秩序。对违规兼职造成不良后果的，应根据《事业单位工作人员处分暂行规定》等规定严肃处理。各级人事综合管理部门要加强分类指导和监督检查，确保政策落到实处、取得实效。

十一、本意见自 2019 年 8 月 1 日起施行。

《关于支持和鼓励高校科研院所科研人员
兼职创新创业的指导意见（试行）》政策解读

根据人力资源社会保障部和省委办公厅、省政府办公厅有关文件精神，省委组织部、省人力社保厅研究制定了《关于支持和鼓励高校科研院所科研人员兼职创新创业的指导意见》（以下简称《指导意见》）。现作如下解读。

一、《指导意见》的主要依据和起草背景

党中央、国务院和省委、省政府对科研人员创新创业高度重视，中共中央办公厅、国务院办公厅《关于实行以增加知识价值为导向分配政策的若干意见》（厅字〔2016〕35号），人力资源社会保障部《关于支持和鼓励事业单位专业技术人员创新创业的指导意见》（人社部规〔2017〕4号），省委、省政府《关于深化人才发展体制机制改革支持人才创业创新的意见》（浙委发〔2016〕14号），省委办公厅、省政府办公厅《关于实行以增加知识价值为导向分配政策的实施意见》（浙委办发〔2018〕45号）等文件，都对高校、科研院所科研人员兼职兼薪作了明确规定。

支持和鼓励高校科研院所科研人员创新创业，破除制约科研人员创新创业的体制机制障碍，解除他们的后顾之忧，营造大众创新、万众创业的良好政策环境，是促进和强化科技同经济对接、创新成果同产业对接、创新项目同现实生产力对接的重要举措，是鼓励事业单位

科研人员合理利用时间，挖掘创新潜力的重要举措，是提高人才资源流动性，最大限度激发和释放创新创业活力的重要举措，也是促进事业单位全面参与创新创业体系建设，充分发挥事业单位人才和技术资源优势，加快科技创新的重要举措。

为认真贯彻落实中央和省委、省政府部署要求，根据浙委发〔2016〕14号、人社部规〔2017〕4号、浙委办发〔2018〕45号等有关文件精神，省委组织部、省人力社保厅在广泛调研、充分征求各方面意见的基础上，研究制定了《指导意见》。

二、贯彻落实《指导意见》需要把握的原则

贯彻落实《指导意见》，要始终坚持激励与约束结合原则，努力把科研人员兼职创新创业政策落到实处、取得实效。

一要激发活力。认真贯彻落实中央和省委、省政府部署要求，为高校、科研院所科研人员兼职创新创业解除后顾之忧，支持和鼓励更多拥有创业意愿、具备创新能力的科研人员投身经济建设主战场，促进产学研有机融合。

二要风险可控。高校、科研院所承担繁重的教育教学、基础研究、科研开发、公益服务等职能任务，在支持和鼓励符合条件的科研人员兼职创新创业的同时，也要避免一哄而起，

防止对高校、科研院所正常有序运行和事业发展造成影响。

三要管理规范。围绕高校、科研院所和科研人员关心的兼职期限、工作报酬、保密义务、成果归属和收益分配办法等相关问题，作出原则性规定和要求，通过签订协议，明确权利义务，避免争议纠纷。

四要着眼多赢。既要支持和鼓励科研人员兼职创新创业，按约定取得的合法兼职报酬归个人所有，又要维护所在单位合法权益，提高贯彻落实兼职创新创业政策的积极性。

三、《指导意见》的实施范围和对象

根据厅字〔2016〕35号和浙委办发〔2018〕45号等文件精神，实行以增加知识价值为导向分配政策主要适用于国家设立的高校、科研机构和国有独资企业。《指导意见》仅适用于高校、科研院所，支持和鼓励高校、科研院所科研人员到与所在单位业务领域相近或学科有交叉的企业和科研机构、高校、社会组织等兼职，从事科学研究、技术创新、科技成果转化、技术咨询和服务等工作，或利用与本人从事专业相关的创业项目在职创办企业。因此，兼职创新创业必须以增加知识价值为导向，必须突出围绕创新这一主题，涉及的创业也是与创新有关的创业，与创新无关的兼职均不适用于《指导意见》。

《指导意见》明确，担任或曾担任高校、科研院所领导职务的科研人员兼职，严格按照国家和省有关规定执行。这里所称"领导职务"，包括经机构编制部门同意并核定相应领导职数的高校、科研院所领导班子成员、所属院系所及内设机构

负责人。科研人员兼职期间新提任高校、科研院所领导职务的，应重新履行报批程序。

除高校、科研院所以外的事业单位工作人员兼职问题，严格按照国家和省有关规定执行。

四、科研人员如何办理兼职创新创业手续

（一）个人申请。科研人员在履行好岗位职责、完成本职工作的前提下，要求兼职（含利用与本人从事专业相关的创业项目在职创办企业，以下同）的，应向所在单位提出书面申请，并提交相关说明材料。

（二）单位审核。科研人员兼职，一般应经单位领导班子集体研究同意。所在单位应将科研人员兼职情况在单位内部进行公示，并报上级主管部门备案。

（三）约定权利与义务。高校、科研院所与科研人员应约定兼职期限、职责任务、考核、待遇、保密、违约责任等权利与义务，有必要的可变更聘用合同。兼职期限每次约定一般不超过5年，期满后经协商一致可续约。兼职涉及所在单位知识产权、科研成果和其他资源占用情况的，相关单位、企业和个人应签订协议，进一步明确科研成果归属和权益分配等内容。所在单位应结合实际，研究制定将科研人员兼职期间的工作表现，取得的科技研发、技术应用、成果转化等工作业绩，作为职称评审、岗位聘用、考核、奖励等方面依据的具体办法，对在促进产学研融合发展方面取得突出成效的，应给予适当倾斜和照顾。

（四）积极鼓励科研人员公益性兼职。科研人员公益性兼职，参与决策咨询、扶贫济困、科学普及、法律援助和学术组织等活动，在本

人业务领域相关的学会、协会兼职，应邀参加一次性、非定期的讲课、评审等活动，以及其他不涉及科研成果归属和权益分配，也不领取工作报酬的兼职，可简化申请、公示、审批、备案等程序。

五、认真落实事业单位及其主管部门主体责任

高校、科研院所要认真贯彻落实"大众创新、万众创业"部署要求，支持和鼓励科研人员兼职创新创业，及时办理科研人员兼职申请，结合实际积极提供方便，在思想上、工作上给予理解和关心，努力营造良好的创新创业氛围。同时，要结合实际研究制定具体实施细则，加强对兼职人员的管理和考核，防止影响单位正常工作秩序。对违规兼职造成不良后果的，应根据《事业单位工作人员处分暂行规定》等规定严肃处理。

根据人社部规〔2017〕4号文件相关精神，科研人员一般不得到所在单位下属企业（包括独资企业或控股企业）兼职，确因工作需要兼职的，不得领取报酬。主要考虑，一是与《中共中央国务院关于深化体制机制改革加快实施创新驱动发展战略的若干意见》有关"逐步实现高等学校和科研院所与下属公司剥离，原则上高等学校、科研院所不再新办企业，强化科技成果以许可方式对外扩散"的规定精神相一致；

二是与事业单位改革事企分开的目标相一致；三是避免出现一些地方和部门担心的规避国家收入分配政策规定的行为。

《指导意见》实施前已经所在单位同意兼职，与本意见规定不一致的，应结合实际作适当调整。

六、关于如何保证兼职创新创业活动健康有序开展问题

在政策要求上，主要体现在：科研人员兼职必须在履行好岗位职责、完成本职工作的前提下，兼职单位应与事业单位业务领域相近或有学科交叉，并从事科学研究、技术创新、科技服务和科技成果转化等工作。在职创办企业的，创业项目须与本人在事业单位所从事专业相关。科研人员兼职需经单位领导班子集体研究，并在单位内部进行公示；因兼职影响本职工作，与所在单位利益发生冲突，或损害社会公共利益的，所在单位负责人应及时约谈科研人员，及时提出整改要求。经单位负责人提醒仍未改正的，或年度考核未达到合格档次的，不得继续兼职。对违规兼职造成不良后果的，应依纪依规严肃处理。通过这些规定，既支持和鼓励符合条件的科研人员积极参与创新创业，又避免一哄而起、"一窝蜂"式的兼职潮，对高校、科研院所正常有序运行造成影响。

浙江省人力资源和社会保障厅浙江省财政厅关于2019年调整退休人员基本养老金的通知

浙人社发〔2019〕38号

各市、县（市、区）人力资源和社会保障局、财政局，省级各单位，中央部属在浙有关单位：

根据《人力资源社会保障部财政部关于2019年调整退休人员基本养老金的通知》（人社部发〔2019〕24号）精神，经省政府同意并报人社部、财政部批准，决定适当调整退休人员基本养老金。现将有关事项通知如下：

一、调整范围和对象

全省2018年12月31日前已按国家和省有关规定办理退休、退职手续的人员，可按本通知规定调整基本养老金。

二、调整水平和调整办法

2019年调整退休（含退职，下同）人员基本养老金，采取定额调整、挂钩调整和适当倾斜相结合的办法，具体调整办法如下：

（一）定额调整退休人员基本养老金

退休人员每人每月增加40元。

（二）挂钩调整退休人员基本养老金

挂钩调整退休人员基本养老金由以下两部分组成：

1. 退休人员本人缴费年限（含视同缴费年限，下同）15年及以下的部分，缴费年限每满1年（不满1年按1年计算，下同），月基本养老金增加1.5元，月基本养老金增加额不到15元的，补足到15元；本人缴费年限15年以上至30年的部分，缴费年限每满1年，月基本养老金增加2.5元；本人缴费年限30年以上的部分，缴费年限每满1年，月基本养老金增加3元。

2. 退休人员按本人本次调整前月基本养老金的2%计算月基本养老金增加额。

（三）适当提高部分退休人员基本养老金

在定额调整和挂钩调整的基础上，对下列退休人员再适当增发基本养老金：2018年12月31日前，男年满70周岁、女年满65周岁及以上且不满80周岁的退休人员，每人每月增发30元；年满80周岁及以上的退休人员，每人每月增发60元。

三、有关人员的待遇处理

（一）企业退休军转干部调整基本养老金后，其基本养老金水平低于当地此次调整后的基本养老金平均水平的，按照浙委办〔2004〕30号文件规定，予以补足。

（二）企业退休的劳动模范和省先进生产（工作）者调整基本养老金后，其基本养老金水平低于当地此次调整后的企业退休人员基本养老金平均水平的，按照浙政办发〔2007〕88号文件规定，予以补足。

劳动模范是指获得省及省以上劳动模范称号和按规定享受省及省以上劳动模范和先进工作者待遇的个人；省先进生产（工作）者是指1956年至1964年获得省先进生产（工作）者称号的个人。

（三）企业退休的原工商业者（含从原工商业者中区分出来的小商小贩、小手工业者、小业主）调整基本养老金后，其基本养老金水平低于当地此次调整后的企业退休人员基本养老金平均水平的，按浙劳社老〔2002〕150号文件规定，予以补足。

上述（一）（二）（三）类人员调整基本养老金时，如当地此次调整后的企业退休人员基本养老金平均水平低于2018年的，按2018年水平确定。

（四）2018年12月31日前因工致残完全丧失劳动能力、退出生产岗位按月享受定期伤残津贴的企业职工及企业工伤退休人员，按本通知办法分别增加伤残津贴和基本养老金。如增加金额低于当地此次企业退休人员基本养老金调整平均额度120%的，补足到该标准。

（五）企业和机关事业单位离休干部不列入本次调整范围。

四、资金来源

调整退休人员基本养老金所需资金，参加企业职工基本养老保险的，从企业职工基本养老保险基金中列支；参加机关事业单位养老保险的，从机关事业单位基本养老保险基金中列支。工伤职工调整伤残津贴所需费用，按原渠道列支。

五、执行时间

本次调整退休人员基本养老金从2019年1月1日起执行，执行中的具体问题，由省人力资源和社会保障厅负责解释。

调整退休人员基本养老金水平，体现了党中央、国务院和省委、省政府对广大退休人员的关怀。各地各部门应高度重视，切实加强领导，精心组织实施，力争在2019年7月底前将增加的基本养老金发放到位。

浙江省人力资源和社会保障厅

浙江省财政厅

2019年7月12日

浙江省人力资源和社会保障厅浙江省财政厅关于印发浙江省企业新型学徒制工作实施方案的通知

浙人社发〔2019〕40号

各市、县（市、区）人力资源和社会保障局、财政局：

为深入贯彻《人力资源社会保障部财政部关于全面推行企业新型学徒制的意见》（人社部发〔2018〕66号）精神，我们制定了《浙江省企业新型学徒制工作实施方案》，现印发给你们，请认真贯彻执行。

浙江省人力资源和社会保障厅
浙江省财政厅
2019年7月15日

浙江省企业新型学徒制工作实施方案

为进一步加快技能人才队伍建设，创新人才培养模式，着力构建终身职业技能培训制度，根据《人力资源社会保障部财政部关于全面推行企业新型学徒制的意见》（人社部发〔2018〕66号）要求，现就我省企业新型学徒制工作制定本实施方案。

一、指导思想

以习近平新时代中国特色社会主义思想为指导，以服务就业和经济社会发展为宗旨，适应现代企业发展和产业转型升级要求，深化产教融合、校企合作，面向各类企业全面推行企业新型学徒制，努力形成政府激励推动、企业加大投入、培训机构积极参与、劳动者踊跃参加的职业技能培训新格局，为提高劳动者职业能力和职业素养，促进企业发展和经济发展方式转变提供支撑。

二、进一步明确企业新型学徒制的主要内容

（一）企业新型学徒制适用范围

适用于我省各类企业（含拥有技能人才的其他用人单位，下同），优先支持重点产业企业开展新型学徒制工作。

（二）企业新型学徒制培养对象（符合下列条件之一）：

1. 与企业签订一年及以上劳动合同的技能岗位职工（以下简称职工学徒）；

2. 与企业签订一年实习协议和就业协议的技工院校毕业年度在企实习学生（以下简称学生学徒）。

（三）企业新型学徒制培养目标和期限。培养目标以中、高级技术工人为主，职工学徒培养期限为1—2年，特殊情况可延长到3年；学生学徒培养期限为1年。

（四）企业新型学徒制培养模式和内容。以"招工即招生、入企即入校、企校双师联合培养"为主要内容，采取"企校双制、工学一体"的培养模式，由企业与技工院校、职业院校、职业教育培训机构、企业培训中心等教育培训机构（以下简称"培训机构"）采取企校双师带徒、工学交替培养等模式共同培养学徒。培养内容主要包括专业知识、操作技能、消防等安全生产规范和职业素养等，特别是工匠精神的培育，培训的理论学时应参照国家职业技能标准确定。企业新型学徒制培养可采取弹性学制，实行学分制管理。学制和课程学分由企业和培训机构共同协商并在培养计划中明确，由企业和培训机构共同考核。

（五）企业新型学徒制培养结果。职工学徒修满规定学分的，由企业和培训机构共同核发培训合格证书（在技工院校注册学籍的，发给技工院校毕业证书，下同）；经相应等级技能鉴定合格的，核发职业资格证书（技能等级证书、专项职业能力证书，下同）。

学生学徒按原有教学计划核发毕业证书和职业资格证书。

三、进一步明确企业新型学徒制职责要求

（一）企业职责。企业承担新型学徒制培养的主体职责。企业应与学徒签订培养协议，明确培养目标、培养内容与期限、考核办法等内容，对职工学徒还应约定服务期及违约责任。企业委托培训机构承担学徒的具体培训任务，应签订合作协议，明确培训的方式、内容、期限、费用、双方责任等具体内容。企业应选拔技艺精湛、素质优良的人员担任学徒的企业导师。企业导师负责指导学徒进行岗位技能操作训练，帮助其逐步掌握并不断提升技能水平和职业素养，使之能够达到相应的职业技能标准和岗位要求，具备从事相应技能岗位工作的基本能力。每名企业导师应当明确带徒培养对象，其人数不超过5名。企业应当建立学徒名册，详细记录学徒的姓名、年龄、性别、身份证号、学历、培训职业（工种）、培训班次、培训时间、考核成绩、技能等级和联系方式，以备查验。

（二）培训机构的职责。培训机构应当根据合作协议，制订培养计划，履行培养协议。培训机构与企业签订合作协议后，对职工学徒和学生学徒在浙江政务服务网（省级—省人力社保厅）上进行新型学徒制学籍注册，并选择具备相应的专业知识和操作技能的优秀教师作为指导老师。每一名指导老师应当明确带徒培养

对象，专门负责学徒管理指导工作。

（三）学徒的职责。学徒应按照培养协议，自觉履行义务，接受导师的指导，学习提高技能，完成培养任务。学徒培养考核合格的，应履行劳动合同（就业协议）。因职工学徒本人原因，提前解除劳动合同，违反服务期规定的，职工学徒应向企业支付违约金，违约金的数额不得超过企业实际支出的培训费用。

四、进一步落实企业新型学徒制的激励政策

（一）学徒报酬。职工学徒在学习培训期间，由企业按照劳动合同法的规定，且以不低于企业所在地最低工资标准支付工资。学生学徒按照实习协议约定及其工作贡献，由企业支付实习津贴。

（二）导师津贴。承担带徒任务的企业导师应享受导师津贴，企业导师津贴标准由企业确定，津贴由企业承担。

（三）培训费用。企业按照合作协议约定，向培训机构支付职工学徒培训费用，从企业职工教育经费中列支；企业对学徒开展在岗培训、业务研修等企业内部发生费用，符合有关政策规定的，可从企业职工教育经费中列支。

（四）政府补贴。人力社保部门会同财政部门对开展学徒制培训的企业给予职业培训补贴（包含职业技能鉴定或技能等级认定补贴，下同），补贴资金从就业补助资金中列支。补贴资金根据经济发展、培训成本、物价指数等情况逐年提高。

职工学徒原则上按学徒每人每年不低于4000元（低于4000元的，按实补贴）的标准进行补贴。学徒学完规定课程，取得培训合格证

书的，按补贴标准的50%支付；取得培训合格证书和职业资格证书的，按补贴标准支付。具体标准由各地人力社保部门与财政部门确定。

学生学徒补贴金额一般可按学徒月实习津贴标准确定，每人每年的补贴标准原则上不高于3000元。培训后企业未与实习学徒签订劳动合同和缴纳社会保险费的不予补贴。

五、进一步明确企业新型学徒制补贴申领流程

（一）申报审核。企业开展新型学徒制的，与培训机构确定合作协议，并填写《开展企业新型学徒制培训申报书》（一式2份，见附件）后报送失业保险费缴纳地人力社保部门和财政部门审核备案。

（二）开班备案和监管。经人力社保部门和财政部门审核备案后，企业或培训机构应提前1个月，将开办学徒培训班的备案材料报人力社保部门备案，备案材料包括：培训计划、学徒名册、企业与学徒签订的培养协议、企业与培训机构签订的合作协议、职工学徒的劳动合同复印件（学生学徒的实习协议和就业协议复印件）等。学徒培训期间，企业或培训机构应上传不同日期的培训视频资料（不少于10次），人力社保部门应不定期对学徒培训情况进行监管。

（三）组织考核鉴定。学徒培训期满后，由企业和培训机构进行考核，合格的，由培训机构和企业共同核发培训合格证书；并按规定向备案人力社保部门提出申请，对培训的学徒进行技能鉴定，鉴定合格的，核发职业资格证书。

（四）补贴资金拨付。学徒培养结束后，企

业提供以下材料申领补贴资金：除前述备案材料外，还应附职业资格证书编号（未取得职业资格证书的，提供培训合格证书复印件）、培训机构出具的行政事业性收费票据（或税务发票）、企业在银行开立的基本账户等凭证材料。其中，属于学生学徒的，应提供企业支付给学生的全部津贴凭证，与实习企业签订的一年以上劳动合同和参加社会保险登记证明。上述材料经人力社保部门、财政部门审核后，将补贴资金按规定核拨给企业。

六、进一步明确企业新型学徒制的工作要求

（一）各级人力社保部门及相关部门要进一步提高认识，增强责任感和紧迫感，把全面推行企业新型学徒制作为加强技能人才队伍建设和职业培训的重要工作内容，广泛动员企业、培训机构和劳动者积极参与学徒培训，扩大企业新型学徒制影响力和覆盖面。要建立培训质量评估监管机制，对培训机构和培训过程、培训结果要加强监管，严格考核验收，确保学徒培养质量。

（二）各级财政部门要切实做好学徒培训经费保障工作，健全资金管理制度，及时足额拨付补贴资金，提高资金使用效益。

（三）各级人力社保部门要充分运用各类新闻媒体，采取灵活多样的形式，大力宣传推行企业新型学徒制的典型经验和良好成效，努力营造全社会关心尊重技能人才、重视支持职业技能培训工作的良好社会氛围。

请各市人力社保部门、财政部门于每年12月1日前将企业新型学徒制工作开展情况分别报送省人力资源社会保障厅、省财政厅。

本方案自2019年8月15日起实施，有效期至2022年12月31日。

附件：开展企业新型学徒制培训申报书

附件

开展企业新型学徒制培训
申报书

企业名称：_____

培训机构名称：_____

所属地区：_____

申报日期：_____

浙江省人力资源和社会保障厅制

填写要求

一、请按要求如实填写，仔细核对。

二、文字描述要明确时间、内容、结果，突出重点，简明扼要。

三、此表请使用 A4 纸双面打印，左侧装订，一式三份，连同电子版一并上报。

企业基本信息

企业名称					
组织机构代码				成立日期	
法定代表人姓名				身份证号	
企业类型				职工人数	
培训工作负责人信息		姓名			
	办公电话				
	手机号码				
	电子邮箱				
企业地址					
企业培训体系建设情况	（重点说明职工教育经费使用方向，现有职工培训主要内容、场地和培训管理人员情况等）				
企业技能人才队伍建设情况	（简要介绍企业人才发展规划、技能人才比例结构、技能人才激励制度、岗位考核办法、绩效管理情况等）				
合作培训机构基本信息					
培训机构名称					
资本属性		公民办_____（民办机构请填写办学资质）			
联系人信息		姓名			
	办公电话				
	手机号码				

电子邮箱			
培训机构 技能人才 培养情况	[简要介绍场地、设备、培训职业（工种）或专业建设情况、培训规模等]		

新学徒培训计划

培训职业（工种）	培训等级	培训期限	培训人数	学徒类别

续表

合计				

培训实施 计划	
企校双师 建设情况	
学徒考核 标准	
申报单位 意见	（签章） 年　月　日
市，县 （市、区）人力 资源 社会保障 部门审批 意见	（签章） 年　月　日
备注	

浙江省人力资源和社会保障厅浙江省财政厅
关于调整企业职工死亡后遗属生活
困难补助费等标准的通知

浙人社发〔2019〕42号

各市、县（市、区）人力资源和社会保障局、财政局，省级各单位：

为保障国有企业职工死亡后其供养遗属、因工死亡职工供养亲属和计划外长期临时工的基本生活，使他们的生活水平随着经济发展有所提高，经省政府同意，决定适当调整国有企业职工（含离退休人员）死亡后其供养的直系亲属生活困难补助费等标准。现将有关事项通知如下：

一、调整国有企业死亡职工遗属生活困难补助费标准

（一）国有企业离休人员死亡后，凡1937年7月6日前参加革命工作的，其生前供养的配偶的生活困难补助费由每人每月2370元调整为每人每月2550元；抗战时期参加革命工作的，其生前供养的配偶的生活困难补助费由每人每月2000元调整为每人每月2150元；解放战争时期参加革命工作的，其生前供养的父母、配偶的生活困难补助费由每人每月1810元调整为每人每月1950元。

（二）国有企业职工（含退休人员）因病或非因工死亡后，其符合供养条件的直系亲属生活困难补助费标准调整为每人每月1125元。

城镇集体所有制企业职工死亡后其供养的直系亲属生活困难补助费标准是否调整，由各市、县（市、区）根据实际情况研究确定。

二、调整因工死亡职工供养亲属抚恤金标准

全省企业、机关事业单位、社会团体、民办非企业单位、基金会、律师事务所、会计师事务所等组织和有雇工的个体工商户中，在2018年12月31日前已按规定享受因工死亡职工供养亲属抚恤金的人员，因工死亡职工供养亲属抚恤金每人每月增加110元。调整后，每名因工死亡职工的月供养亲属抚恤金总额不得超过统筹地2018年度在岗职工月平均工资。

三、调整计划外长期临时工晚年生活补助费标准

凡根据浙劳人险〔84〕218 号、〔84〕财企879 号、省总工字〔1984〕50 号文件规定，领取晚年生活补助费的计划外长期临时工，其生活补助费标准由每人每月 1050 元提高到 1110 元。

四、资金来源

本次调整生活困难补助费等标准所需经费，按原渠道列支。

五、执行时间

本次调整生活困难补助费等标准自 2019 年 1 月 1 日起执行。

浙江省人力资源和社会保障厅

浙江省财政厅

2019 年 7 月 30 日

中共浙江省委组织部浙江省人力资源和社会保障厅浙江省财政厅关于调整机关事业单位工作人员死亡后遗属生活困难补助费等标准的通知

浙人社发〔2019〕44号

各市、县（市、区）党委组织部，政府人力资源和社会保障局、财政局，省直各单位：

为保障机关、事业单位工作人员（含退休、退职人员，下同）死亡后遗属和计划外长期临时工的基本生活需求，使其生活水平随着经济发展有所提高，经省政府同意，决定适当调整机关事业单位工作人员死亡后遗属生活困难补助费等标准。现将有关事项通知如下：

一、调整遗属生活困难补助费标准

（一）机关、事业单位的工作人员死亡后，凡1937年7月6日以前参加革命工作的，其生前供养的配偶的遗属生活困难补助费标准由每人每月2370元调整为2550元；抗日战争时期参加革命工作的，其生前供养的配偶的遗属生活困难补助费标准由每人每月2000元调整为2150元；解放战争时期参加革命工作的，其生前供养的父母、配偶的遗属生活困难补助费标准由每人每月1810元调整为1950元。

（二）机关事业单位建国前参加革命工作的工作人员死亡后，其生前抚养的子女，以及建国后参加工作的工作人员死亡后，其生前供养的直系亲属，遗属生活困难补助费标准由每人每月1210元调整为1275元。

二、调整计划外长期临时工晚年生活补助费标准

凡根据浙劳人险〔84〕218号、〔84〕财企879号、省总工字〔1984〕50号文件规定，领取晚年生活补助费的计划外长期临时工，其生活补助费标准由每人每月1050元提高到1110元。

上述标准所需经费，仍按原渠道安排。调整标准从2019年1月1日起执行。

中共浙江省委组织部
浙江省人力资源和社会保障厅
浙江省财政厅
2019年7月25日

浙江省人力资源和社会保障厅浙江省财政厅 关于印发《浙江省职业技能提升行动实施方案 （2019—2021年）》的通知

浙人社发〔2019〕53号

各市、县（市、区）人民政府，省级有关部门：

根据国务院办公厅《关于印发职业技能提升行动方案（2019—2021年）的通知》（国办发〔2019〕24号）要求，省人力社保厅、省财政厅制订了《浙江省职业技能提升行动实施方案（2019—2021年）》，经省政府同意，现印发给你们，请认真贯彻执行。

浙江省人力资源和社会保障厅

浙江省财政厅

2019年8月30日

浙江省职业技能提升行动实施方案（2019—2021年）

为切实贯彻国务院办公厅《关于印发职业技能提升行动方案（2019—2021年）的通知》（国办发〔2019〕24号）精神，深入推进职业技能培训工作，着力培养一支满足经济社会发展需求的技能人才队伍，现制定本实施方案。

一、总体要求

以习近平新时代中国特色社会主义思想为指导，全面贯彻党的十九大和十九届二中、三中全会，省第十四次党代会及省委历次全会精神，聚焦聚力高质量发展，深化人力资源供给侧结构性改革，突出重点、精准施策，大规模开展职业技能培训，力争通过培训，使没有技能的劳动者具备一技之长，有技能的劳动者提升一个技能等级，劳动者技能素质有显著提高。到2021年，全省培训300万人次，技能劳动者占就业人员的比例达到26%左右，高技能人才占技能劳动者的比例达到31%左右，为我省实现"两个高水平"的奋斗目标提供坚实的技能人才保障。

二、明确职业技能培训对象和类别

职业技能提升行动的重点培训对象：企业职工特别是受经贸摩擦影响的企业职工、农村转移就业劳动者、城乡未继续升学的初高中毕业生（以下简称"两后生"）、失业人员、退役军人、就业困难人员（含残疾人）、有培训需求的高校毕业生、职业农民。

职业技能提升行动的培训类别：面向农村转移就业劳动者、"两后生"、失业人员、退役军人、就业困难人员（含残疾人）、有培训需求的高校毕业生开展的就业技能培训；面向企业职工特别是受经贸摩擦影响的企业职工开展的技能提升培训、转岗转业培训、高技能人才培训、学徒制培训等；面向高危行业企业从业人员开展的安全技能培训；面向新型职业农民、建档立卡低收入农户家庭劳动力开展的技能提升培训；面向有创业意愿的重点培训对象开展的创业培训。

三、进一步发挥职业技能培训主体的作用

（一）支持企业兴办职业技能培训。支持各类企业设立职工培训中心，鼓励企业和社会组织兴办职业技能培训机构。企业要完善职工技能培训制度，着力加强中小微企业职工技能培训。鼓励市县行业协会、龙头骨干企业为中小微企业提供培训支持。市场监管部门要协调组织小微企业职工开展职业技能培训。

（二）进一步激发培训主体积极性。鼓励职业院校（含技工院校，下同）、有条件的高校开展职业技能培训，支持到县（市、区）设立培训点，加大职业技能培训力度。相关主管部门和

人力社保部门应加强对职业技能培训工作的指导和管理，承担职业技能培训工作的学校应当把培训收入纳入单位统一核算。对承担职业技能培训工作的学校，在核定绩效工资总量时可以适当倾斜，具体标准和办法由承担职业技能培训工作单位主管部门报当地人力社保、财政部门确定。支持民办培训机构、农民田间学校、农民教育示范基地等各类培训机构积极参与职业技能培训工作，政府补贴的职业技能培训项目全部向具备资质的社会职业培训机构开放。

四、完善职业技能培训的补贴政策

（一）落实职业技能培训补贴政策。各市、县（市、区）应根据人力资源市场职业（工种）紧缺程度、技能复杂程度、等级高低，按照同一工种、同一等级、同一补贴标准，制订职业技能培训补贴目录清单。补贴标准可根据实际适当调整。以获取职业资格证书（职业技能等级证书、专项能力证书，下同）为主要依据，对具有当地户籍、当地常住并办有居住证、在当地就业创业或在当地办理失业登记的城乡劳动者提供普惠同等的培训补贴。对建档立卡低收入农户家庭劳动力、退役军人、对口支援地区建档立卡贫困人员等相关群体以及企业职工，制订项目制（即没有职业资格证书的职业、工种）培训补贴目录清单，由符合规定的购买主体通过政府购买服务形式开展培训。对项目制培训以培训合格证书、特种作业操作证书为依据进行补贴。职业培训补贴原则上每人每年可享受不超过3次，但同一职业（项目）同一等级不可重复享受。享受职业技能培训补贴的企业，按属地原则由失业保险参保地进行管理。

（二）加大对重点群体的支持力度。各地要加大对受经贸摩擦影响的企业职工的培训力度，建立受影响企业目录清单，支持企业开展职工岗位技能提升培训和转岗转业培训。2021年底前，受经贸摩擦影响的企业职工培训补贴标准可参照同类职业（工种）补贴标准适当上浮，上浮幅度不超过30%。对建档立卡低收入农户家庭劳动力、就业困难人员、零就业家庭成员、"两后生"中的农村学员和城市低保家庭学员，在培训期间按规定通过就业补助资金同时给予生活费补贴。

（三）加大资金支持和监管力度。各级政府要加大资金支持和筹集整合力度，要将一定比例的就业补助资金、地方人才经费和行业产业发展经费中用于职业技能培训的资金，以及从失业保险基金结余中筹集一定的经费，统筹用于职业技能提升行动。要依法加强资金监管，定期向社会公开资金使用情况。加强廉政风险防控，强化失业保险基金使用情况的监督检查和审计工作，确保资金安全。对骗取职业培训补贴资金的单位和个人，一经发现，按有关规定严肃查处。

（四）明确职业技能培训补贴政策的管理分工。设区市人力社保部门、财政部门应结合当地实际公布或授权县（市、区）公布当地享受职业技能培训补贴、生活费补贴人员范围和条件，确定职业技能培训补贴标准和生活费标准，也可将确有培训需求、不具有按月领取养老金资格的人员纳入政策范围。县级人力社保部门、财政部门应按"渠道不变、用途不变、统筹安排、各计其功"的原则，对县域内培训项目和资金进行统筹管理、资源整合，解决资金渠道和使用管理分散问题。

五、提高培训管理服务水平

各级人力社保部门要深化职业技能培训工作"最多跑一次"改革，规范职业技能培训补贴流程。开展项目制培训的参考流程如下：发布项目征集计划—公布项目清单—组织培训—结业评估—结果公示—经费核拨。开展职业资格培训的参考流程如下：公布职业资格补贴目录清单—培训机构组织报名—培训开班备案—学员结业—考核鉴定（等级认定）—结果公示—申领培训补贴。要建立完善培训补贴网上经办服务平台，实行职业技能培训补贴申领告知承诺制，提高服务效率。加快建立职业技能培训信息互联互通，对职业技能提升行动实行实名制管理，建立培训全过程台账，确保可追溯，并作为绩效评价的重要内容。完善技能人才职业资格评价、职业技能等级认定、专项职业能力考核等多元化评价方式，及时发布新兴产业的新职业工种岗位名称和岗位规范。

六、加强组织领导

（一）健全工作机制。各级政府要把职业技能提升行动作为重要民生工程，切实承担主体责任。各级政府就业创业工作协调机构负责职业技能提升行动的协调、指导、督促等。省里制订职业技能提升行动年度任务计划，各地各相关部门要层层分解落实计划，明确责任，加快形成省级统筹、部门参与、市县实施的工作格局。

（二）明确部门职责。人力社保部门承担政策制定、标准规范开发、资源整合、培训机构管理、质量监管、统筹协调、督促落实等工作；发展改革部门要支持有条件的院校推进产教融合基地、职业技能培训基地等基础能力建设；经信部门要发挥行业主管部门作用，加强数字经济产业职工的技能培训工作；财政部门要确保就业补助资金及时足额拨付到位；教育部门要组织各类学校承担培训任务，加强"两后生"的技能培训工作；建设、农业农村、退役军人事务、应急管理、民政、卫生健康、国资、市场监管以及残联等部门单位要负责组织本行业本领域职业技能培训工作；其他有关部门和单位要共同做好职业技能培训工作。

（三）建立绩效评价机制。职业技能提升行动实行属地管理，省里将制订绩效评价办法，对各地培训人数、质量和资金使用情况实施绩效评价。承担培训任务的省级相关部门对本系统实施情况进行绩效评价，绩效评价结果报省人力社保厅、省财政厅。各地要加强培训质量管理和监督，建立健全与绩效评价结合相挂钩的激励奖惩机制，确保职业技能提升行动取得实效。

本方案自印发之日起施行。

附件：1.2019年全省职业技能提升行动分地区培训计划

2.2019年全省职业技能提升行动分部门培训计划

3.国务院办公厅关于印发职业技能提升行动方案（2019—2021年）的通知

附件1

2019年全省职业技能提升行动分地区培训计划

地区	职业技能培训（万人次）
杭州	15
宁波	16
温州	10
湖州	5
嘉兴	8
绍兴	9
金华	8
衢州	4
舟山	3
台州	9
丽水	3
全省总计	90

附件2

2019年全省职业技能提升行动分部门培训计划

序号	部门	培训重点任务	培训计划数（万人次）
1	省经信厅	发挥行业主管部门的作用，重点协调组织数字经济产业的职业技能培训工作。	10
2	省教育厅	组织院校承担职业技能培训任务，重点协调组织"两后生"的职业技能培训工作。	1.5
3	省建设厅	协调组织建筑领域技能劳动者的职业技能培训工作。	4
4	省农业农村厅	协调组织新型职业农民和建档立卡低收入农户家庭劳动力的职业技能培训工作。	2.3
5	省退役军人事务厅	协调组织退役军人的职业技能培训工作。	1
6	省应急管理厅	协调组织高危行业领域安全技能培训和特种作业人员安全作业培训工作。	20
7	省民政厅	协调组织养老护理人员的职业技能培训工作。	1.9
8	省卫生健康委	协调组织卫生健康行业的职业技能培训工作。	0.8
9	省国资委	协调组织国有和国有控股企业职工的职业技能培训工作。	10
10	省市场监管局	协调组织小微企业职工的职业技能培训工作。	9
11	省残联	协调组织残疾人的职业技能培训工作。	2
合计			62.5

注：请省级各单位将计划任务层层分解至各市、县（市、区），并与同级人力社保部门做好数据的对接工作。

浙江省人力资源和社会保障厅等5部门关于做好求职创业补贴发放工作的通知

浙人社发〔2019〕56号

各市、县（市、区）人力资源和社会保障局、教育局、财政局，各普通高等学校：

为进一步加强对困难毕业生的帮扶，提升毕业生就业质量，根据《人力资源社会保障部 教育部 公安部 财政部 中国人民银行关于做好当前形势下高校毕业生就业创业工作的通知》（人社部发〔2019〕72号）精神，现就做好求职创业补贴发放有关工作通知如下：

一、发放对象和标准

（一）求职创业补贴发放对象为在毕业学年内并符合下列条件之一的全日制普通高等学校、中等职业学校（含技工院校）非定向培养毕业生：

1. 来自城乡居民最低生活保障家庭；

2. 孤儿；

3. 持证残疾人；

4. 在学期间已获得校园地或生源地国家助学贷款；

5. 来自建档立卡贫困家庭；

6. 来自贫困残疾人家庭（城乡低保边缘家庭且毕业生父母其中一方为持证残疾人）。

（二）求职创业补贴发放标准为3000元／人。

二、申请发放程序

（一）毕业生自愿申请。毕业前一年的8月15日至9月15日，符合条件的毕业生可通过"浙江政务服务网"个人服务中"求职创业补贴申领"入口申请并上传相关证明材料。申请人信息将与省民政厅社会救助信息库、省残联残疾人信息库、国家助学贷款名单、建档立卡贫困人口身份核验系统比对，如为以上几类在册对象，免予上传证明材料。学校统一提供已获得校园地国家助学贷款的学生名单，并加盖学校公章和贷款发放银行公章的，名单上的申请人可免予上传证明材料。

（二）审核公示。9月1日至9月25日，各学校通过"浙江政务服务网"进行初审。对免予上传证明材料的申请人，学校仅需核对毕业生个人信息，无需公示。对其余申请人，学校要严格审查资格，将人员信息提交人力社保部门进行网上审核，并将人力社保部门审核通过人员名单在校内公示 3 个工作日后，于 10 月 1 日前上传公示原件。

（三）资金拨付。10 月 15 日前，人力社保部门完成汇总并提交财政部门，10 月 31 日前，按规定将补贴资金拨付到学生个人账户。

由于今年首次将补贴申请发放时间改为下半年，为确保工作顺利完成，各项办理流程时间节点调整为：2019 年 11 月 5 日至 11 月 30 日毕业生网上申请，11 月 6 日至 12 月 10 日学校、人力社保部门完成初审和审核，12 月 20 日前学校上传公示原件，2020 年 1 月 10 日前人力社保部门完成汇总提交财政部门，并将资金拨付到个人。

三、其他事项

（一）学校要明确告知申请人认真如实填报上传申请材料，因材料不全或信息有误导致补贴款不能发放到账的，后果由申请人自负。申请人虚报冒领求职创业补贴的，须退回补贴资金并由学校将不良记录记入本人档案。

（二）因故无法在毕业学年通过审核的应届毕业生，可与下一届毕业生一起向学校提交申请，审核通过后发放求职创业补贴，未通过则不可再次申请。

（三）省部属高校和省属中等职业学校（含技工院校）办件由所在地市级人力社保部门审核，补贴资金由市级财政列支，省财政在下达就业补助资金时作为因素予以体现。其他学校办件按隶属关系，由所在地市、县（市、区）人力社保部门审核，补贴资金由同级财政列支。各地各学校要认真审核把关，及时将补贴发放到位，有条件的地方可对免予上传证明材料的申请人先行发放补贴。

（四）每年补贴发放工作启动前，各地人力社保部门要做好与当地教育部门的工作衔接。教育部门负责通知辖区内各类学校，确保通知到位。各地各学校要利用多种渠道加强宣传，确保学生知晓政策，并将补贴申请操作说明向学生公告，帮助其顺利申领。操作说明网址 http://www.zjjy.gov.cn/page/regsiter/downing.html。

本通知自印发之日起施行。

联系人：省人力社保厅 蔡一帆

联系电话：0571—85151526

电子邮箱：cyf@zjhrss.gov.cn

附件：1. 求职创业补贴申请表

2. 求职创业补贴发放一览表

3. 求职创业补贴发放统计表

4. 省部属高校和省属中等职业学校（含技工院校）名单

浙江省人力资源和社会保障厅

浙江省教育厅

浙江省财政厅

浙江省民政厅

浙江省残疾人联合会

2019 年 9 月 23 日

附件1

求职创业补贴申请表

学校（院系）：　　　　　　　　　　　　　　　　　　　学号：

学生基本情况	姓名		性别		民族		彩色一寸免冠照片
	出生年月			学历			
	身份证号						
	生 源 地			专业			
	移动电话			QQ			
	电子邮箱						
	银行账号						
	开户行						
	困难类型	□城乡低保家庭　□残疾人　□孤儿　□校园地国家助学贷款 □生源地国家助学贷款　□建档立卡贫困家庭　□贫困残疾人家庭					
	是否通过社会救助信息管理系统、残疾人信息库、国家助学贷款名单、建档立卡贫困人口身份核验系统核对					□是 □否	
个人声明	本人申请领取求职创业补贴，申报情况属实，如有虚报，愿承担相应法律责任。 申请人（签字）：　　年　月　日						
学校意见						盖章 年　月　日	
人力资源社会保障部门意见	同意 盖章 年　月　日						

备注：该表系统内填写

附件2

求职创业补贴发放一览表

学校名称：　　　　　　　　　　学校类型：　　　　　　　　填报日期：　　年　　月　　日

序号	姓名	学院	专业	手机号码	困难类型	是否免公示	开户行及银行账号

备注：该表系统生成。

附件3

求职创业补贴发放统计表

填表单位：（公章）：　　　　　　　　　　　　　　　　　　填表日期：　　年　月　日

序号	学校名称	学校类型 （高校/技工院校/中职）	补贴隶属 （省级/非省级）	实发人数	实发金额
合计					

审核人：　　　　　　　　填表人：　　　　　　　　联系电话：

附件4

省部属高校和省属中等职业学校（含技工院校）名单

浙江大学、中国美术学院、浙江工业大学、浙江师范大学、宁波大学、杭州电子科技大学、浙江理工大学、浙江工商大学、浙江中医药大学、嘉兴学院、中国计量学院、浙江科技学院、浙江海洋大学、浙江农林大学、温州医科大学、浙江财经大学、浙江传媒学院、浙江金融职业学院、浙江外国语学院、浙江警察学院、浙江水利水电学院、浙江音乐学院、浙江交通职业技术学院、浙江工商职业技术学院、浙江工贸职业技术学院、浙江医药高等专科学校、浙江机电职业技术学院、浙江建设职业技术学院、浙江艺术职业学院、浙江经贸职业技术学院、浙江商业职业技术学院、浙江经济职业技术学院、浙江旅游职业学院、浙江警官职业学院、浙江工业职业技术学院、杭州医学院、浙江电力职业技术学院、浙江同济科技职业学院、浙江邮电职业技术学院、浙江体育职业技术学院、浙江万里学院、浙江农业商贸职业学院、浙江特殊教育职业学院、浙江树人学院、浙江工商大学人武学院、浙江长征职业技术学院

浙江省广播电视中等专业学校、浙江机电技工学校、浙江艺术学校、浙江省华强中等职业学校、浙江省农业广播电视学校、浙江省建筑安装中等专业学校、浙江机电技师学院、浙江省建设技师学院、浙江公路技师学院、浙江商业技师学院、浙江工贸技师学院、浙江交通技师学院

注：以上名单如无特殊说明，仅指高校本校。

浙江省人力资源和社会保障厅浙江省财政厅
关于建立城乡居民基本养老保险待遇确定
和基础养老金正常调整机制的实施意见

浙人社发〔2019〕57号

各市、县（市、区）人力资源和社会保障局、财政局：

为贯彻落实人力资源社会保障部、财政部《关于建立城乡居民基本养老保险待遇确定和基础养老金正常调整机制的指导意见》（人社部发〔2018〕21号），完善我省城乡居民基本养老保险制度，经省委、省政府同意，现就建立城乡居民基本养老保险待遇确定和基础养老金正常调整机制提出以下意见。

一、指导思想

以习近平新时代中国特色社会主义思想为指导，全面贯彻党的十九大和十九届二中、三中全会精神，落实省第十四次党代会和省委历次全会精神，坚持以人民为中心的发展思想，按照兜底线、织密网、建机制的要求，建立激励约束有效、筹资权责清晰、保障水平适度的城乡居民基本养老保险待遇确定和基础养老金正常调整机制，推动城乡居民基本养老保险待遇水平随经济发展而逐步提高，确保参保居民共享经济社会发展成果，促进城乡居民基本养老保险制度健康发展，不断增强参保居民的获得感、幸福感、安全感。

二、主要任务

（一）完善待遇确定机制

我省城乡居民基本养老保险待遇由基础养老金、个人账户养老金和缴费年限养老金等组成，按月发放、支付终身。

1. 基础养老金。省政府根据国家部署和我省经济社会发展水平，合理确定全省基础养老金最低标准。市、县（市、区）可根据当地实际提高基础养老金标准，并对65岁及以上参保城乡老年居民予以适当倾斜。

2. 个人账户养老金。个人账户养老金由个人账户全部储存额除以计发系数确定，计发系数与现行企业职工基本养老保险个人账户养老金计发系数相同。个人账户记账利率参考浙江省市场利率定价自律机制明确的国有大型商业银行定期存款利率（三年期）上浮上限确定，具体标准由省人力社保厅会同省财政厅确定并公布。

3. 缴费年限养老金。缴费年限养老金按照缴费年限分段计发，具体计发办法按照《浙江省人民政府关于进一步完善城乡居民基本养老保险制度的意见》（浙政发〔2014〕28号）有关规定执行。

（二）建立基础养老金正常调整机制

省人力社保厅会同省财政厅统筹考虑城乡居民收入增长、物价变动和职工基本养老保险等其他社会保障标准调整，结合国家基础养老金标准调整情况，适时提出基础养老金最低标准调整方案，报请省委、省政府确定。各地基础养老金调整由当地人力社保部门会同财政部门提出方案，报请同级党委、政府确定，并报上级人力社保部门和财政部门备案。

（三）建立个人缴费档次调整机制

根据城乡居民收入增长情况，确定和调整缴费档次。从2020年1月1日起，城乡居民基本养老保险个人缴费档次调整为9档，分别为：每年100元、300元、500元、800元、1000元、1500元、2000元、3000元、5000元，其中100元档次限低保对象、特困人员、残疾人、低保边缘户等困难群体参保，由市、县（市、区）财政全额或部分代缴。各地可根据实际情况调整若干档次，最高缴费档次原则上不超过当地灵活就业人员参加职工基本养老保险的最低年缴费额。

（四）建立缴费补贴调整机制

各地要建立缴费补贴动态调整机制，根据经济发展、个人缴费标准提高和财力状况，合理调整缴费补贴水平，对选择较高档次缴费的人员可适当增加缴费补贴，引导城乡居民选择高档次标准缴费。鼓励集体经济组织提高缴费补助，鼓励其他社会组织、公益慈善组织、个人为参保人缴费加大资助。

（五）做好个人账户基金保值增值

按照《国务院关于印发基本养老保险基金投资管理办法的通知》（国发〔2015〕48号）要求和规定，开展城乡居民基本养老保险基金省级归集和委托投资，做好基金保值增值，提高个人账户养老金水平和基金支付能力。

三、工作要求

（一）加强领导。建立城乡居民基本养老保险待遇确定和基础养老金正常调整机制是党中央、国务院和省委、省政府部署的重要任务，是基本养老保险制度改革的重要内容，关系到广大城乡居民的切身利益。各地人力社保部门、财政部门要高度重视，加强组织领导，明确部门责任，强化部门协同，切实把政策落实到位。

（二）制定方案。各地要根据本实施意见精神，建立和完善适合本地区情况的城乡居民基本养老保险待遇确定和基础养老金正常调整机制，做好基础养老金、个人缴费档次、政府补贴标准等测算和调整工作，相关方案和政策报上级人力社保部门和财政部门备案。

（三）做好宣传。各地要采取通俗易懂的形式，全面准确解读政策，引导符合条件的城乡居民参保续保，鼓励长缴多得、多缴多得，让参保居民形成合理的预期。

本意见自2020年1月1日起实施。

浙江省人力资源和社会保障厅

浙江省财政厅

2019年9月26日

浙江省人力资源和社会保障厅关于
优化新业态劳动用工服务的指导意见

浙人社发〔2019〕63号

各市、县（市、区）人力资源和社会保障局：

近年来，我省电子商务、网络约车、网络送餐、快递物流等新业态经济蓬勃发展，吸纳了大批的劳动力就业创业，相伴而生的劳动用工问题也逐步显现。为切实保护广大新业态从业人员和新业态企业双方的合法权益，促进新业态经济健康发展，根据劳动保障法律法规和省委省政府有关规定，现就优化新业态劳动用工服务有关问题提出如下指导意见：

一、总体要求

（一）指导思想。以习近平新时代中国特色社会主义思想为指导，全面贯彻落实党的十九大精神和省委省政府关于支持民营经济发展的决策部署，坚持以人民为中心的发展思想，牢固树立促进经济发展和改善民生的服务理念，充分发挥新业态经济的重要作用，为广大从业人员和新业态企业提供更加广阔的就业创业和创新发展空间，为我省经济社会发展注入新的活力。

（二）基本原则。

——坚持包容审慎。充分认识新业态经济发展的重要意义，尊重新业态劳动用工的市场规律，对存在的问题要包容，出台管理政策要稳妥审慎，防止一上来就管死；对潜在风险大、可能造成不良后果的，严格监管，努力促进新业态劳动用工和谐稳定。

——坚持"双维护"。统筹处理好促进新业态经济发展和维护新业态从业人员利益两者之间的关系，既要维护新业态企业依法享有经营管理的自主权，又要维护广大新业态从业人员的合法权益。

——坚持分类施策。合理界定新业态劳动用工的不同类型，分类规范引导。对适用现行劳动保障法律法规的劳动用工，应当依法予以规范。对难以直接适用现行劳动保障法律法规的新业态从业人员，引导企业积极履行社会责任，通过与当事人协商签订书面协议，明确新业态企业和从业人员以及关联单位的权利和义务。

——坚持协同治理。完善政府有关部门、

新业态企业及工会、行业协会等多方参与的协同治理机制，创新治理方式，强化各方责任，强化行业自律，鼓励社会监督，推动新业态经济健康发展。

二、采取灵活多样的劳动用工方式

（三）依法建立灵活多样的劳动关系。与新业态企业建立劳动关系的新业态从业人员，新业态企业应当与其依法签订书面劳动合同，劳动合同的期限由双方协商确定。经新业态从业人员同意，在确保合同内容是新业态企业和从业人员双方的真实意愿，并确保合同内容不被篡改的情况下，可以签订电子劳动合同。非新业态经济的其他用人单位与劳动者签订劳动合同也适用此规定。

新业态企业的临时性、辅助性、替代性岗位，可以采用劳务派遣等用工方式。新业态企业根据实际情况依法使用非全日制用工的，可以与从业人员签订书面劳动合同或者订立口头协议。新业态从业人员在不影响本企业工作任务完成且原单位未限制的情况下，可以与其他单位建立劳动关系。

（四）依法使用多样化的用工方式。未与新业态企业建立劳动关系的新业态从业人员，新业态企业可以通过劳务外包、加盟协作和其他合作关系等形式，与新业态从业人员签订民事协议，合理确定企业、从业人员、合作单位的权利和义务。

三、深化特殊工时制度改革

（五）有效保障新业态从业人员休息权。新业态企业和新业态从业人员协商达成一致意见，可以在劳动合同或者相关协议中明确具体休息休假或者经济补偿办法，经当地人力社保部门批准后，可以根据生产实际情况实行特殊工时制度。业务饱满时，在保障新业态从业人员人身健康权的前提下，可以适当延长工作时间；业务清淡时，可以采取集中放假、轮岗轮休、待岗培训等方式，尽量做到少裁员或者不裁员，促进就业稳定。

（六）扩大特殊工时审批清单式改革试点范围。进一步简化审批程序，在去年试点地区基础上，允许其他地区结合本地实际实施特殊工时制度审批清单式改革，使特殊工时制度审批事项实现"不用跑"。

四、构建多层次的社会保险体系

（七）引导更多新业态从业人员参加社会保险。与企业建立劳动关系的新业态从业人员，应当依法参加社会保险。实行员工制的家政服务企业应依法与招用的家政服务人员签订劳动合同，按月足额缴纳企业职工社会保险费；家政服务人员不符合劳动合同情形的，员工制家政服务企业应与其签订服务协议，家政服务人员可作为灵活就业人员按规定自愿参加企业职工社会保险或城乡居民社会保险。

非全日制用工和未与新业态企业建立劳动关系的新业态从业人员，可以按规定以灵活就业人员身份参加社会保险。

（八）积极探索新业态从业人员职业伤害保障机制。新业态从业人员可以按规定先行参加工伤保险。新业态企业依托平台经营的，平台要主动发挥用工主体作用，加强用工管理。发挥用工主体作用的平台可以为新业态从业人员以全省上年度职工月平均工资为基数单险种参加工伤保险，平台承担用人单位依法应承担的工伤保险责任。平台可以通过购买商业保险的形式，把应承担的工伤保险责任转由商业保险承担。建立多重劳动关系的新业态从业人员，各用人单位应当分别为其缴纳工伤保险费。

（九）鼓励引入商业保险。积极引导新业态企业和从业人员参加医疗、人身意外伤害等商业保险，为新业态从业人员提供保障。

五、建立健全新业态劳动用工的管理制度

（十）进一步完善企业内部管理制度。鼓励新业态企业围绕劳动报酬、福利待遇、休息休假、考核奖惩、劳动定额、劳动保护等事项，通过开展民主、平等协商签订集体合同，或者通过依法制定规章制度明确新业态企业和从业人员双方的权利义务。

推行新业态企业"承诺＋信用"管理模式。依托新业态企业所建平台开展生产经营活动的关联单位，应当依法承担本单位员工工资支付主体责任。关联单位与员工按时确认工资金额后，可委托新业态企业所建平台发放工资。关联单位发生违法拖欠工资行为的，其不良行为记录同步纳入信用管理。新业态企业应当协助关联单位加强劳动用工管理，并按规定向人力社保部门提供关联单位的基本信息。

（十一）充分发挥工会、行业协会等社会组织的积极作用。各地要以新业态中小企业为重点，大力开展区域性行业性集体协商活动，着重就行业计件工资单价、劳动定额标准等内容开展集体协商。推动行业协会制定行业用工规范和劳动标准，通过行业自律来规范新业态企业劳动用工。

六、切实做好新业态就业和职业技能培训服务工作

（十二）落实人才优惠政策。各地要加大新业态领域人才在人才落户、招聘录用、岗位聘任、职务职级晋升、职称评定、职业技能鉴定等方面的政策支持力度，努力破除妨碍人才流动的体制机制，拓宽新业态从业人员成才发展通道。

（十三）提供优质的就业创业服务。各级人力社保部门和行业主管部门应根据新业态特点，大力支持新业态领域就业，提供有针对性的就业创业服务，完善就业创业补贴政策。对新业态企业吸纳就业困难人员、退役军人、高校毕业生等，符合条件的按规定落实社会保险补贴等政策。对不裁员或少裁员的新业态企业按规定享受稳岗补贴，为符合条件的员工制家政服务从业人员提供免费岗前培训和"回炉"培训。

（十四）加大职业技能培训力度。各级人力社保部门要加大对新业态从业人员职业技能培训的支持力度，积极争取将新业态的职业（工种）纳入到职业技能培训补贴目录清单，并按规定给予培训补贴。引导有条件的企业承担行业技能培训任务，推动行业技能劳动者素质整体提升。进一步创新职业技能培训方式，积极探索"互联网＋职业培训"，为新业态从业人员技能培训提供便利。鼓励新业态企业为从业人员建立技能成长通道，引导新业态从业人员学习技能、提升技能、走技能成才之路。

七、预防和妥善处理新业态领域劳动纠纷

（十五）创新劳动保障监察执法监管方式。各级人力社保部门要针对新业态企业劳动用工特点，指导规范企业依法用工，分类量身定制监管规则和标准，健全劳动保障信用评价、守信激励和失信惩戒制度，推进"互联网＋监管"，协同相关行业主管部门和有关单位，加强对新业态企业用工违法行为的联合预警防控，落实监管责任，维护新业态从业人员合法权益。

（十六）妥善处理劳动争议。各级劳动争议调解仲裁机构、乡镇（街道）调解组织要依法受理解决劳动纠纷，为新业态从业人员提供权益保护的法律途径，切实保护新业态从业人员的合法权益。各地要整合劳动监察、调解、仲裁力量，探索建立"一窗受理"模式，按照协商调解优先、依法分类处理的原则，为新业态从业人员提供最快捷、最能体现"最多跑一次"理念的维权机制。

（十七）加强社会矛盾多元化解机制建设。各地要充分发挥工会组织的积极作用，推动成立多种形式的新业态企业和从业人员工会组织，探索建立"互联网＋法律"职工服务新模式。对未建立劳动关系的企业和从业人员之间发生的矛盾纠纷，要引导当事人双方尽量通过人民调解组织、工会组织和行业协会等调解方式解决纠纷，也可以向人民法院提起民事诉讼。

八、认真做好组织实施工作

（十八）营造良好社会氛围。各级人力社保部门要会同工会、企业联合会、工商联以及行业主管部门，加强对新业态企业和从业人员的劳动法律法规宣传和教育，将劳动法律法规作为就业创业培训的重要内容，并充分运用新媒体等手段，增强各方法治意识，提高企业依法用工和新业态从业人员依法维权的能力。强化新业态企业和从业人员利益共同体理念，健全共建共享机制。大力宣传新业态领域共建共享的先进典型，形成正确舆论导向，营造良好社会氛围。

（十九）认真抓好贯彻落实工作。各地要根据本意见，结合当地实际研究制定相应的实施办法，并认真抓好落实。同时，要密切关注新业态劳动用工的动态情况，及时将政策实施过程中出现的新情况、新问题反馈省厅。

本意见自公布之日起实施。

浙江省人力资源和社会保障厅

2019 年 10 月 30 日

浙江省人力资源和社会保障厅关于印发浙江省企业职业技能等级认定试点办法的通知

浙人社发〔2019〕66号

各市、县（市、区）人力资源和社会保障局，省直各单位：

《浙江省企业职业技能等级认定试点办法》已经厅党组会审议通过，现印发给你们，请认真贯彻实施。

浙江省人力资源和社会保障厅

2019 年 12 月 31 日

浙江省企业职业技能等级认定试点办法

第一章 总 则

第一条 为加快培养企业技能人才队伍，完善技能人才评价制度，健全以职业能力为导向、以工作业绩为重点、注重职业道德和知识水平的技能人才评价体系，稳慎推进我省企业职业技能等级认定工作，根据《中共中央办公厅 国务院办公厅印发〈关于分类推进人才评价机制改革的指导意见〉的通知》（中办发〔2018〕6 号）、《中共浙江省委办公厅浙江省人民政府办公厅印发〈关于提高技术工人待遇的实施意见〉的通知》（浙委办发〔2018〕86 号）、《人力资源社会保障部关于改革完善技能人才评价制度的意见》（人社部发〔2019〕90 号）等文件精神，制定本试点办法。

第二条 本试点办法所指的企业职业技能等级认定是指试点企业依据国家职业技能标准或职业技能评价规范，对劳动者的技能水平进行评价并核发职业技能等级证书的行为。

依据本办法开展职业技能等级认定备案的企业和认定的结果，可享受相关政策待遇。

依据本办法开展职业技能等级认定的职业（工种）是指《中华人民共和国职业分类大典（2015 版）》中技能类职业（工种）（准入类除外），以及后续公布的技能类新职业（工种）。

第三条 职业技能等级原则上分为五个等级，由低到高分别是五级至一级：五级（初级工）、四级（中级工）、三级（高级工）、二级（技师）、一级（高级技师）。

第四条 职业技能等级认定试点工作要坚持职业技能标准与岗位实际相衔接、能力考核与业绩评定相关联、专业评价与企业认可相结合的原则，突出认定的科学性、精准性和适用性。

第五条 各级人力社保部门综合管理职业技能等级认定试点工作，所属的职业技能鉴定机构具体负责职业技能等级认定试点的指导、管理和质量督导等工作。

第六条 省人力社保部门负责职业技能等级认定试点政策制定、备案管理、规范开发和统一编码管理等工作；负责指导各地人力社保部门开展企业职业技能等级认定试点管理工作；对在浙省（部）属试点企业开展职业技能等级认定进行指导、管理和监督等工作。

各市人力社保部门指导所属县（市、区）人力社保部门开展认定试点工作，按属地管理原则对本市开展一级及以下职业技能等级认定的试点企业进行指导、管理和监督等工作。县（市、区）人力社保部门可对开展二级及以下职业技能等级认定的试点企业进行指导、管理和监督等工作，具体管辖分工由市人力社保部门确定。

第二章　认定程序

第七条 申报职业技能等级认定试点的企业，应如实提供反映以下情况的材料：

（一）原则上应是在业内具有较强影响力、公信力的规模以上龙头企业；拟开展认定的职业（工种）在本企业从业人员较多，且与本单位主营业务直接相关。

（二）能够按规定足额提取企业职工教育经费，为职业技能等级认定工作提供稳定的经费

保障，认定活动不以营利为目的。

（三）建立职业技能等级津贴制度，对获得相应职业技能等级的职工给予一定的技能津贴。

（四）建有完善的职业技能等级认定管理运行和质量监控制度，设有专门负责职工培训考核的内设机构，拥有一支与认定职业（工种）相适应的且稳定的专家、考评人员和专（兼）职工作人员队伍。

（五）具有与认定职业（工种）相适应的考核场地、设施设备等硬件设施和视频监控设备。

第八条 人力社保部门应按"自愿申报、择优遴选、合理布局"的原则确定试点企业，一般同一市本级或县级行政区确定的同一职业（工种）同一等级的试点企业不超过3家。

第九条 企业职业技能等级认定试点备案的程序：

（一）申报。企业通过浙江省职业能力一体化平台，填报《浙江省企业职业技能等级认定试点申报表》并上传相关申请证明材料。经人力社保部职业技能鉴定中心备案的中央企业在浙分支机构，通过浙江省职业能力一体化平台向省人力社保部门申请并提交相关资料。

（二）受理。人力社保部门对材料齐全、符合规定要求的试点企业，按分级管理权限列入试点备案范围，并出具试点备案回执（含机构试点编号及试点有效期）或者向上一级人力社保部门推荐试点。

（三）公布。列入试点的企业目录由省人力社保部门统一在浙江省职业能力建设网上公布，内容包括：企业名称、地址、联系方式、试点编号、职业（工种）名称、等级、有效期限等。试点有效期为2年，实行动态调整。

第十条 职业技能等级认定的职业（工种）

有国家职业技能标准的，应依据国家职业技能标准开展认定活动；没有国家职业技能标准的，由开展认定试点企业牵头，会同行业协会（学会）、技工（职业）院校等单位，按照《国家职业技能标准技术规程（2018版）》编制职业技能评价规范，经省人力社保部门组织专家审定公布后，作为企业开展职业技能等级认定的依据。

第十一条　职业技能评价规范经省人力社保部门公布后，原则上不再重复开发编制。随着产业技术等发展变化，职业技能评价规范可修改调整。

第十二条　职业技能等级认定对象原则上为本企业劳动年龄段内有职业技能等级认定需求的职工，国家和省有规定的从其规定。

第十三条　试点企业开展职业技能等级认定的，可自主确定二级及以下职业（工种）的申报条件；一级职业（工种）的申报条件应按国家职业技能标准或职业技能评价规范执行。

第十四条　职业技能等级认定采取理论考试和实际操作考核相结合方式，也可采取工作业绩评定、现场作业评定、职业技能竞赛等方式。考评要突出生产过程和工作业绩表现等综合职业素养的评价，评考权重由企业结合实际自主确定。

第十五条　试点企业开展职业技能等级认定的程序：

（一）制定实施方案。试点企业应制定职业技能等级认定实施方案。方案内容包括认定的职业（工种）、等级、职业技能标准或评价规范、申请认定对象条件、认定流程、考评员产生方式、认定方式、质量监控措施和时间安排等。实施方案通过浙江省职业能力一体化平台报人力社保部门，人力社保部门需在30个工作日内提出指导意见。

（二）组织实施。

1. 公告发布。试点企业根据实施方案在企业内部进行公告，发动职工申报认定。

2. 报名申请。试点企业对申请认定的职工进行资格审核，通过浙江省职业能力一体化平台进行网上报名（需上传劳动关系、报名资格条件证明材料）。

3. 认定实施。试点企业对审核通过对象组织开展认定评价。

4. 结果公示。职业技能等级认定的结果在试点企业内部进行公示，公示期为5个工作日。

5. 证书编码。公示无异议，试点企业通过浙江省职业能力一体化平台上传认定结果、企业电子印章和发证对象相关资料，符合职业技能等级证书核发要求的，由人力社保部门进行证书编码、生成电子证书并统一管理。

（三）证书制作和管理。试点企业根据浙江省职业能力一体化平台生成的证书编码制作职业技能等级证书，纸质证书与电子证书具有同等效力。职业技能等级证书信息统一纳入全省和全国职业技能等级证书系统，社会、企业和职工可通过浙江政务服务网和全国职业技能等级证书系统查询职业技能等级证书信息。

第三章　监督管理

第十六条　人力社保部门要建立健全监管数据库和抽查检查事项清单，按"谁备案、谁编码、谁监管"的原则，通过随机抽查、定期检查、专项督查等手段，对试点企业开展职业技能等级认定工作进行全程质量督导，加强事前指导和事中事后监管。

第十七条　人力社保部门对试点企业在认

定工作中出现的程序不规范、未按评价标准（规范）开展、违规操作、弄虚作假等行为，将依法依规取消证书编码，并追究相应责任。

第十八条 人力社保部门要做好技术支持服务工作，指导试点企业制定实施方案和命题工作，组织开展考评人员、质量督导人员培训考核认定等服务。

第十九条 试点企业独立开展职业技能等级认定工作，并按照"谁认定、谁发证、谁负责"的原则承担主体责任。

第二十条 试点企业应建立问题回溯和责任追究机制，妥善保管认定工作台账和考生文档，实现全程留痕，确保责任可追溯。认定工作台账和考生档案资料应归档保存。

第二十一条 试点企业不得超范围和对象开展职业技能等级认定工作，不得将认定权限授权或委托、转让给其他机构。

第二十二条 职业技能等级证书持有人同国家职业资格证书持有人享受同等的职业培训、就业创业、技能人才等政策待遇，纳入人才统计、表彰等范围。

第四章　附　则

第二十三条 民办非企业单位对本单位职工开展职业技能等级认定，以及技工院校职业技能鉴定所站开展职业技能等级认定，参照本办法执行。

第二十四条 本办法有效期自 2020 年 2 月 1 日至 2021 年 12 月 31 日，国家或省出台新规定的按新规定执行。

附件：浙江省企业职业技能等级认定试点申报表（网上申报）

附件

浙江省企业职业技能等级认定试点
申报表

申请单位：＿＿＿＿＿＿＿＿＿（盖章）＿＿＿＿＿＿＿＿＿

填报时间：＿＿＿＿＿＿＿＿＿＿＿＿＿＿＿＿＿＿

续表

一、基本情况

申报单位		名称（中文）：				
	名称（英文）：						
	地址：						
统一社会信用代码			注册登记机构		
单位类型		□大型 □中型	单位性质		□国有 □民营 □外资 □其他
注册资本（万元）			法人代表		
上年度资产总额（万元）			上年度企业职工工资总额（万元）		
上年度销售、营业总额（万元）			上年度企业职工教育经费（万元）		提取数额	
用于技能人才培养数额						
主营业务						
职工总数			管理人员数		
专技人员数			高级职称人数		

技能人员数		初级工数	中级工数	高级工数	技师数	高级技师数	合计

工作联系人			职务		电子邮箱	
	手机			电话/传真		

253

续表

二、拟开展评价的职业（工种）、等级及评价规范等情况（评价规范及题库资料另附）

序号	职业（工种）名称	职业编码	评价等级	有无职业标准或评价规范	题库或卷库情况	本企业从业人数
1				□职业标准 □评价规范	□有 □无	
2				□职业标准 □评价规范	□有 □无	
3				□职业标准 □评价规范	□有 □无	
4				□职业标准 □评价规范	□有 □无	
…				□职业标准 □评价规范	□有 □无	

三、职业技能等级津贴、管理运行和质量监控制度等情况

续表

四、职业技能等级认定内设机构人员情况

（一）专（兼）职工作人员情况

序号	姓名	性别	身份证号	学历	职称或职业资格	专业工龄	主要工作职责
1							
2							
3							
4							
...							

（二）专家情况

序号	姓名	性别	身份证号	学历	职称或职业资格	专业工龄	专业/职业方向
1							
2							
3							
4							
...							

（三）考评人员情况

序号	姓名	性别	身份证号	学历	职称或职业资格	专业工龄	考评职业领域
1							
2							
3							
4							
...							

续表

五、职业技能等级认定场地情况

六、评价设施设备、视频监控设备等情况

序号	名称	品牌	规格/型号	数量	所有权归属
1					
2					
3					
4					
5					
6					
7					
8					
...					

浙江省人力资源和社会保障厅发文目录

2019年浙江省人力资源和社会保障厅发文目录

1月

发文日期	文号	标题
1月22日	浙人社发〔2019〕1号	浙江省人力资源和社会保障厅关于公布2018年度浙江省技术能手名单的通知
1月24日	浙人社发〔2019〕2号	浙江省人力资源和社会保障厅 浙江省工商业联合会关于公布我省荣获全国工商联系统先进集体和先进工作者称号名单的通知
1月31日	浙人社发〔2019〕3号	中共浙江省委政法委员会 浙江省人力资源和社会保障厅关于表彰2017—2018年度全省政法系统先进集体、先进个人和第二届"最美政法人"的决定

2月

发文日期	文号	标题
2月19日	浙人社发〔2019〕4号	浙江省人力资源和社会保障厅关于2018年度厅工作人员年度考核和先进处室（单位）评选工作的通报
2月20日	浙人社发〔2019〕5号	浙江省人力资源和社会保障厅等3部门关于实施新一轮企业职工基本养老保险省级调剂办法的通知
2月19日	浙人社发〔2019〕6号	浙江省人力资源和社会保障厅关于公布2018年享受政府特殊津贴人员名单的通知
2月20日	浙人社发〔2019〕7号	浙江省人力资源和社会保障厅关于做好人力资源服务行政许可及备案有关工作的通知
2月27日	浙人社发〔2019〕9号	浙江省人力资源和社会保障厅 浙江省财政厅 国家税务总局浙江省税务局 中国人民银行杭州中心支行关于工伤保险基金省级调剂工作有关问题的通知

3月

发文日期	文号	标题
3月4日	浙人社发〔2019〕8号	浙江省人力资源和社会保障厅关于印发《浙江省促进就业创业督查激励实施办法》的通知
3月8日	浙人社发〔2019〕10号	浙江省人力资源和社会保障厅关于开展"服务企业服务群众服务基层"活动的通知
3月5日	浙人社发〔2019〕11号	浙江省人力资源和社会保障厅 浙江省交通运输厅关于公布我省荣获"十二五"全国国防交通工作先进单位、先进工作者和劳动模范称号名单的通知
3月12日	浙人社发〔2019〕12号	浙江省人力资源和社会保障厅关于印发鲁俊厅长在全省人力资源和社会保障工作会议上的讲话和2019年全省人力资源社会保障工作要点及督查方案的通知
3月20日	浙人社发〔2019〕13号	浙江省人力资源和社会保障厅等5部门关于做好2019年高校毕业生求职创业补贴发放工作的通知

4月

发文日期	文号	标题
4月15日	浙人社发〔2019〕14号	浙江省人力资源和社会保障厅关于印发《全省人社系统窗口单位业务技能练兵比武活动工作方案》的通知
4月12日	浙人社发〔2019〕15号	浙江省人力资源和社会保障厅关于申报2019年职业技能考核鉴定点的通知
4月16日	浙人社发〔2019〕16号	浙江省人力资源和社会保障厅等4部门转发人力资源社会保障部 教育部 全国总工会 全国工商联关于开展2019年全国民营企业招聘周活动的通知
4月22日	浙人社发〔2019〕17号	浙江省人力资源和社会保障厅 浙江省民政厅关于公布我省荣获全国民政系统先进集体先进工作者和劳动模范称号名单的通知
4月17日	浙人社发〔2019〕18号	浙江省人力资源和社会保障厅 浙江省卫生健康委员会印发《关于建立县域医共体人员统筹使用机制的指导意见》的通知
4月28日	浙人社发〔2019〕19号	浙江省人力资源和社会保障厅等4部门关于阶段性降低社会保险缴费有关问题的通知
4月30日	浙人社发〔2019〕20号	浙江省人力资源和社会保障厅等3部门关于降低社会保险费率有关问题的通知

5月

发文日期	文号	标题
5月31日	浙人社发〔2019〕21号	浙江省人力资源和社会保障厅关于做好2019年度职称改革工作的通知
5月21日	浙人社发〔2019〕22号	浙江省人力资源和社会保障厅 浙江省教育厅 国家税务总局浙江省税务局关于实施支持和促进重点群体创业就业有关税收政策享受具体操作办法的通知
5月31日	浙人社发〔2019〕23号	浙江省人力资源和社会保障厅关于印发2019年重点调研课题和专项调研计划的通知
5月31日	浙人社发〔2019〕24号	浙江省人力资源和社会保障厅关于发布2018年全省在岗职工年平均工资的通知
5月27日	浙人社发〔2019〕25号	浙江省人力资源和社会保障厅 浙江省财政厅关于公布省级高校毕业生就业见习示范基地认定和评估结果的通知

6月

发文日期	文号	标题
6月4日	浙人社发〔2019〕26号	浙江省人力资源和社会保障厅等6部门关于实施青年就业启航计划的通知
6月10日	浙人社发〔2019〕27号	浙江省人力资源和社会保障厅关于做好2019年国有企业工资分配宏观指导和调控有关工作的通知
6月19日	浙人社发〔2019〕28号	浙江省人力资源和社会保障厅关于印发乡镇（街道）"1+X"劳动纠纷多元化解机制建设推进方案的通知
6月21日	浙人社发〔2019〕29号	浙江省人力资源和社会保障厅关于公布2019年浙江省人力资源和社会保障科学研究课题立项名单的通知
6月21日	浙人社发〔2019〕30号	浙江省人力资源和社会保障厅关于印发浙江人社领域深化"最多跑一次"改革 加快推进"放管服"改革行动方案暨2019年"最多跑一次"改革工作要点的通知
6月12日	浙人社发〔2019〕31号	浙江省人力资源和社会保障厅转发人力资源社会保障部《关于在工程技术领域实现高技能人才与工程技术人才职业发展贯通的意见（试行）》的通知
6月28日	浙人社发〔2019〕32号	浙江省人力资源和社会保障厅关于印发《浙江省人社系统绩效考核评价办法（试行）》的通知
6月27日	浙人社发〔2019〕35号	浙江省人力资源和社会保障厅 中共浙江省委机构编制委员会办公室 浙江省医疗保障局关于深化机关内部"最多跑一次"改革开展"省属事业单位工作人员交流（调动）""一件事"联办的通知

7月

发文日期	文号	标题
7月6日	浙人社发〔2019〕33号	中共浙江省委组织部 浙江省人力资源和社会保障厅印发《关于支持和鼓励高校科研院所科研人员兼职创新创业的指导意见（试行）》的通知
7月5日	浙人社发〔2019〕34号	浙江省人力资源和社会保障厅 浙江省残疾人联合会关于公布我省荣获全国自强模范和全国残联系统先进工作者称号名单的通知
7月2日	浙人社发〔2019〕36号	浙江省人力资源和社会保障厅 浙江省财政厅转发人力资源社会保障部财政部关于调整运动员体育津贴标准的通知
7月8日	浙人社发〔2019〕37号	浙江省人力资源和社会保障厅 浙江省财政厅转发人力资源社会保障部财政部关于调整交通运输部所属水上作业事业单位船和潜水员工资标准问题的通知
7月12日	浙人社发〔2019〕38号	浙江省人力资源和社会保障厅 浙江省财政厅关于2019年调整退休人员基本养老金的通知
7月15日	浙人社发〔2019〕40号	浙江省人力资源和社会保障厅 浙江省财政厅关于印发浙江省企业新型学徒制工作实施方案的通知
7月30日	浙人社发〔2019〕41号	浙江省人力资源和社会保障厅关于加快推进失业"一件事"全流程"最多跑一次"改革的通知
7月25日	浙人社发〔2019〕42号	浙江省人力资源和社会保障厅 浙江省财政厅关于调整企业职工死亡后遗属生活困难补助费等标准的通知
7月25日	浙人社发〔2019〕43号	中共浙江省委组织部 浙江省人力资源和社会保障厅 浙江省财政厅关于调整精减退职人员生活困难补助费标准的通知
7月25日	浙人社发〔2019〕44号	中共浙江省委组织部 浙江省人力资源和社会保障厅 浙江省财政厅关于调整机关事业单位作人员死亡后遗属生活困难补助费等标准的通知

8月

发文日期	文号	标题
8月6日	浙人社发〔2019〕45号	浙江省人力资源和社会保障厅关于推进企业员工招聘"一件事"全流程"最多跑一次"改革的通知
8月5日	浙人社发〔2019〕46号	浙江省人力资源和社会保障厅关于印发《全省人力社保系统2019年度"最多跑一次"改革考核评价办法》和《全省人力社保系统2019年度数字化转型考核评价办法》的通知
8月9日	浙人社发〔2019〕47号	浙江省人力资源和社会保障厅 浙江省经济和信息化厅 浙江省机械工业联合会关于公布我省荣获全国机械工业先进集体和劳动模范名单的通知
8月15日	浙人社发〔2019〕48号	浙江省人力资源和社会保障厅关于推进个体劳动者就业创业"一件事"全流程"最多跑一次"改革的通知

发文日期	文号	标题
8月15日	浙人社发〔2019〕49号	浙江省人力资源和社会保障厅 浙江省民政厅关于表彰全省民政系统先进集体和先进工作者的决定
8月19日	浙人社发〔2019〕50号	中共浙江省委全面深化改革委员会办公室 浙江省最多跑一次改革办公室 浙江省人力资源和社会保障厅 浙江省大数据发展管理局 浙江省住房和城乡建设厅 浙江省医疗保障局关于印发《关于加快推进企业职工退休"一件事"全流程"最多跑一次"改革工作方案》的通知
8月21日	浙人社发〔2019〕51号	浙江省人力资源和社会保障厅关于表彰第五轮省级创建和谐劳动关系暨双爱活动先进集体和个人的决定
8月28日	浙人社发〔2019〕52号	浙江省大数据发展管理局 浙江省人力资源和社会保障厅 浙江省医疗保障局关于推进社会保险关系转移接续"一件事"全流程"最多跑一次"改革的通知
8月30日	浙人社发〔2019〕53号	浙江省人力资源和社会保障厅 浙江省财政厅关于印发《浙江省职业技能提升行动实施方案（2019—2021年）》的通知

9月

发文日期	文号	标题
9月12日	浙人社发〔2019〕54号	浙江省人力资源和社会保障厅 浙江省高级人民法院 浙江省人民检察院 浙江省公安厅 浙江省司法厅 浙江省大数据发展管理局关于防范和查处涉刑等人员违规领取养老保险待遇问题的通知
9月18日	浙人社发〔2019〕55号	浙江省人力资源和社会保障厅 浙江省教育厅关于进一步完善中小学校专业技术岗位设置管理的通知
9月23日	浙人社发〔2019〕56号	浙江省人力资源和社会保障厅等5部门关于做好求职创业补贴发放工作的通知
9月26日	浙人社发〔2019〕57号	浙江省人力资源和社会保障厅 浙江省财政厅关于建立城乡居民基本养老保险待遇确定和基础养老金正常调整机制的实施意见
9月30日	浙人社发〔2019〕58号	浙江省人力资源和社会保障厅关于印发《浙江省人力社保系统"双随机、一公开"抽查监管工作细则》《浙江省人力社保系统随机抽查事项清单》的通知
9月30日	浙人社发〔2019〕59号	中共浙江省委组织部 浙江省人力资源和社会保障厅 浙江省财政厅关于调整退休干部职工管理服务工作活动经费标准的通知

10月

发文日期	文号	标题
10月9日	浙人社发〔2019〕60号	浙江省人力资源和社会保障厅关于印发《浙江省人力资源和社会保障厅职级晋升实施办法》的通知

发文日期	文号	标题
10月16日	浙人社发〔2019〕61号	浙江省人力资源和社会保障厅关于公布2019年国家百千万人才工程入选人员名单的通知
10月21日	浙人社发〔2019〕62号	浙江省人力资源和社会保障厅关于开展劳动人事争议仲裁"建标准院、开标准庭、办标准案"试点工作的通知
10月30日	浙人社发〔2019〕63号	浙江省人力资源和社会保障厅关于优化新业态劳动用工服务的指导意见

11月

发文日期	文号	标题
无	无	无

12月

发文日期	文号	标题
12月2日	浙人社发〔2019〕64号	浙江省人力资源和社会保障厅关于修订《促进就业创业督查激励实施办法》的通知
12月20日	浙人社发〔2019〕65号	浙江省人力资源和社会保障厅关于表彰第45届世界技能大赛浙江省获奖选手和为参赛工作作出突出贡献的单位及个人的决定
12月31日	浙人社发〔2019〕66号	浙江省人力资源和社会保障厅关于印发浙江省企业职业技能等级认定试点办法的通知
12月31日	浙人社发〔2019〕67号	浙江省人力资源和社会保障厅 浙江省财政厅关于规范企业职工基本养老保险参保缴费有关问题的通知

主要统计资料

一、综合

全省基层劳动保障机构情况

单位：个、人

项目	个数	建立劳动保障工作机构个数	劳动保障工作人员数	有编制的工作人员	获得职业资格人员	大专以上学历人员	女性
街道	484	477	2537	1152	1202	2338	1531
乡镇	890	871	3009	1506	1124	2660	1594

项目	个数	配备劳动保障工作人员的社区、村个数	劳动保障工作人员数	专职工作人员	获得职业资格人员	大专以上学历人员	女性
社区	4270	3993	5449	3714	2647	4497	3733
行政村	20553	17919	20203	6924	5060	7899	8723

二、就业和失业

全社会三产从业人员情况

	2019年		2018年		2017年	
	绝对数（万人）	构成（%）	绝对数（万人）	构成（%）	绝对数（万人）	构成（%）
一产	406.83	10.50	437.86	11.41	447.9	11.8
二产	1764.27	45.53	1730.8	45.12	1754.6	46.2
三产	1704.01	43.97	1667.34	43.47	1593.5	42

全省失业人员再就业情况

单位：万人

项　目	2019年	2018年	2017年
城镇新增就业人数	125.7	125.3	127.22
城镇登记失业人员	34.43	34.07	33.78
城镇登记失业人员就业人数	42.45	44.38	44.02
失业人员再就业人数	45.39	43.42	45.05
困难人员再就业	15.31	15.93	12.88

全省就业专项资金使用情况

单位：亿元

	2019年	2018年
使用总额	20.56	18.76
职业培训补贴	1.13	2.01
职业技能鉴定补贴	0.08	0.16
社保补贴	11.07	8.97
公益性岗位补贴	2.79	2.21
就业见习补贴	0.74	0.63
求职创业补贴	0.26	0.12
就业创业服务补助	2	2.01
高技能人才培养补助	0.31	0.27
其他	2.17	2.37

三、技工学校和就业培训

全省技工学校情况表

项 目		2019年	2018年	增减（%）
学校数（所）	合计	78	77	1.3
学生数（人）	在校学生数	162770	153607	6.0
	招生数	53695	48712	10.2
	其中：农业户口	42026	36069	16.5
	毕业生数	35166	31044	13.3
教职工人数（人）	总 计	11859	11933	−0.6
	其中：理论教师	6916	7273	−4.9
	实习教师	2717	2518	7.9
	其 他			
兼职教师（人）		1507	1808	−16.6

全省就业培训情况

项 目	就业训练中心	民办职业培训	技工学校培训
一、职业培训机构数（个）	22	995	51
二、在职教职工人数（人）	516	10305	
教师	316	5918	
兼职教师	480	7376	
三、经费来源（万元）	2422	118157	
四、培训人数（人）	47055	669483	367649
其中：女性	17884	305948	75236
五、结业人数（人）	44500	534753	245304
初级	8310	135711	45443
中级	3582	75198	23660
高级（含技师、高级技师）	3103	91343	27839
六、就业人数（人）	15212	269831	

四、监察和仲裁

全省劳动保障监察工作情况

	2019年	2018年	2017年
检查单位数	169756	177851	172487
涉及劳动者（万人）	645.22	655.56	492.05
劳动保障监察投诉结案数（件）	1056	2873	15805
结案率（%）	100%	100%	100%
追发劳动者工资等待遇（万元）	10062.61	23736.87	96778.31
涉及人数（万人）	1.21	2.43	10.27
清退风险抵押金（万元）	28.13	22.16	88.512
追缴社会保险费（万元）	0.005	0.032	0.1
涉及人数（万人）	149.09	198.73	609.68
涉及人数（万人）	0.012	0.04	0.36
清退童工（人）	320	381	416

全省劳动争议仲裁情况

	2019年	2018年	2017年
一、案件受理情况			
（一）受理案件数（件）	61530	56312	49135
其中：国有企业	390	361	393
集体企业	55	41	63
港澳台及外资企业	664	621	517
民营企业	55308	51731	43476
其 他	5113	3558	4004
（二）案件涉及人数（人）	76873	74100	67646
二、案件处理情况			
结案件数（件）	63414	56826	49798
其中：单位胜诉	3427	3238	3278
劳动者胜诉	17625	17262	15552
双方部分胜诉	25377	21765	21189

五、社会保障

全省社会保险基本情况表

项目	企业职工基本养老保险	城乡居民基本养老保险	机关事业单位养老保险	失业保险	工伤保险
一、参保总人数（万人）	2807.34	1199.43	224.38	1561.69	2257.44
其中：在职职工	2019.12		155.73	1561.69	2257.44
二、基金收支情况(亿元)					
1.当年基金收入	2982.88	176.40	606.82	91.83	60.07
2.当年基金支出	3175.25	178.87	591.06	191.01	63.73
3.当年基金结余	−192.37	−2.47	15.76	−99.18	−3.66
4.基金滚存结余	3458.87	154.47	89.14	248.40	100.64

备注：2019年社会保险基金收支余为决算数据；机关事业单位养老保险参保人数含统筹试点，基金收支余不含统筹试点。

六、各市资料

各市年末总户数和总人口数

单位：人

地区	总户数（户）	总人口数（人）	按性别分		按城镇人口和乡村人口分	
			男性	女性	城镇人口	乡村人口
合 计	17152866	50389122	25350465	25038657	25455392	24933730
杭州市	2481448	7953740	3942625	4011115	5359609	2594131
宁波市	2366343	6084707	3008088	3076619	3853911	2230796
温州市	2411657	8323647	4308580	4015067	3782722	4540925
湖州市	874904	2675698	1319543	1356155	1215275	1460423
嘉兴市	1131390	3636987	1777492	1859495	1981515	1655472

续表

地区	总户数（户）	总人口数（人）	按性别分		按城镇人口和乡村人口分	
			男性	女性	城镇人口	乡村人口
绍兴市	1617669	4478657	2228701	2249956	2123723	2354934
金华市	1924142	4919333	2491687	2427646	2242160	2677173
衢州市	964336	2576325	1313142	1263183	895911	1680414
舟山市	374330	965990	475633	490357	527389	438601
台州市	1919363	6066384	3095077	2971307	2622547	3443837
丽水市	1087284	2707654	1389897	1317757	850630	1857024

注：本表数据来源为省公安厅。

各市社会保险参保人数

单位：人

	企业职工基本养老保险	城乡居民基本养老保险	机关事业单位养老保险	失业保险	工伤保险	被征地农民养老保障
合 计	2807.34	1199.43	224.38	1561.69	2257.44	653.79
杭州市	667.92	83.61	36.77	486.65	556.67	74.34
宁波市	468.25	113.75	28.03	297.21	375.47	96.62
温州市	315.88	219.97	31.35	133.71	277.19	92.62
嘉兴市	248.68	65.09	14.6	149.04	194.36	57.94
湖州市	151.33	51.99	10.38	82.7	112.73	24.94
绍兴市	245.79	100.62	17.74	126.81	149.28	78.19
金华市	227.03	149.74	19.23	98.1	188.83	73.44
衢州市	78.2	95.21	9.06	35.41	44.52	24.71
舟山市	56.24	19.62	5.83	24.61	39.51	21.69
台州市	223.89	205.68	19.84	100.06	218.41	81.55
丽水市	80.21	94.13	11.59	27.39	59.33	27.75

备注：机关事业单位养老保险参保人数含统筹试点。

工资指导价位

2019年全省各市、县最低工资标准

单位：元（人民币）

地区	市、县	最低月工资标准	最低小时工资标准
杭州	市区（不含临安）	2010	18.4
	临安	1800	16.5
	桐庐、建德、淳安	1660	15
宁波	市区（不含奉化）、宁波国家高新区、大榭开发区、东钱湖旅游度假区、宁波保税区	2010	18.4
	慈溪、余姚、杭州湾新区	1800	16.5
	象山、奉化、宁海	1660	15
温州	鹿城、龙湾、瓯海、洞头区灵昆街道、瓯江口产业集聚区、浙南产业集聚区	2010	18.4
	洞头（灵昆街道除外）、乐清、瑞安	1800	16.5
	永嘉、文成、平阳、泰顺、苍南	1660	15
嘉兴	市区、所属县	1800	16.5
湖州	市区	1800	16.5
	德清、长兴、安吉	1660	15
绍兴	市区、所属县	1800	16.5
金华	市区、义乌、东阳、永康	1800	16.5
	兰溪、浦江、武义	1660	15
	磐安	1500	13.6
衢州	市区、所属县	1660	15
台州	市区、临海、温岭、玉环	1800	16.5
	天台、仙居、三门	1660	15
舟山	市区、所属县	1800	16.5
丽水	市区、所属县	1660	15

275

2019年杭州市人力资源
市场工资指导价位

分工种企业工资价位

单位：元/年（人民币）

序号	工种	高位数	中位数	低位数
1	企业董事	752559	130590	40747
2	企业总经理	1022108	125000	40115
3	生产经营部门经理	411403	115307	41277
4	财务部门经理	413214	91882	37660
5	行政部门经理	515540	87000	36153
6	人事部门经理	438589	88623	35620
7	销售和营销部门经理	520662	111390	37420
8	广告和公关部门经理	427056	114408	38466
9	采购部门经理	311999	81600	36776
10	计算机服务部门经理	591985	157454	38714
11	研究和开发部门经理	463476	156765	47775
12	餐厅部门经理	234631	72363	37757
13	客房部门经理	219063	69257	41857
14	其他职能部门经理	458024	115268	40580
15	其他企业中高级管理人员	655843	121371	41312
16	农业科学研究人员	168333	91893	42400
17	医学研究人员	219817	86205	38821
18	地质勘探工程技术人员	120360	64790	32000
19	测绘和地理信息工程技术人员	147435	53400	33634
20	矿山工程技术人员	120577	63020	40386
21	冶金工程技术人员	129445	60561	39985
22	化工工程技术人员	247248	94315	44497
23	机械工程技术人员	217812	87781	40676
24	航空工程技术人员	210000	145000	72256
25	电子工程技术人员	256752	79019	44445
26	信息和通信工程技术人员	342485	118394	39771
27	电气工程技术人员	188667	80000	37579

续表

序号	工种	高位数	中位数	低位数
28	电力工程技术人员	195269	75020	36008
29	邮政和快递工程技术人员	281043	101622	42992
30	广播电影电视及演艺设备工程技术人员	115694	82387	53430
31	道路和水上运输工程技术人员	119549	70500	42289
32	民用航空工程技术人员	276719	120406	66068
33	铁道工程技术人员	161135	109127	75971
34	建筑工程技术人员	193616	50719	34958
35	建材工程技术人员	208330	50340	38961
36	林业工程技术人员	134270	56000	30842
37	水利工程技术人员	371703	84153	40608
38	纺织服装工程技术人员	154846	62918	37409
39	食品工程技术人员	203669	105113	40938
40	环境保护工程技术人员	207890	78900	39809
41	安全工程技术人员	198102	75202	34222
42	标准化、计量、质量和认证认可工程技术人员	206720	83532	43340
43	管理（工业）工程技术人员	209413	66434	33596
44	检验检疫工程技术人员	155609	72627	39681
45	制药工程技术人员	162939	65588	38298
46	印刷复制工程技术人员	185490	79165	38144
47	工业（产品）设计工程技术人员	268710	116007	42751
48	轻工工程技术人员	125094	66832	41072
49	农业技术指导人员	128365	86418	41084
50	植物保护技术人员	128590	44400	40533
51	园艺技术人员	101869	45784	30238
52	兽医兽药技术人员	115471	70902	49588
53	水产技术人员	65778	42900	30605
54	农业工程技术人员	130617	77294	35818
55	其他农业技术人员	88340	73534	48339
56	飞行人员和领航人员	1040582	388934	44590
57	船舶指挥和引航人员	76986	54613	47685
58	临床和口腔医师	414442	132041	38393
59	中医医师	188488	68046	34946
60	药学技术人员	108682	64615	34661
61	医疗卫生技术人员	172845	60301	34483
62	护理人员	158655	66000	30170
63	其他卫生专业技术人员	135364	65000	45168
64	经济专业人员	212041	89778	47655
65	统计专业人员	144342	53788	33733
66	会计专业人员	237540	69015	34669
67	审计专业人员	284339	112771	37743

续表

序号	工种	高位数	中位数	低位数
68	税务专业人员	411036	88478	39243
69	评估专业人员	239855	97166	42833
70	商务专业人员	518210	146908	37261
71	人力资源专业人员	315971	80471	35107
72	银行专业人员	359224	163367	86712
73	保险专业人员	334006	88908	46865
74	证券专业人员	995214	284956	68991
75	知识产权专业人员	267611	110724	46842
76	其他经济和金融专业人员	348527	149132	52226
77	法律顾问	410356	128976	49330
78	社会工作专业人员	128275	82019	54947
79	其他法律、社会和宗教专业人员	350153	80800	48436
80	中小学教育教师	236022	127823	54659
81	幼儿教育教师	91531	49240	28849
82	其他教学人员	188848	57523	32310
83	文艺创作与编导人员	139473	88765	46668
84	音乐指挥与演员	150880	81467	44077
85	舞台专业人员	141349	87668	36561
86	工艺美术与创意设计专业人员	315712	90831	31856
87	体育专业人员	477894	98916	35247
88	记者	228778	131769	50521
89	编辑	180848	74755	36165
90	翻译人员	270221	90171	50892
91	档案专业人员	154272	58477	34319
92	其他新闻出版、文化专业人员	175719	87655	59669
93	其他专业技术人员	191149	61214	35155
94	行政业务办理人员	177502	67156	34970
95	行政事务处理人员	166418	57423	30360
96	其他办事人员	224270	63600	31789
97	保卫人员	79446	43536	31229
98	消防和应急救援人员	122512	53980	34298
99	其他安全和消防人员	145213	64783	33505
100	其他办事人员和有关人员	181597	56545	29610
101	采购人员	219015	70192	34531
102	销售人员	235008	58378	30951
103	再生物资回收人员	69489	51632	43782
104	特殊商品购销人员	161405	75390	27348
105	其他批发与零售服务人员	173070	51887	28509
106	轨道交通运输服务人员	127198	84024	62878
107	道路运输服务人员	126686	88645	38777

序号	工种	高位数	中位数	低位数
108	水上运输服务人员	68815	40297	31591
109	航空运输服务人员	149995	82076	47019
110	装卸搬运和运输代理服务人员	102875	55291	32146
111	仓储人员	119887	55198	31756
112	邮政和快递服务人员	151264	75150	41560
113	其他交通运输、仓储和邮政业服务人员	176432	66577	36532
114	住宿服务人员	74089	43250	29033
115	餐饮服务人员	96653	47145	30143
116	其他住宿和餐饮服务人员	81510	41800	28695
117	信息通信业务人员	145177	75520	42102
118	信息通信网络维护人员	155266	73025	35952
119	信息通信网络运行管理人员	220254	102840	38847
120	软件和信息技术服务人员	378448	142096	42291
121	其他信息传输、软件和信息技术服务人员	352060	154241	32366
122	银行服务人员	442546	178856	92380
123	期货服务人员	297757	129620	52116
124	保险服务人员	338684	90617	48320
125	其他金融服务人员	1225025	173587	46088
126	物业管理服务人员	105327	48871	29395
127	房地产中介服务人员	152305	59333	34460
128	其他房地产服务人员	179461	49800	28642
129	租赁业务人员	182122	71224	34073
130	商务咨询服务人员	201503	61160	33656
131	人力资源服务人员	134255	45794	29322
132	旅游及公共游览场所服务人员	122992	45020	30430
133	安全保护服务人员	75196	44798	28535
134	市场管理服务人员	165496	50797	31178
135	会议及展览服务人员	98685	51577	32900
136	其他租赁和商务服务人员	142954	53140	37357
137	测绘服务人员	131745	74493	37641
138	检验、检测和计量服务人员	138525	55507	35887
139	专业化设计服务人员	173237	72540	36839
140	其他技术辅助服务人员	130521	62040	34595
141	水利设施管养人员	76417	36439	33320
142	自然保护区和草地监护人员	46720	36720	33340
143	环境治理服务人员	104348	59134	39472
144	环境卫生服务人员	61232	35946	27475
145	绿化与园艺服务人员	66929	40000	29349
146	其他水利、环境和公共设施管理服务人员	57934	48994	37641
147	生活照料服务人员	71084	36589	27913

续表

序号	工种	高位数	中位数	低位数
148	服装裁剪和洗染织补人员	84745	43064	29124
149	美容美发和浴池服务人员	40674	29058	25320
150	婚姻服务人员	44203	36300	34100
151	其他居民服务人员	78394	42709	27638
152	燃气供应服务人员	119097	60116	44595
153	水供应服务人员	64099	52680	38623
154	其他电力、燃气及水供应服务人员	97746	52856	31164
155	汽车摩托车修理技术服务人员	149309	73605	40559
156	计算机和办公设备维修人员	134582	63638	33274
157	家用电子电器产品维修人员	117590	50702	35401
158	日用产品修理服务人员	78102	54262	40735
159	其他修理及制作服务人员	149696	64126	32077
160	群众文化活动服务人员	66483	48005	34590
161	广播、电视、电影和影视录音制作人员	96297	51025	34550
162	健身和娱乐场所服务人员	71409	43200	30515
163	其他文化、体育和娱乐服务人员	99518	36720	29491
164	医疗辅助服务人员	72280	47412	29258
165	康复矫正服务人员	135730	83111	56791
166	公共卫生辅助服务人员	75741	39176	27900
167	其他健康服务人员	78055	42300	29934
168	其他社会生产和生活服务人员	123629	45038	26959
169	农作物生产人员	181308	40000	29167
170	其他农业生产人员	51762	32245	28646
171	林木种苗繁育人员	55828	41960	31946
172	畜禽饲养人员	85224	56000	42600
173	特种经济动物饲养人员	84150	52220	38227
174	其他畜牧业生产人员	120700	66000	45083
175	水产养殖人员	43233	28614	25178
176	水产捕捞及有关人员	71018	53685	43411
177	农业生产服务人员	68067	47140	35143
178	其他农林牧渔业生产辅助人员	71640	57600	26800
179	粮油加工人员	61311	33270	26222
180	饲料加工人员	84571	56915	29612
181	畜禽制品加工人员	90783	62545	40208
182	水产品加工人员	72222	48490	32614
183	果蔬和坚果加工人员	103181	75613	37512
184	淀粉和豆制品加工人员	72774	58686	41457
185	其他农副产品加工人员	53500	45908	36287
186	焙烤食品制造人员	98261	52144	36379
187	糖制品加工人员	66544	47453	37305

序号	工种	高位数	中位数	低位数
188	方便食品和罐头食品加工人员	74782	63460	36756
189	乳制品加工人员	71435	65390	55620
190	酒、饮料及精制茶制造人员	130079	73510	46450
191	其他食品、饮料生产加工人员	109821	65913	37042
192	其他烟草及其制品加工人员	124505	103340	85288
193	纤维预处理人员	66437	47719	31120
194	纺纱人员	82685	54588	35449
195	织造人员	126881	56941	36126
196	针织人员	141429	46854	27477
197	非织造布制造人员	103274	69737	38944
198	印染人员	102777	65060	37212
199	其他纺织、针织、印染人员	88646	57232	31914
200	纺织品和服装剪裁缝纫人员	81121	49787	30489
201	皮革、毛皮及其制品加工人员	53101	42692	31952
202	羽绒羽毛加工及制品制造人员	58923	44846	36292
203	鞋帽制作人员	60075	43200	34753
204	其他纺织品、服装和皮革、毛皮制品加工制作人员	82011	47758	35486
205	木材加工人员	82850	53042	39984
206	人造板制造人员	75958	46203	29258
207	木制品制造人员	112824	56675	38762
208	家具制造人员	92389	50432	37950
209	其他木材加工、家具与木制品制作人员	147511	55120	33328
210	制浆造纸人员	87018	53824	34725
211	纸制品制作人员	78052	47021	29369
212	其他纸及纸制品生产加工人员	79941	47400	29133
213	印刷人员	130335	55921	34163
214	其他印刷和记录媒介复制人员	72137	53062	35051
215	文教用品制作人员	52714	33600	31200
216	乐器制作人员	111604	68086	44977
217	工艺美术品制造人员	89170	54591	35077
218	体育用品制作人员	87235	52401	39163
219	其他文教、工美、体育和娱乐用品制造人员	82081	47064	32613
220	煤化工生产人员	62091	53972	41175
221	化工产品生产通用工艺人员	105758	63731	39480
222	基础化学原料制造人员	55326	44174	36154
223	农药生产人员	95642	53721	37404
224	涂料、油墨、颜料及类似产品制造人员	107806	71312	42090
225	合成橡胶生产人员	137804	66528	39085
226	专用化学产品生产人员	92077	74832	57773
227	日用化学品生产人员	100049	51265	35000

续表

序号	工种	高位数	中位数	低位数
228	其他化学原料和化学制品制造人员	95829	59016	45504
229	化学药品原料药制造人员	180552	70000	49431
230	中药饮片加工人员	70026	50820	36659
231	药物制剂人员	129518	66428	41091
232	兽用药品制造人员	74442	58067	40161
233	生物药品制造人员	97392	60091	40090
234	其他医药制造人员	83821	63070	38942
235	化学纤维原料制造人员	86007	63099	43708
236	化学纤维纺丝及后处理人员	95554	63681	40101
237	其他化学纤维制造人员	98764	58742	43165
238	橡胶制品生产人员	106236	73366	44794
239	塑料制品加工人员	96741	61728	36054
240	其他橡胶和塑料制品制造人员	99486	60685	37591
241	水泥、石灰、石膏及其制品制造人员	94383	45979	32046
242	砖瓦石材等建筑材料制造人员	70050	58161	36769
243	玻璃及玻璃制品生产加工人员	60294	44400	34670
244	玻璃纤维及玻璃纤维增强塑料制品制造人员	54339	49148	37860
245	陶瓷制品制造人员	94300	69914	40135
246	高岭土、珍珠岩等非金属矿物加工人员	79742	63490	50105
247	其他非金属矿物制品制造人员	69970	50216	32631
248	矿物采选人员	91530	62320	39442
249	炼铁人员	89400	76425	62415
250	金属轧制人员	227439	85854	37753
251	其他金属冶炼和压延加工人员	84246	52830	39347
252	机械冷加工人员	116789	71453	39944
253	机械热加工人员	126248	78013	43624
254	机械表面处理加工人员	123924	71240	38326
255	工装工具制造加工人员	136972	68759	38331
256	其他机械制造基础加工人员	98880	61903	34709
257	五金制品制作装配人员	95570	57084	37515
258	其他金属制品制造人员	114252	58923	38573
259	通用基础件装配制造人员	126134	65651	41373
260	锅炉及原动设备制造人员	105099	68682	37480
261	金属加工机械制造人员	107160	64559	38648
262	物料搬运设备制造人员	100534	82193	52565
263	泵、阀门、压缩机及类似机械制造人员	91014	52370	32888
264	烘炉、衡器、水处理等设备制造人员	149460	86481	60671
265	其他通用设备制造人员	114443	63600	31017
266	采矿、建筑专用设备制造人员	101859	58526	34962
267	印刷生产专用设备制造人员	61052	43877	32571

续表

序号	工种	高位数	中位数	低位数
268	电子专用设备装配调试人员	164145	78192	43540
269	医疗器械制品和康复辅具生产人员	97469	58732	35002
270	其他专用设备制造人员	119265	60983	30554
271	汽车零部件、饰件生产加工人员	108343	67484	35908
272	汽车整车制造人员	98467	73512	38295
273	其他汽车制造人员	169612	96393	41407
274	轨道交通运输设备制造人员	130306	94787	63540
275	摩托车、自行车制造人员	106782	72937	45213
276	电机制造人员	94809	50580	36619
277	输配电及控制设备制造人员	105992	55609	34506
278	电线电缆、光纤光缆及电工器材制造人员	108362	51674	31989
279	电池制造人员	76211	51687	39941
280	家用电力器具制造人员	156696	69078	44374
281	照明器具制造人员	66619	48406	32240
282	其他电气机械和器材制造人员	106267	43588	30945
283	电子元件制造人员	87500	52315	38116
284	电子器件制造人员	93166	54121	39028
285	电子设备装配调试人员	108171	58486	35934
286	其他计算机、通信和其他电子设备制造人员	151388	83205	44222
287	仪器仪表装配人员	94093	47583	30201
288	其他仪器仪表制造人员	86976	52801	36000
289	废料和碎屑加工处理人员	73316	61120	50881
290	电力、热力生产和供应人员	127116	56453	36559
291	气体生产、处理和输送人员	79560	59275	38784
292	水生产、输排和水处理人员	110582	66492	38406
293	其他电力、热力、气体、水生产和输配人员	116912	62677	39161
294	房屋建筑施工人员	68510	45766	33341
295	土木工程建筑施工人员	128390	53432	36852
296	建筑安装施工人员	103415	48958	33237
297	建筑装饰人员	73429	42514	31888
298	古建筑修建人员	74640	66000	41487
299	其他建筑施工人员	75851	45299	39173
300	专用车辆操作人员	105136	66267	35436
301	轨道交通运输机械设备操作人员	81077	60000	51856
302	水上运输设备操作人员及有关人员	65157	33457	27986
303	通用工程机械操作人员	107935	63090	34773
304	其他运输设备和通用工程机械操作人员及有关人员	119780	57473	33215
305	机械设备修理人员	130110	71678	38884
306	检验试验人员	112606	59140	34018
307	称重计量人员	107506	56895	34186

续表

序号	工种	高位数	中位数	低位数
308	包装人员	109040	57600	33057
309	安全生产管理人员	154742	73124	36094
310	其他生产辅助人员	118187	56509	33631
311	其他生产制造人员及有关人员	117705	57860	33480

分国民经济行业企业工资价位

单位：元/年（人民币）

序号	工种	高位数	中位数	低位数
1	一、农、林、牧、渔业	180627	55278	26344
2	1.农业	107305	47466	29522
3	2.农、林、牧、渔专业及辅助性活动	220881	48319	25883
4	二、采矿业	164913	49905	38083
5	三、制造业	195317	64000	33790
6	1.农副食品加工业	117117	54019	29909
7	2.食品制造业	228123	66601	36549
8	3.酒、饮料和精制茶制造业	243378	84132	42633
9	4.纺织业	132793	59001	33256
10	5.纺织服装、服饰业	127233	50442	31340
11	6.皮革、毛皮、羽毛及其制品和制鞋业	85939	45532	32982
12	7.木材加工和木、竹、藤、棕、草制品业	204691	55020	31055
13	8.家具制造业	169092	56747	33102
14	9.造纸和纸制品业	133706	52723	30211
15	10.印刷和记录媒介复制业	137937	50580	32680
16	11.文教、工美、体育和娱乐用品制造业	121028	57815	32233
17	12.化学原料和化学制品制造业	228513	67776	38349
18	13.医药制造业	305024	71372	37378
19	14.化学纤维制造业	167099	61656	36701
20	15.橡胶和塑料制品业	160449	72501	42733
21	16.非金属矿物制品业	188581	57834	33092
22	17.黑色金属冶炼和压延加工业	95252	50575	29685
23	18.金属制品业	136821	62004	33035
24	19.通用设备制造业	187357	66146	34710
25	20.专用设备制造业	249283	64604	33178
26	21.汽车制造业	242524	78283	38243
27	22.铁路、船舶、航空航天和其他运输设备制造业	172060	78529	38944
28	23.电气机械和器材制造业	251084	68142	36281
29	24.计算机、通信和其他电子设备制造业	216501	69783	35713
30	25.仪器仪表制造业	174226	65943	33749
31	26.其他制造业	224534	64208	34920
32	27.金属制品、机械和设备修理业	121253	56657	34492

序号	工种	高位数	中位数	低位数
33	四、电力、热力、燃气及水生产和供应业	249286	79139	39605
34	1.电力、热力生产和供应业	254509	75887	38744
35	2.燃气生产和供应业	195297	80149	45260
36	3.水的生产和供应业	145943	71059	38701
37	五、建筑业	168364	56000	34943
38	1.房屋建筑业	155468	55870	35658
39	2.土木工程建筑业	202253	62968	31565
40	3.建筑安装业	177605	65183	33640
41	4.建筑装饰、装修和其他建筑业	170748	50400	32937
42	六、批发和零售业	241611	58023	30716
43	1.批发业	288555	67500	31863
44	2.零售业	206355	54160	30426
45	七、交通运输、仓储和邮政业	282056	80656	39179
46	1.道路运输业	141419	81970	35594
47	2.航空运输业	1094360	116781	42672
48	3.多式联运和运输代理业	273290	64554	36000
49	4.装卸搬运和仓储业	170357	64192	36702
50	5.邮政业	186550	79132	43702
51	八、住宿和餐饮业	171083	49200	30455
52	1.住宿业	132768	46000	29597
53	2.餐饮业	195013	53483	32260
54	九、信息传输、软件和信息技术服务业	524707	139656	37055
55	1.电信、广播电视和卫星传输服务	339247	143032	36937
56	2.互联网和相关服务	559721	139953	35079
57	3.软件和信息技术服务业	539850	135876	37414
58	十、金融业	729156	179485	60652
59	1.货币金融服务	650971	188729	92556
60	2.资本市场服务	1515307	280350	55420
61	3.保险业	585198	124425	48392
62	4.其他金融业	732944	129920	37751
63	十一、房地产业	337286	77673	30028
64	1.房地产业	337286	77673	30028
65	十二、租赁和商务服务业	284308	59943	30518
66	1.租赁业	236490	54550	34538
67	2.商务服务业	286984	60989	29912
68	十三、科学研究和技术服务业	315371	83384	35464
69	1.研究和试验发展	492054	148321	45143
70	2.专业技术服务业	294209	81011	35141
71	3.科技推广和应用服务业	255959	75000	35426
72	十四、水利环境和公共设施管理业	212465	57450	31516

续表

序号	工种	高位数	中位数	低位数
73	1.生态保护和环境治理业	323863	71900	33620
74	2.公共设施管理业	113650	48923	31474
75	十五、居民服务、修理和其他服务业	182319	46874	28578
76	1.居民服务业	148961	43817	26913
77	2.机动车、电子产品和日用产品修理业	280791	71239	32294
78	3.其他服务业	180536	48692	30573
79	十六、教育	236526	57333	27622
80	1.教育	236526	57333	27622
81	十七、卫生和社会工作	242291	55752	30268
82	1.卫生	244381	62540	31577
83	十八、文化、体育和娱乐业	426980	65213	32673
84	1.新闻和出版业	255041	98758	52072
85	2.广播、电视、电影和影视录音制作业	187657	46388	32174
86	3.文化艺术业	266642	72250	32530
87	4.体育	788446	107326	28891
88	5.娱乐业	125735	42814	32034

2019年宁波市人力资源市场工资指导价位

管理职能类职业（工种）工资指导价位

单位：元/年（人民币）

序号	职位名称	高位数	中位数	低位数	平均数
1	企业董事	574116	195912	60000	261744
2	企业总经理	576605	182310	66000	265851
3	生产经营部门经理	372957	146460	66157	198597
4	财务部门经理	286486	123780	63600	156695
5	行政部门经理	267115	100600	52920	134214
6	人事部门经理	284508	106269	54924	143373
7	销售和营销部门经理	293416	98256	49988	154447
8	广告和公关部门经理	222721	90000	44526	105871
9	采购部门经理	184020	82004	46171	96275
10	计算机服务部门经理	402863	129438	54415	195034
11	研究和开发部门经理	309615	145168	72497	167655
12	餐厅部门经理	162695	99460	43795	109255
13	客房部门经理	168887	81098	39898	87597
14	其他职能部门经理	279232	105561	54248	144868
15	其他企业中高级管理人员	263422	80547	46766	123546
16	行政办事员	153884	68421	38180	83690
17	机要员	142800	61724	45281	77643
18	秘书	126319	60737	37635	74395
19	公关员	101238	53448	36212	64511
20	收发员	102662	62789	30871	70540
21	打字员	104376	62000	31875	70857
22	制图员	100080	52886	36000	57204
23	后勤管理员	107877	54325	34628	64855
24	其他办事人员	113396	58552	38193	71208
25	保卫管理员	63996	38873	27030	45076
26	消防员	121289	53554	40040	72062
27	消防装备管理员	65094	48571	44720	49016

续表

序号	职位名称	高位数	中位数	低位数	平均数
28	消防安全管理员	97455	41241	35433	54904
29	消防监督检查员	62303	45507	36685	45320
30	应急救援员	61546	57139	46603	57692
31	其他安全和消防人员	72802	43391	32400	55632
32	其他办事人员和有关人员	114965	60794	34101	72021

专业技术类职业（工种）工资指导价位

单位：元/年（人民币）

序号	职位名称	高位数	中位数	低位数	平均数
1	工程测量工程技术人员	155278	96758	45025	91751
2	采矿工程技术人员	106215	55629	45621	71259
3	石油天然气储运工程技术人员	123254	112660	97826	113434
4	化工实验工程技术人员	132858	70000	35750	79345
5	化工生产工程技术人员	178026	106291	50199	102851
6	机械设计工程技术人员	174246	74640	50395	88369
7	机械制造工程技术人员	154438	70710	40866	83568
8	设备工程技术人员	165576	70732	43496	91774
9	模具设计工程技术人员	108749	70824	49440	69106
10	自动控制工程技术人员	174000	150222	108000	144538
11	焊接工程技术人员	80253	63872	59164	69173
12	特种设备管理和应用工程技术人员	156806	82273	28314	83660
13	汽车工程技术人员	136646	64425	35613	63642
14	电子材料工程技术人员	112085	76039	49940	78960
15	广播视听设备工程技术人员	106219	83611	74074	88067
16	通信工程技术人员	162750	98178	29685	108726
17	计算机硬件工程技术人员	189578	95320	51798	116513
18	计算机软件工程技术人员	195054	101827	48678	108124
19	计算机网络工程技术人员	172826	83598	38676	94250
20	信息系统分析工程技术人员	207740	100596	50402	111306
21	信息系统运行维护工程技术人员	207504	121424	61321	133990
22	电工电器工程技术人员	170319	101756	45285	114642
23	光源与照明工程技术人员	158360	102063	55994	107576
24	发电工程技术人员	196290	100845	82568	105955
25	供用电工程技术人员	198764	60218	46295	107143
26	变电工程技术人员	191516	70370	42591	95618
27	电力工程安装工程技术人员	209422	68820	46305	86705

续表

序号	职位名称	高位数	中位数	低位数	平均数
28	水上交通工程技术人员	110122	87486	55000	88690
29	道路交通工程技术人员	151917	116243	95281	112318
30	城乡规划工程技术人员	158866	44762	38038	72314
31	建筑和市政设计工程技术人员	143075	69566	42833	88326
32	土木建筑工程技术人员	135760	74160	39969	84987
33	风景园林工程技术人员	149484	64357	34698	85108
34	供水排水工程技术人员	199140	133191	49262	148868
35	工程勘察与岩土工程技术人员	225348	189770	171143	195175
36	城镇燃气供热工程技术人员	167610	130508	104874	138227
37	道路与桥梁工程技术人员	139147	73509	32545	84891
38	港口与航道工程技术人员	153911	75264	43039	99054
39	水利水电建筑工程技术人员	143546	120258	94769	112230
40	非金属矿及制品工程技术人员	139874	85626	41084	83582
41	园林绿化工程技术人员	168452	159922	104525	147994
42	水资源工程技术人员	98573	74854	71000	83821
43	水生态和江河治理工程技术人员	89000	55620	50298	62704
44	水利工程管理工程技术人员	97837	71200	51991	74841
45	染整工程技术人员	90723	63653	51074	63320
46	食品工程技术人员	153705	83007	43518	96677
47	环境监测工程技术人员	185371	110197	57225	117455
48	环境污染防治工程技术人员	151485	111282	79295	112018
49	健康安全环境工程技术人员	175403	105799	64780	115347
50	安全防范设计评估工程技术人员	160265	108164	61538	99932
51	消防工程技术人员	100329	51255	33743	62626
52	安全生产管理工程技术人员	148881	70218	50626	85152
53	安全评价工程技术人员	82938	59343	38129	45166
54	标准化工程技术人员	130230	73676	59373	91049
55	计量工程技术人员	130227	72698	43550	83200
56	质量管理工程技术人员	133633	64836	45000	78347
57	质量认证认可工程技术人员	136496	96243	33070	93354
58	可靠性工程技术人员	139732	78029	65354	89888
59	工业工程技术人员	188887	91914	52500	118348
60	物流工程技术人员	102781	62806	42078	61909
61	战略规划与管理工程技术人员	212151	127790	41067	139782
62	项目管理工程技术人员	174478	101783	59000	112769
63	监理工程技术人员	116924	61703	50972	72036
64	数据分析处理工程技术人员	94579	57339	42436	75378
65	工程造价工程技术人员	202203	121047	48124	120436

续表

序号	职位名称	高位数	中位数	低位数	平均数
66	产品质量检验工程技术人员	99958	79197	60048	79006
67	产品设计工程技术人员	140313	116592	59282	99827
68	工业设计工程技术人员	175906	126608	82667	135582
69	农业技术指导人员	93941	70550	49440	71310
70	其他飞机和船舶技术人员	395257	164253	64378	191793
71	经济规划专业人员	192162	94104	44520	108921
72	合作经济专业人员	260346	118531	95004	167612
73	价格专业人员	96068	58461	41022	62648
74	统计专业人员	136000	55636	39274	68970
75	会计专业人员	150419	64100	37270	76425
76	审计专业人员	209769	71957	38600	110370
77	税务专业人员	143288	92281	52321	107341
78	资产评估人员	196529	82099	41638	113544
79	国际商务专业人员	156671	67282	44878	79233
80	市场营销专业人员	197580	84052	33712	98008
81	商务策划专业人员	142178	105460	62953	104198
82	品牌专业人员	185799	111636	54289	126776
83	报关专业人员	120249	65541	44250	79950
84	报检专业人员	120899	69982	47125	70114
85	人力资源管理专业人员	184015	91167	49629	110983
86	人力资源服务专业人员	165606	70585	40818	91090
87	银行外汇市场业务专业人员	436783	176454	105329	205402
88	银行清算专业人员	437095	184083	89101	234437
89	信贷审核专业人员	403040	162491	97386	212624
90	银行国外业务专业人员	393363	170686	100313	220202
91	精算专业人员	93980	78601	71918	85194
92	保险核保专业人员	171776	104376	67188	114757
93	保险理赔专业人员	151754	98378	67421	105906
94	证券交易专业人员	135545	60450	46825	84962
95	证券投资专业人员	185774	93302	58012	114254
96	其他经济和金融专业人员	292495	148524	78340	179157
97	律师	193333	154755	84881	147223
98	法律顾问	245906	156317	72139	145908
99	社会工作专业人员	61747	42200	35880	46010
100	其他法律、社会和宗教专业人员	260081	137085	65837	145942
101	舞蹈编导	176057	143510	135502	148032
102	舞美设计	157181	131399	106274	135305
103	音乐指挥	144769	136829	87983	119785

序号	职位名称	高位数	中位数	低位数	平均数
104	民族乐器演奏员	97831	91914	61959	86573
105	外国乐器演奏员	160187	106412	63766	113718
106	灯光师	148283	104202	47908	107135
107	音像师	143093	91599	43851	89786
108	美工师	101745	76333	43192	72137
109	装置师	140693	103576	53709	96577
110	服装道具师	140974	96528	62412	101258
111	视觉传达设计人员	86016	67355	52003	69435
112	服装设计人员	81847	54517	36975	60548
113	动画设计人员	76357	61591	48065	58525
114	工艺美术专业人员	113404	65325	45498	70944
115	数字媒体艺术专业人员	109613	77635	47965	77291
116	陈列展览设计人员	156637	78322	58312	87430
117	其他文学艺术、体育专业人员	113125	64115	42408	70415
118	文字记者	235235	149257	105864	149737
119	文字编辑	196182	89922	49260	105289
120	美术编辑	154291	112124	98040	126708
121	网络编辑	152544	76684	48198	78150
122	翻译	107022	73136	47918	78507
123	图书资料专业人员	102131	49502	43718	68187
124	档案专业人员	158182	85865	49626	96892
125	其他新闻出版、文化专业人员	158600	95620	50129	97516
126	其他专业技术人员	159000	77732	44400	95691

职业技能类职业（工种）工资指导价位

单位：元/年（人民币）

序号	职位名称	高位数	中位数	低位数	平均数
1	采购员	108479	59974	42000	67420
2	营销员	123657	57433	33408	73203
3	电子商务师	75630	43727	30043	48336
4	商品营业员	83057	43147	32215	52182
5	收银员	73416	40500	32120	46413
6	医药商品购销员	127307	63321	44462	71044
7	其他批发与零售服务人员	117641	45600	28075	55076
8	轨道列车司机	91209	89295	82839	86327

续表

序号	职位名称	高位数	中位数	低位数	平均数
9	铁路车站客运服务员	113352	108924	71373	104104
10	铁路车站货运服务员	127518	112272	73547	104263
11	轨道交通调度员	155743	123218	88986	116617
12	道路客运汽车驾驶员	93740	84033	66146	80529
13	道路货运汽车驾驶员	71514	53348	41174	53079
14	道路客运服务员	73646	56323	44712	56320
15	道路货运业务员	80658	73834	60866	69469
16	道路运输调度员	89037	72950	46114	69348
17	公路收费及监控员	95596	75707	45574	69476
18	机动车驾驶教练员	103680	75196	51440	82691
19	油气电站操作员	99455	81789	57292	84671
20	客运船舶驾驶员	66575	51504	41007	49461
21	船舶业务员	61372	40260	34500	42615
22	装卸搬运工	66524	55807	43397	54666
23	客运售票员	96038	68727	50053	71254
24	运输代理服务员	68577	59282	40774	58479
25	危险货物运输作业员	96339	79866	65655	81181
26	仓储管理员	93769	47983	32400	58496
27	理货员	103535	44712	34213	54888
28	物流服务师	92502	80261	51906	73874
29	邮件分拣员	97508	84154	51788	84478
30	邮政投递员	71676	44046	34046	49585
31	快递员	58105	48849	37756	48691
32	快件处理员	65572	51864	28800	47273
33	其他交通运输、仓储和邮政业服务人员	107944	57892	33848	69646
34	前厅服务员	59099	40354	32310	44258
35	客房服务员	54058	38000	27233	40913
36	旅店服务员	54990	38713	27060	38756
37	中式烹调师	97831	51000	34402	59217
38	中式面点师	85399	52623	36243	54781
39	西式烹调师	78283	50000	36679	54622
40	西式面点师	80698	46932	33141	55358
41	餐厅服务员	61266	42274	29578	42433
42	营养配餐员	99281	58043	48722	66532
43	其他住宿和餐饮服务人员	61550	35688	27333	40029
44	信息通信营业员	91840	66809	47830	62249
45	信息通信业务员	63240	43938	31841	44160
46	信息通信网络机务员	145849	112217	85952	116809

续表

序号	职位名称	高位数	中位数	低位数	平均数
47	信息通信网络线务员	139471	113296	86498	115107
48	信息通信网络动力机务员	219262	109634	89027	135706
49	信息通信网络运行管理员	164494	88601	51295	101193
50	信息通信信息化系统管理员	162135	111022	84200	113809
51	计算机程序设计员	187476	101000	49360	112254
52	计算机软件测试员	162701	72518	57471	102613
53	呼叫中心服务员	110905	61955	42571	69148
54	其他信息传输、软件和信息技术服务人员	195612	125956	54827	123720
55	银行综合柜员	374264	155929	64638	206861
56	银行信贷员	433264	178727	76979	217899
57	银行客户业务员	334356	138899	81433	185003
58	银行信用卡业务员	367384	159704	73415	207612
59	保险代理人	232541	129122	79300	145316
60	保险保全员	103574	83758	72172	82273
61	信托业务员	499084	187908	110727	250505
62	其他金融服务人员	429083	177323	82552	182717
63	物业管理员	71942	45600	30079	48422
64	中央空调系统运行操作员	65933	57317	47842	57427
65	停车管理员	41760	39360	29340	37848
66	其他房地产服务人员	92300	44400	36181	58271
67	租赁业务员	98775	72517	46960	70366
68	客户服务管理员	94083	61165	40677	67628
69	职业指导员	165000	75000	57600	94389
70	劳动关系协调员	78401	48050	29057	53937
71	导游	82800	73000	41200	66336
72	旅游团队领队	56083	41477	33386	43687
73	旅行社计调	111452	64303	49046	72391
74	旅游咨询员	88949	58864	45512	63521
75	公共游览场所服务员	63457	52098	46869	54545
76	保安员	67446	38697	29400	42893
77	智能楼宇管理员	55159	47460	45640	50928
78	消防设施操作员	126101	50007	38035	62837
79	安全防范系统安装维护员	96197	73643	49371	73643
80	商品监督员	79663	58095	49181	59736
81	市场管理员	119495	80160	51472	80551
82	其他租赁和商务服务人员	77318	43243	33626	54091
83	工程测量员	159733	80400	51348	96900
84	农产品食品检验员	94222	56617	46078	72173

续表

序号	职位名称	高位数	中位数	低位数	平均数
85	机动车检测工	88597	76563	75088	79502
86	计量员	105597	68999	42902	74125
87	工艺美术品设计师	100539	87631	76583	82866
88	室内装饰设计师	142867	100402	45850	92378
89	广告设计师	95218	68515	54298	72209
90	其他技术辅助服务人员	81495	66995	42940	62998
91	展出动物保育员	54478	46285	41484	48584
92	污水处理工	137875	100727	58716	95223
93	保洁员	56567	33699	28493	37423
94	生活垃圾清运工	54060	37650	30580	39447
95	生活垃圾处理工	47415	35000	28954	35338
96	园林绿化工	49044	35613	28942	38653
97	其他水利、环境和公共设施管理服务人员	68695	41261	30819	45159
98	保育员	47566	38863	29644	35998
99	孤残儿童护理员	42024	40703	37204	40433
100	养老护理员	85416	49089	36460	58966
101	洗衣师	51560	42958	39020	43867
102	其他居民服务人员	67656	45202	41489	57422
103	供电服务员	65989	62700	52530	60080
104	燃气燃煤供应服务员	125903	106289	73287	105261
105	其他电力、燃气及水供应服务人员	120148	52689	48428	74419
106	汽车维修工	95020	74012	53783	76230
107	计算机维修工	84262	65375	42817	64589
108	办公设备维修工	83580	41400	31402	51230
109	信息通信网络终端维修员	174134	160709	85342	145361
110	家用电器产品维修工	76561	48028	32304	50439
111	其他修理及制作服务人员	84428	53464	37705	58429
112	群众文化指导员	68065	47902	39431	45452
113	社会体育指导员	82888	72826	52868	77728
114	康乐服务员	49951	33290	26400	36411
115	其他文化、体育和娱乐服务人员	58977	44780	29200	45997
116	医疗临床辅助服务员	73054	57980	51059	58142
117	公共卫生辅助服务员	51865	35480	32460	41227
118	其他健康服务人员	62108	45152	31250	45473
119	其他社会生产和生活服务人员	107783	76703	52016	71833
120	其他农业生产人员	65000	48000	32865	53093
121	渔业船员	50400	42000	37600	44468
122	其他农、林、牧、渔业生产加工人员	47840	38760	36912	42974

续表

序号	职位名称	高位数	中位数	低位数	平均数
123	畜禽屠宰加工工	44491	36000	34200	39409
124	其他食品、饮料生产加工人员	59644	52480	38760	49797
125	织布工	86320	61936	42228	74526
126	非织造布制造工	71783	64929	61815	65833
127	印染前处理工	49484	48552	46183	48213
128	纺织染色工	83922	54595	46602	62467
129	印染后整理工	83774	54574	49343	62153
130	印染染化料配制工	60579	55381	52862	53253
131	其他纺织、针织、印染人员	75757	55366	31993	54760
132	服装制版师	152915	99182	65275	101570
133	裁剪工	75973	53802	47132	64277
134	缝纫工	81838	53933	44400	60565
135	缝纫品整型工	58900	52408	44415	53441
136	其他纺织品、服装和皮革、毛皮制品加工制作人员	77023	54193	47946	62657
137	手工木工	59185	51058	36000	51699
138	其他纸及纸制品生产加工人员	62892	50189	28932	45312
139	其他印刷和记录媒介复制人员	97327	64489	53088	69610
140	油品储运工	126497	91825	41094	87953
141	中药炮制工	58026	48752	33886	45902
142	纺丝工	63840	50317	35295	52851
143	化纤后处理工	72960	57960	44100	57061
144	水泥生产工	84720	63130	56159	66784
145	预拌混凝土生产工	81314	77728	62205	70995
146	加气混凝土制品工	68976	58843	54639	59238
147	砂石骨料生产工	79200	67312	50400	65271
148	其他金属冶炼和压延加工人员	89889	62673	32272	66301
149	车工	97556	62126	43414	66390
150	磨工	97162	56511	39240	64927
151	钻床工	90195	60000	45670	62883
152	多工序数控机床操作调整工	94968	62174	43270	60499
153	电切削工	95243	70157	43060	65978
154	铆工	77865	60141	53362	62564
155	铸造工	91262	65278	47780	67734
156	金属热处理工	88682	66091	43227	64238
157	焊工	116639	71838	46515	70444
158	机械加工材料切割工	80289	60854	43698	63945
159	粉末冶金制品制造工	88869	57720	38000	62577

续表

序号	职位名称	高位数	中位数	低位数	平均数
160	镀膜工	63754	54662	41378	52545
161	涂装工	93395	61264	41126	63735
162	喷涂喷焊工	75648	54100	41698	57341
163	模具工	81363	57465	48928	59264
164	模型制作工	53100	50600	48160	50805
165	其他机械制造基础加工人员	94627	62664	35681	62192
166	工具五金制作工	85071	50070	41796	51703
167	建筑五金制品制作工	64880	58500	50000	57320
168	其他金属制品制造人员	73535	56360	52360	56303
169	装配钳工	112457	60522	36421	64584
170	齿轮制造工	73281	60071	54013	61118
171	其他通用设备制造人员	69880	50192	40276	55199
172	其他专用设备制造人员	71063	52781	41494	58338
173	汽车装调工	103309	57960	50028	67004
174	电器附件制造工	63616	40800	30406	45934
175	电器接插件制造工	66291	42758	33190	46880
176	其他计算机、通信和其他电子设备制造人员	67438	51185	37431	55597
177	仪器仪表制造工	67200	48560	36000	49957
178	其他废弃资源综合利用人员	99280	96218	93466	96298
179	锅炉运行值班员	149953	103360	32501	90557
180	燃料值班员	196731	151813	89591	145814
181	汽轮机运行值班员	134656	91600	65790	110541
182	燃气轮机值班员	135026	123587	103946	118425
183	发电集控值班员	152898	113441	75142	117740
184	电气值班员	153612	97124	47074	97157
185	锅炉操作工	113452	61070	36451	82873
186	供热管网系统运行工	119421	93923	61782	95142
187	燃气储运工	81348	61629	52652	64065
188	水生产处理工	122850	90562	54121	96861
189	水供应输排工	48313	42381	37622	40605
190	工业废水处理工	96024	61074	43554	62982
191	司泵工	118690	105212	87684	96870
192	其他电力、热力、气体、水生产和输配人员	124117	86868	59824	95770
193	砌筑工	62603	56484	50000	57567
194	石工	63375	56092	49751	58168
195	混凝土工	75000	66383	55207	68524
196	钢筋工	67128	58214	48021	54276
197	架子工	65914	43788	37374	50742

续表

序号	职位名称	高位数	中位数	低位数	平均数
198	水运工程施工工	59717	42000	37397	45569
199	管道工	63550	51506	45103	54309
200	机械设备安装工	100392	75171	53049	79856
201	电气设备安装工	80260	60200	48372	66581
202	电梯安装维修工	105314	96262	94661	95331
203	管工	104552	59271	47638	67172
204	制冷空调系统安装维修工	92731	68107	48719	66829
205	锅炉设备安装工	85924	63064	55189	61890
206	发电设备安装工	152055	135052	128247	132948
207	电力电气设备安装工	133760	102876	91120	110656
208	装饰装修工	60200	52947	42961	52005
209	建筑门窗幕墙安装工	61077	52190	40578	50291
210	照明工程施工员	63795	55297	42150	56198
211	其他建筑施工人员	53233	49313	41245	48017
212	专用车辆驾驶员	99577	86916	51988	83832
213	船舶甲板设备操作工	169649	117103	67421	115174
214	船舶机舱设备操作工	166381	122597	62023	114108
215	起重装卸机械操作工	152598	83281	49016	87261
216	起重工	153230	89485	53996	91000
217	输送机操作工	134777	125298	120075	125353
218	挖掘铲运和桩工机械司机	116169	101453	88339	100622
219	其他运输设备和通用工程机械操作人员及有关人员	110845	71405	45000	75708
220	设备点检员	80541	62702	48122	67817
221	机修钳工	102869	61529	37507	64043
222	电工	133525	70585	35914	72944
223	仪器仪表维修工	135964	74248	52562	75744
224	锅炉设备检修工	128027	86581	53621	85168
225	汽机和水轮机检修工	117964	82395	62485	87734
226	发电机检修工	170545	140597	133109	150743
227	工程机械维修工	130323	60702	44470	69470
228	物理性能检验员	84066	57275	37656	58278
229	无损检测员	80730	54000	42000	55762
230	质检员	98396	53437	42140	59990
231	试验员	52743	44720	38064	45195
232	称重计量工	91771	54509	39435	55231
233	包装工	72743	50722	32242	53898
234	安全员	138518	86663	48875	94230

续表

序号	职位名称	高位数	中位数	低位数	平均数
235	其他生产辅助人员	80855	57310	35802	58876
236	其他生产制造人员及有关人员	85994	57531	36723	62074

部分技术工人职业（工种）分等级工资指导价位

单位：元/年（人民币）

序号	职位名称	技能等级	高位数	中位数	低位数	平均数
1	焊工	高级技师	132165	100157	71150	97018
		技师	126532	96195	69784	90162
		高级技能	122470	93620	62035	90036
		中级技能	116968	92927	58530	84034
		初级技能	108193	72433	47118	72682
2	电工	高级技师	178394	112366	70771	103778
		技师	168190	95982	68747	95690
		高级技能	162659	90697	61365	95522
		中级技能	120755	77131	48596	79529
		初级技能	86671	61547	37007	64026
3	制冷空调系统安装维修工	高级技能	105452	85622	52740	75225
		中级技能	96407	72085	50732	69761
		初级技能	86243	66744	46800	64709
4	防水工	技师	87223	80946	71758	77842
		高级技能	77211	68212	63509	68751
		中级技能	67419	61494	55198	61350
		初级技能	60452	51312	48250	55061
5	砌筑工	高级技师	92591	76017	68001	78256
		高级技能	73500	68272	65319	70993
		中级技能	73205	62603	53924	64634
		初级技能	60000	53980	50803	54855
6	混凝土工	高级技师	83981	79097	67039	78050
		技师	78686	75580	65152	75691
		高级技能	76813	72165	62798	72669
		中级技能	70283	67562	59912	66790
		初级技能	65949	62000	57352	59780
7	钢筋工	技师	82431	79626	75000	75944
		高级技能	72000	67517	58010	65532
		中级技能	68211	61058	56728	65232
		初级技能	62079	54987	47993	58854

续表

序号	职位名称	技能等级	高位数	中位数	低位数	平均数
8	架子工	技师	73002	68500	62191	69565
		高级技能	68295	62390	56317	63827
		中级技能	60449	56185	47178	55063
		初级技能	58722	49828	39754	49508
9	锅炉操作工	技师	129267	101990	75382	103631
		高级技能	115929	97927	67577	92093
		中级技能	109352	89133	66139	88554
		初级技能	103629	55176	33032	63583
10	机床装修维修工	高级技师	112987	97304	63411	89806
		技师	103191	87671	58510	79649
		高级技能	86417	80268	54845	73098
		中级技能	78826	65815	47375	64281
11	铸造工	高级技师	99890	92516	64037	86621
		技师	95865	90559	62512	84293
		高级技能	92733	86615	60787	83988
		中级技能	90797	82506	58262	82486
		初级技能	88625	80504	50782	80973
12	锻造工	高级技师	82696	67446	55689	66495
		技师	80855	64636	52690	65128
		高级技能	78952	60433	50660	62929
		中级技能	75528	59405	48707	61835
		初级技能	72561	58710	46921	60010
13	金属热处理工	高级技师	89472	85195	81289	86518
		技师	88733	82674	79437	82195
		高级技能	85798	79872	76860	80715
		中级技能	83990	62037	45427	64032
		初级技能	81195	60638	42758	60887
14	车工	高级技师	99868	73729	56820	70370
		技师	96905	70302	55278	68105
		高级技能	92061	68325	52691	66250
		中级技能	82328	65330	49032	65119
		初级技能	79943	62259	44751	63015
15	铣工	高级技师	103362	72909	57183	77622
		技师	93945	68858	55510	77272
		高级技能	85586	66925	53313	75677
		中级技能	73099	62959	50763	62818
		初级技能	71237	62108	43864	60192

续表

序号	职位名称	技能等级	高位数	中位数	低位数	平均数
16	钳工	高级技师	118867	113849	81039	107274
		技师	112280	106659	78513	100910
		高级技能	98192	75097	59222	80087
		中级技能	95323	67323	56776	71278
		初级技能	88306	64475	48677	69012
17	磨工	高级技师	106183	73349	56453	72539
		技师	103446	71491	56321	70261
		高级技能	95203	69071	53200	66772
		中级技能	81954	67474	51920	65684
		初级技能	78755	65368	42691	64677
18	电切削工	高级技能	98448	83039	63315	78031
		中级技能	92819	80363	62239	77677
		初级技能	86176	79656	56677	72944
19	制冷工	技师	100785	77053	54895	81591
		高级技能	100424	67303	46379	69589
		中级技能	88080	59905	44094	65566
		初级技能	74588	44800	31555	58997
20	手工木工	技师	65055	60202	47299	57440
		高级技能	64424	56289	45235	56712
		中级技能	62703	55209	43948	56407
		初级技能	59940	52255	41232	52226
21	评茶员	高级技师	98915	84536	64201	81229
		技师	93080	76192	60082	78515
		高级技能	79300	72040	58059	70188
		中级技能	77426	67635	52508	66437
		初级技能	61955	53578	45976	59138
22	眼镜验光员	高级技师	101585	95353	63041	92050
		技师	87721	85468	57747	77135
		高级技能	80977	76161	54266	68479
		中级技能	79205	68520	49020	66679
		初级技能	60229	50907	41485	55681
23	眼镜定配工	技师	79506	65578	53138	67869
		高级技能	79369	62103	50083	60839
		中级技能	69243	56133	42841	57244
		初级技能	55480	46746	38212	46747

续表

序号	职位名称	技能等级	高位数	中位数	低位数	平均数
24	汽车维修工	高级技师	129870	88455	77002	98261
		技师	122010	85410	74140	92609
		高级技能	116936	80384	67776	88360
		中级技能	109951	74498	62776	80201
		初级技能	85830	69347	49051	69170
25	美容师	高级技师	137380	94944	75523	100355
		技师	107328	84527	63858	84097
		高级技能	102620	76074	58059	78293
		中级技能	85930	66161	51519	74188
		初级技能	82761	58045	40729	58922
26	美发师	高级技师	132193	101980	83768	98809
		技师	111571	96707	81357	97999
		高级技能	99280	84159	66657	85200
		中级技能	94036	80447	57140	69793
		初级技能	80982	60033	45752	64051
27	育婴员	高级技能	90320	75632	55677	73606
		中级技能	82185	68802	49141	67320
		初级技能	68533	49584	42827	56623
28	保育员	高级技能	54558	43282	34761	42243
		中级技能	51233	40057	31900	40145
		初级技能	45999	34918	29907	34648
29	有害生物防剂员	高级技能	100553	68440	49762	76587
		中级技能	89381	59824	41805	62639
		初级技能	78613	53832	34650	53647
30	保安员	技师	83415	60775	34821	60570
		高级技能	82845	52408	29924	53949
		中级技能	74412	49524	29628	47201
		初级技能	61274	39927	27833	45311
31	智能楼宇管理员	技师	90762	60266	57656	64793
		高级技能	77681	54635	50315	60398
		中级技能	73527	53159	47336	54387
32	劳动关系协调员	高级技师	88418	66467	42403	63262
		技师	81769	55182	37894	55310
		高级技能	68958	45020	35343	48377
33	企业人力咨询管理师	高级技师	135977	99267	87801	104259
		技师	131126	92801	75493	92862
		高级技能	113974	87663	74642	86969
		中级技能	99897	84547	66734	77062

续表

序号	职位名称	技能等级	高位数	中位数	低位数	平均数
34	中央空调系统运行操作员	中级技能	71675	46669	28016	44653
		初级技能	54128	40539	24958	39823
35	中式烹调师	高级技师	101260	70500	46543	75112
		技师	100649	65940	41329	66502
		高级技能	92602	59775	40377	62586
		中级技能	88599	56971	38909	60369
		初级技能	73213	54000	35750	54104
36	中式面点师	高级技师	95025	68519	62191	67269
		技师	90352	65338	60528	65655
		高级技能	73893	51107	48299	57466
		中级技能	72675	48563	45384	55998
		初级技能	61255	46020	36025	47942
37	西式烹调师	高级技师	106914	84132	68690	84006
		技师	94957	76334	52347	72457
		高级技能	82980	62087	49528	65792
		中级技能	80815	58329	45988	62626
		初级技能	67320	52467	41641	57273
38	西式面点师	高级技师	92929	79231	50267	75731
		技师	91898	62359	49779	62363
		高级技能	88569	56490	38214	58951
		中级技能	82854	46948	36236	51455
		初级技能	78929	45269	33755	48695
39	茶艺师	高级技师	106598	92916	75196	93575
		技师	99082	85197	68082	86292
		高级技能	88619	80191	65091	82290
		中级技能	85019	75262	61291	76875
		初级技能	68199	62097	55839	63990

2019年温州市人力资源市场工资指导价位

分工种工资指导价位

单位：元/人、年

序号	工种	高位数	中位数	低位数	平均数
1	企业董事	343894	120000	55143	146393
2	党委书记	363296	134578	58944	164481
3	企业经理	371810	137006	56402	165486
4	工会主席	261584	103737	50325	126581
5	其他职能部门经理或主管	250858	99861	50396	110184
6	生产经营部门经理	242679	98924	47983	118805
7	财务部门经理	206878	86450	43586	97284
8	行政部门经理	206089	88620	44548	96486
9	人事部门经理	207143	89980	43549	99189
10	销售和营销部门经理	221558	86714	40336	106427
11	广告和公关部门经理	120230	71482	39378	78134
12	采购部门经理	124304	66300	40466	79735
13	研究和开发部门经理	176584	82459	41459	102176
14	办公室主任	173663	84000	42209	101997
15	物资管理部门经理	168375	87294	44831	94768
16	计算机服务部门经理	240229	87040	47884	110403
17	建筑工程项目经理	169152	66560	34658	92209
18	进出口业务部经理	182295	77800	41802	95332
19	保安部经理	131529	67433	38699	73801
20	地质勘探工程技术人员	148728	81750	54442	89010
21	测绘工程技术人员	137625	66030	43685	70782

续表

序号	工种	高位数	中位数	低位数	平均数
22	矿山工程技术人员	92310	50000	50000	74990
23	冶金工程技术人员	75392	46950	43794	68834
24	化工工程技术人员	103126	59503	43369	76481
25	医药工程技术人员	94491	57600	41704	61381
26	机械工程技术人员	125562	65600	42740	69567
27	机械设计工程技术人员	110566	64900	45385	69521
28	机械制造工程技术人员	84814	56000	38335	61582
29	仪器仪表工程技术人员	77607	48344	34765	53428
30	设备工程技术人员	105933	60646	43162	61634
31	电子工程技术人员	85698	50039	39851	57097
32	电子材料工程技术人员	91451	41448	35286	53380
33	电子元器件工程技术人员	86988	60800	50454	61738
34	通信工程技术人员	145596	77133	47573	88538
35	计算机与应用工程技术人员	182955	81534	57183	99876
36	计算机硬件技术人员	127197	68760	46446	82077
37	计算机软件技术人员	144901	77184	41597	86699
38	计算机网络技术人员	108178	56740	34978	62199
39	计算机系统分析技术人员	110000	74627	43941	84873
40	电气工程技术人员	125674	64752	42065	73558
41	电力工程技术人员	120888	70171	37038	70567
42	交通工程技术人员	101332	66258	44811	68129
43	汽车运用工程技术人员	102229	61488	40738	69554
44	建筑工程技术人员	126588	57700	35533	67412
45	建材工程技术人员	125143	58800	36114	65050
46	水利工程技术人员	105889	96000	60493	90196
47	纺织工程技术人员	76241	47671	35100	48212
48	食品工程技术人员	77437	47574	39721	47392
49	环境保护工程技术人员	88698	53571	45036	52532
50	安全工程技术人员	109098	50400	37378	61153

序号	工种	高位数	中位数	低位数	平均数
51	标准化、计量、质量工程技术人员	98262	57263	40509	58143
52	其他工程技术人员	113822	59737	41491	63501
53	飞机和船舶技术人员	143474	85637	61578	88062
54	西医医师	145251	71014	40477	74866
55	公共卫生医师	144347	75820	61150	113892
56	药剂人员	83681	49600	31588	46981
57	医疗技术人员	125170	58054	37471	68636
58	护理人员	97321	52100	34537	54558
59	其他卫生专业技术人员	84846	49120	37611	50518
60	经济计划人员	87996	57400	35218	57964
61	统计人员	89766	48000	33657	55064
62	会计人员	123843	58010	38316	68050
63	出纳	100707	51400	36514	54650
64	审计人员	154619	85270	47263	91082
65	国际商务人员	141589	54100	33489	72863
66	报关员	69736	49378	33944	50477
67	房地产开发业务人员	135180	97834	60630	100455
68	其他经济业务人员	111258	51900	34399	62109
69	银行外汇管理员	204758	109776	91923	123025
70	银行清算员	167509	117349	64646	121476
71	银行信贷员	196202	134739	71300	133490
72	银行国外业务员	155254	104631	84743	109909
73	银行信托业务员	183087	124215	92076	129091
74	银行信用卡业务员	134226	79000	41050	85569
75	银行储蓄员	160743	108807	64526	113464
76	其他银行业务人员	205521	117446	66280	127451
77	保险推销员	157150	78123	34063	80910
78	保险理赔人员	101751	62224	44470	65194
79	其他保险业务人员	167039	87914	40216	95216

续表

序号	工种	高位数	中位数	低位数	平均数
80	其他证券业务人员	108078	67685	45500	73209
81	产品开发设计人员	110177	54000	37512	57910
82	律师	148814	80000	52057	86004
83	鞋样设计人员	98985	53413	35816	56943
84	服装设计人员	96517	50402	36954	55695
85	室内装饰设计人员	89018	55700	39255	59411
86	广告设计人员	78441	52234	34177	51057
87	记者	118943	69268	56286	69536
88	文字编辑	90204	47863	36740	46957
89	美术编辑	91737	53656	41960	53518
90	英语翻译	72400	50400	40000	49933
91	图书资料与档案业务人员	134602	65000	37790	60114
92	行政业务办公人员	139588	64920	35816	69410
93	行政执法人员	101859	62356	45423	64129
94	其他行政业务人员	107903	54000	36689	60614
95	办公室文员	54464	48200	34194	45453
96	人力资源专业人员	135283	62500	37426	65188
97	总务	99514	51535	34253	57056
98	秘书	110357	53758	35793	61414
99	公关员	77000	62133	49795	62309
100	收发员	73555	42400	30731	41001
101	打字员	46706	40320	31304	40052
102	计算机操作员	71391	44900	34165	47041
103	制图员	74581	51200	34736	53052
104	其他行政事务人员	97465	59756	33518	58840
105	生产管理人员	132213	62237	37187	70412
106	施工管理人员	105297	62554	32833	59372
107	其他行政办公人员	120934	58870	37464	62891
108	保安员	54323	38420	33068	40697

续表

序号	工种	高位数	中位数	低位数	平均数
109	违禁品检查员	104474	71927	48879	73760
110	金融守押员	86522	62776	49628	65743
111	其他治安保卫人员	120194	48000	31462	56285
112	消防人员	85402	50900	33237	53743
113	邮政、快递服务人员	128537	88274	59560	88416
114	报刊业务员	133640	88030	62954	93844
115	话务员	94990	56693	34515	59266
116	其他办事人员和有关人员	96184	50540	33795	55344
117	营业员	61452	48394	36121	42607
118	收银员	48154	42612	33387	41855
119	其他营业人员	72536	39271	27884	42043
120	营销员	102907	49500	30900	59815
121	推销员	92604	54887	30142	54879
122	出版物发行员	90990	67019	45982	65090
123	其他推销、展销人员	94679	40560	35954	46762
124	采购员	71163	51330	34297	52691
125	其他采购人员	68021	46200	33464	45620
126	租赁业务员	73929	56637	46674	56260
127	废旧物资回收利用人员	69800	60000	48500	61000
128	医药商品购销员	66241	45728	30841	46694
129	保管员	86877	42632	32158	46265
130	理货员	52601	42317	33741	44562
131	其他保管人员	69608	43684	27695	49176
132	仓库管理员	62452	50000	33934	52995
133	商品储运员	71591	44747	31149	46246
134	商品护运员	52849	35000	26000	28934
135	医药商品储运员	60793	45934	33500	45075
136	其他储运人员	80677	50249	34945	48734
137	导游	67810	36368	30598	37611

续表

序号	工种	高位数	中位数	低位数	平均数
138	园林植物保护工	57144	38284	29900	37052
139	康乐服务员	52000	46000	31800	46600
140	其他健身和娱乐场所服务人员	47600	32600	27600	30600
141	汽车客运服务员	68573	47955	38275	49893
142	汽车运输调度员	88109	57104	39152	59733
143	公路收费及监控员	53025	42730	36656	44847
144	其他公路道路运输服务人员	68574	44545	36010	46144
145	旅客列车乘务员	68234	57201	50407	59450
146	车站客运服务员	58400	48074	41031	47466
147	行包运输服务员	56840	46000	42600	45040
148	航空运输地面服务员	119869	78847	47569	79034
149	船舶业务员	121034	116611	101522	112922
150	其他水上运输服务人员	99766	75900	47751	75214
151	物业管理员	50735	44300	32913	43350
152	供水生产工	71276	44100	35030	45058
153	生活燃料供应工	88983	69761	52937	73131
154	锅炉操作工	79031	65000	37085	65773
155	眼镜定配工	45000	41800	36900	41133
156	家用电子产品维修工	56662	42662	42662	42662
157	其他日用机电产品维修人员	66098	41213	31910	42266
158	办公设备维修工	73383	51200	30905	50804
159	其他办公设备维修人员	65328	41160	29449	45673
160	垃圾清运工	43880	36552	30787	38007
161	保洁员	51812	36110	31120	35543
162	其他环境卫生人员	50115	38160	33400	40701
163	其他商业、服务业人员	54716	37905	31396	39694
164	花卉园艺工	55864	42600	27600	42224
165	重有色金属冶炼人员	48853	42744	39900	42515
166	金属轧制工	53725	44700	39019	46292

续表

序号	工种	高位数	中位数	低位数	平均数
167	其他金属冶炼、轧制工	71534	45891	42092	64933
168	化工产品生产人员	56634	35500	30309	33422
169	车工	84521	66121	48165	62135
170	铣工	72451	62111	54213	60121
171	磨工	72142	60124	48124	58412
172	镗工	81203	53900	33232	55351
173	钻床工	56457	46306	33272	50539
174	加工中心操作工	74883	51158	36652	52848
175	抛磨光工	66001	49844	32163	50180
176	拉床工	55200	42700	29534	43602
177	锯床工	63707	52540	39400	51490
178	摇臂钻工	67891	53600	41852	61433
179	仪表车工	55941	48375	30973	49705
180	铸造工	62885	46700	30369	46918
181	锻造工	61792	39353	34470	46738
182	冲压工	55072	42000	28417	48127
183	剪切工	53775	43670	30149	43157
184	焊工	72321	66072	48124	68101
185	金属热处理工	59905	42440	34557	44090
186	注塑工	66248	48151	43383	47642
187	电切削工	59218	49050	32620	48562
188	线切割工	71859	53700	35354	59162
189	冷作钣金加工人员	69032	59324	37383	59681
190	镀层工	61204	44616	35852	41599
191	涂装工	60369	41394	32539	39828
192	电焊条制造工	74016	40993	34903	45701
193	基础件装配工	48594	35400	31287	36498
194	部件装配工	55029	39800	28127	39598
195	装配钳工	77122	52400	35165	52680

续表

序号	工种	高位数	中位数	低位数	平均数
196	模具工	80344	55810	36560	58554
197	工具钳工	78429	53500	45400	55333
198	动力设备装配人员	74190	57025	43600	62663
199	电气元件及设备装配工	57808	44600	30922	46010
200	电子专用设备装配调试人员	54519	47691	34863	46175
201	仪器仪表装配人员	52612	37492	29409	37825
202	运输车辆装配工	47269	38200	30507	38745
203	剃须刀装搭工	62044	59900	58000	59908
204	眼镜装搭工	49000	39292	34859	38197
205	打火机装搭工	51950	45600	39550	48181
206	五金制品制作装配人员	44000	39600	33503	39136
207	机修钳工	72498	59911	33927	60137
208	汽车修理工	88848	63472	34691	67194
209	仪器仪表修理工	49737	38400	25836	37579
210	电力电缆安装工	97705	71979	43203	77724
211	电力工程内线安装工	82258	41603	31200	46253
212	发电运行值班人员	98906	58600	35482	61804
213	送电.配电线路工	118376	80426	67725	89827
214	变电站值班员	99916	86133	63808	83920
215	电力设备检修人员	122377	84643	47326	84792
216	电气试验员	101373	59832	35856	63385
217	继电保护员	125911	85698	54170	89958
218	电气检修工	106884	81800	45475	81435
219	抄表核算收费员	80786	71554	61641	71230
220	装表接电工	99600	72000	43100	72433
221	常用电机检修工	72750	45616	30168	45293
222	维修电工	72996	61024	52014	59101
223	电子器件制造人员	62472	50000	34000	48824
224	电子元件制造人员	52891	38400	32150	38547

续表

序号	工种	高位数	中位数	低位数	平均数
225	橡胶制品生产人员	55075	48000	35299	50157
226	塑料制品加工人员	65440	38830	32670	43310
227	针织人员	47950	34996	30366	35655
228	印染人员	54500	38740	30969	36058
229	裁剪工	69273	42000	31973	44789
230	缝纫工	68190	43434	26195	42883
231	裁缝工	59456	37807	30908	42192
232	服装整烫工	48426	33500	29296	34180
233	制鞋工	59380	43900	31113	41373
234	皮鞋成型工	55685	39460	29211	40724
235	鞋包工	59969	42120	31180	42322
236	鞋底组合工	52951	41250	26728	39157
237	鞋跟喷漆工	68000	41820	28906	40843
238	撬摸工	55960	42100	37370	59435
239	车包工	71695	41120	31880	42312
240	复抓工	75678	34000	30265	52339
241	复底工	57144	40700	28787	41776
242	皮鞋制帮工	63976	40960	28835	47089
243	皮鞋划裁工	67365	41820	28302	46491
244	鞋楦定型工	60458	41800	27580	42485
245	皮革加工工	58503	36099	24700	37853
246	毛皮加工工	59997	39468	37951	56139
247	冷食品制作工	75233	62706	46739	63251
248	酿酒人员	67833	54646	47532	51214
249	屠宰加工人员	87815	57055	48370	64863
250	药品生产人员	57796	48813	37717	48372
251	手工木工	57654	45600	35000	48510
252	机械木工	62648	43960	35003	45067
253	制浆人员	66000	39669	38723	41698

续表

序号	工种	高位数	中位数	低位数	平均数
254	纸制品制作人员	51200	39200	32736	38274
255	水泥制品工	67800	49600	37600	49600
256	印刷操作人员	83428	51021	36937	54827
257	印后制作人员	57661	42202	29405	42883
258	圆珠笔制作工	60221	43354	35388	43123
259	铅笔制造工	51187	42928	33835	41595
260	制笔装搭工	48228	38300	33740	37012
261	砌筑人员	54507	42000	35857	43826
262	混凝土工	61233	46600	35392	46663
263	钢筋工	76836	46900	33273	46214
264	架子工	55022	43700	36200	45356
265	装饰、装修、油漆工	68419	50900	31780	50578
266	机械电气工程设备安装工	61071	46062	35241	44944
267	电工	121936	61204	45958	65871
268	预决算员	79219	45900	35110	52354
269	汽车驾驶员	65883	57664	37224	56811
270	公共汽车驾驶员	84817	64663	57142	63608
271	长途客运驾驶员	70012	55553	44325	56431
272	货运车驾驶员	84840	63100	51078	62415
273	小车驾驶员	81245	61402	48135	60145
274	机车乘务员	58508	46530	33010	46542
275	船舶水手	99983	67517	48521	67035
276	起重装卸机械操作及有关人员	111163	61109	35666	62795
277	检验人员	56121	46445	37296	46008
278	计量人员	67650	41682	35249	43809
279	包装人员	45400	43000	41010	41100
280	简单体力劳动人员	55213	40950	30440	40602
281	普工	60124	54210	42042	48740

部分技术工人职业（工种）分等级工资指导价位

单位：元/人、年

序号	职位名称	技术等级	高位数	中位数	低位数	平均数
1	焊工	初级技能	66505	51070	34589	53896
		中级技能	81928	57934	40645	57390
		高级技能	86642	62800	42813	63147
		技师	89135	64347	45698	64477
		高级技师	90639	65770	46295	65756
2	电工	初级技能	60392	43200	33508	48368
		中级技能	75667	57600	37696	55895
		高级技能	101629	66050	45279	66293
		技师	107044	67934	45647	67607
		高级技师	114078	75677	47850	72360
3	制冷空调系统安装维修工	初级技能	62843	52710	33889	51379
		中级技能	67397	55553	37376	54833
		高级技能	71013	56293	38223	55926
4	防水工	初级技能	45098	40622	36950	41061
		中级技能	52258	47494	42799	47150
		高级技能	55880	50212	46575	50011
		技师	63713	60446	54909	59984
5	砌筑工	初级技能	50746	43000	37736	42986
		中级技能	59907	51795	50143	51583
		高级技能	62563	58870	56717	58691
6	混凝土工	初级技能	57594	46562	37511	45585
		中级技能	59966	57102	52618	56432
		高级技能	67982	57894	54107	57957
7	钢筋工	初级技能	55113	39484	35899	41823
		中级技能	61251	57287	44218	55575
		高级技能	62013	58311	45357	57300
		技师	68000	68000	55889	65000
8	架子工	初级技能	49859	43671	35600	44500
		中级技能	57788	48000	41400	48600
		高级技能	58456	57721	49664	55866
9	锅炉操作工	初级技能	68815	47850	32765	49542
		中级技能	89996	73622	56477	72965
		高级技能	97116	78890	57608	78781
		技师	99629	81734	58481	81778

续表

序号	职位名称	技术等级	高位数	中位数	低位数	平均数
10	机床装调维修工	中级技能	63800	53449	41305	53680
		高级技能	70889	64076	44307	64103
		技师	81292	68992	48490	68715
		高级技师	84761	74585	54084	74783
11	铸造工	初级技能	56529	45183	39400	41800
		中级技能	60400	55780	44007	54600
		高级技能	70475	63808	46265	61415
		技师	73364	67127	48238	67221
		高级技师	75220	69358	49331	69941
12	锻造工	初级技能	52273	47611	37065	46878
		中级技能	64546	54013	43506	55106
		高级技能	65343	56038	45209	57270
		技师	65953	56779	45769	58455
		高级技师	66647	57545	45579	58561
13	金属热处理工	初级工	58107	43000	37385	45613
		中级技能	62234	48010	38933	49583
		高级技能	65536	61894	58672	61596
		技师	66012	63152	60910	63134
		高级技师	69052	65278	63326	65184
14	车工	初级技能	64790	46620	32635	43088
		中级技能	65180	53782	37228	53266
		高级技能	76371	55718	40654	56792
		技师	77284	59523	45683	58457
		高级技师	84178	61928	47029	63221
15	铣工	初级技能	56930	50000	35475	48641
		中级技能	58258	52833	40040	53598
		高级技能	67994	54385	41951	55914
		技师	78107	55001	43124	56013
		高级技师	81973	56000	46335	58035
16	钳工	初级技能	63094	48901	39635	49459
		中级技能	73278	52796	46287	53250
		高级技能	83384	62439	49663	61300
		技师	88842	80172	58799	80857
		高级技师	90095	81351	60193	81929

续表

序号	职位名称	技术等级	高位数	中位数	低位数	平均数
17	磨工	初级技能	62730	48000	37854	49216
		中级技能	64870	51964	42411	51766
		高级技能	75468	54743	43133	54512
		技师	77353	56856	46063	55671
		高级技师	78700	58610	48479	58754
18	电切削工	初级技能	60218	52293	38820	52210
		中级技能	68864	53850	44672	53000
		高级技能	70008	54981	46817	53979
19	手工木工	初级技能	57654	48086	35000	48455
		中级技能	58428	52352	42780	52659
		高级技能	59512	55174	44910	55311
		技师	65619	58839	46949	58765
20	眼镜定配工	初级技能	45000	39742	35884	39933
		中级技能	53381	45334	36940	45078
		高级技能	59269	50830	39763	49915
		技师	64256	52700	43894	51971
21	汽车维修工	初级技能	71420	57286	44522	58430
		中级技能	88020	67314	57785	68578
		高级技能	92572	74473	61561	76054
		技师	101646	77446	63113	78918
		高级技师	107402	78875	64574	79468
22	保安员	初级技能	49228	41088	27552	41875
		中级技能	56127	43353	30193	42508
		高级技能	59840	44173	31223	43957
		技师	62851	45758	33146	45528
23	中式烹调师	初级技能	63622	45829	35016	46146
		中级技能	69382	47884	36799	47607
		高级技能	72260	49204	39050	52717
		技师	82960	55200	42924	56180
		高级技师	89300	60000	43957	60378
24	中式面点师	初级技能	55109	42903	33057	43199
		中级技能	62915	43534	38815	43378
		高级技能	68475	49752	40278	49528
		技师	75087	55049	43722	56419
		高级技师	80077	60486	44884	61013

续表

序号	职位名称	技术等级	高位数	中位数	低位数	平均数
25	西式烹调师	初级技能	57930	46068	36336	46284
		中级技能	65774	48621	40940	49290
		高级技能	69717	50991	43409	51100
		技师	74940	58637	44637	57336
		高级技师	83540	67493	59612	67149
26	西式面点师	初级技能	59122	42139	35201	42711
		中级技能	66217	45921	37161	45859
		高级技能	70363	50761	39649	51418
		技师	72779	56962	41706	57347
		高级技师	74577	63462	41994	64043

2019年湖州市人力资源市场工资指导价位

部分职业（工种）人力资源市场工资指导价位表

单位：元（人民币）

序号	工种	高位数		中位数		低位数	
		年薪	月薪	年薪	月薪	年薪	月薪
第一大类：单位负责人							
1	企业董事	1304011	108668	129000	10750	50333	4194
2	企业经理(厂长)	702764	58564	90624	7552	54625	4552
3	生产或经营经理	442667	36889	98380	8198	48487	4041
4	财务经理	482647	40221	86500	7208	43549	3629
5	行政经理	383333	31944	90201	7517	44400	3700
6	人事经理	266667	22222	86490	7208	36733	3061
7	销售和营销经理	557500	46458	96000	8000	35712	2976
8	广告和公关经理	320000	26667	90000	7500	54000	4500
9	采购经理	443667	36972	84000	7000	37352	3113
10	研究和开发经理	565000	47083	122800	10233	37340	3112
11	餐厅经理	230000	19167	68500	5708	40800	3400
12	客房经理	210000	17500	75750	6313	43800	3650
13	工程项目经理	362879	30240	110000	9167	39384	3282
14	物业经理	156000	13000	78800	6567	36000	3000
第二大类：专业技术人员							
15	测绘工程技术人员	130000	10833	70000	5833	43600	3633
16	冶金工程技术人员	166000	13833	89932	7494	52864	4405
17	化学研究人员	210000	17500	80000	6667	50000	4167
18	化工工程技术人员	180000	15000	68300	5692	48000	4000
19	化工实验工程技术人员	120000	10000	70000	5833	48000	4000

续表

序号	工种	高位数		中位数		低位数	
		年薪	月薪	年薪	月薪	年薪	月薪
20	化工设计工程技术人员	96000	8000	48000	4000	41000	3417
21	化工生产工程技术人员	175500	14625	132150	11013	50000	4167
22	生物科学研究人员	136000	11333	69800	5817	51600	4300
23	医药工程技术人员	147800	12317	88000	7333	45000	3750
24	食品工程技术人员	147890	12324	79800	6650	44365	3697
25	机械工程技术人员	177200	14767	70000	5833	51800	4317
26	机械设计工程技术人员	360000	30000	88000	7333	46200	3850
27	机械制造工程技术人员	176464	14705	80000	6667	46000	3833
28	仪器仪表工程技术人员	89810	7484	72653	6054	58612	4884
29	模具工程师	138671	11556	70000	5833	51000	4250
30	设备工程技术人员	165350	13779	69000	5750	39682	3307
31	其他机械工程技术人员	139000	11583	75000	6250	45170	3764
32	金属材料工程技术人员	130000	10833	81694	6808	53000	4417
33	电子工程技术人员	210000	17500	90000	7500	80000	6667
34	电子材料工程技术人员	120000	10000	73000	6083	39000	3250
35	电子元器件工程技术人员	131600	10967	58762	4897	39653	3304
36	电子仪器与测量工程技术人员	129353	10779	61512	5126	43950	3663
37	其他电子工程技术人员	120000	10000	61782	5149	41253	3438
38	通信工程技术人员	120000	10000	66820	5568	46200	3850
39	计算机与应用工程技术人员	170225	14185	84635	7053	50400	4200
40	计算机硬件技术人员	480000	40000	60000	5000	34000	2833
41	计算机软件技术人员	160000	13333	82450	6871	49228	4102
42	计算机网络技术人员	144000	12000	70000	5833	37600	3133
43	计算机系统分析技术人员	134420	11202	81450	6788	53147	4429
44	其他计算机与应用工程技术人员	84000	7000	66000	5500	50000	4167
45	电气工程技术人员	234679	19557	84000	7000	51984	4332
46	电机与电器工程技术人员	100000	8333	60000	5000	38825	3235
47	电力工程技术人员	120000	10000	50538	4212	42462	3539
48	交通工程技术人员	127920	10660	78572	6548	42317	3526
49	汽车运用工程技术人员	180000	15000	76000	6333	43560	3630

序号	工种	高位数		中位数		低位数	
		年薪	月薪	年薪	月薪	年薪	月薪
50	船舶运用工程技术人员	73188	6099	63274	5273	52804	4400
51	其他交通工程技术人员	75176	6265	52740	4395	34561	2880
52	建筑工程技术人员	329245	27437	133590	11133	62539	5212
53	建筑工程监理人员	120000	10000	78000	6500	41000	3417
54	建筑工程预决算员	185000	15417	86380	7198	60000	5000
55	建材工程技术人员	180000	15000	90000	7500	72000	6000
56	建筑工程设计员	130000	10833	80000	6667	56000	4667
57	纺织工程技术人员	166000	13833	91000	7583	42650	3554
58	生产组织与管理工程技术人员	180048	15004	66284	5524	44179	3682
59	安全工程技术人员	156000	13000	74800	6233	48000	4000
60	标准化、计量、质量工程技术人员	136500	11375	69996	5833	42000	3500
61	质量管理与可靠性控制工程技术人员	210611	17551	78740	6562	48400	4033
62	农业技术人员	60431	5036	45000	3750	36743	3062
63	风景园林工程技术人员	63247	5271	48120	4010	41672	3473
64	园林绿化工程技术人员	79630	6636	46325	3860	40400	3367
65	环境监测工程技术人员	78000	6500	55350	4613	36768	3064
66	环境保护工程技术人员	118818	9902	76071	6339	36120	3010
67	平面设计师	120000	10000	63609	5301	41500	3458
68	室内装饰设计人员	96000	8000	58400	4867	48000	4000
69	服装设计人员	200000	16667	88000	7333	45000	3750
70	广告设计人员	128000	10667	68000	5667	54320	4527
71	经济计划人员	136014	11335	88065	7339	60000	5000
72	统计人员	82826	6902	44473	3706	29150	2429
73	会计人员	239138	19928	54000	4500	36680	3057
74	出纳	131679	10973	47000	3917	30425	2535
75	审计人员	200000	16667	77000	6417	42000	3500
76	国际商务人员	100000	8333	64000	5333	46000	3833
77	文字编辑	65000	5417	55000	4583	45000	3750
78	美术编辑	84653	7054	65200	5433	45200	3767
79	翻译	102000	8500	78200	6517	48000	4000

续表

序号	工种	高位数		中位数		低位数	
		年薪	月薪	年薪	月薪	年薪	月薪
80	图书资料与档案业务人员	73300	6108	50400	4200	42000	3500
第三大类：办事员和有关人员							
81	秘书	81400	6783	55000	4583	42000	3500
82	公关员	89760	7480	51023	4252	38503	3209
83	收发员	68000	5667	40000	3333	28580	2382
84	打字员	50100	4175	38491	3208	36400	3033
85	计算机操作员	65000	5417	50000	4167	36000	3000
86	制图员	120000	10000	60000	5000	32448	2704
87	保安员	84365	7030	45100	3758	32590	2716
88	话务员	71000	5917	39950	3329	25000	2083
89	行政事务人员	285122	23760	53020	4418	28157	2346
第四大类：商业和服务业人员							
90	报关员	145531	12128	63300	5275	36888	3074
91	外贸人员	202028	16836	67000	5583	33000	2750
92	房地产开发业务人员	286093	23841	109882	9157	39200	3267
93	房地产销售人员	79550	6629	48000	4000	35712	2976
94	营业员	127308	10609	43750	3646	27100	2258
95	收银员	75000	6250	37956	3163	29580	2465
96	推销员	430158	35847	86000	7167	33464	2789
97	采购员	126333	10528	48708	4059	30267	2522
98	收购员	162420	13535	55000	4583	39712	3309
99	商场导购员	73000	6083	46600	3883	39000	3250
100	租赁业务员	89753	7479	58000	4833	28634	2386
101	废旧物资回收利用人员	125630	10469	66000	5500	36784	3065
102	医药商品购销员	103074	8590	84322	7027	34725	2894
103	保管员	68000	5667	39200	3267	33600	2800
104	理货员	71328	5944	38000	3167	28800	2400
105	商品养护员	61584	5132	48711	4059	39500	3292
106	冷藏工	67184	5599	38568	3214	32106	2675
107	商品储运员	62584	5215	48176	4015	37851	3154
108	商品护运员	59721	4977	46469	3872	40675	3390

续表

序号	工种	高位数		中位数		低位数	
		年薪	月薪	年薪	月薪	年薪	月薪
109	医药商品储运员	71184	5932	59324	4944	41288	3441
110	中式烹调师	95000	7917	52800	4400	34560	2880
111	中式面点师	88800	7400	45600	3800	31810	2651
112	西式烹调师	120000	10000	64200	5350	46200	3850
113	西式面点师	86000	7167	63560	5297	43200	3600
114	营养配餐员	64182	5349	36900	3075	24561	2047
115	餐厅服务员	69100	5758	40000	3333	30000	2500
116	餐具清洗保管员	45000	3750	33905	2825	28000	2333
117	前厅服务员	67920	5660	43200	3600	27360	2280
118	客房服务员	62400	5200	40800	3400	30000	2500
119	锅炉操作工	61000	5083	44000	3667	27600	2300
120	康乐服务员	56400	4700	45600	3800	32000	2667
121	导游	108000	9000	51368	4281	43600	3633
122	盆景工	136000	11333	66000	5500	36000	3000
123	园林植物保护工	71225	5935	45580	3798	27850	2321
124	汽车客运服务员	87200	7267	68806	5734	37343	3112
125	汽车运输调度员	72400	6033	51600	4300	41800	3483
126	车站客运服务员	80000	6667	61000	5083	35343	2945
127	行包运输服务员	86850	7238	60000	5000	40000	3333
128	车站货运员	76700	6392	59580	4965	39620	3302
129	信息咨询工	80000	6667	46500	3875	35000	2917
130	染色师	88000	7333	63786	5316	49160	4097
131	家用电子产品维修工	136800	11400	75200	6267	46300	3858
132	家用电器产品维修工	99324	8277	38550	3212	31510	2626
133	日用机电产品维修人员	125000	10417	69000	5750	48000	4000
134	办公设备维修工	100000	8333	57000	4750	33480	2790
135	物业管理工	72000	6000	45500	3792	30000	2500
136	垃圾清运工	60000	5000	35000	2917	26400	2200
137	污水处理工	86000	7167	45300	3775	33638	2803
138	物业管理人员	245000	20417	60000	5000	29400	2450
139	家政服务员	63600	5300	33600	2800	27600	2300

续表

序号	工种	高位数		中位数		低位数	
		年薪	月薪	年薪	月薪	年薪	月薪
140	洗衣师	41457	3455	31836	2653	26947	2246
141	保洁员	73780	6148	41780	3482	22800	1900
142	饭店服务人员	55000	4583	38500	3208	33600	2800
143	餐厅服务员、厨工	69368	5781	42000	3500	24407	2034
144	饭店、旅游及健身娱乐场所服务人员	50000	4167	43000	3583	36000	3000
145	保健按摩师	52000	4333	42000	3500	33360	2780
146	仓储人员	95127	7927	45600	3800	28217	2351
147	储运人员	120000	10000	48000	4000	31200	2600
148	购销人员	127380	10615	49184	4099	35000	2917
149	水上运输服务人员	60000	5000	35000	2917	31000	2583
150	运输服务人员	72000	6000	62500	5208	45000	3750
151	水上运输设备操作及有关人员	100905	8409	78247	6521	68000	5667
152	公交司机	114189	9516	50000	4167	30000	2500
153	物流从业员	90000	7500	60000	5000	47500	3958
154	物流师	127702	10642	66000	5500	50000	4167
155	快递员	85000	7083	54000	4500	45000	3750
156	保险理赔员	152100	12675	86382	7198	55628	4636
157	摄影师	48888	4074	32801	2733	30000	2500
	**第五大类：农、林、牧、渔、水利业生产人员**						
158	花卉园艺工	49600	4133	48800	4067	33600	2800
159	竹藤麻棕草制品加工工	44600	3717	39151	3263	31200	2600
160	家畜饲养工	47845	3987	38000	3167	24561	2047
161	水产捕捞及有关人员	44755	3730	34417	2868	30000	2500
162	水产品加工人员	59357	4946	43869	3656	32696	2725
163	家畜繁殖工	58301	4858	46545	3879	42450	3538
164	家禽饲养工	43452	3621	34769	2897	29000	2417
165	家禽繁殖工	58666	4889	51600	4300	44711	3726
	**第六大类：生产、运输设备操作及有关人员**						
166	炼铁人员	60000	5000	50000	4167	43240	3603
167	炼钢人员	108000	9000	73932	6161	48000	4000

续表

序号	工种	高位数		中位数		低位数	
		年薪	月薪	年薪	月薪	年薪	月薪
168	重有色金属冶炼人员	112000	9333	52870	4406	40000	3333
169	半导体材料制备人员	80000	6667	51000	4250	40000	3333
170	金属轧制人员	96197	8016	65136	5428	37978	3165
171	铸铁管人员	55280	4607	47560	3963	40000	3333
172	化工产品生产工	80000	6667	50000	4167	21600	1800
173	车工	120000	10000	58179	4848	36330	3028
174	铣工	89000	7417	58000	4833	38304	3192
175	刨插工	82000	6833	66000	5500	46000	3833
176	磨工	94151	7846	56687	4724	35500	2958
177	镗工	70000	5833	50000	4167	35000	2917
178	钻床工	84000	7000	52366	4364	36000	3000
179	加工中心操作工	120000	10000	42950	3579	32036	2670
180	制齿工	96000	8000	61230	5103	51863	4322
181	抛磨光工	107000	8917	48500	4042	33600	2800
182	拉床工	84000	7000	63500	5292	50000	4167
183	锯床工	96000	8000	58000	4833	40000	3333
184	铸造工	93000	7750	50000	4167	34000	2833
185	锻造工	95000	7917	59400	4950	37200	3100
186	冲压工	80000	6667	52000	4333	30000	2500
187	剪切工	135000	11250	55000	4583	35000	2917
188	焊工	133571	11131	67776	5648	34915	2910
189	金属热处理工	152748	12729	79203	6600	35801	2983
190	铆工	66432	5536	40000	3333	30000	2500
191	探伤工	85000	7083	67800	5650	63575	5298
192	电切削工	93600	7800	51800	4317	35712	2976
193	冷作钣金加工工	75000	6250	49000	4083	26592	2216
194	镀层工	85000	7083	49600	4133	40000	3333
195	涂装工	93000	7750	55750	4646	38080	3173
196	数控机床工	134979	11248	66432	5536	32370	2698
197	电焊条制造工	85120	7093	53000	4417	48000	4000

续表

序号	工种	高位数		中位数		低位数	
		年薪	月薪	年薪	月薪	年薪	月薪
198	基础件装配工	77000	6417	45418	3785	39467	3289
199	部件装配工	240843	20070	50895	4241	31970	2664
200	装配钳工	85061	7088	54000	4500	33034	2753
201	工具钳工	82300	6858	50382	4199	41200	3433
202	动力设备装配工	173136	14428	87009	7251	41000	3417
203	电气元件及设备装配工	50000	4167	41500	3458	31000	2583
204	电子专用设备装配调试工	87200	7267	76300	6358	57000	4750
205	仪器仪表装配工	65400	5450	49000	4083	38000	3167
206	运输车辆装配工	72890	6074	65800	5483	38900	3242
207	机修钳工	92082	7674	51372	4281	32367	2697
208	汽车修理工	120000	10000	76000	6333	42000	3500
209	仪器仪表修理工	91500	7625	58750	4896	42000	3500
210	锅炉设备安装工	87500	7292	68000	5667	53000	4417
211	电力工程内线安装工	72110	6009	58555	4880	45000	3750
212	专业电力设备检修工	68000	5667	56782	4732	48700	4058
213	常用电机检修工	86000	7167	55780	4648	47680	3973
214	维修电工	405000	33750	48000	4000	28790	2399
215	电子器件制造工	88585	7382	50000	4167	30000	2500
216	电子元件制造工	90000	7500	52500	4375	40000	3333
217	电池制造工	113798	9483	44703	3725	23857	1988
218	电子计算机维修工	65000	5417	44200	3683	33600	2800
219	橡胶制品生产工	49540	4128	43100	3592	34391	2866
220	塑料制品加工工	60000	5000	43200	3600	34000	2833
221	纤维预处理人员	65184	5432	48236	4020	40000	3333
222	纺纱人员	84000	7000	40000	3333	35802	2984
223	织造人员	72333	6028	38790	3233	30250	2521
224	针织人员	75000	6250	50000	4167	35016	2918
225	印染人员	87000	7250	42500	3542	35000	2917
226	裁剪工	70000	5833	50000	4167	34576	2881
227	缝纫工	78003	6500	49000	4083	35000	2917

续表

序号	工种	高位数		中位数		低位数	
		年薪	月薪	年薪	月薪	年薪	月薪
228	裁缝	64000	5333	54500	4542	45000	3750
229	制鞋工	100944	8412	78977	6581	34065	2839
230	制帽工	40000	3333	32409	2701	28186	2349
231	皮革加工工	50000	4167	32592	2716	30154	2513
232	毛皮加工工	62000	5167	51000	4250	40000	3333
233	冷食品制作工	53000	4417	38000	3167	30000	2500
234	食品罐头加工工	70659	5888	52069	4339	23388	1949
235	饮料制作工	46633	3886	38000	3167	34378	2865
236	酿酒工	89198	7433	58509	4876	30780	2565
237	酱油酱类制作工	78000	6500	56000	4667	48000	4000
238	糕点、面包烘焙工	59200	4933	46100	3842	38000	3167
239	豆制品制作工	65600	5467	51200	4267	36400	3033
240	屠宰加工工	45000	3750	38100	3175	31200	2600
241	饲料生产加工工	76526	6377	46020	3835	36000	3000
242	药品生产制造工	79600	6633	57500	4792	49200	4100
243	制材工	113869	9489	50000	4167	36360	3030
244	纤维板工	117774	9815	72915	6076	55000	4583
245	手工木工	80000	6667	64000	5333	40000	3333
246	机械木工	76300	6358	61940	5162	40000	3333
247	精细木工	78406	6534	68000	5667	65000	5417
248	制浆工	75000	6250	45000	3750	32500	2708
249	纸制品制作工	74648	6221	51557	4296	33600	2800
250	水泥生产制造工	75000	6250	51500	4292	33600	2800
251	水泥制品工	46000	3833	33000	2750	29000	2417
252	玻璃陶瓷搪瓷生产工	87816	7318	61325	5110	43621	3635
253	印前处理工	74004	6167	52554	4380	34712	2893
254	印刷操作工	91402	7617	55000	4583	36576	3048
255	印后制作工	109000	9083	60000	5000	41000	3417
256	土石方施工人员	86000	7167	48000	4000	41600	3467
257	砌筑工	100008	8334	65000	5417	45000	3750

续表

序号	工种	高位数		中位数		低位数	
		年薪	月薪	年薪	月薪	年薪	月薪
258	混凝土工	99996	8333	69250	5771	54396	4533
259	钢筋工	118600	9883	86000	7167	58000	4833
260	架子工	117000	9750	66000	5500	60000	5000
261	防水工	83000	6917	59000	4917	39000	3250
262	装饰、装修、油漆工	124000	10333	56967	4747	36050	3004
263	机械电气工程设备安装工、管工	120000	10000	68063	5672	38448	3204
264	电工	144167	12014	60254	5021	32867	2739
265	木工	83796	6983	52900	4408	25580	2132
266	汽车驾驶员	123333	10278	54150	4513	36883	3074
267	起重装卸机械驾驶员	73506	6126	48303	4025	38328	3194
268	铲车驾驶员	85000	7083	48717	4060	38710	3226
269	检验员	91833	7653	44443	3704	29466	2456
270	计量员	107380	8948	43947	3662	30767	2564
271	包装工	76111	6343	45750	3813	27513	2293
272	简单体力劳动工	116594	9716	58607	4884	32895	2741
第七类：电子商务业人员							
273	网店客服	60000	5000	42000	3500	36660	3055
274	售后服务人员	105000	8750	54600	4550	28080	2340
275	仓配服务人员	61200	5100	42300	3525	35800	2983
276	店铺运营人员	50000	4167	39000	3250	29872	2489
277	店铺策划人员	65400	5450	55936	4661	49382	4115
278	新媒体运营人员	102000	8500	52600	4383	36660	3055
279	市场推广人员	370000	30833	69000	5750	38000	3167
280	店铺推广人员	70584	5882	39645	3304	31000	2583
281	ERP/CRM管理专员	234000	19500	120000	10000	48000	4000
282	渠道管理人员	200000	16667	80000	6667	78000	6500
283	.net开发工程师	91800	7650	57300	4775	36900	3075
284	美工	86000	7167	50000	4167	38600	3217
285	视觉设计	60000	5000	44400	3700	31200	2600
286	平面设计	66000	5500	51800	4317	36210	3018

续表

序号	工种	高位数		中位数		低位数	
		年薪	月薪	年薪	月薪	年薪	月薪
287	店铺主管	103900	8658	54000	4500	48000	4000
288	项目经理	150000	12500	81000	6750	45000	3750
第八大类：养老服务业人员							
289	养老护理员	90000	7500	47500	3958	24000	2000
第九大类：4+3+N产业人员							
291	结构工程师	480000	40000	126000	10500	68000	5667
292	工艺工程师	128000	10667	72000	6000	52000	4333
293	IPQC技术人员	68000	5667	48500	4042	32600	2717
294	招聘专员	60000	5000	46000	3833	39200	3267
295	漆包工	62000	5167	43000	3583	37100	3092
296	拉丝工	67808	5651	46500	3875	35800	2983
297	叉车工	84320	7027	59604	4967	49944	4162
298	研发工程师	198000	16500	108000	9000	52000	4333
299	电池片制造工	86008	7167	63000	5250	48008	4001
300	光伏组件制造工	74508	6209	53208	4434	44000	3667

部分技术工人职业（工种）分等级工资指导价位表

单位：元（人民币）

序号	工种	等级	高位数		中位数		低位数	
			年薪	月薪	年薪	月薪	年薪	月薪
1	焊工	高级技师	133571	11131	112484	9374	66127	5511
		技师	100000	8333	80272	6689	63800	5317
		高级技能	85000	7083	63200	5267	48000	4000
		中级技能	70000	5833	63888	5324	39465	3289
		初级技能	66000	5500	56127	4677	34915	2910
2	电工	高级技师	144167	12014	118000	9833	106867	8906
		技师	120000	10000	110005	9167	100008	8334
		高级技能	110004	9167	95004	7917	73200	6100
		中级技能	98000	8167	77500	6458	60000	5000
		初级技能	75000	6250	41500	3458	32867	2739

续表

序号	工种	等级	高位数		中位数		低位数	
			年薪	月薪	年薪	月薪	年薪	月薪
3	制冷空调系统安装维修工	高级技能	89352	7446	74892	6241	62496	5208
		中级技能	72276	6023	58104	4842	45576	3798
		初级技能	52560	4380	45192	3766	39060	3255
4	防水工	技师	81372	6781	72732	6061	65040	5420
		高级技能	75960	6330	66240	5520	62280	5190
		中级技能	65100	5425	53688	4474	47016	3918
		初级技能	54252	4521	48048	4004	43932	3661
5	砌筑工	技师	101148	8429	91560	7630	72180	6015
		高级技能	97356	8113	85836	7153	68004	5667
		中级技能	90000	7500	78444	6537	63000	5250
		初级技能	79800	6650	70008	5834	51600	4300
6	混凝土工	高级技能	91320	7610	85008	7084	68004	5667
		中级技能	87312	7276	80196	6683	75000	6250
		初级技能	65004	5417	60504	5042	50808	4234
7	钢筋工	技师	118596	9883	101052	8421	83076	6923
		高级技能	100008	8334	91344	7612	78408	6534
		中级技能	83004	6917	77172	6431	68004	5667
		初级技能	65004	5417	60504	5042	57996	4833
8	架子工	高级技能	117000	9750	86004	7167	76008	6334
		中级技能	100008	8334	78840	6570	61008	5084
		初级技能	65004	5417	60000	5000	55008	4584
9	锅炉操作工	技师	90120	7510	67008	5584	56100	4675
		高级技能	82008	6834	54000	4500	47376	3948
		中级技能	60000	5000	48000	4000	42000	3500
		初级技能	51312	4276	45000	3750	40200	3350
10	机床装调维修工	高级技师	100380	8365	82152	6846	43008	3584
		技师	84600	7050	55500	4625	40008	3334
		高级技能	77220	6435	51504	4292	37008	3084
		中级技能	66000	5500	48000	4000	35004	2917

续表

序号	工种	等级	高位数		中位数		低位数	
			年薪	月薪	年薪	月薪	年薪	月薪
11	铸造工	高级技师	93000	7750	64800	5400	50400	4200
		技师	80004	6667	62400	5200	37188	3099
		高级技能	62400	5200	43884	3657	37188	3099
		中级技能	62400	5200	40380	3365	33996	2833
		初级技能	57600	4800	37188	3099	33996	2833
12	锻造工	高级技师	95004	7917	58008	4834	46008	3834
		技师	82140	6845	53004	4417	45000	3750
		高级技能	80568	6714	48504	4042	37200	3100
		中级技能	48000	4000	41004	3417	37200	3100
		初级技能	42000	3500	37008	3084	37200	3100
13	金属热处理工	高级技师	152748	12729	109380	9115	55584	4632
		技师	122400	10200	92760	7730	49968	4164
		高级技能	110520	9210	83604	6967	48000	4000
		中级技能	82500	6875	56508	4709	45888	3824
		初级技能	78420	6535	45888	3824	35796	2983
14	车工	高级技师	120000	10000	89100	7425	74004	6167
		技师	92004	7667	74112	6176	68568	5714
		高级技能	80004	6667	74820	6235	58248	4854
		中级技能	74808	6234	60000	5000	43500	3625
		初级技能	72000	6000	43500	3625	36336	3028
15	铣工	高级技师	89004	7417	70824	5902	58848	4904
		技师	81480	6790	65184	5432	54168	4514
		高级技能	75000	6250	60000	5000	52008	4334
		中级技能	72000	6000	57504	4792	45000	3750
		初级技能	60000	5000	45000	3750	38304	3192
16	钳工	高级技师	85056	7088	68568	5714	50532	4211
		技师	69192	5766	59340	4945	46176	3848
		高级技能	68568	5714	59340	4945	35940	2995
		中级技能	60000	5000	50532	4211	35004	2917
		初级技能	50772	4231	45552	3796	33036	2753

续表

序号	工种	等级	高位数		中位数		低位数	
			年薪	月薪	年薪	月薪	年薪	月薪
17	磨工	高级技师	94152	7846	68220	5685	55608	4634
		技师	72108	6009	59400	4950	46800	3900
		高级技能	62616	5218	52980	4415	40896	3408
		中级技能	60000	5000	45528	3794	39096	3258
		初级技能	50004	4167	45912	3826	35496	2958
18	电切削工	高级技师	93600	7800	72000	6000	54000	4500
		技师	72600	6050	54000	4500	50208	4184
		高级技能	71304	5942	51408	4284	46404	3867
		中级技能	54960	4580	44508	3709	43608	3634
		初级技能	52272	4356	36000	3000	35712	2976
19	制冷工	技师	83040	6920	65460	5455	49152	4096
		高级技能	72000	6000	54552	4546	49596	4133
		中级技能	64800	5400	49596	4133	44640	3720
		初级技能	54552	4546	44556	3713	42240	3520
20	手工木工	技师	84000	7000	72000	6000	63600	5300
		高级技能	81600	6800	63600	5300	52800	4400
		中级技能	74400	6200	57600	4800	48000	4000
		初级技能	64800	5400	48000	4000	39600	3300
21	评茶员	高级技师	126000	10500	100008	8334	80004	6667
		技师	96000	8000	80004	6667	64008	5334
		高级技能	88008	7334	70008	5834	50004	4167
		中级技能	68004	5667	56004	4667	40008	3334
		初级技能	64008	5334	46020	3835	36000	3000
22	眼镜验光员	高级技师	80004	6667	76008	6334	73008	6084
		技师	70008	5834	61008	5084	50004	4167
		高级技能	62004	5167	55008	4584	45000	3750
		中级技能	51000	4250	45000	3750	38004	3167
		初级技能	42000	3500	40008	3334	33600	2800

续表

序号	工种	等级	高位数		中位数		低位数	
			年薪	月薪	年薪	月薪	年薪	月薪
23	眼镜定配工	技师	73980	6165	52152	4346	49980	4165
		高级技能	64320	5360	48000	4000	42408	3534
		中级技能	52800	4400	36000	3000	32004	2667
		初级技能	41160	3430	33144	2762	30660	2555
24	汽车修理工	高级技师	162000	13500	77160	6430	61500	5125
		技师	118560	9880	70080	5840	55008	4584
		高级技能	93000	7750	68112	5676	48000	4000
		中级技能	77256	6438	65004	5417	46704	3892
		初级技能	65604	5467	60000	5000	42000	3500
25	美发师	高级技师	126000	10500	102000	8500	78000	6500
		技师	108000	9000	84000	7000	72000	6000
		高级技能	96000	8000	72000	6000	48000	4000
		中级技能	72000	6000	50400	4200	44400	3700
		初级技能	55200	4600	43200	3600	42000	3500
26	美容师	高级技师	180000	15000	144000	12000	96000	8000
		技师	144000	12000	108000	9000	72000	6000
		高级技能	96000	8000	72000	6000	60000	5000
		中级技能	72000	6000	42000	3500	48000	4000
		初级技能	60000	5000	48000	4000	43200	3600
27	育婴员	高级技师	141636	11803	116004	9667	97200	8100
		技师	130368	10864	109008	9084	90504	7542
		高级技能	120000	10000	100008	8334	78000	6500
		中级技能	90000	7500	81828	6819	74388	6199
		初级技能	75000	6250	68184	5682	61992	5166
28	保育员	高级技师	54840	4570	40992	3416	37320	3110
		技师	52272	4356	42000	3500	34200	2850
		高级技能	43608	3634	39000	3250	34200	2850
		中级技能	43008	3584	39000	3250	31200	2600
		初级技能	38400	3200	32400	2700	31080	2590

续表

序号	工种	等级	高位数		中位数		低位数	
			年薪	月薪	年薪	月薪	年薪	月薪
29	有害生物防制员	高级技能	96000	8000	85008	7084	66000	5500
		中级技能	79008	6584	55008	4584	42480	3540
		初级技能	54000	4500	42000	3500	32400	2700
30	保安员	技师	70008	5834	67008	5584	45000	3750
		高级技能	51120	4260	45000	3750	40008	3334
		中级技能	48000	4000	40008	3334	38004	3167
		初级技能	42480	3540	35004	2917	30000	2500
31	智能楼宇管理员	高级技师	85008	7084	75000	6250	50004	4167
		技师	73404	6117	60540	5045	48000	4000
		高级技能	68004	5667	55008	4584	45000	3750
		中级技能	62604	5217	50628	4219	41424	3452
		初级技能	52164	4347	42192	3516	34524	2877
32	劳动关系协调员	高级技师	119400	9950	74808	6234	44004	3667
		技师	93744	7812	68004	5667	40008	3334
		高级技能	81600	6800	52260	4355	39720	3310
		中级技能	66000	5500	47400	3950	36000	3000
		初级技能	54600	4550	46020	3835	34320	2860
33	企业人力资源管理师	高级技师	144420	12035	68004	5667	60000	5000
		技师	105600	8800	65004	5417	42000	3500
		高级技能	94008	7834	62760	5230	40008	3334
		中级技能	78000	6500	52080	4340	38400	3200
		初级技能	66000	5500	44400	3700	38400	3200
34	中央空调系统运行操作员	高级技师	82200	6850	63000	5250	51360	4280
		技师	66000	5500	59508	4959	43008	3584
		高级技能	63000	5250	51000	4250	36564	3047
		中级技能	57000	4750	42804	3567	36000	3000
		初级技能	51000	4250	41196	3433	30000	2500

序号	工种	等级	高位数		中位数		低位数	
			年薪	月薪	年薪	月薪	年薪	月薪
35	中式烹调师	高级技师	118080	9840	84216	7018	58800	4900
		技师	86436	7203	76152	6346	52200	4350
		高级技能	77004	6417	62520	5210	47508	3959
		中级技能	67200	5600	54360	4530	44004	3667
		初级技能	66624	5552	44412	3701	38400	3200
36	中式面点师	高级技师	90804	7567	66000	5500	56760	4730
		技师	80712	6726	57120	4760	43920	3660
		高级技能	64500	5375	51000	4250	40800	3400
		中级技能	57504	4792	46104	3842	39120	3260
		初级技能	52008	4334	40800	3400	36000	3000
37	西式烹调师	高级技师	90516	7543	69348	5779	57636	4803
		技师	73800	6150	60804	5067	54000	4500
		高级技能	64200	5350	57636	4803	49800	4150
		中级技能	59508	4959	45000	3750	42000	3500
		初级技能	55728	4644	40560	3380	35760	2980
38	西式面点师	高级技师	93204	7767	70176	5848	53460	4455
		技师	71160	5930	61572	5131	46560	3880
		高级技能	65616	5468	57636	4803	41124	3427
		中级技能	55464	4622	49812	4151	38892	3241
		初级技能	52008	4334	46800	3900	35904	2992
39	茶艺师	高级技师	102240	8520	63000	5250	52500	4375
		技师	94200	7850	58404	4867	44400	3700
		高级技能	77100	6425	52500	4375	42000	3500
		中级技能	64800	5400	43200	3600	39600	3300
		初级技能	52500	4375	38400	3200	38004	3167

2019年嘉兴市人力资源市场工资指导价位

管理职能类职业（工种）工资指导价位

单位：元/年（人民币）

序号	职位名称	高位数	中位数	低位数
1	企业总经理	589443	183099	60000
2	生产经营部门经理	276864	121158	59778
3	财务部门经理	183367	110400	58400
4	行政部门经理	191538	113000	53363
5	人事部门经理	200317	95642	59122
6	销售和营销部门经理	191222	111066	56828
7	广告和公关部门经理	177523	89051	45614
8	采购部门经理	174850	96360	49560
9	计算机服务部门经理	260047	123932	54925
10	研究和开发部门经理	251161	142275	70512
11	餐厅部门经理	142495	89809	51417
12	客房部门经理	155772	96926	52951
13	其他职能部门经理	171217	100718	55500
14	其他企业中高级管理人员	161235	96822	53507
15	行政办事员	130407	63859	48939
16	机要员	96531	61680	41568
17	秘书	132668	76149	62980
18	公关员	95417	73687	45045
19	收发员	65576	50402	32680
20	打字员	63523	48506	37086
21	制图员	168351	92002	54206
22	后勤管理员	94959	54000	32627
23	其他办事人员	102535	68857	32061
24	保卫管理员	69714	51486	34952
25	消防员	84309	62078	46082
26	消防安全管理员	87376	68992	45242
27	消防监督检查员	73533	48769	28586

序号	职位名称	高位数	中位数	低位数
28	其他安全和消防人员	85926	55992	35971
29	其他办事人员和有关人员	101190	60754	38760

专业技术类职业（工种）工资指导价位

单位：元/年（人民币）

序号	职位名称	高位数	中位数	低位数
1	化工实验工程技术人员	111163	71604	45862
2	化工设计工程技术人员	116018	71520	51619
3	化工生产工程技术人员	119831	69429	49124
4	机械设计工程技术人员	155837	83603	60848
5	机械制造工程技术人员	116705	81292	57438
6	仪器仪表工程技术人员	186860	89804	63673
7	设备工程技术人员	189719	102375	68187
8	模具设计工程技术人员	140154	78171	47593
9	自动控制工程技术人员	135528	88104	65759
10	材料成形与改性工程技术人员	210310	90010	44363
11	焊接工程技术人员	87042	66126	48542
12	特种设备管理和应用工程技术人员	79837	66292	39515
13	汽车工程技术人员	160378	113600	53175
14	电子材料工程技术人员	123930	78750	47498
15	电子元器件工程技术人员	136618	69852	50958
16	电子仪器与电子测量工程技术人员	147290	91805	42541
17	通信工程技术人员	165621	91867	59333
18	计算机硬件工程技术人员	136087	70933	49253
19	计算机软件工程技术人员	145486	76835	51650
20	计算机网络工程技术人员	128153	73101	58927
21	IT工程师	131937	74101	61089
22	信息系统分析工程技术人员	156528	115880	58023
23	嵌入式系统设计工程技术人员	141983	93944	71257
24	信息系统运行维护工程技术人员	213159	105045	53277
25	电工电器工程技术人员	163376	82187	55220
26	发电工程技术人员	120630	92218	55205
27	供用电工程技术人员	105390	73326	30597
28	变电工程技术人员	122841	86296	49949
29	电力工程安装工程技术人员	114171	72955	54597
30	广播电视传输覆盖工程技术人员	169078	105564	69622

续表

序号	职位名称	高位数	中位数	低位数
31	建筑和市政设计工程技术人员	142505	66974	51130
32	土木建筑工程技术人员	123668	60132	47439
33	风景园林工程技术人员	147130	51400	43289
34	工程勘察与岩土工程技术人员	114328	52213	43079
35	道路与桥梁工程技术人员	115319	63591	57500
36	水利水电建筑工程技术人员	100135	58000	48050
37	硅酸盐工程技术人员	110050	69084	43138
38	非金属矿及制品工程技术人员	82503	63404	46282
39	无机非金属材料工程技术人员	119992	86604	64106
40	水利工程管理工程技术人员	103304	60278	52279
41	纺织工程技术人员	89199	68198	50318
42	染整工程技术人员	109050	67726	45736
43	化学纤维工程技术人员	93586	74400	60308
44	服装工程技术人员	142122	80470	60177
45	食品工程技术人员	106101	76601	53573
46	环境监测工程技术人员	96384	72894	60420
47	核与辐射安全工程技术人员	161699	124270	72370
48	健康安全环境工程技术人员	161180	135662	69469
49	安全防范设计评估工程技术人员	156156	111619	60434
50	消防工程技术人员	143378	99248	64572
51	安全生产管理工程技术人员	138142	68810	38805
52	安全评价工程技术人员	163775	124503	79929
53	标准化工程技术人员	105566	75804	58146
54	计量工程技术人员	92320	65215	44416
55	质量管理工程技术人员	102729	76347	54326
56	质量认证认可工程技术人员	162812	85241	48554
57	可靠性工程技术人员	139116	77972	48039
58	工业工程技术人员	163381	76362	45742
59	物流工程技术人员	220779	134309	74634
60	战略规划与管理工程技术人员	210732	149895	143310
61	项目管理工程技术人员	114373	95310	72567
62	监理工程技术人员	109119	62520	40560
63	产品质量检验工程技术人员	95844	64109	40646
64	特种设备检验检测工程技术人员	93089	83602	67068
65	制药工程技术人员	74001	49443	38069
66	产品设计工程技术人员	118688	83648	45095
67	工业设计工程技术人员	95331	73769	56334
68	皮革化学工程技术人员	90622	75745	54330

序号	职位名称	高位数	中位数	低位数
69	塑料加工工程技术人员	94038	77073	43880
70	农业技术指导人员	116640	87760	43000
71	园艺技术人员	112217	86070	58876
72	兽医	122640	94380	67480
73	内科医师	225083	99612	42000
74	外科医师	274429	117781	45000
75	儿科医师	266004	108963	47493
76	妇产科医师	277008	152339	57470
77	口腔科医师	186306	118398	42345
78	急诊科医师	195152	80268	42000
79	康复科医师	174758	87370	42000
80	麻醉科医师	200812	100084	39993
81	放射科医师	213691	122857	76069
82	超声科医师	200715	99710	41848
83	重症医学科医师	300559	147453	57120
84	中医内科医师	281015	121434	57325
85	药师	104087	59084	34070
86	中药师	88975	54722	36720
87	影像技师	109883	55599	36000
88	临床检验技师	125697	76243	36000
89	康复技师	107141	48000	36000
90	内科护士	149472	92302	36000
91	儿科护士	162855	96882	36000
92	急诊护士	147007	88863	36000
93	外科护士	136945	82753	36000
94	妇产科护士	145807	93731	48000
95	养老护理人员	118749	78819	56773
96	其他卫生专业技术人员	90841	73732	40794
97	经济规划专业人员	193289	111965	76358
98	合作经济专业人员	231035	114421	71236
99	价格专业人员	234024	115439	72823
100	统计专业人员	97460	77393	49424
101	会计专业人员	137267	86891	48997
102	审计专业人员	172957	104408	48722
103	税务专业人员	160002	75329	38387
104	国际商务专业人员	164247	69600	46215
105	市场营销专业人员	202390	88592	51793
106	商务策划专业人员	94794	55523	39824

续表

序号	职位名称	高位数	中位数	低位数
107	报关专业人员	101651	62547	41154
108	人力资源管理专业人员	142886	78000	46623
109	人力资源服务专业人员	109491	57600	37607
110	银行外汇市场业务专业人员	235675	167366	125103
111	银行清算专业人员	205845	147809	110473
112	信贷审核专业人员	239425	182724	133467
113	其他经济和金融专业人员	122154	88057	66557
114	法律顾问	178154	120901	70279
115	社会工作专业人员	137793	122090	71566
116	服装设计人员	303850	178409	74840
117	文字记者	198537	93812	62056
118	翻译	151785	93762	81312
119	档案专业人员	74847	65858	29328
120	其他专业技术人员	114255	68107	46139

职业技能类职业（工种）工资指导价位

单位：元/年（人民币）

序号	职位名称	高位数	中位数	低位数
1	采购员	105988	67524	53363
2	营销员	130007	71340	48753
3	电子商务师	88430	59409	43554
4	商品营业员	56835	45041	33023
5	收银员	56139	43046	32992
6	其他批发与零售服务人员	121138	50898	31666
7	道路客运汽车驾驶员	97847	82165	48626
8	道路货运汽车驾驶员	94840	81516	54492
9	道路客运服务员	71568	58047	47283
10	道路货运业务员	106265	84099	40935
11	道路运输调度员	90600	71625	46568
12	机动车驾驶教练员	55545	50397	28918
13	油气电站操作员	74250	67727	57009
14	客运船舶驾驶员	84577	59145	41364
15	装卸搬运工	80255	56674	39028
16	仓储管理员	69440	54925	38523
17	理货员	74031	56196	43566
18	物流服务师	91859	48365	39750

续表

序号	职位名称	高位数	中位数	低位数
19	物流员	85758	47365	36750
20	邮件分拣员	83312	58483	51189
21	快递员	122021	87964	60180
22	快件处理员	68099	48094	36000
23	其他交通运输、仓储和邮政业服务人员	85237	68086	52802
24	前厅服务员	57400	43046	37142
25	客房服务员	61932	45040	31245
26	旅店服务员	47472	40060	24000
27	中式烹调师	85363	57248	36000
28	中式面点师	85167	48748	37759
29	西式烹调师	81634	55061	40407
30	西式面点师	86744	58509	42900
31	餐厅服务员	56106	45410	34735
32	其他住宿和餐饮服务人员	53368	44116	35373
33	信息通信营业员	96288	73129	57400
34	信息通信业务员	123387	90800	54090
35	信息通信网络线务员	109257	86094	55482
36	有线广播电视机线员	83836	74846	58415
37	网络与信息安全管理员	121173	90657	50518
38	计算机程序设计员	95725	81982	42139
39	其他信息传输、软件和信息技术服务人员	95168	57429	37700
40	银行综合柜员	198345	131835	90075
41	银行信贷员	211880	120401	98958
42	银行客户业务员	263045	182499	120815
43	保险代理人	125410	86219	54322
44	其他金融服务人员	162970	99086	63364
45	物业管理员	64302	40816	36276
46	其他房地产服务人员	56187	43748	35081
47	租赁业务员	187616	89650	37980
48	客户服务管理员	90804	55770	33696
49	导游	79524	57984	49412
50	旅游咨询员	55266	52666	46283
51	公共游览场所服务员	61738	39708	36948
52	保安员	53339	32140	28320
53	消防设施操作员	75909	55426	39720
54	市场管理员	68675	50045	36909
55	其他租赁和商务服务人员	58193	47498	35816
56	纤维检验员	69705	49963	40478

续表

序号	职位名称	高位数	中位数	低位数
57	机动车检测工	70856	65437	59657
58	其他技术辅助服务人员	92865	66456	42946
59	污水处理工	93041	60918	38905
60	保洁员	48352	35976	31506
61	生活垃圾清运工	60463	42707	37030
62	生活垃圾处理工	60947	52665	41554
63	园林绿化工	54879	49764	40900
64	保育员	43600	32676	28320
65	养老护理员	68528	46134	37399
66	社工	52220	39112	30499
67	裁缝	68098	57450	41281
68	洗衣师	46894	39350	33800
69	其他居民服务人员	34200	25944	21960
70	燃气燃煤供应服务员	80881	62558	44499
71	汽车维修工	126983	76971	42931
72	办公设备维修工	92682	73580	50391
73	其他修理及制作服务人员	92469	58663	46697
74	社会体育指导员	55103	34360	32820
75	体育场馆管理员	103206	68793	28800
76	康乐服务员	52992	40390	33113
77	其他文化、体育和娱乐服务人员	71773	47922	35279
78	其他社会生产和生活服务人员	72731	47638	32934
79	中药材种植员	66000	40215	30400
80	家禽繁殖员	60983	52460	47376
81	家禽饲养员	54047	41979	35708
82	其他畜牧业生产人员	44367	40512	31227
83	动物检疫检验员	66549	52288	49291
84	其他农林牧渔业生产辅助人员	70745	39884	32681
85	其他农、林、牧、渔业生产加工人员	81569	56935	39272
86	制米工	39968	39290	33808
87	饲料加工工	67731	59614	50551
88	畜禽副产品加工工	51000	41500	36000
89	肉制品加工工	51673	44239	36000
90	蛋类制品加工工	42000	36500	30500
91	果蔬坚果加工工	43900	32250	29710
92	其他农副产品加工人员	64149	52871	47135
93	糕点面包烘焙工	54102	35120	31539
94	糖果巧克力制造工	68919	52455	44375

续表

序号	职位名称	高位数	中位数	低位数
95	罐头食品加工工	57798	42000	32589
96	酶制剂制造工	59763	56864	50367
97	啤酒酿造工	72392	56352	40570
98	饮料制作工	48295	38129	34775
99	其他食品、饮料生产加工人员	63301	47396	33777
100	开清棉工	62669	52454	48666
101	丝麻毛纤维预处理工	56400	47448	43397
102	纺织纤维梳理工	83690	69332	54348
103	并条工	82529	71705	51928
104	粗纱工	79107	70788	52712
105	纺纱工	76688	57457	43764
106	缫丝工	64230	50231	42698
107	整经工	65882	51346	42428
108	浆纱浆染工	79706	55726	41213
109	织布工	72946	63406	47894
110	纬编工	73183	60448	56664
111	经编工	65063	60101	47763
112	横机工	69118	62160	38897
113	非织造布制造工	77730	58601	35265
114	印染前处理工	67871	53291	39087
115	纺织染色工	82986	66334	43533
116	印花工	103495	73383	55165
117	印染后整理工	69300	54949	38147
118	印染染化料配制工	81724	69480	45999
119	工艺染织品制作工	83374	72736	57807
120	其他纺织、针织、印染人员	77767	54339	37778
121	服装制版师	86642	65168	48760
122	裁剪工	74000	56368	41786
123	缝纫工	75800	54720	43104
124	缝纫品整型工	72636	50014	38564
125	服装水洗工	61204	51500	46659
126	绒线编织拼布工	52186	47597	42762
127	皮革及皮革制品加工工	71193	54192	34103
128	毛皮及毛皮制品加工工	65655	54913	49671
129	制鞋工	73971	50702	35717
130	其他纺织品、服装和皮革、毛皮制品加工制作人员	73782	51534	33510
131	制材工	59734	52288	46105
132	浸渍纸层压板工	74112	68113	60109

续表

序号	职位名称	高位数	中位数	低位数
133	手工木工	76600	48948	37768
134	机械木工	83455	63840	47004
135	木地板制造工	57568	50932	42000
136	家具制作工	83586	58736	48451
137	其他木材加工、家具与木制品制作人员	77200	65223	52444
138	制浆工	75619	57285	44400
139	造纸工	72826	58884	46020
140	纸箱纸盒制作工	64980	47716	37429
141	其他纸及纸制品生产加工人员	80152	62811	46408
142	印刷操作员	106631	76003	52726
143	印后制作员	68071	55186	37167
144	健身器材制作工	69837	44446	36040
145	玩具制作工	59638	53548	42418
146	其他文教、工美、体育和娱乐用品制造人员	47395	45252	43077
147	油品储运工	121560	73954	53602
148	水煤浆制备工	61935	59128	52740
149	化工单元操作工	67680	60115	49057
150	化工总控工	105316	88800	71985
151	硫酸生产工	120020	82216	74980
152	烧碱生产工	116259	82333	77951
153	有机合成工	106506	85678	76158
154	涂料生产工	93199	70178	55650
155	染料生产工	67734	56077	43505
156	合成树脂生产工	76468	54470	46891
157	合成橡胶生产工	92307	61702	51929
158	化工添加剂生产工	67822	53953	44608
159	油脂化工产品制造工	101088	84002	78403
160	其他化学原料和化学制品制造人员	87974	71051	52724
161	生化药品制造工	63762	57357	52012
162	化纤聚合工	88153	71514	48709
163	纺丝原液制造工	74153	45463	42609
164	纺丝工	83643	69789	50102
165	化纤后处理工	77213	58330	45751
166	其他化学纤维制造人员	87076	50805	38076
167	橡胶制品生产工	78822	61542	56007
168	塑料制品成型制作工	84612	61040	43757
169	其他橡胶和塑料制品制造人员	94186	71825	65938
170	水泥生产工	62818	47207	39478

续表

序号	职位名称	高位数	中位数	低位数
171	水泥混凝土制品工	77162	64688	50444
172	预拌混凝土生产工	73615	65973	53893
173	保温材料制造工	78632	66300	56300
174	玻璃配料熔化工	81811	67579	57123
175	玻璃及玻璃制品成型工	84000	65763	41606
176	玻璃加工工	83744	71771	61595
177	玻璃制品加工工	78242	60661	47656
178	电子玻璃制品加工工	82219	67410	53093
179	玻璃纤维及制品工	86628	69763	57930
180	云母制品工	75722	59254	45133
181	其他非金属矿物制品制造人员	70881	52481	45699
182	烧结成品工	64133	54162	45706
183	高炉原料工	65830	57267	50029
184	高炉炼铁工	58896	57648	57648
185	炼钢原料工	57025	54094	48983
186	炼钢工	108560	71429	53304
187	炼钢准备工	72084	62509	50527
188	金属轧制工	80815	56116	43289
189	金属材酸碱洗工	61860	57600	44764
190	金属材涂层机组操作工	63200	60000	55200
191	金属材丝拉拔工	87973	68700	53176
192	其他金属冶炼和压延加工人员	77484	62193	40209
193	车工	82614	63143	45373
194	铣工	87345	73991	47027
195	刨插工	71482	59378	51749
196	磨工	75605	67256	50330
197	镗工	82661	66453	50298
198	钻床工	78382	58935	44321
199	多工序数控机床操作调整工	94899	73470	52412
200	电切削工	93879	77444	64932
201	拉床工	73446	67605	48962
202	下料工	80457	59721	45010
203	铆工	110463	73077	54478
204	冲压工	81400	61500	46812
205	铸造工	89627	66468	47595
206	锻造工	83962	63427	44376
207	金属热处理工	90025	60699	49460
208	焊工	103022	70569	51970

续表

序号	职位名称	高位数	中位数	低位数
209	机械加工材料切割工	86762	65000	51304
210	镀层工	89277	66432	50714
211	镀膜工	87381	68145	50724
212	涂装工	94858	61452	51193
213	喷涂喷焊工	80383	60319	47655
214	模具工	111268	71414	49618
215	模型制作工	71262	61788	45465
216	磨具制造工	71376	63200	49074
217	工具钳工	80312	60801	44520
218	其他机械制造基础加工人员	98762	68938	45923
219	工具五金制作工	84082	71384	44296
220	建筑五金制品制作工	75585	56866	42000
221	锁具制作工	55090	41796	33563
222	金属炊具及器皿制作工	75588	64307	45839
223	日用五金制品制作工	71749	60436	36335
224	其他金属制品制造人员	100003	77421	44730
225	装配钳工	83904	55822	43981
226	轴承制造工	110695	77023	54646
227	紧固件制造工	116944	69203	54549
228	机床装调维修工	121077	73386	61759
229	焊接材料制造工	59526	57311	52213
230	泵装配调试工	58139	54912	45059
231	制冷空调设备装配工	72092	47889	37677
232	其他通用设备制造人员	67165	49071	36674
233	电子专用设备装调工	82752	63066	52661
234	医疗器械装配工	54402	50643	48162
235	医用材料产品生产工	58711	52717	50104
236	其他专用设备制造人员	135469	61452	50120
237	汽车生产线操作工	85152	63867	50614
238	汽车饰件制造工	108109	86865	71117
239	汽车零部件再制造工	81114	60875	50000
240	电机制造工	90746	67894	44918
241	变压器互感器制造工	63886	51788	41210
242	高低压电器及成套设备装配工	85133	60704	42950
243	光伏组件制造工	82117	67131	55784
244	电线电缆制造工	87409	70409	42736
245	电池制造工	71705	59630	46535
246	家用电冰箱制造工	61536	41936	32269

续表

序号	职位名称	高位数	中位数	低位数
247	小型家用电器制造工	66051	55253	46130
248	燃气具制造工	73211	64176	59115
249	灯具制造工	64386	53813	45050
250	其他电气机械和器材制造人员	74759	59957	42000
251	石英晶体元器件制造工	75678	60790	52074
252	电器接插件制造工	64886	31508	24627
253	晶片加工工	75990	37585	30810
254	半导体芯片制造工	64374	55952	50090
255	磁头制造工	66805	53960	41996
256	通信系统设备制造工	52434	47637	41375
257	其他计算机、通信和其他电子设备制造人员	83730	62583	41936
258	仪器仪表制造工	57755	40613	36099
259	其他废弃资源综合利用人员	59735	53324	33253
260	锅炉运行值班员	102568	84752	68463
261	燃料值班员	94034	73258	59994
262	汽轮机运行值班员	86353	74826	61066
263	发电集控值班员	94238	87207	64027
264	电气值班员	114194	77533	48100
265	锅炉操作工	84089	63423	43055
266	变配电运行值班员	135799	81812	45430
267	继电保护员	150743	95620	72922
268	工业废气治理工	94160	70551	55402
269	水生产处理工	108516	85986	68595
270	工业废水处理工	79423	58581	50540
271	其他电力、热力、气体、水生产和输配人员	90536	67368	50099
272	机械设备安装工	80545	62419	51943
273	装饰装修工	68353	46408	31600
274	其他建筑施工人员	64805	48111	27203
275	专用车辆驾驶员	91565	67818	50229
276	起重装卸机械操作工	105755	69577	50710
277	起重工	72435	63412	50852
278	输送机操作工	66984	62523	54422
279	挖掘铲运和桩工机械司机	89294	68742	46300
280	其他运输设备和通用工程机械操作人员及有关人员	95725	63209	49095
281	设备点检员	97713	65221	44270
282	机修钳工	78229	65356	50979
283	电工	114872	87510	60223

续表

序号	职位名称	高位数	中位数	低位数
284	仪器仪表维修工	93061	73206	51241
285	锅炉设备检修工	98174	77343	63113
286	变电设备检修工	105951	79319	48266
287	工程机械维修工	103276	83415	66385
288	化学检验员	91087	65572	45784
289	物理性能检验员	69740	62506	47213
290	生化检验员	102069	86377	55120
291	无损检测员	93110	67386	55841
292	质检员	83640	60375	45151
293	试验员	78920	57110	45750
294	称重计量工	76193	59074	42690
295	包装工	87781	71359	55521
296	安全员	106250	60455	39635
297	其他生产辅助人员	75722	53091	40630
298	其他生产制造及有关人员	85367	58870	39905

2019年绍兴市人力资源市场工资指导价位

管理职能类职业（工种）工资指导价位

单位：元/年（人民币）

序号	职位名称	低位数	较低位数	中位数	平均数	较高位数	高位数
1	企业董事	78553	118072	186608	269601	320012	708023
2	企业总经理	75191	109355	193912	245317	312180	563324
3	国有企业中国共产党组织负责人	66479	132415	161551	188233	257849	308086
4	生产经营部门经理	64305	83564	131556	139354	178929	309611
5	财务部门经理	61204	81340	117364	152933	169707	326951
6	行政部门经理	61812	81353	117302	144366	164192	258388
7	人事部门经理	58613	74050	107897	138023	165087	270890
8	销售和营销部门经理	54956	80409	132659	150852	196181	335246
9	广告和公关部门经理	57480	75905	110500	99682	126033	170750
10	采购部门经理	53032	68647	102870	110837	134231	190389
11	计算机服务部门经理	63308	101556	149690	163583	191875	270635
12	研究和开发部门经理	66685	105383	154000	199788	250960	378331
13	餐厅部门经理	57521	67745	86162	98675	121683	181580
14	客房部门经理	63154	71825	80410	90818	109822	134219
15	其他职能部门经理	56502	77714	120000	165382	189663	370034
16	其他企业中高级管理人员	54871	77606	105335	142452	176281	291424
17	行政办事员	42000	51553	69600	78600	95000	126018
18	机要员	47550	50510	62027	71046	87819	111111
19	秘书	39600	45450	56743	66191	74550	132354
20	公关员	40400	54200	70000	80011	120741	158000
21	收发员	35562	39600	48052	50795	53878	66484
22	打字员	32503	35383	38000	44154	49576	66258
23	制图员	42537	45217	57301	59745	74270	80000
24	后勤管理员	32051	40516	51833	59339	67173	87749
25	其他办事人员	40852	52054	66576	74975	92534	142070
26	保卫管理员	34007	38700	45600	50412	58320	62196
27	消防员	42994	51294	59800	59705	68596	74100

续表

序号	职位名称	低位数	较低位数	中位数	平均数	较高位数	高位数
28	消防安全管理员	39369	45513	54720	58489	60300	91813
29	其他安全和消防人员	35846	39740	51434	55552	67200	87965
30	其他办事人员和有关人员	37800	44754	56460	64026	73348	142334

专业技术类职业（工种）工资指导价位

单位：元/年（人民币）

序号	职位名称	低位数	较低位数	中位数	平均数	较高位数	高位数
1	医学研究人员	67760	71866	97805	86818	106542	133600
2	石油天然气储运工程技术人员	76793	80209	82328	92871	96150	117012
3	化工实验工程技术人员	60899	71948	86110	93291	110000	139549
4	化工设计工程技术人员	71037	75720	83646	94498	100979	116815
5	化工生产工程技术人员	58318	75596	91738	88281	100678	108928
6	机械设计工程技术人员	57234	64465	82690	93389	117822	166774
7	机械制造工程技术人员	49012	60603	75789	86489	101885	135713
8	仪器仪表工程技术人员	53961	56417	69943	72640	84471	121891
9	设备工程技术人员	57036	66160	86905	89078	113744	126040
10	模具设计工程技术人员	38172	42449	62600	68892	85763	107994
11	自动控制工程技术人员	26108	35978	46285	51804	60083	83587
12	电子材料工程技术人员	59747	71752	86849	87465	101066	123900
13	材料成形与改性工程技术人员	40855	61132	76594	87386	109870	176659
14	焊接工程技术人员	61951	76581	87699	85828	97648	101360
15	电子元器件工程技术人员	40751	47402	56396	63564	83121	147361
16	电子仪器与电子测量工程技术人员	43447	46178	57317	56682	64769	68129
17	通信工程技术人员	78499	93197	121441	125110	150076	178830
18	计算机硬件工程技术人员	41244	47134	67788	72788	94782	99237
19	计算机软件工程技术人员	58386	63361	73415	72649	79671	105108
20	计算机网络工程技术人员	55714	69904	86879	93309	107057	142293
21	信息系统运行维护工程技术人员	57370	71423	95676	126658	153299	232344
22	电工电器工程技术人员	46634	55530	73035	77534	89508	109789
23	电力工程安装工程技术人员	56449	80064	96785	97954	110669	124367
24	广播电视传输覆盖工程技术人员	76026	85873	93296	103512	114481	145015
25	建筑和市政设计工程技术人员	42000	57840	70326	77392	80403	122827
26	土木建筑工程技术人员	51268	59089	77953	77566	93364	154947
27	风景园林工程技术人员	52032	54960	70761	68128	75468	83760

续表

序号	职位名称	低位数	较低位数	中位数	平均数	较高位数	高位数
28	供水排水工程技术人员	69061	77212	85188	90603	106305	151294
29	道路与桥梁工程技术人员	44713	46819	50580	57791	65325	98626
30	水利水电建筑工程技术人员	42000	52650	80000	82318	83762	150000
31	非金属矿及制品工程技术人员	50878	53957	68389	77629	107705	147720
32	纺织工程技术人员	47409	53351	60482	63659	71897	84376
33	染整工程技术人员	45093	50000	53432	55086	58987	111616
34	服装工程技术人员	44890	51029	64605	61028	91116	119466
35	食品工程技术人员	51639	62022	96948	114719	138501	237046
36	环境污染防治工程技术人员	44000	60914	81500	78335	89553	107831
37	安全生产管理工程技术人员	61978	65555	80007	82156	100000	139176
38	标准化工程技术人员	48163	53249	65291	70583	74382	88658
39	计量工程技术人员	48683	59875	74276	79382	97803	114717
40	质量管理工程技术人员	49574	60490	70961	75449	85103	102002
41	质量认证认可工程技术人员	73495	81590	89333	91038	95744	110754
42	工业工程技术人员	57975	79283	88523	92822	97978	110603
43	项目管理工程技术人员	40025	50165	62689	71319	89884	127230
44	监理工程技术人员	37571	44435	51952	60306	73200	101091
45	工程造价工程技术人员	56275	64037	83779	83432	92183	123136
46	产品质量检验工程技术人员	36610	46196	60032	63897	76720	85230
47	制药工程技术人员	57773	58990	74782	65289	80370	85052
48	产品设计工程技术人员	48900	58434	65502	74468	113972	142234
49	塑料加工工程技术人员	53098	60843	69139	74518	83135	98245
50	植物保护技术人员	48539	52769	62500	62048	69312	78407
51	内科医师	79725	87113	110890	117348	139200	173016
52	药师	25708	29436	34590	38417	46352	61452
53	中药师	26039	30582	34418	42100	58874	91933
54	影像技师	43849	58918	69948	78654	98828	175325
55	临床检验技师	36660	41040	53379	60924	77116	145662
56	内科护士	56601	63154	71687	80807	84286	129222
57	外科护士	48196	57403	63408	71871	72880	90433
58	其他卫生专业技术人员	48272	65465	99157	113516	134341	213909
59	经济规划专业人员	64279	90745	108300	121157	156755	193728
60	价格专业人员	49802	54047	61766	62504	76872	82439
61	统计专业人员	39460	42925	55057	58322	67786	93650
62	会计专业人员	43358	51244	63500	79736	95000	144548
63	审计专业人员	48875	69184	104283	108194	144369	198912
64	税务专业人员	38491	59063	83885	84154	98284	116776
65	国际商务专业人员	48839	58250	73770	73197	95346	117063

续表

序号	职位名称	低位数	较低位数	中位数	平均数	较高位数	高位数
66	市场营销专业人员	39043	59193	76943	85237	96000	127231
67	商务策划专业人员	40519	60146	67771	71340	81389	93668
68	报关专业人员	42513	45911	56140	56832	62684	69352
69	人力资源管理专业人员	45593	53662	70027	80915	103917	181460
70	人力资源服务专业人员	41016	47443	67296	61674	103812	182762
71	银行外汇市场业务专业人员	105017	115953	134674	152043	184728	217486
72	银行清算专业人员	108062	116550	139296	142278	152406	169508
73	信贷审核专业人员	112330	128738	159304	179293	216359	277146
74	保险核保专业人员	60089	73375	90088	99341	115016	150852
75	保险理赔专业人员	66625	79236	95682	103740	121416	147004
76	专利管理专业人员	66798	84000	96282	103642	110809	139089
77	其他经济和金融专业人员	72076	87281	109071	124191	133032	244597
78	法律顾问	43422	54243	68926	70306	82633	116185
79	幼儿教育教师	44093	47327	52586	56554	66169	76656
80	其他文学艺术、体育专业人员	64032	64800	77917	70765	88826	99011
81	文字编辑	64552	77815	94545	93438	110906	129137
82	档案专业人员	47484	55525	64710	67241	67619	101885
83	其他专业技术人员	41000	49871	67608	66158	70027	83295

职业技能类职业（工种）工资指导价位

单位：元/年（人民币）

序号	职位名称	低位数	较低位数	中位数	平均数	较高位数	高位数
1	采购员	41325	49010	59587	64496	74316	89720
2	营销员	25429	40242	58751	64593	82700	113998
3	电子商务师	40938	49003	63626	61967	70733	78109
4	商品营业员	30814	34930	42649	47003	50152	66120
5	收银员	30120	34230	41245	40706	46167	49702
6	医药商品购销员	37962	46454	54082	56493	62660	80884
7	其他批发与零售服务人员	43002	45194	50829	53028	71974	126292
8	道路客运汽车驾驶员	63357	72611	81139	79342	91069	97826
9	道路货运汽车驾驶员	52742	62527	67507	66594	69757	71977
10	道路客运服务员	32978	35065	40535	40789	45728	49259
11	道路运输调度员	44346	48128	50838	54643	58035	71213
12	装卸搬运工	42712	49113	56993	60415	67988	76799
13	运输代理服务员	51042	58758	67892	66044	72089	76964

续表

序号	职位名称	低位数	较低位数	中位数	平均数	较高位数	高位数
14	仓储管理员	36600	43560	55040	56843	65993	76559
15	理货员	29895	30551	32247	36848	39444	48376
16	物流服务师	45199	53364	62187	66160	85159	94114
17	其他交通运输、仓储和邮政业服务人员	39910	48473	57437	63997	66805	83175
18	前厅服务员	34485	38175	44930	45963	54190	61900
19	客房服务员	27352	34375	40545	41745	47920	56941
20	中式烹调师	32926	41225	54024	57059	68564	82390
21	中式面点师	36772	40392	49462	54977	64460	82808
22	西式烹调师	41237	46408	55521	55392	63411	71665
23	西式面点师	36508	37140	38700	43553	48365	70279
24	餐厅服务员	30797	36600	43489	44318	50168	58051
25	其他住宿和餐饮服务人员	30024	34586	41381	41791	50900	63437
26	信息通信业务员	88712	99632	114979	118185	131667	155096
27	信息通信网络运行管理员	49929	52397	65648	65485	75225	85572
28	呼叫中心服务员	69894	74468	86552	88931	102431	105922
29	其他信息传输、软件和信息技术服务人员	46311	49399	62972	61687	72012	81836
30	银行综合柜员	58058	84765	105999	108920	141500	150207
31	银行信贷员	112657	138747	169738	170731	195500	231891
32	银行客户业务员	83988	91782	121002	137316	154002	203631
33	保险代理人	54302	84159	121900	135247	173628	234097
34	其他金融服务人员	80429	85439	116750	133441	159307	193557
35	物业管理员	28900	32280	36674	37593	41125	48041
36	其他房地产服务人员	65044	87171	105534	105545	135210	222779
37	客户服务管理员	36272	45599	56861	59147	66817	88197
38	保安员	30240	40079	52027	48769	62270	67854
39	消防设施操作员	28604	30996	35003	33122	37168	40408
40	市场管理员	37592	41200	47007	46648	51323	53118
41	其他租赁和商务服务人员	33694	38744	46897	63172	67836	135749
42	农产品食品检验员	39127	42811	47891	49442	51334	59263
43	机动车检测工	43127	47695	64117	63949	84555	88741
44	计量员	41405	53284	67901	78124	102464	117191
45	纺织面料设计师	60000	61410	65728	75236	85632	156148
46	家具设计师	63847	78401	102425	118629	170488	207245
47	其他技术辅助服务人员	45726	54762	71023	71725	88634	104598
48	水工混凝土维修工	76152	87106	91029	89553	95103	99668
49	污水处理工	45525	48340	53838	54154	61380	69459
50	危险废物处理工	42850	47666	51638	51158	53204	60103

351

续表

序号	职位名称	低位数	较低位数	中位数	平均数	较高位数	高位数
51	保洁员	30000	34800	38000	38638	40652	47504
52	园林绿化工	42500	43143	44910	45199	46792	48387
53	其他水利、环境和公共设施管理服务人员	60000	67802	75366	73619	78322	82725
54	养老护理员	33004	38509	47560	54233	57952	72519
55	其他居民服务人员	30000	34800	38638	39809	41643	55080
56	供电服务员	63424	65886	68661	66914	71310	73701
57	燃气燃煤供应服务员	38402	45170	53077	60686	71335	77383
58	其他电力、燃气及水供应服务人员	58027	74702	84078	83963	88556	92446
59	汽车维修工	42521	57097	76704	85282	102692	127931
60	其他修理及制作服务人员	43775	49637	67296	73936	83310	115926
61	体育场馆管理员	44138	45890	49251	53454	56445	60474
62	其他文化、体育和娱乐服务人员	57975	60121	64822	69420	74593	81525
63	其他健康服务人员	29224	34179	42383	42383	43974	72891
64	其他社会生产和生活服务人员	36018	50274	56418	58675	66386	76234
65	家畜饲养员	29771	34393	38343	37090	48529	59333
66	其他农、林、牧、渔业生产加工人员	41923	43884	48756	47090	50603	57992
67	其他农副产品加工人员	33092	37334	39394	40053	42434	45360
68	罐头食品加工工	54180	57555	61837	62202	68293	74107
69	黄酒酿造工	40926	45719	50191	51799	57744	65965
70	茶叶加工工	41135	42939	45000	45251	46695	48882
71	其他食品、饮料生产加工人员	41619	44362	50355	51232	54704	59256
72	开清棉工	49962	55567	63300	60984	67366	70423
73	纺织纤维梳理工	43565	50176	53419	53039	63136	78324
74	并条工	47139	50351	57317	55896	61191	68583
75	粗纱工	50185	57494	62999	63089	68293	75813
76	纺纱工	42735	47073	57338	59353	67411	75604
77	缫丝工	50900	56065	59676	58429	61742	67451
78	整经工	39616	41492	46686	49289	55252	64371
79	浆纱浆染工	46843	53678	60046	59812	64554	72733
80	织布工	41188	45607	52688	54174	61685	70341
81	纬编工	46133	53298	66669	63626	70564	73495
82	经编工	41876	43760	47544	47796	52379	55346
83	横机工	41841	43745	46579	50515	59473	62034
84	非织造布制造工	39371	47037	48654	50693	53730	67198
85	印染前处理工	34915	40276	52889	57292	65500	76418

续表

序号	职位名称	低位数	较低位数	中位数	平均数	较高位数	高位数
86	纺织染色工	40915	46165	56624	59404	67284	80886
87	印花工	40000	51196	62721	67138	78296	96739
88	纺织印花制版工	40336	45226	64407	66676	77060	88919
89	印染后整理工	38279	50000	60147	64396	73942	283374
90	印染染化料配制工	40593	44413	51815	58732	59283	93476
91	其他纺织、针织、印染人员	40616	43131	53370	57259	63880	77116
92	服装制版师	41474	48844	56344	59702	63090	82108
93	裁剪工	39514	43433	51458	53512	61000	67474
94	缝纫工	38791	42321	49000	51297	57294	63848
95	缝纫品整型工	36800	39300	43716	46325	49422	61489
96	其他纺织品、服装和皮革、毛皮制品加工制作人员	38973	43648	50477	51748	58690	62864
97	机械木工	54810	63437	78000	76955	80579	87179
98	家具制作工	50722	59930	69320	69189	76656	101043
99	其他木材加工、家具与木制品制作人员	54589	62137	76944	78370	87067	101000
100	纸箱纸盒制作工	28130	29687	32065	31792	33872	35058
101	其他纸及纸制品生产加工人员	45882	49350	51050	50440	52897	55370
102	印前处理和制作员	49973	55834	73744	73117	86208	101589
103	印后制作员	47457	51675	57718	59155	63858	72665
104	化工原料准备工	48188	51252	54022	51796	56430	60036
105	化工单元操作工	51529	64091	74174	75217	86195	98870
106	制冷工	57962	61263	64923	65831	68463	72835
107	工业清洗工	62063	65252	70263	72279	81269	85188
108	农药生产工	36448	40288	42226	43482	46441	74260
109	印染助剂生产工	47760	49433	54000	56021	58122	69600
110	其他化学原料和化学制品制造人员	50388	58466	65666	64456	70510	72855
111	化学合成制药工	42608	47964	54906	57076	63215	69608
112	中药炮制工	52950	62262	70247	68139	74429	80501
113	药物制剂工	39987	42450	56919	58629	64514	75082
114	发酵工程制药工	46163	49622	53121	55008	58273	68118
115	其他医药制造人员	34069	38255	46593	48242	55521	65870
116	化纤聚合工	61602	62839	64709	63754	68641	72155
117	纺丝工	50773	53701	63723	58116	66732	69669
118	化纤后处理工	46778	47977	49911	49670	53036	57009
119	其他化学纤维制造人员	49790	50860	62599	62708	69976	81624
120	橡胶制品生产工	47342	48866	52801	55024	56629	71183
121	塑料制品成型制作工	43048	48405	54908	54399	64146	72568

续表

序号	职位名称	低位数	较低位数	中位数	平均数	较高位数	高位数
122	其他橡胶和塑料制品制造人员	49950	55049	60157	59337	64852	69220
123	预拌混凝土生产工	31063	33439	43094	43589	46891	55567
124	石材生产工	55724	62816	79121	82782	99694	112771
125	其他非金属矿物制品制造人员	42050	50050	54516	53586	62642	71794
126	金属轧制工	55262	62949	70802	70089	75975	96413
127	金属材酸碱洗工	86538	92632	97287	99493	104435	117857
128	金属材涂层机组操作工	39584	67244	75521	76973	85632	91475
129	金属材精整工	62150	78933	93699	93003	104702	121240
130	金属材丝拉拔工	54001	59844	62090	65409	73670	81742
131	金属挤压工	38006	41176	54680	55801	60971	75707
132	铸轧工	55194	59227	61526	68310	69193	77124
133	其他金属冶炼和压延加工人员	44183	50000	54525	59072	68920	78749
134	车工	44348	51728	62417	64365	74989	82813
135	铣工	45000	50083	59141	63538	72328	88735
136	刨插工	44744	50700	60429	60159	64688	83453
137	磨工	47006	51975	62645	64112	72953	81160
138	镗工	45464	63494	87741	82530	98028	110200
139	钻床工	45000	49852	61968	64467	72742	92166
140	多工序数控机床操作调整工	43955	49990	57698	60981	68097	85191
141	电切削工	41474	42770	47064	47532	49804	53195
142	拉床工	43859	47675	58516	59694	70122	77199
143	下料工	56727	67229	78537	82338	100323	113741
144	铆工	50516	58208	65282	65598	72358	77903
145	冲压工	41924	52507	63365	65672	72497	92835
146	铸造工	44457	47225	60448	63468	71103	99060
147	锻造工	46668	51766	58451	59166	65531	73135
148	金属热处理工	52089	59000	68408	69082	76577	88058
149	焊工	46951	57011	67062	68644	77816	90000
150	机械加工材料切割工	45878	53287	57562	59209	64684	76007
151	镀膜工	57659	61669	66442	66457	72572	78684
152	涂装工	44154	59982	71830	72429	84204	91049
153	喷涂喷焊工	43094	49205	54550	61657	77955	111417
154	模具工	36416	44209	59304	60870	71369	82480
155	模型制作工	55249	57541	67589	66486	74303	78147
156	工具钳工	47166	53075	64509	66376	78985	86961

序号	职位名称	低位数	较低位数	中位数	平均数	较高位数	高位数
157	其他机械制造基础加工人员	37262	44742	57528	57325	71170	82783
158	工具五金制作工	77820	87250	94298	92091	102162	107971
159	金属炊具及器皿制作工	38635	41429	44452	44057	50321	52493
160	日用五金制品制作工	42452	44454	48055	52164	59217	82243
161	其他金属制品制造人员	43676	48550	52240	52320	66397	74241
162	装配钳工	44914	51742	62832	64506	74539	89224
163	链传动部件制造工	46755	52232	59335	59733	67084	73546
164	轴承制造工	38985	43004	56336	55669	63219	72734
165	锅炉设备制造工	56211	68771	79533	76565	86355	90862
166	焊接材料制造工	42866	57737	65534	58681	68904	72634
167	机床装调维修工	47900	54969	69000	68815	80525	93546
168	真空设备装配调试工	38191	40846	43000	43000	44305	47533
169	制冷空调设备装配工	47421	52364	65424	64361	73230	75714
170	其他通用设备制造人员	46402	50927	60410	65996	77845	105951
171	缝制机械装配调试工	38545	41693	45962	46606	51270	53410
172	其他专用设备制造人员	43008	46625	57952	61636	66601	75382
173	汽车生产线操作工	33977	45346	72562	68002	78327	83621
174	汽车零部件再制造工	40108	47747	59058	56969	65419	74943
175	电机制造工	49689	53041	57580	57747	60372	65812
176	电力电容器及其装置制造工	47223	49604	53500	53500	57000	59819
177	电线电缆制造工	41156	52788	57988	59612	61413	66828
178	灯具制造工	34017	39546	54655	54680	69744	77494
179	电声器件制造工	36000	36501	38208	37885	39529	42290
180	半导体分立器件和集成电路装调工	42124	46226	50732	51428	55824	60914
181	仪器仪表制造工	41884	44586	57176	60217	68632	74350
182	废旧物资加工处理工	49941	63823	74605	71530	80034	85888
183	锅炉运行值班员	73289	76820	83100	84183	87790	112482
184	燃料值班员	66517	69724	76110	80061	83742	98680
185	汽轮机运行值班员	67396	72980	74984	77591	84075	98194
186	电气值班员	50240	66316	76466	74867	82839	91607
187	锅炉操作工	50352	56121	60391	62099	68267	72864
188	变配电运行值班员	55320	57240	62040	63572	68847	79091
189	工业废气治理工	56932	71052	73992	73092	80650	88467
190	水生产处理工	45408	54367	70416	67903	72827	75502
191	工业废水处理工	52022	54968	60604	63622	69982	77690
192	砌筑工	60172	66565	70305	69600	75000	85000

续表

序号	职位名称	低位数	较低位数	中位数	平均数	较高位数	高位数
193	石工	63865	69000	71601	72041	80000	83604
194	混凝土工	67154	73837	79291	78021	86312	88983
195	钢筋工	68891	71888	83000	78439	85729	90000
196	架子工	60421	71901	75236	76543	85000	89290
197	电力电缆安装运维工	60982	68677	75749	73818	90000	93036
198	管道工	53895	57153	60504	62464	75903	78885
199	机械设备安装工	44037	49773	78000	71753	86960	100501
200	电气设备安装工	83648	86649	92255	88047	95319	98766
201	管工	56781	61067	65905	64102	70621	76684
202	制冷空调系统安装维修工	49597	60120	80379	75087	89468	93839
203	装饰装修工	44887	54464	66202	70619	73422	89595
204	建筑门窗幕墙安装工	68039	74092	76421	75595	79119	84009
205	其他建筑施工人员	45627	53801	61542	63283	65000	70000
206	专用车辆驾驶员	45061	52674	63337	63955	73713	83280
207	起重装卸机械操作工	43445	49989	60464	60383	72000	75061
208	起重工	50015	55755	66404	62754	75000	77556
209	挖掘铲运和桩工机械司机	58408	66055	72103	68467	74867	79569
210	其他运输设备和通用工程机械操作人员及有关人员	43891	48287	56734	53170	69306	86633
211	设备点检员	43779	51460	63990	67195	75586	85564
212	机修钳工	47448	55882	61891	66392	74214	91303
213	电工	46296	55846	65746	68305	77120	90408
214	仪器仪表维修工	48010	54430	64418	68215	78899	82536
215	锅炉设备检修工	54463	60123	71970	71965	81996	90921
216	发电机检修工	58407	70972	96692	91953	102684	108322
217	工程机械维修工	40993	47866	55859	58743	65521	79046
218	化学检验员	38126	50992	64048	62090	71048	81786
219	物理性能检验员	36865	50030	53765	52611	59183	65005
220	无损检测员	48160	50476	57703	59604	69526	75741
221	质检员	42969	50389	58163	59943	66657	77800
222	试验员	42045	45056	57954	60910	70590	84751
223	称重计量工	32585	39367	56521	56421	62704	70082
224	包装工	37722	43775	53384	55356	64154	74658
225	安全员	43709	55358	65851	76738	87654	125761
226	其他生产辅助人员	39318	46916	55551	61201	68125	81687
227	其他生产制造人员及有关人员	35731	41340	50649	50572	62722	85425

2019年金华市人力资源市场工资指导价位

部分职业（工种）人力资源市场工资指导价位

单位：元/月（人民币）

序号	职业名称	高位数	中位数	低位数
1	企业经理（厂长）	17500	9740	3410
2	副经理（副厂长）	12000	8040	2910
3	生产或经营经理	9720	5750	2810
4	财务经理	8000	5620	3000
5	行政经理	8900	4450	2600
6	人事经理	8210	4450	2600
7	销售和营销经理	9720	5680	2640
8	广告和公关经理	8840	5840	2600
9	采购经理	7030	4050	2470
10	研究和开发经理	10490	5110	3090
11	餐厅经理	5000	3500	2360
12	客房经理	4800	3500	2800
13	保安部经理	5970	3320	2360
14	仓储部经理	6300	3320	2440
15	质管部经理	7110	3800	2440
16	物业经理	6150	3420	2440
17	化工工程技术人员	8500	4500	2440
18	医药工程技术人员	8200	5840	2570
19	机械工程技术人员	6090	3720	3000
20	设备工程技术人员	6150	3680	2800
21	仪器仪表工程技术人员	5000	3470	2140
22	电子工程技术人员	7480	4230	2440
23	电子元器件工程技术人员	7460	4060	2350
24	通信工程技术人员	10070	4870	2630
25	计算机与应用工程技术人员	7500	3910	2470
26	计算机硬件技术人员	9000	5000	2600
27	计算机软件技术人员	10000	5500	2800
28	计算机网络技术人员	6120	3910	2360
29	电气工程技术人员	8200	4490	2360
30	电力工程技术人员	7490	4440	2360
31	建筑工程技术人员	12020	6000	2930

续表

序号	职业名称	高位数	中位数	低位数
32	安全工程技术人员	8080	4310	2300
33	纺织工程技术人员	7000	4040	2470
34	食品工程技术人员	5110	3060	2300
35	其他工程技术人员	8040	4370	2260
36	统计人员	4840	3060	2600
37	会计人员	4000	3320	2500
38	出纳	3500	2960	2030
39	房地产业务人员	7110	4040	2150
40	银行信贷员	12000	7800	4000
41	银行储蓄员	8000	5000	3300
42	金融守押员	6960	4560	2750
43	保险推销员	6120	3820	2300
44	保险理赔员	9290	5770	2740
45	其他保险业务人员	6020	3540	2800
46	行政业务办公人员	5870	3530	2500
47	人事劳资人员	5710	3540	3000
48	秘书	8000	5000	3000
49	收发员	3340	3300	2100
50	打字员	3800	3200	2200
51	治安保卫人员	4000	3300	2100
52	投递员	5000	4000	2300
53	报刊发行员	3900	3200	2400
54	邮件处理员	7320	5010	2400
55	计算机操作员	3640	2770	2200
56	话务员	5200	3940	2440
57	营业员	2880	2240	2200
58	收银员	3300	2800	2200
59	推销员	5180	2770	2030
60	采购员	4310	2790	2500
61	医药商品购销员	4830	3540	2230
62	保管员	3390	2460	2200
63	理货员	2530	2300	2200
64	防损员	2820	2330	2200
65	保鲜员	2440	2150	2000
66	冷藏工	3300	2580	2100
67	其他保管人员	3170	2310	2205
68	商品储运员	3170	2570	2200
69	中式烹调师	6710	3830	3200
70	中式面点师	5540	3280	2800
71	西式烹调师	5800	3480	3000
72	西式面点师	5540	2980	2800
73	调酒师	4780	3330	2360
74	茶艺师	4310	2770	2080

序号	职业名称	高位数	中位数	低位数
75	其他调酒和茶艺人员	4830	4200	2100
76	餐厅服务员	2550	2800	2100
77	餐具清洗保管员	2280	2800	2100
78	前厅服务员	2890	2800	2100
79	客房服务员	2550	2800	2100
80	其他餐饮、旅店服务人员	3150	2800	2100
81	导游	3930	3200	2300
82	园林植物保护工	2870	2800	2100
83	花卉园艺工	5900	3300	2100
84	保健按摩师	4500	3500	3000
85	健身和娱乐场所服务人员	2980	2210	1940
86	汽车客运服务员	3230	2720	2020
87	车站客运服务员	3150	2590	1940
88	公交车驾驶员	6000	3820	3000
89	物业管理人员	3600	2300	2200
90	保育员	4990	3760	2670
91	家政服务人员	5000	3000	2500
92	锅炉操作工	5800	4500	4000
93	美容师	6000	4000	3000
94	美发师	4830	2810	2300
95	其他美容美发人员	4190	3200	2200
96	洗衣师	2820	2800	2400
97	摄影师	5490	3210	2030
98	冲印工	4280	2960	2090
99	眼镜验光员	3050	2580	2030
100	眼镜定配工	2640	2450	2020
101	家用电器产品维修工	3050	2930	2230
102	家用电子产品维修工	4000	2930	2210
103	办公设备维修人员	4000	2430	2020
104	垃圾清运工	3200	2800	2200
105	保洁员	3200	2800	2200
106	其他环境卫生人员	3200	2800	2200
107	勤杂工	3200	2800	2200
108	蔬菜加工工	3200	2800	2200
109	果类产品加工工	3200	2800	2200
110	金属轧制人员	3200	2800	2200
111	化工产品生产工	6000	2800	2200
112	车工	5270	3380	2500
113	铣工	4830	3090	2300
114	刨插工	4330	2810	2200
115	磨工	4330	2580	2200
116	镗工	4370	2750	2300
117	钻床工	4010	2810	2130

续表

序号	职业名称	高位数	中位数	低位数
118	加工中心操作工	3600	2810	2130
119	制齿工	6000	2560	2090
120	抛磨光工	5000	3090	2380
121	拉床工	3660	2560	2130
122	锯床工	3840	2830	2130
123	铸造工	4310	3090	2280
124	锻造工	4000	2560	2280
125	冲压工	4390	2810	2280
126	剪切工	3600	2580	2210
127	焊工	5540	3460	2350
128	模具工	4740	3530	2460
129	金属热处理工	4500	2980	2110
130	电切削工	3280	2750	2090
131	冷作钣金加工工	3540	2680	2060
132	镀层工	3590	2720	2090
133	涂装工	3620	2690	2090
134	注塑工	3590	2580	2020
135	绕线工	4200	2810	2120
136	行车工	4300	2720	2290
137	基础件装配工	4600	2670	2210
138	部件装配工	3800	2740	2090
139	装配钳工	3960	2810	2090
140	工具钳工	4250	3380	2280
141	动力设备装配工	4010	3220	2290
142	电子元件及设备装配工	3900	3240	2200
143	机修钳工	4310	3060	2280
144	汽车修理工	4330	2980	2150
145	仪器仪表修理工	3600	2560	2090
146	通讯交换设备调试工	4040	2690	1980
147	电力工程内线安装工	4250	2810	2280
148	专业电力设备检修工	3960	2960	2280
149	电工	5000	3090	2900
150	维修电工	4270	3090	2280
151	电子元件制造工	3840	2460	2090
152	印染人员	4740	2970	2290
153	电子计算机维修工	3960	3090	2150
154	橡胶塑料制品生产工	3250	2810	1980
155	针织人员	4240	2690	1980
156	织造人员	4770	2960	2150
157	整烫工	4940	3030	2090
158	挡车工	4800	3200	2500
159	裁剪工	3630	2650	2090
160	缝纫工	4000	2680	2090

续表

序号	职业名称	高位数	中位数	低位数
161	乳品加工工	3220	2450	1940
162	冷食品制作工	3260	2490	1940
163	食品罐头加工工	3030	2470	1940
164	糕点面包烘焙工	3500	3000	2500
165	屠宰加工工	3030	2140	1970
166	肉蛋食品加工工	2530	2090	1940
167	饮料制作工	2880	2250	1940
168	火腿腌制工	3250	2740	2090
169	药品生产制造工	3480	2560	2090
170	木工	3850	2540	2020
171	手工木工	3850	2540	2130
172	机械木工	3850	2820	2240
173	精细木工	5040	3530	2570
174	纸制品制作工	2770	2310	1940
175	水泥生产制造工	6000	4000	3500
176	水泥制品工	4330	3090	2120
177	印前处理工	3390	2580	2020
178	印刷操作工	3600	2930	2090
179	印后制作工	3170	2720	2020
180	建筑工程施工人员	9110	5890	2500
181	砌筑工	4610	3090	2300
182	混凝土工	4810	3090	2300
183	钢筋工	5500	3500	2800
184	架子工	5710	3720	2510
185	防水工	4260	3270	2460
186	管道工	4000	2930	2300
187	装饰、装修工	6000	5000	2600
188	建筑油漆工	5040	3500	2480
189	工程设备安装工	5270	3820	2870
190	电气设备安装工	5510	4050	3180
191	汽车驾驶员	5550	3190	2300
192	起重装卸机械驾驶员	5000	3230	2360
193	检验员	3770	2810	2110
194	计量员	3770	2720	2110
195	包装工	3280	2580	1940
196	简单体力劳动工	4800	3000	2500

企业部分技术工人职业（工种）分等级工资指导价位

单位：元/月（人民币）

序号	职业名称		高位数	中位数	低位数
1	焊工	初级技能	3500	2800	2500
		中级技能	5000	3000	2600
		高级技能	6000	4000	3000
		技师	8000	7000	6000
		高级技师	10000	8500	8000
2	电工	初级技能	3000	2800	2500
		中级技能	4000	3500	2600
		高级技能	5000	3500	3000
		技师	6000	5900	5000
		高级技师	7000	6500	6000
3	制冷系统安装维修工	初级技能	3500	3000	2500
		中级技能	5000	4000	2700
		高级技能	5000	4000	3000
4	防水工	初级技能	3500	3000	2600
		中级技能	4000	3000	2500
		高级技能	5000	4000	3000
		技师	8000	7000	6000
5	砌筑工	初级技能	4500	4000	3000
		中级技能	5000	4000	3500
		高级技能	6000	5000	4000
6	混凝土工	初级技能	5000	4000	3000
		中级技能	6000	4500	3500
		高级技能	7000	5500	4000
7	钢筋工	初级技能	5000	4000	3000
		中级技能	6000	5000	3500
		高级技能	7000	5000	4000
		技师	8000	7000	5000
8	架子工	初级技能	5000	4000	3000
		中级技能	6000	5000	3500
		高级技能	7200	6800	6500
9	锅炉操作工	初级技能	3500	3000	2600
		中级技能	4000	3000	2700
		高级技能	5000	4000	3000
		技师	6000	4500	3000
10	机床装调维修工	中级技能	4500	3000	2500
		高级技能	5000	4000	3000
		技师	5500	4500	4000
		高级技师	6000	5500	5000

序号	职业名称		高位数	中位数	低位数
11	铸造工	初级技能	4000	3000	2500
		中级技能	5000	4000	3000
		高级技能	6000	5000	3500
		技师	7000	6000	5000
		高级技师	8000	7000	6000
12	锻造工	初级技能	4000	3500	2800
		中级技能	5000	4000	3000
		高级技能	6000	4500	3500
		技师	7000	6500	5500
		高级技师	8000	7000	5800
13	金属热处理工	初级技能	4500	4000	3000
		中级技能	5000	4000	3000
		高级技能	5500	4000	3500
		技师	6000	5000	4000
		高级技师	6500	5500	5000
14	车工	初级技能	4000	3500	3000
		中级技能	5000	4000	3500
		高级技能	6000	5000	4000
		技师	7000	6500	6000
		高级技师	8000	7000	6000
15	铣工	初级技能	4000	3500	3000
		中级技能	5000	4000	3500
		高级技能	5000	4500	4000
		技师	6000	5500	5000
		高级技师	7000	6500	6000
16	钳工	初级技能	4000	3500	3000
		中级技能	5000	4000	3500
		高级技能	5500	5000	4000
		技师	6000	5500	5000
		高级技师	8000	7000	6000
17	磨工	初级技能	4000	3500	3000
		中级技能	4500	4000	3500
		高级技能	6000	5500	4500
		技师	7000	6000	5000
		高级技师	8000	7000	6000
18	电切削工	初级技能	4000	3500	3000
		中级技能	4500	4000	3500
		高级技能	6000	5000	4000
19	制冷工	初级技能	4000	3500	3000
		中级技能	5000	4000	3500
		高级技能	6000	5000	4000
		技师	6000	5500	5000

续表

序号	职业名称		高位数	中位数	低位数
20	手工木工	初级技能	4000	3500	3000
		中级技能	6500	5000	3500
		高级技能	7000	5500	4000
		技师	8000	6000	5000
21	评茶工	初级技能	3500	3200	3000
		中级技能	4000	3600	3200
		高级技能	4500	4000	3500
		技师	5500	5000	4500
		高级技师	6500	6000	5500
22	眼镜验光员	初级技能	3800	3400	2800
		中级技能	4000	3500	3000
		高级技能	5000	4000	3000
		技师	5500	5000	4000
		高级技师	6500	6000	5000
23	眼镜定配工	初级技能	3500	3000	2800
		中级技能	4000	3500	3000
		高级技能	5000	4500	4000
		技师	5500	4500	4000
24	汽车修理工	初级技能	3500	3000	2800
		中级技能	4500	4000	3500
		高级技能	5500	5000	4000
		技师	6000	5500	4000
		高级技师	7000	6000	5000
25	美容师	初级技能	3500	3000	2500
		中级技能	4000	3500	3000
		高级技能	4500	4000	3500
		技师	5500	5000	4500
		高级技师	6500	6000	5500
26	美发师	初级技能	3800	3400	3000
		中级技能	4000	3800	3500
		高级技能	5000	4500	3800
		技师	5500	5200	5000
		高级技师	7000	6000	5500
27	育婴员	初级技能	3500	3000	2600
		中级技能	4000	3550	2800
		高级技能	4500	4000	3000
		技师	5000	4500	3500
28	保育员	初级技能	3500	3000	2600
		中级技能	4500	4000	3000
		高级技能	6000	5500	5000
29	有害生物防制员	初级技能	3500	3000	2800
		中级技能	4000	3800	3500
		高级技能	5000	4500	3800

续表

序号	职业名称		高位数	中位数	低位数
30	保安员	初级技能	3500	3000	2500
		中级技能	4000	3000	2500
		高级技能	4500	4000	3500
		技师	5000	4500	4000
31	智能楼宇管理员	中级技能	3500	3000	2800
		高级技能	4500	4000	3000
		技师	5500	4500	3500
32	劳动关系协调员	高级技能	4500	4000	3500
		技师	5500	4500	3800
		高级技师	6000	5000	4000
33	企业人力资源管理师	中级技能	3800	3500	3000
		高级技能	4000	3600	3200
		技师	6000	4500	4000
		高级技师	8000	6000	4000
34	中央空调系统运行操作员	初级技能	3500	3000	2800
		中级技能	4500	4000	3000
35	中式烹调师	初级技能	3500	3200	2800
		中级技能	4500	4000	3000
		高级技能	5500	5000	4000
		技师	6000	5500	4200
		高级技师	8000	6500	4500
36	中式面点师	初级技能	3500	3300	2800
		中级技能	4500	4000	3000
		高级技能	5500	5000	4000
		技师	6000	5500	4200
		高级技师	7500	6000	4500
37	西式烹调师	初级技能	3500	3200	2900
		中级技能	4500	4000	3000
		高级技能	5500	5000	4000
		技师	6000	5500	4200
		高级技师	7000	5000	4500
38	西式面点师	初级技能	3500	3200	2600
		中级技能	4500	4000	3000
		高级技能	5500	4800	4200
		技师	6000	5500	4200
		高级技师	8000	6000	4500
39	茶艺师	初级技能	3500	3200	2800
		中级技能	4600	4000	3200
		高级技能	5200	4500	4000
		技师	5600	4800	4200
		高级技师	6000	5000	4500

2019年衢州市人力资源市场工资指导价位

单位：元（人民币）

序号	工种		高位数	中位数	低位数
1	焊工	初级技能	5400	4000	3100
		中级技能	6100	4550	3350
		高级技能	7350	5200	3630
		技师	7750	5800	4055
		高级技师	9100	6756	4500
2	电工	初级技能	5500	4200	3550
		中级技能	6250	4620	3850
		高级技能	7500	5350	3900
		技师	7956	5900	4200
		高级技师	9000	6880	4550
3	制冷空调系统安装维修工	初级技能	4800	3553	2750
		中级技能	6000	4100	2852
		高级技能	7200	5300	3500
4	防水工	初级技能	3600	3150	2600
		中级技能	4220	3455	2850
		高级技能	5550	4400	3650
		技师	5500	4550	4000
5	砌筑工	初级技能	4450	3600	2750
		中级技能	5280	4230	3400
		高级技能	6655	4850	4100
		技师	7550	7000	6500

续表

序号	工种		高位数	中位数	低位数
6	混凝土工	初级技能	4000	3550	2700
		中级技能	4550	4250	3600
		高级技能	5450	4850	3900
		高级技师	6800	5650	4350
7	钢筋工	初级技能	4250	3650	2750
		中级技能	5150	4450	3400
		高级技能	5400	4950	3700
		技师	6258	5350	4250
8	架子工	初级技能	4380	3450	2650
		中级技能	4900	4600	3200
		高级技能	5680	4850	3750
9	钢炉操作工	初级技能	4500	3750	2850
		中级技能	5350	4500	3350
		高级技能	6200	5150	3750
		技师	7100	6050	5450
10	机床装调维修工	初级技能	5650	4650	3750
		中级技能	6300	6050	5850
		高级技能	6550	6200	6000
		技师	6600	6350	6150
		高级技师	7800	7050	6650
11	铸造工	初级技能	5300	3850	2850
		中级技能	5800	4250	3200
		高级技能	6500	4980	3550
		技师	7100	5350	4000
		高级技师	7650	5800	4350
12	锻造工	初级技能	5435	3900	3000
		中级技能	5900	4320	3250
		高级技能	6600	5050	3600
		技师	7200	5400	4100
		高级技师	7700	5950	4400
13	金属热处理工	初级技能	5580	4040	3150
		中级技能	6056	4562	3500
		高级技能	6850	6000	4650
		技师	7600	6350	5300
		高级技师	9000	7200	5850

续表

序号	工种		高位数	中位数	低位数
14	车工	初级技能	5300	3880	2650
		中级技能	6400	4965	3022
		高级技能	6755	5560	3450
		技师	7250	6000	4020
		高级技师	8000	6600	4550
15	铣工	初级技能	4850	4000	2850
		中级技能	5800	4620	3275
		高级技能	6450	5150	3780
		技师	7450	6000	4264
		高级技师	8455	7286	5000
16	钳工	初级技能	5050	4150	3000
		中级技能	5650	4520	3446
		高级技能	6280	4915	3650
		技师	6750	5575	4015
		高级技师	7200	6330	4550
17	磨工	初级技能	5650	4050	3265
		中级技能	6268	4635	3680
		高级技能	6850	5382	4150
		技师	7564	5636	4540
		高级技师	8350	6150	5000
18	电切削工	初级技能	4350	3575	3050
		中级技能	5550	4438	3855
		高级技能	6360	5180	4350
		技师	7150	5520	4680
		高级技师	8200	6250	5055
19	制冷工	初级技能	4240	3335	2880
		中级技能	5050	4050	3256
		高级技能	6380	4950	3480
		技师	7850	5985	4550
20	手工木工	初级技能	4800	3450	3078
		中级技能	5350	3900	3260
		高级技能	5680	4252	3400
		技师	6263	4563	3668

续表

序号	工种		高位数	中位数	低位数
21	评茶员	初级技能	4400	3566	3000
		中级技能	5370	4048	3300
		高级技能	5880	5700	4500
		技师	6588	5200	4035
		高级技师	7350	5973	4526
22	眼镜验光员	初级技能	4350	3284	2650
		中级技能	4836	3922	2895
		高级技能	5580	4450	3254
		技师	6650	5053	3621
		高级技师	6885	5530	4200
23	眼镜定配员	初级技能	4200	2850	2500
		中级技能	4750	3350	2748
		高级技能	5430	3826	3015
		技师	6550	4325	3350
24	汽车维修工	初级技能	5200	3850	3000
		中级技能	6155	4930	3400
		高级技能	6800	5187	3755
		技师	7980	5650	4114
		高级技师	9000	6842	4880
25	美容师	初级技能	4640	3620	2785
		中级技能	5650	4110	3220
		高级技能	6480	4950	3730
		技师	7000	5840	4216
		高级技师	8250	6790	4850
26	美发师	初级技能	4638	3460	2800
		中级技能	5725	4200	3155
		高级技能	6825	4965	3500
		技师	7256	5650	4080
		高级技师	8850	6544	4836

续表

序号	工种		高位数	中位数	低位数
27	育婴员	初级技能	5050	3653	2980
		中级技能	5535	4338	3337
		高级技能	6600	5205	3950
		技师	8000	6213	4770
		高级技师	9250	8233	5896
28	保育员	初级技能	3850	2660	2220
		中级技能	4400	3056	2500
		高级技能	5150	3505	2715
		技师	5480	3880	3050
		高级技师	6000	4112	3660
29	有害生物防制员	初级技能	4850	3075	2880
		中级技能	5450	3800	3295
		高级技能	6600	4744	3660
30	保安员	初级技能	3460	2633	2250
		中级技能	4125	3040	2466
		高级技能	4550	3375	2638
		技师	4800	3550	2850
		高级技师	5200	4050	3563
31	智能楼宇管理员	初级技能	3500	3866	2880
		中级技能	4925	4015	3096
		高级技能	5600	4356	3445
		技师	6450	4550	3860
		高级技师	6890	5440	4035
32	劳动关系协调员	初级技能	3550	3860	2750
		中级技能	4520	3980	2955
		高级技能	6000	4389	3294
		技师	7050	4670	3650
		高级技师	8680	5560	3840
33	企业人力资源管理师	初级技能	4050	3660	2955
		中级技能	6750	5540	3860
		高级技能	7880	6150	4450
		技师	9185	6780	4880
		高级技师	10530	7120	5360

续表

序号	工种		高位数	中位数	低位数
34	中央空调系统运行操作员	初级技能	4450	3420	2650
		中级技能	4680	4000	3050
		高级技能	5075	4315	3366
		技师	5650	4600	3750
		高级技师	6500	5120	4230
35	中式烹调师	初级技能	5020	3760	3030
		中级技能	5870	4200	3250
		高级技能	6150	4430	3500
		技师	6700	4890	3720
		高级技师	7950	5680	4290
36	中式面点师	初级技能	4100	3250	2650
		中级技能	4760	3570	3000
		高级技能	5120	4050	3360
		技师	5950	4658	3830
		高级技师	7200	6050	4820
37	西式烹调师	初级技能	4165	3420	2950
		中级技能	4655	3753	3180
		高级技能	5410	4110	3450
		技师	6840	4570	3867
		高级技师	7550	5355	4600
38	西式面点师	初级技能	4055	3256	2750
		中级技能	4670	3765	3050
		高级技能	5350	4115	3200
		技师	5833	4550	3780
		高级技师	7125	5967	4012
39	茶艺师	初级技能	3650	2850	2450
		中级技能	4550	3350	2750
		高级技能	5320	4150	3250
		技师	5750	4400	3560
		高级技师	6650	4836	3825

续表

序号	职业	高位数	中位数	低位数
40	会计	7200	4950	4350
41	机修工	7200	4950	4300
42	仓管员	4750	3650	2700
43	采购员	4800	3650	3050
44	小车司机	4900	3750	3000
45	大货司机	8400	5450	3850
46	市场总监	10850	7300	5550
47	营销员	4900	3750	3050
48	外贸业务员	6000	4900	3750
49	电动车业务员	4900	3750	3050
50	土建工程师	10500	7250	5600
51	水电工程师	10550	7250	5600
52	景观工程师	10500	7250	5600
53	电气工程师	10500	7250	5600
54	幕墙工程师	10500	7250	5600
55	法务主管	8400	7150	5600
56	办公室文员	4300	3050	2550
57	成品检验员	4800	3700	3050
58	数控车床	6100	4900	3750
59	阀门装配工	4800	4350	3850
60	喷漆工	4950	3700	2750
61	质检员	4850	3650	2700
62	品质工程师	10500	7250	6200
63	工艺工程师	11850	9700	7500
64	行政主管	8550	6200	5050
65	注塑工	5500	3400	3000
66	线缆普工	4900	3450	3050
67	线缆发泡护套工	5050	3400	3000
68	线缆编织工	5150	3400	3000
69	电力设计工程师	10300	5450	3800
70	厨师	8550	5500	3800
71	KTV音控师	6250	4600	3750

续表

序号	职业	高位数	中位数	低位数
72	生产部经理	9550	7250	5000
73	灯具研发工程师	23850	12300	7500
74	铲车工	6650	4300	3550
75	兽医技术员	5850	4050	3600
76	包装工	6650	4350	3700
77	车间各类辅助工	5450	3500	2850
78	企业厂长（经理）	50000	38000	30000
79	财务经理	9500	6650	5000
80	人力资源经理	7350	4900	3750
81	销售和营销经理	10000	6700	5150
82	广告和公关经理	8400	6050	5000
83	采购经理	8400	6050	5000
84	研究和开发经理	8600	6450	5300
85	餐饮部经理	6500	5400	4450
86	客房部经理	6000	5050	3950
87	工程部经理	8150	6050	5200
88	保安部经理	5800	5000	3750
89	仓储部经理	6250	4250	3800
90	商品部经理	6450	4350	3750
91	物业经理	5600	4300	3450
92	机械工程技术人员	6700	4350	3650
93	冶金工程技术人员	7500	4850	3750
94	纺织工程技术人员	6800	4900	4050
95	化工工程技术人员	8050	4900	3850
96	化工设备工程技术人员	7800	5750	4600
97	质量工程技术人员	7550	5050	4050
98	环保工程技术人员	7300	5000	3950
99	医药工程技术人员	8150	5100	4050
100	交通工程技术人员	8000	5050	3850
101	建筑工程技术人员	8050	6050	4700
102	建筑工程监理人员	7800	5050	3750
103	电力工程技术人员	10100	7200	5250

续表

序号	职业	高位数	中位数	低位数
104	水利工程技术人员	9000	5750	4450
105	测绘工程技术人员	10800	6150	5000
106	通讯工程技术人员	7600	6550	4150
107	仪器仪表工程技术人员	6550	5150	4350
108	计算机与应用工程技术人员	6200	4600	3950
109	计算机硬件技术人员	6000	4550	3850
110	计算机软件技术人员	6400	4900	3950
111	计算机网络技术人员	6400	4900	4050
112	计算机系统分析技术人员	6000	4900	3950
113	其他计算机与应用工程技术人员	6250	4950	3950
114	拍卖师	9500	7350	5550
115	律师	15400	7300	5550
116	文秘	5550	4600	3750
117	统计人员	4600	3900	2800
118	商场柜组长	4900	3900	3350
119	商场营业员	4600	3600	3050
120	仓库保管	4250	3300	2850
121	物业管理人员	4000	3250	2850
122	典当业务员	4450	3650	3050
123	检验员	6000	4350	3050
124	计量员	5200	3250	2800
125	报关员	5200	3750	3000
126	话务员	4750	3250	2800
127	资产评估人员	6800	4850	3500
128	保险推销员	6800	4900	2850
129	保险理赔员	5600	4600	2850
130	其他保险业务人员	6000	4850	2850
131	广告设计人员	6000	4000	3000
132	服装设计人员	6150	4000	3050
133	室内装饰设计人员	5550	3900	3000
134	理货员	3800	3000	2750
135	推销员	4900	3900	3100

序号	职业	高位数	中位数	低位数
136	收银员	4600	3200	2650
137	打字员	4350	3300	2700
138	收发员	4550	3350	2750
129	客房服务员	4550	3000	2800
140	营养配餐员	5000	3850	3150
141	餐厅服务员	4600	4000	3350
142	点菜员	4850	3550	3200
143	餐具清洗保管员	4200	3250	2850
144	导游	5250	3900	3250
145	家政服务人员	7000	3650	2500
146	护理人员	5000	3270	2870
147	摄影师	5400	3900	3050
148	汽车驾驶员	6100	4500	3550
149	汽车客运服务员	4800	3150	2800
150	汽车修理工	6000	4000	3050
151	装卸工	5600	3900	3250
152	乳品加工	5000	3550	3000
153	食品罐头加工	5000	3550	3000
154	糕点面包烘焙工	5100	3650	3050
155	豆制品制作工	5450	3650	2850
156	屠宰加工	6400	4300	2750
157	肉蛋食品加工	5500	3000	2650
158	饲料生产加工	5500	4150	3050
159	钻探工	6250	4300	3250
160	矿井开掘工	7500	4300	3500
161	印刷操作工	5050	3200	3000
162	印染人员	5500	3450	3000
163	服装缝纫工	4550	3650	3100
164	泥工	8400	5400	3400
165	油漆工	7800	4850	3000
166	起重驾驶员	5400	4000	3200
167	搬运工	5400	3200	2750

续表

序号	职业	高位数	中位数	低位数
168	油磨	5350	3750	2850
169	电炉浇注工、熔炼工	6650	4850	3300
170	锅炉安装工	6300	4450	3550

2019年舟山市人力资源市场工资指导价位

企业部分职业人力资源市场工资指导价位

单位：元/月（人民币）

序号	工种	高位数	中位数	低位数
1	企业董事	32269	10011	4774
2	企业经理（厂长）	30481	10076	4368
3	生产或经营经理	17990	7658	3845
4	财务经理	15571	6359	3471
5	行政经理	15059	6138	3592
6	人事经理	12656	5894	3405
7	销售和营销经理	17302	6181	3724
8	广告和公关经理	14098	5862	3450
9	采购经理	14794	5914	3394
10	研究和开发经理	18778	6752	3576
11	餐厅经理	8573	5534	3405
12	客房经理	7316	4970	3322
13	物业经理	7796	5268	3576
14	工程项目经理	21240	8341	5184
15	地质勘探工程技术人员	9099	5945	4073
16	测绘工程技术人员	8672	5960	3863
17	化工工程技术人员	11299	5119	3510
18	医药工程技术人员	8429	4766	3096
19	机械工程技术人员	9240	5565	3285
20	机械设计工程技术人员	9634	5650	3614
21	机械制造工程技术人员	8485	5183	3177
22	仪表仪器工程技术人员	7653	4739	3135
23	设备工程技术人员	8125	4831	3291
24	其他机械工程技术人员	8099	4484	3109
25	电子工程技术人员	8714	4515	3143
26	电子材料工程技术人员	6927	4235	3129
27	电子元器件工程技术人员	7387	4193	2892
28	广播视听设备工程技术人员	7249	4198	3072
29	电子仪器与测量工程技术人员	7067	4170	2956
30	其他电子工程技术人员	6456	4054	2871
31	通信工程技术人员	9439	5907	2867
32	计算机与应用工程技术人员	8020	4317	2830

续表

序号	工种	高位数	中位数	低位数
33	计算机硬件技术人员	8062	4433	2750
34	计算机软件技术人员	8883	4475	2940
35	计算机网络技术人员	7955	4402	2959
36	计算机系统分析技术人员	8208	4507	3402
37	其他计算机与应用工程技术人员	6858	4022	2956
38	电气工程技术人员	9495	5802	3339
39	电力工程技术人员	9099	5697	3171
40	邮政工程技术人员	8440	4749	3010
41	建筑工程技术人员	13188	5823	3413
42	建筑工程监理人员	9337	5265	3166
43	建材工程技术人员	9147	4970	3434
44	交通工程技术人员	8862	4949	3171
45	汽车运用工程技术人员	6436	4191	2982
46	船舶运用工程技术人员	8039	5591	3234
47	水上交通工程技术人员	8546	5591	3360
48	船舶检验工程技术人员	10023	6086	3360
49	其他交通工程技术人员	7860	4663	2772
50	纺织工程技术人员	6267	3875	2877
51	林业工程技术人员	6035	3673	2783
52	水利工程技术人员	8440	4633	3203
53	海洋工程技术人员	7913	4633	3098
54	环境保护工程技术人员	6838	4433	2936
55	食品工程技术人员	5870	3878	2790
56	水产工程技术人员	6522	3982	3020
57	安全工程技术人员	7974	4664	3083
58	标准化、计量、质量工程技术人员	9121	4590	3083
59	其他工程技术人员	6312	4454	2978
60	房地产开发业务人员	9258	4716	2801
61	经济业务人员	5807	4171	2863
62	统计人员	5639	3678	2696
63	会计人员	8732	4192	2989
64	出纳	5660	3794	2717
65	资产评估人员	7196	4622	2936
66	审计人员	7280	4695	2926
67	国际商务人员	12098	5104	3051
68	报关员	6838	3668	2926
69	银行信贷员	8395	5764	3658
70	银行储蓄员	7154	5083	3511
71	银行信托业务员	8521	5785	3950
72	银行信用卡业务员	7101	4800	3469

序号	工种	高位数	中位数	低位数
73	其他银行业务人员	7627	5030	3668
74	保险业务人员	7732	4417	2882
75	保险推销员	9468	4926	2801
76	保险理赔员	6693	4533	2926
77	律师	29670	8363	4180
78	服装设计人员	7642	4622	3135
79	室内装饰设计人员	7650	4601	3219
80	广告设计人员	7905	5219	3122
81	行政业务办公人员	6324	3961	2822
82	秘书	6640	4192	3020
83	人事劳资人员	6208	3982	2832
84	公关员	6113	3668	2727
85	打字员	4743	3144	2560
86	计算机操作员	6324	3406	2727
87	制图员	6008	3794	2665
88	邮件处理员	4954	3668	2926
89	邮政营业员	4511	3574	2832
90	报刊发行员	4437	3511	2809
91	投递员	3984	3039	2445
92	其他邮政业务人员	5038	3354	2905
93	电信业务营业员	5217	3458	2613
94	话务员	4427	3333	2299
95	线务员	4933	3930	2696
96	用户通信终端维修员	5186	3668	2822
97	其他电信业务人员	5045	3668	2613
98	营业员	4919	3144	2414
99	收银员	4309	3144	2383
100	推销员	7042	3511	2570
101	采购员	6285	3773	2518
102	保管员	4730	3205	2308
103	理货员	4519	3135	2324
104	商品养护员	3973	2946	2308
105	保鲜员	3679	2998	2371
106	冷藏工	4730	3072	2633
107	商品储运员	3742	2956	2727
108	商品护运员	3868	3103	2727
109	调酒师	5150	3156	2570
110	其他调酒、茶艺人员	4414	2840	2318
111	餐厅服务员	4740	3156	2465
112	餐具清洗保管员	3868	2946	2360

续表

序号	工种	高位数	中位数	低位数
113	其他餐厅服务员	4204	2777	2264
114	前厅服务员	4730	3061	2318
115	客房服务员	4309	2882	2423
116	旅店服务员	3857	2893	2308
117	其他饭店服务人员	3700	2735	2287
118	导游	5814	3787	2623
119	保健按摩师	5285	3314	2832
120	家庭服务员	4122	3156	2413
121	汽车客运服务员	4757	3366	2518
122	汽车货运站务员	4492	3314	2570
123	汽车售票员	4545	3366	2392
124	汽车运输调度员	5814	4576	2916
125	船舶业务员	8245	5050	3199
126	港口客运员	5074	4124	2748
127	港口码头管理员	5285	3577	2570
128	外轮理货员	4609	3524	2811
129	水上运输服务员	4757	3461	2602
130	物流师	10359	6312	3462
131	职业指导员	3995	2756	2360
132	社会中介服务人员	4968	2893	2360
133	物业管理工	4651	2935	2308
134	供水生产工	4112	3240	2528
135	供水供应工	3964	3156	2518
136	生活燃料供应工	3700	3156	2497
137	污水处理工	4122	3261	2497
138	摄影师	5976	4313	3147
139	其他摄影服务人员	5481	3787	2623
140	洗衣师	3794	3001	2633
141	办公设备维修工	4342	3159	2497
142	家用电器产品维修工	5038	3528	2623
143	家用电子产品维修工	5059	3559	2602
144	盆景工	3689	2927	2371
145	花卉园艺工	3478	2854	2411
146	绿化工	3457	2738	2411
147	保洁员	3689	2738	2390
148	垃圾清运工	4100	3159	2411
149	其他环境卫生人员	3478	2748	2306
150	水产养殖人员	4005	2738	2306
151	水产品加工人员	4743	3264	2621
152	远洋捕捞人员	8221	5581	4403

续表

序号	工种	高位数	中位数	低位数
153	氨机操作工	5481	3801	2642
154	化工产品生产工	5481	3896	2705
155	刨插工	5765	4001	2705
156	加工中心操作工	6113	4107	2778
157	制齿工	5217	3633	2516
158	拉床工	5808	3896	2453
159	锯床工	5787	3791	2527
160	冲压工	5681	3580	2600
161	剪切工	5597	3580	2600
162	冷作钣金加工工	5597	4212	2810
163	镀层工	5491	3585	2621
164	涂装工	6104	4217	2778
165	基础件装配工	5808	3637	2527
166	部件装配工	5914	3669	2569
167	电气元件及设备装配工	5755	3985	2596
168	船舶修理工	7603	4829	2732
169	摩托车维修工	4699	3329	2345
170	仪器仪表修理工	5555	3416	2408
171	电力工程内线安装工	5829	3637	2984
172	专业电力设备检修工	7709	4976	3046
173	常用电机检修工	5597	3690	2753
174	计算机修理工	6579	4196	2764
175	电子器件制造工	5259	3595	2492
176	电子元件制造工	5069	3595	2492
177	塑料制品加工工	4646	3163	2408
178	纺纱人员	4236	3163	2387
179	织造人员	4977	3321	2387
180	针织人员	4850	3289	2314
181	服装裁剪工	4956	3353	2397
182	服装缝纫工	5062	3479	2408
183	缝纫品整型工	4766	3163	2303
184	裁缝	5295	3690	2701
185	制鞋工	4448	3353	2345
186	酿酒工	4183	3247	2303
187	饮料制作工	3865	3247	2303
188	糕点、面包烘焙工	4120	3242	2314
189	糕点装饰工	4130	3242	2314
190	印前处理工	6354	4106	2596
191	印刷操作工	6354	4106	2617
192	印后制作工	5295	3579	2513

续表

序号	工种	高位数	中位数	低位数
193	玩具制作工	4024	2948	2303
194	装饰装修工	7201	5053	3143
195	建筑油漆工	6460	4927	3038
196	工程设备安装工、管工	6778	4842	3090
197	土石方施工人员	6884	4927	3027
198	土石方机械操作工	7181	5053	3226
199	建筑工程施工员	9082	5158	3509
200	建筑工程预决算员	10560	5264	3352
201	500总吨以下船长	14573	12106	10056
202	500总吨以下大副	12672	11369	8485
203	500总吨以下二副	11616	9580	6914
204	500总吨以下三副	11088	8948	6704
205	500总吨以下水手	7603	6106	5342
206	750kw以下轮机长	15629	12660	10032
207	750kw以下值轮	10877	9284	7838
208	500总吨以上船长	40128	35870	32918
209	500总吨以上大副	26400	21206	17243
210	500总吨以上二副	13728	11605	10241
211	500总吨以上三副	12144	9284	7942
212	500总吨以上水手	7920	7174	6793
213	750kw以上轮机长	29568	23210	18288
214	750kw以上大管轮	25344	20045	14421
215	750kw以上二管轮	13517	11605	8883
216	船舶甲板设备操作工	7603	6635	5748
217	船舶机舱设备操作工	7920	7161	6270
218	船体制造工	7286	4897	2936
219	船体装配工	7181	4739	3041
220	船舶涂装工	6864	4792	3093
221	船舶气割工	6864	4718	2936
222	船舶电焊工	7392	5034	3093
223	船舶冷作工	6864	4613	3093
224	船舶起重工	6547	4297	3051
225	船舶轮机装配工	7392	4876	3366
226	船舶钳工	7234	4739	3146
227	船舶管系工	6653	4550	3104
228	船舶电气装配工	6659	4581	2989
229	船舶电工	7610	4897	3125
230	船舶电气钳工	6712	4760	3125
231	船舶电器安装工	6448	4339	2989
232	船舶修理工	7061	4929	3104

续表

序号	工种	高位数	中位数	低位数
233	船舶附件制造工	5814	4055	2601
234	船舶架子工	5528	4044	2915
235	港口系缆工	4069	3117	2569
236	港口机械操作工	4778	3528	2527
237	港口机械维修工	4778	3602	2663
238	叉车司机	5095	3707	2758
239	门吊(门机)司机	6659	4213	2863
240	起重装卸机械驾驶员	6871	4213	2884
241	桥式起重机操作工	5919	4055	2758
242	货车驾驶员	6501	3949	2842
243	公交车驾驶员	7505	5529	4509
244	客车驾驶员	8456	5792	4457
245	汽车驾驶员	6342	4023	3041
246	油品储运调和操作工	4841	3265	2737
247	产品检验员	4778	3286	2527
248	产品计量员	4661	3159	2422
249	包装工	4439	3065	2422
250	简单体力劳动工	4630	3001	2181
251	消防人员	7716	4486	3146
252	家政服务钟点工	63元/小时	56元/小时	46元/小时

部分技术工人职业（工种）分等级工资指导价位

单位：元/月（人民币）

序号	职业（工种）	技能等级	高位数	中位数	低位数
1	焊工	初级技能	7113	4477	2995
		中级技能	7632	5246	3644
		高级技能	7939	5488	4137
		技师	8288	5952	4618
		高级技师	8680	6215	4985
2	电工	初级技能	7198	4193	2681
		中级技能	7621	4509	3508
		高级技能	8129	5078	3791
		技师	9008	5815	4430
		高级技师	9685	6868	5624
3	制冷空调系统安装维修工	初级技能	5144	3139	2461
4	防水工	初级技能	5144	4214	3330
		中级技能	5684	4614	3540
5	砌筑工	初级技能	6012	4825	3749
6	混凝土工	初级技能	6330	4477	3686

续表

序号	职业（工种）	技能等级	高位数	中位数	低位数
7	钢筋工	初级技能	5271	4530	3854
8	架子工	初级技能	5293	4614	3959
9	锅炉操作工	初级技能	6118	4340	2807
10	机床装调维修工	初级技能	7812	5394	4409
11	铸造工	初级技能	6055	3761	2545
12	锻造工	初级技能	6235	3937	2608
13	金属热处理工	初级技能	6235	4095	2754
14	车工	初级技能	5832	3979	2953
		中级技能	6605	4611	3299
		高级技能	7328	5106	3529
		技师	8375	5906	4074
		高级技师	8904	6506	4426
15	铣工	初级技能	5880	4032	3013
		中级技能	6652	4664	3432
		高级技能	7466	5190	3578
		技师	8545	5980	4112
		高级技师	9126	6601	4520
16	钳工	初级技能	5795	3664	3118
		中级技能	7011	5043	3850
		高级技能	7974	5906	4582
		技师	8640	7032	5357
		高级技师	10237	8317	5838
17	磨工	初级技能	5859	4158	2846
18	电切削工	初级技能	5446	3812	2500
19	制冷工	初级技能	4949	3086	2616
		中级技能	5393	3454	3118
20	手工木工	初级技能	5139	4476	3861
		中级技能	6504	5271	4164
21	评茶员	初级技能	4632	3381	2699
		中级技能	5129	3844	3139
22	眼镜验光员	初级技能	4209	3159	2459
23	眼镜定配工	初级技能	4251	3212	2490

序号	职业（工种）	技能等级	高位数	中位数	低位数
24	汽车维修工	初级技能	5902	3926	3118
		中级技能	6632	4708	3808
		高级技能	7912	5245	4315
		技师	8620	5919	5048
		高级技师	9149	6393	6001
25	美容师	初级技能	5289	3876	2817
		中级技能	7034	4371	2985
26	美发师	初级技能	5500	3897	3027
		中级技能	6875	4866	3592
		高级技能	8462	7372	4797
		技师	9731	8215	5236
		高级技师	11635	8948	6284
27	育婴员	初级技能	6875	4927	3435
		中级技能	8462	5790	4482
		高级技能	10577	8948	6493
28	保育员	初级技能	3490	2716	2252
		中级技能	4548	3653	2723
		高级技能	5690	4506	3645
29	有害生物防制工	初级技能	4633	3727	2807
30	保安员	初级技能	4601	3285	2315
		中级技能	4781	3737	2681
		高级技能	4971	4022	3299
		技师	5162	4369	3770
31	智能楼宇管理员	中级技能	5616	4453	3676
		高级技能	6558	5127	4105
		技师	8314	6085	4838
32	企业人力资源管理师	中级技能	6262	4927	3854
		高级技能	7563	5980	5236
		技师	9858	7159	6022
		高级技师	12248	7738	6409
33	中央空调系统运行操作员	初级技能	4781	3495	2880

续表

序号	职业（工种）	技能等级	高位数	中位数	低位数
34	中式烹调师	初级技能	3258	2906	2211
		中级技能	3857	3316	2620
		高级技能	4449	3769	2736
		技师	7196	4212	2914
		高级技师	8538	4612	3144
35	中式面点师	初级技能	3012	2696	2149
		中级技能	3434	2896	2400
		高级技能	3908	3117	2526
		技师	5284	4001	2914
		高级技师	8010	4296	3144
36	西式烹调师	初级技能	3117	2801	2201
		中级技能	3381	2896	2411
		高级技能	4015	3264	2631
		技师	5389	4001	3019
		高级技师	8221	4401	3092
37	西式面点师	初级技能	3012	2590	2201
		中级技能	3276	2790	2358
		高级技能	3931	3138	2536
		技师	5072	3896	3019
		高级技师	7925	4317	3092
38	茶艺师	初级技能	3276	2948	2463
		中级技能	3973	3517	2599
		高级技能	4523	3801	2662
		技师	5030	4128	2945
		高级技师	5495	4633	3354

2019年台州市人力资源市场工资指导价位

部分职业（工种）劳动力市场工资指导价位

单位：元/月（人民币）

序号	岗位	高位数	中位数	低位数
1	企业高级管理人员	35565	18196	9098
2	厂长（经理）	21538	14306	7357
3	副厂长（经理）	18012	11764	6323
4	部门经理及管理人员	12122	8830	4799
5	生产或经营管理	11845	7937	4779
6	财务经理	14658	9476	4283
7	人事经理	13513	8035	4089
8	销售和营销经理	14715	9720	5502
9	广告和公关经理	10397	7503	5842
10	行政经理	11870	7593	5265
11	采购经理	12387	8270	4163
12	计算机服务经理	11564	8110	4482
13	研究和开发经理	14805	11702	5033
14	餐厅经理	7470	6542	4144
15	客房经理	6869	5173	3024
16	科学研究人员	10690	7134	4406
17	工程研究人员	12735	8534	5013
18	测绘工程师	8195	7072	4122
19	矿山工程技术人员	8014	6844	3775
20	化工工程师	9412	7689	4022
21	医药工程师	10643	7194	4403
22	机械工程师	12120	8278	4207
23	仪器仪表工程师	10253	8034	4276

续表

序号	岗位	高位数	中位数	低位数
24	计算机工程师	9366	6617	4425
25	系统分析员	6672	5555	3454
26	电器工程师	9052	8039	4506
27	电力工程师	11740	8678	4185
28	交通工程技术人员	10167	6965	3781
29	建筑工程师	9645	7838	4471
30	建筑设计师	13455	10341	5280
31	经济计划人员	8387	6810	3329
32	经济业务人员	8441	6502	3251
33	统计师	9653	7002	3775
34	财会人员	8964	7177	3954
35	出纳	7404	4908	3257
36	会计	9067	6166	3168
37	对外经贸业务员	10040	5698	3332
38	报关员	7928	4918	3290
39	金融业务人员	11607	6483	3904
40	银行业务人员	13173	6845	3513
41	信贷业务人员	11525	8712	3845
42	保险业务员（按业务量计发）	13145	9015	3217
43	保险理赔员	8445	6156	4154
44	证券业务员	10527	7001	3378
45	工艺美术专业人员	6732	5125	3090
46	广告设计人员	12574	7422	4199
47	图书资料档案业务人员	6094	4524	2852
48	行政办公人员	8412	6441	2789
49	行政业务人员	7749	6088	2656
50	人事劳资业务人员	8031	5490	2823
51	行政事务人员	8461	5709	3554
52	秘书	6865	5363	2979
53	打字员	5305	3915	2650
54	安全保卫和消防人员	5868	4245	3093
55	治安保卫人员	5125	3669	2942

续表

序号	岗位	高位数	中位数	低位数
56	邮政业务人员	8655	5051	3326
57	电信业务人员	8623	6550	3564
58	话务员	4797	3679	2323
59	购销人员	8822	5485	3176
60	营业人员	5967	4510	2859
61	营业员	4517	3883	2543
62	收银员	5239	4015	2621
63	推销展销人员	8060	5143	3166
64	推销员	8093	4993	3229
65	出版物发行员	8796	5287	2903
66	采购人员	7208	4762	3232
67	市场管理员	6399	4405	3028
68	其他购销人员	6436	4459	3097
69	医药商品购销员	5416	4046	2640
70	仓储人员	4578	3585	2861
71	保管人员	4516	3984	3354
72	储运人员	4956	4161	3423
73	餐饮服务人员	4302	3599	2537
74	中餐烹饪人员	10405	6102	2848
75	餐厅服务员	4225	3445	2444
76	饭店服务人员	4014	3442	2665
77	前厅服务员	4459	3684	2934
78	客房服务员	4330	3595	2564
79	旅游游览场所服务员	5399	3956	2463
80	康乐服务员	4525	3898	2393
81	公路运输服务人员	5323	4106	2728
82	汽车客运服务人员	4816	3561	3136
83	运输服务人员	5028	3856	2681
84	医疗卫生辅助服务人员	5634	4546	2668
85	物业管理人员	4652	3651	2581
86	供水热及生活燃料人员	5250	3993	2992
87	锅炉操作工	5521	3998	3312

续表

序号	岗位	高位数	中位数	低位数
88	美容美发人员	8038	5269	3047
89	美发师	9160	5563	3362
90	办公设备维修人员	5794	4756	2912
91	家庭服务员	6500	4985	2885
92	环境卫生人员	4500	3800	2976
93	农副林特产品加工工	5030	4200	3120
94	矿物开采工	6011	4500	3200
95	矿物处理工	5880	4523	2980
96	金属轧制人员	5408	4505	3050
97	化工产品生产工	6227	4987	3707
98	机械制造加工工	6743	5216	3952
99	机械冷加工工	6389	4815	3303
100	车工	6834	5196	3086
101	铣工	7205	5425	3168
102	刨插工	5747	4125	2573
103	磨工	6701	5176	4076
104	镗工	6502	5176	4078
105	钻床工	6654	5023	4002
106	加工中心操作工	7193	4793	3276
107	制齿工	7199	4800	3500
108	机械热加工工	6915	5123	3500
109	铸造工	7525	5271	3800
110	锻造工	7423	5770	3800
111	冲压工	6850	5102	3860
112	焊工	7734	4977	3123
113	金属热处理工	7511	4962	3111
114	特种加工设备操作工	6739	5003	2984
115	电切削工	6110	4124	2843
116	冷作钣金加工工	6225	4685	2806
117	工件表面处理加工工	5170	4281	2846
118	涂装工	7110	5905	3374
119	机电产品装配工	6467	4395	2999

续表

序号	岗位	高位数	中位数	低位数
120	机械设备装配工	6356	4702	3174
121	装配钳工	6823	5436	2931
122	工具钳工	7009	5251	3307
123	仪器仪表装配工	6253	4334	2679
124	运输车辆装配工	6607	4250	3291
125	机械设备维修工	7281	5484	3733
126	机修钳工	6485	4250	2774
127	汽车修理工	7191	5473	3170
128	仪器仪表修理工	6253	4211	2857
129	电力设备装运检修工	8510	5618	3229
130	电力设备安装工	9174	5673	3180
131	电力工程内线安装工	10324	5633	3644
132	专业电力设备检修工	11974	7097	3933
133	维修电工	7211	5135	3566
134	电子元器件制造装调工	6322	4396	3249
135	计算机维修工	7756	5650	3025
136	橡胶塑料制品生产人员	5994	4497	2795
137	纺织针织印染工	5800	3890	3020
138	裁剪缝纫毛皮革制作工	5631	4600	3020
139	药品生产制造工	5976	4578	2932
140	木材人造板生产制作工	5848	4120	2665
141	木工	5616	4691	2780
142	纸制品制作工	4322	3540	2600
143	工艺、美术制作工	8303	5261	2644
144	工程施工人员	11499	7371	4848
145	土石方施工人员	7898	5689	3926
146	砌筑工	7008	5133	3979
147	混凝土工	6931	5241	3460
148	钢筋工	6965	5260	3644
149	架子工	6934	5044	3747
150	装饰、装修工	7923	5271	3281
151	工程设备安装工	8775	5812	3057

续表

序号	岗位	高位数	中位数	低位数
152	管工	6500	5012	3210
153	驾驶员和运输设备操作工	7461	5318	3460
154	机动车驾驶员	8340	5217	3275
155	起重装卸机械操作工	6558	4903	2912
156	检验、计量人员	5276	4120	2784
157	检验员	5359	4392	2844
158	计量员	5254	4356	3153
159	生产运输简单体力工人	4687	3500	2690
160	包装工	5133	3932	2797
161	环境监测废物处理人员	5535	4143	3072
162	音响调音员	4971	3740	2769
163	制版印刷人员	4992	3677	2626
164	纺织工程师	7908	5262	3117
165	审计师	7013	5559	3666
166	通信工程师	7893	6046	4097
167	邮政工程师	8261	6103	4490
168	房地产业务人员	7197	4605	2967
169	美容师	8205	5330	3118
170	水产品加工工	5457	3960	2507
171	土木建筑工程师	12899	7482	5237
172	林业工程师	6639	5843	3621
173	家具设计师	10824	7205	4105
174	环境保护工程师	7980	5741	5022
175	资产评估人员	9536	7231	3743
176	农业技术人员	6093	4525	3522
177	食品工程师	7124	5321	3588
178	房地产开发业务人员	5946	4451	3652
179	化妆师	8043	5334	3094
180	商品监督和市场管理员	5539	3700	2724
181	护理员	6087	4400	2848
182	社会和居民服务人员	5557	3913	2726
183	验光配镜人员	5532	4213	2910

续表

序号	岗位	高位数	中位数	低位数
184	修脚师	5917	4807	2796
185	保育、家庭服务员	6592	4255	3651
186	铁路运输服务人员	6113	4152	3079
187	社会中介服务人员	4879	3766	2879
188	摄影服务人员	6687	4964	3600
189	浴池服务人员	5980	3881	2656
190	保健按摩师	7289	4791	3591
191	电子工程师	11377	7590	4382
192	广播影视工程师	12555	7862	4561
193	生物工程技术人员	12664	8745	4706
194	记者	12552	7100	4954
195	编辑	12713	7855	5131
196	校对员	5748	4155	2799
197	播音员及节目主持人	8204	5882	3629
198	导游	6332	3997	3102
199	健身娱乐场所服务员	6847	4810	3006
200	摄影师	10407	6696	3632
201	服装设计人员	6693	4645	3732
202	室内装潢设计人员	6715	5137	4028
203	垃圾清运工	6430	4481	3189
204	保洁员	5011	3600	3051
205	抛磨光工	5961	4495	3150
206	糕点、面包烘焙工	6083	5046	2557
207	水泥生产制造工	5544	3900	2797
208	地质勘探工程技术人员	8018	5168	3762
209	工程监理技术人员	7689	6508	3535
210	设备工程技术人员	5894	4621	3716
211	药剂人员	5489	4333	3224
212	不动产销售员	7251	3465	2774
213	律师	19440	13414	7020
214	行政执法人员	10488	8629	3933
215	收发员	5004	4398	2987

续表

序号	岗位	高位数	中位数	低位数
216	金融守押员	5621	4629	3918
217	电子计算机维修工	6014	4321	2892
218	冲印师	5700	3993	2678
219	眼镜定配工	5502	3864	2679
220	常用电机检修工	5832	4657	3181

部分技术工人职业（工种）分等级工资指导价位

单位：元/月（人民币）

序号	职业（工种）	技能等级	高位数	中位数	低位数
1	焊工	初级技能	7559	5732	2829
		中级技能	8567	5994	3334
		高级技能	8972	6792	3969
		技师	9053	7187	4533
		高级技师	12078	8484	5337
2	电工	初级技能	6812	4934	2501
		中级技能	7831	5792	2911
		高级技能	8660	6192	3088
		技师	9083	7155	3392
		高级技师	9933	8341	4006
3	制冷空调系统安装维修工	初级技能	4741	3709	2695
		中级技能	5595	4369	3231
		高级技能	8834	6452	4347
4	防水工	初级技能	3818	3216	2262
		中级技能	4723	3883	2771
		高级技能	5341	4792	3562
		技师	6360	5068	4059
5	砌筑工	初级技能	4202	3272	2440
		中级技能	5857	4523	2738
		高级技能	6559	5285	3343
6	混凝土工	初级技能	4216	3531	2594
		中级技能	5829	3902	3172
		高级技能	6451	4505	3802
7	钢筋工	初级技能	4800	3863	2377
		中级技能	5350	4348	3031
		高级技能	6170	5174	4048
		技师	8223	6406	5021
8	架子工	初级技能	4779	3998	2233
		中级技能	5710	4336	3292
		高级技能	6852	5677	4628

序号	职业（工种）	技能等级	高位数	中位数	低位数
9	锅炉操作工	初级技能	5335	3777	2900
		中级技能	6084	4357	3875
		高级技能	7540	5461	4887
		技师	8303	6499	5575
10	机床装修维修工	中级技能	6408	4900	4090
		高级技能	6848	5384	4426
		技师	7412	5929	4651
		高级技师	8121	6488	4996
11	铸造工	初级技能	5504	4416	3882
		中级技能	6856	4928	4113
		高级技能	7415	6014	4548
		技师	8195	6888	4725
		高级技师	8808	6965	5359
12	锻造工	初级技能	6940	4669	3609
		中级技能	7449	5209	3933
		高级技能	8278	6690	4165
		技师	9138	7092	4504
		高级技师	12026	8680	5760
13	金属热处理工	初级技能	5940	4814	3380
		中级技能	6875	5125	3959
		高级技能	7355	5881	4708
		技师	7755	6906	5857
		高级技师	13775	7936	6520
14	车工	初级技能	5930	4958	3515
		中级技能	6623	5781	3787
		高级技能	7544	6140	4011
		技师	8671	6597	4473
		高级技师	10733	7408	5338
15	铣工	初级技能	5880	4222	2903
		中级技能	6350	4674	3282
		高级技能	7728	5279	4030
		技师	8491	7217	5968
		高级技师	11528	9100	6405

续表

序号	职业（工种）	技能等级	高位数	中位数	低位数
16	钳工	初级技能	5455	4408	2888
		中级技能	6502	4917	3054
		高级技能	7682	5444	3552
		技师	9840	5986	4069
		高级技师	10827	6471	4712
17	磨工	初级技能	5617	5476	2808
		中级技能	6035	5621	3371
		高级技能	8182	5897	4371
		技师	8583	6397	4892
		高级技师	10198	8045	5212
18	电切削工	初级技能	5300	4430	3515
		中级技能	6526	6088	4948
		高级技能	7039	6579	5543
19	制冷工	初级技能	3887	3653	3368
		中级技能	5670	4612	4088
		高级技能	6830	5995	4436
		技师	8873	7196	5286
20	手工木工	初级技能	5775	3858	3220
		中级技能	6875	4260	3534
		高级技能	7365	5635	3924
		技师	8976	6420	4920
21	评茶员	初级技能	5759	4398	3722
		中级技能	6354	5002	4005
		高级技能	7259	5510	4367
		技师	8206	6158	4902
		高级技师	9672	7013	5999
22	眼镜验光员	初级技能	5674	4397	2850
		中级技能	6282	4890	3145
		高级技能	7059	5523	3452
		技师	7968	6273	4967
		高级技师	8784	7104	5852
23	眼镜定配员	初级技能	5559	4334	3096
		中级技能	6130	4852	3436
		高级技能	6964	5460	3765
		技师	7846	6216	4157

序号	职业（工种）	技能等级	高位数	中位数	低位数
24	汽车维修工	初级技能	6661	4984	2327
		中级技能	7821	6038	3513
		高级技能	9393	6897	4012
		技师	11826	7668	5053
		高级技师	12696	8513	6520
25	美容师	初级技能	6464	5068	3158
		中级技能	7326	5660	3567
		高级技能	8205	6385	3892
		技师	9161	7180	4347
		高级技师	11215	8089	4801
26	美发师	初级技能	6574	4902	3041
		中级技能	7394	5561	3419
		高级技能	8153	6234	3834
		技师	9159	6996	4343
		高级技师	11251	7940	4809
27	育婴员	初级技能	5048	4249	2799
		中级技能	6732	4775	3137
		高级技能	8388	6374	4563
28	保育员	初级技能	4645	4282	3317
		中级技能	5198	4700	3549
		高级技能	6452	5148	3807
29	有害生物防剂员	初级技能	6015	4342	2827
		中级技能	6775	5853	3145
		高级技能	8313	6491	4564
30	保安员	初级技能	4310	3674	3223
		中级技能	4588	4015	3573
		高级技能	5158	4366	3694
		技师	5720	4785	3992
31	智能楼宇管理员	中级技能	5460	4733	4042
		高级技能	6811	5357	4562
		技师	8328	6073	5047
32	劳动关系协调员	高级技能	5955	5387	2834
		技师	8251	6865	3210
		高级技师	10684	7541	4659
33	企业人力管理师	中级技能	7638	6210	4851
		高级技能	9196	6982	5534
		技师	10748	7896	6169
		高级技师	14193	8968	6957
34	中央空调系统运行操作员	初级技能	4760	3810	3210
		中级技能	6104	5323	3515

续表

序号	职业（工种）	技能等级	高位数	中位数	低位数
35	中式烹调师	初级技能	5600	3851	2026
		中级技能	6235	4364	2454
		高级技能	6838	4866	2843
		技师	7130	5540	3555
		高级技师	7725	6545	4507
36	中式面点师	初级技能	4291	3143	2437
		中级技能	4864	3616	3242
		高级技能	5369	4086	3811
		技师	5856	4974	4397
		高级技师	7775	6570	5741
37	西式烹调师	初级技能	4711	3315	2255
		中级技能	5236	3645	2460
		高级技能	5875	4397	3180
		技师	6635	5208	3808
		高级技师	8120	6603	4708
38	西式面点师	初级技能	4599	3258	2550
		中级技能	5022	3669	2818
		高级技能	5623	4537	3096
		技师	6706	5669	4348
		高级技师	8312	5900	4882
39	茶艺师	初级技能	3707	2849	2281
		中级技能	4169	3239	2782
		高级技能	5105	3848	3132
		技师	6366	4542	3595
		高级技师	7809	5583	4610

2019年丽水市人力资源市场工资指导价位

管理职能类职业（工种）工资指导价位

单位：元/年（人民币）

序号	职位名称	高位数	较高位数	中位数	较低位数	低位数
1	企业董事	473505	206676	103012	83467	60732
2	企业总经理	486954	163775	97200	77270	50000
3	国有企业中国共产党组织负责人	276899	143669	98491	78211	48531
4	生产经营部门经理	200958	123990	85765	65508	44907
5	财务部门经理	220209	104483	86823	67069	48349
6	行政部门经理	197426	101152	82690	66789	45024
7	人事部门经理	205396	112708	85574	63531	41621
8	销售和营销部门经理	213910	124564	89074	69012	39970
9	广告和公关部门经理	208518	132345	79873	65475	40076
10	采购部门经理	177687	105136	77441	59896	42000
11	计算机服务部门经理	160841	127660	73056	61760	46718
12	研究和开发部门经理	195817	112321	85816	62332	48727
13	餐厅部门经理	97850	89613	61595	48021	39040
14	客房部门经理	90000	74043	60720	47590	38400
15	其他职能部门经理	199209	103887	84285	50784	39361
16	其他企业中高级管理人员	192357	102000	84891	59242	36994
17	行政办事员	78703	54459	47000	40991	33933
18	机要员	90820	61534	52365	42057	30160
19	秘书	107527	63350	54330	47102	43347
20	收发员	60112	57967	49134	41852	36591
21	打字员	59600	48759	43609	39310	33600
22	制图员	82360	59518	43100	39010	34400
23	后勤管理员	88178	64099	45022	38519	33059
24	其他办事人员	71013	54148	45148	38434	32416
25	保卫管理员	66698	52689	45548	36037	25061
26	消防安全管理员	84793	57734	50636	41890	27660
27	其他安全和消防人员	68336	51733	48392	40348	36053
28	其他办事人员和有关人员	86046	60598	50439	42504	32167

专业技术类职业（工种）工资指导价位

单位：元/年（人民币）

序号	职位名称	高位数	较高位数	中位数	较低位数	低位数
1	工程测量工程技术人员	89400	76400	67720	46848	39200
2	化工生产工程技术人员	87061	75581	68098	51671	40090
3	机械设计工程技术人员	86160	73037	62300	49123	39588
4	机械制造工程技术人员	72045	60249	48421	44138	41254
5	仪器仪表工程技术人员	76729	59587	49000	43927	38217
6	设备工程技术人员	79256	60679	52333	47685	43080
7	材料成形与改性工程技术人员	70030	59548	51799	48335	41075
8	焊接工程技术人员	76421	58743	54540	47419	39677
9	电子元器件工程技术人员	84000	62184	57600	49487	41590
10	通信工程技术人员	75854	59196	50325	42069	30137
11	电工电器工程技术人员	107444	86255	65907	58487	53960
12	发电工程技术人员	98418	80321	69576	60159	49182
13	供用电工程技术人员	118857	97610	85112	67197	52252
14	变电工程技术人员	137230	109880	90508	60406	41943
15	电力工程安装工程技术人员	97159	91378	83093	63083	51526
16	道路交通工程技术人员	102288	78356	69428	54430	48720
17	建筑和市政设计工程技术人员	70391	59748	44000	42352	40944
18	土木建筑工程技术人员	75602	60042	43500	38681	29563
19	道路与桥梁工程技术人员	88640	62246	41400	39026	36600
20	水利水电建筑工程技术人员	97524	78141	65755	45930	37811
21	爆破工程技术人员	87570	66103	62133	57189	41553
22	园林绿化工程技术人员	80871	61110	55284	43870	37656
23	水利工程管理工程技术人员	94168	67666	58347	45867	25000
24	环境监测工程技术人员	67354	56499	51159	48425	45160
25	安全生产管理工程技术人员	85200	56166	50176	42764	36000
26	计量工程技术人员	86340	72534	64868	51757	43307
27	质量管理工程技术人员	92529	76130	69702	56221	47533
28	工业工程技术人员	77780	65475	48000	40195	32400
29	项目管理工程技术人员	74336	62031	55000	40956	33000
30	产品质量检验工程技术人员	77000	62645	54495	43402	35575
31	制药工程技术人员	64956	53377	48296	40789	35276
32	产品设计工程技术人员	90918	56090	46300	43934	40800
33	药师	76223	59644	44801	40776	37462
34	内科护士	87341	77624	70176	63693	41360
35	外科护士	95521	80680	72812	52913	38000
36	统计专业人员	74808	59131	48800	37435	30000
37	会计专业人员	116769	67306	51725	45129	35322
38	审计专业人员	93012	79116	57216	46762	37618
39	国际商务专业人员	101379	60296	46034	41009	37811
40	市场营销专业人员	86925	58918	45460	41869	34942
41	商务策划专业人员	125533	86673	75588	56076	52368
42	人力资源管理专业人员	126185	77210	61480	47548	36072

续表

序号	职位名称	高位数	较高位数	中位数	较低位数	低位数
43	人力资源服务专业人员	115306	69151	54336	48937	36000
44	银行清算专业人员	159536	132685	111681	99522	86993
45	信贷审核专业人员	200798	169122	135064	101852	86477
46	幼儿教育教师	95906	87422	80801	59459	40400
47	视觉传达设计人员	88292	61433	57440	42752	35600
48	其他专业技术人员	77866	63958	57041	48296	42742

职业技能类职业（工种）工资指导价位

单位：元/年（人民币）

序号	职位名称	高位数	较高位数	中位数	较低位数	低位数
1	采购员	84856	52435	45000	39649	31194
2	营销员	71732	56919	50694	41925	28851
3	商品营业员	51659	43739	35000	30330	27134
4	收银员	58804	46943	35671	30995	26088
5	其他批发与零售服务人员	61908	44072	36181	30613	23989
6	道路客运汽车驾驶员	71000	66701	56556	52175	45234
7	道路货运汽车驾驶员	73782	63468	58949	50533	47441
8	道路客运服务员	61728	58863	52500	42295	31488
9	道路运输调度员	66748	63333	58000	47045	38216
10	机动车驾驶教练员	61351	45360	40660	32893	27767
11	装卸搬运工	66651	53846	49512	42469	37561
12	仓储管理员	76988	59744	53706	45063	39920
13	理货员	42299	39062	37897	33073	27283
14	物流服务师	57622	51163	47469	42445	40054
15	前厅服务员	43997	39615	35069	30603	25200
16	客房服务员	46144	40861	37773	31339	27136
17	旅店服务员	42920	36582	31400	29807	24426
18	中式烹调师	95313	65924	56411	40351	32430
19	中式面点师	57440	51943	46337	40486	37490
20	西式烹调师	60797	54354	49979	41141	37075
21	餐厅服务员	55493	42768	35244	31088	28054
22	营养配餐员	54000	45861	36946	32021	29124
23	茶艺师	53810	45800	39814	32645	29749
24	其他住宿和餐饮服务人员	67260	46868	36100	31860	29870
25	信息通信营业员	79200	59931	51801	43963	33503
26	银行综合柜员	147933	121640	108679	76476	60710
27	银行信贷员	195938	159414	130716	84219	72689
28	银行客户业务员	185280	140157	125054	86004	70030
29	银行信用卡业务员	201303	154438	129095	85308	68896
30	物业管理员	72853	63742	54259	49653	45840
31	中央空调系统运行操作员	67160	53800	47564	40639	35240

续表

序号	职位名称	高位数	较高位数	中位数	较低位数	低位数
32	其他房地产服务人员	71280	56565	50200	47238	43560
33	客户服务管理员	73155	52286	41400	38588	33380
34	劳动关系协调员	88610	82991	77246	58526	52629
35	导游	54148	48146	38215	30678	27200
36	保安员	53147	40902	33656	28196	22150
37	智能楼宇管理员	61466	50845	44647	40156	35694
38	计量员	76189	64693	56850	48827	43884
39	鞋类设计师	75475	63486	58456	47247	44297
40	其他技术辅助服务人员	94592	65801	58896	49522	45756
41	污水处理工	43200	37147	35393	28076	25200
42	保洁员	43131	37950	34813	26124	21600
43	生活垃圾清运工	41000	39654	36600	32475	25460
44	园林绿化工	63862	53709	39283	32699	29099
45	育婴员	77240	62542	50537	46351	25095
46	保育员	47697	37839	30716	25179	21685
47	美容师	85330	63544	54233	45681	35984
48	美发师	84265	63622	53145	42641	35540
49	汽车维修工	89458	68165	56436	43044	37279
50	眼镜验光员	84405	65729	52724	43773	37800
51	其他农、林、牧、渔业生产加工人员	48432	38280	35200	32101	30456
52	肉制品加工工	60240	53050	49367	37672	31215
53	评茶员	51000	48546	38911	38602	28857
54	其他食品、饮料生产加工人员	63019	55701	50084	37680	31000
55	皮革及皮革制品加工工	75501	59937	47144	42632	36777
56	制鞋工	96954	59642	45418	40196	34100
57	其他纺织品、服装和皮革、毛皮制品加工制作人员	49000	40452	35300	31923	29846
58	制材工	52000	39384	31500	28716	25878
59	木竹藤材处理工	65821	55068	48227	40343	33557
60	手工木工	64712	49181	44424	40147	37291
61	机械木工	47811	40549	36832	28293	24000
62	制浆工	63672	47627	43460	38713	34397
63	造纸工	66000	53008	48778	40456	36445
64	纸箱纸盒制作工	56564	49147	45258	35342	30964
65	其他纸及纸制品生产加工人员	51500	46531	35500	30835	26888
66	印后制作员	60000	49665	39462	32693	25408
67	铅笔制造工	62232	45266	39900	33739	30000
68	玩具制作工	51000	47542	41568	35752	31947
69	化工单元操作工	62120	53542	46000	33749	30641
70	工业清洗工	72549	59303	48185	42361	35134
71	合成树脂生产工	60309	54292	46206	37961	30596
72	塑料制品成型制作工	50742	39468	32000	25871	21900
73	陶瓷原料准备工	43388	39516	37310	35839	31449
74	陶瓷成型施釉工	42737	38107	36906	30625	25280
75	陶瓷烧成工	44771	39238	36698	29411	21105

续表

序号	职位名称	高位数	较高位数	中位数	较低位数	低位数
76	耐火原料加工成型工	45968	39121	36000	32967	29604
77	炼钢原料工	84660	62988	51403	45935	36918
78	炼钢工	64123	52988	43232	39583	31000
79	炼钢浇铸工	87645	58101	42826	38988	31038
80	铸管精整工	80992	56443	48722	39064	30400
81	轧制原料工	59332	49028	47826	43312	40663
82	金属轧制工	76004	63802	56308	47472	42348
83	金属材酸碱洗工	79238	54246	50378	45844	37535
84	金属材丝拉拔工	77360	57061	51948	34891	30076
85	其他金属冶炼和压延加工人员	68000	54128	48650	43739	40000
86	车工	95802	68151	63893	48294	40514
87	铣工	99220	69553	65586	50969	46926
88	磨工	74369	57550	51327	44848	38501
89	镗工	77807	63230	55555	41280	38859
90	钻床工	80182	56596	49294	42440	34754
91	多工序数控机床操作调整工	67123	54385	43000	38368	34800
92	电切削工	77191	61823	55610	40324	36100
93	拉床工	78027	61491	50006	41733	34000
94	下料工	58054	55037	48000	37678	32236
95	冲压工	65056	53032	46586	37626	31466
96	铸造工	67963	47808	45205	36393	30142
97	锻造工	65164	49868	41793	36430	32763
98	金属热处理工	76176	50078	42721	35327	30200
99	焊工	95958	65415	60297	47034	39297
100	机械加工材料切割工	87800	50876	40308	36217	31923
101	涂装工	83316	55798	48000	33511	27360
102	喷涂喷焊工	77023	54051	43231	39308	36743
103	模具工	75081	55924	47469	41595	37062
104	模型制作工	60785	53257	49750	43593	38633
105	工具钳工	53044	45577	38572	36086	34907
106	其他机械制造基础加工人员	69771	53356	46538	40971	33110
107	建筑五金制品制作工	77712	68814	52019	47526	39059
108	锁具制作工	51917	46683	41638	37909	31547
109	其他金属制品制造人员	75339	64800	46990	35271	31516
110	装配钳工	85930	55670	49840	43103	34471
111	轴承制造工	70165	47332	39600	35371	32485
112	锅炉设备制造工	56819	44221	33707	31705	30609
113	机床装调维修工	86957	72664	66023	57682	52698
114	焊接材料制造工	84784	60466	45985	39991	32232
115	制冷空调设备装配工	56000	41889	35731	31946	29300
116	阀门装配调试工	55177	47826	43625	36584	31975
117	其他通用设备制造人员	70020	56951	35000	30411	27703
118	拖拉机制造工	73393	62864	53776	41126	36918
119	汽车零部件再制造工	78870	53759	49200	33504	27374

续表

序号	职位名称	高位数	较高位数	中位数	较低位数	低位数
120	摩托车装调工	62293	50923	44498	38101	34934
121	空调器制造工	48460	46862	42250	39518	31339
122	仪器仪表制造工	54443	53439	52872	50710	42054
123	水力发电运行值班员	93205	69125	53493	46610	34778
124	锅炉操作工	71457	57436	49856	40516	33424
125	变配电运行值班员	138750	98961	88832	67193	55054
126	砌筑工	80000	61912	55645	46695	40560
127	混凝土工	77631	65633	58000	48727	42000
128	钢筋工	76124	69922	60008	54727	38744
129	架子工	79722	70899	63480	56431	43640
130	防水工	67284	60464	55695	46727	42000
131	电气设备安装工	92251	76355	65344	58679	42592
132	管工	67947	54693	44003	36799	31200
133	其他建筑施工人员	59647	49188	40805	36428	34404
134	专用车辆驾驶员	65804	60749	50494	40970	28564
135	起重装卸机械操作工	75115	63886	55656	40891	34879
136	起重工	62438	53390	48858	42443	39179
137	挖掘铲运和桩工机械司机	86400	71667	60200	57400	44424
138	设备点检员	65160	59725	52000	44824	39672
139	机修钳工	69699	53467	52013	48000	38410
140	电工	133083	90317	87887	46539	36000
141	仪器仪表维修工	62226	52016	48906	45387	41174
142	发电机检修工	55898	54748	52626	47237	41939
143	工程机械维修工	81211	71981	63171	50589	40000
144	化学检验员	70777	59313	56665	47363	41220
145	无损检测员	83668	71819	59811	53215	41792
146	质检员	73951	61771	56337	42752	32888
147	试验员	81200	68265	53003	45444	36782
148	称重计量工	44430	42401	41790	41402	38841
149	包装工	61485	49090	39000	32105	29908
150	安全员	87217	61200	54000	40794	31191
151	其他生产辅助人员	71548	56750	46610	35000	28267
152	其他生产制造及有关人员	75521	58000	47981	38229	29500

索　引

B

保险待遇　　　　　　　　　　　　62/

被征地农民养老保障　　　　　　　64/

博士后科研工作站　　　　　　　　68/

部门间办事"最多跑一次"改革　　77/

C

城乡就业　　　59/93/100/110/118/125/
　　　　　　131/136/140/146/154/161/

创业带动就业　　　　　　　　　　59/

出台减负政策　　　　　　　　　　63/

城乡居民基本养老保险　　　　　　63/

城乡居民基本养老保险基金委托投资运营　64/

城乡居民基本养老保险扶贫　　　　64/

"城乡居民两费"征管职责划转　　64/

出台优化新业态劳动用工服务政策　79/

财务工作　　　　　　　　　　　　85/

D

大学生来浙暑期实践活动　　　　　67/

电话咨询服务平台建设　　　　　　85/

对口支援和结对帮扶　　90/97/106/115/123/
　　　　　　130/135/138/144/152/158/

对口支援　　　　　　　　　　　　90/

F

发布工资指导价位　　　　　　　　79/

发展家庭服务业　　　　　　　　　80/

法律援助　　　　　　　　　　　　83/

法制宣传和普法活动　　　　　　　84/

G

高校毕业生就业　　　　　　　　　60/

公共就业服务活动　　　　　　　　60/

工伤保险　　　　　　　　　　　　62/

个人社保信息网上查询　　　　　　66/

高层次人才引进和人才项目洽谈　　66/

挂靠党员教育管理工作　　　　　　68/

高层次选拔和服务　　　　　　　　68/

高技能人才培养　　　　　　　　　71/

公共实训基地建设　　　　　　　　74/

工资福利　　　78/96/104/114/121/128/
　　　　　　134/142/150/157/

国有企业工资决定机制改革　　　　79/

关爱帮扶　　　　　　　　　　　　80/

规范性文件管理　　　　　　　　　85/

规划财务和综合计划　　　　　　　85/

规划管理　　　　　　　　　　　　85/

H

海外高层次人才引进　　　　　　　70/

和谐劳动关系先进表彰　　　　　　79/

"互联网＋调解仲裁"建设　　　　　83/

获省级以上荣誉　　　98/107/116/123/130/

　　　　　135/139/144/152/158/170/

J

建立城乡居民基本养老保险待遇确定和基础养

老金正常调整机制　　　　　　　　63/

基金监督制度　　　　　　　　　　64/

基金监督检查　　　　　　　　　　65/

技工院校发展概况　　　　　　　　74/

技工院校教学管理　　　　　　　　75/

技工院校教研教改　　　　　　　　75/

技工院校师资队伍　　　　　　　　76/

技工院校教材建设　　　　　　　　76/

进一步研究推进公立医院薪酬制度改革工作

　　　　　　　　　　　　　　　78/

进一步完善省属事业单位绩效工资政策　78/

基层劳动纠纷综合治理改革　　　　82/

家政服务业　　　　　　　　　　　116/

K

开展工伤保险走进扶贫基地宣传　　63/

考试制度和考试安全　　　　　　　71/

考试管理机构建设　　　　　　　　71/

科学研究　　　　　　　　　　　　89/

课题立项和结题评审　　　　　　　90/

开设人社大讲堂　　　　　　　　　144/

L

劳动能力鉴定　　　　　　　　　　63/

两个"一件事"全流程"最多跑一次"改革　66/

流动人员档案管理服务　　　　　　68/

留学人员创业和科技项目资助　　　69/

劳动关系　　　79/96/104/114/122/129/

　　　　　134/138/150/157/168/

劳动保障监察　　　　81/96/105/114/122/

　　　　　129/134/138/143/151/158/168/

劳动保障监察维权维稳　　　　　　81/

劳动保障监察专项行动　　　　　　81/

劳动人事争议调解　　　　　　　　82/

劳动人事争议仲裁　　　　　　　　82/

立法调研　　　　　　　　　　　　84/

劳动保障电话咨询　　　　　　　　135/143/

流动党员清理　　　　　　　　　　144/

N

农民工服务管理　　　　　　　　　79/

农民工管理服务　　　96/129/138/143/150/

Q

企业年金监管　　　　　　　　　　65/

全民参保登记　　　　　　　　　　65/

青年人才培养　　　　　　　　　　67/

企业自主评价　　　　　　　　　　74/

欠薪治理数字化转型　　　　　　　82/

R

人才开发和市场管理　　　　　　　66/

人力资源服务业发展　　　　　　　67/

人才管理与服务　　　　　　　　　67/

人才服务数字化转型　　　　　　　68/

人事考试管理　　　　　　　　　　70/

人才培训活动　　　　　　　　　　88/

人力资源和社会保障科学研究　　　89/

人才引进与开发　　94/112/119/

127/132/137/142/148/155/164/

人事考试　　144/

S

失业保险　　62/

失业保险待遇　　62/

失业保险基金促进就业预防失业　　62/

失业保险阶段性降低费率　　62/

社会保险基金监督　　64/

社保基金投资运营　　65/

社会保险经办管理　　65/94/101/111/

126/132/141/147/155/163/

省本级社会保险待遇调整　　65/

社会保险稽核　　66/

"三支一扶"工作　　67/

事业单位人事管理　　77/95/103/113/121/128/

134/137/142/149/157/167/

事业单位岗位管理　　77/

事业单位公开招聘　　77/

事业单位创业创新　　77/

事业单位分类改革　　77/

省级单位统发工资管理　　78/

省级机关统发工资管理　　79/

省属事业单位工资管理　　79/

社会保障卡建设　　86/

省内结对帮扶　　90/

社会保险参保情况　　93/101/110/118/126/

131/136/141/146/154/163/

社会保险政策　　94/101/111/118/126/

131/136/146/154/163/

社会保险扶贫　　141/

社会保险政策　　141/

T

探索新业态从业人员职业伤害保障机制　　63/

调整全省事业单位工作人员基本工资标准和离

退休人员离退休费工作　　78/

调整退休干部职工管理服务活动经费标准　　78/

统筹协调　　79/

调研检查　　79/

厅乡村振兴工作　　80/

调解仲裁　　82/97/105/115/122/

129/134/138/151/158/169/

调解组织和仲裁机构建设　　82/

体制机制创新　　83/

W

网络和信息安全工作　　87/

网络舆情应对处置　　88/

X

行政争议和行政复议诉讼处理　　84

信息化建设　　85/97/106/115/123/

130/135/138/143/152/158/169/

信息化建设规划　　85/

宣传　培训　教育　　87/

宣传工作重点　　87/

宣传工作队伍和平台建设　　88/

Y

养老保险　　61/

养老保险待遇　　61/

养老保险费率基数调整　　61/

研究落实义务教育教师工资待遇保障工作　　78/

12333 电话咨询服务　　85/

Z

专业技术和留学人员管理 68/95/

102/112/120/127/133/

137/142/148/156/165/

专技人才知识更新工程 68/

职称制度改革 69/

职业资格考试管理 69/

专家和留学人员科研服务活动 69/

职业能力建设 71/95/103/113/120/128/

133/137/142/149/156/166/

职业技能培训 71/

职业技能大赛 72/

职业技能鉴定机构 72/

职业技能鉴定 72/

职业技能等级认定 73/

职业技能评价管理 73/

专项职业能力考核 75/

做好精减退职等人员生活困难补助费标准调整

工作 78/

"浙江无欠薪"行动 81/

政策法规 83/

最多跑一次改革 83/169/

综合统计 85/

"最多跑一次"信息化建设 86/

重点业务系统建设 86/

志书年鉴编纂工作 90/